MONOGRAPH.INFO

MARMI FAEDO

stones histories between lagoon and venetian land

storie di pietra tra laguna e terraferma veneta

Marmi Faedo Spa for over 50 years, Marmi Faedo has been the sole proprietor of the only Grolla marble quarry in the world. Since the initial extraction work started, the company has developed increasingly vast skills and business areas. Today, Marmi Faedo is able to supply a broad range of services: from products finished according to the customer's drawings, technical-design advice, on-site assistance up to installation using specialised skills. Thanks to the high production capacity and advanced technology of our production lines, Marmi Faedo is able to manage considerably complex and prestigious projects such as the Sheraton Hotel in Oran and Algiers.

Marmi Faedo Spa da oltre 50 anni opera nel settore lapideo applicato all'architettura e all'edilizia fornendo materiali di provenienza locale ed estera. Tra le numerose tipologie offerte l'azienda propone il Marmo Grolla, un materiale con qualità tecnico-meccaniche certificate e caratteristiche estetiche di pregio. Il basso assorbimento d'acqua, la resistenza all'abrasione, la resistenza chimica ai sali per piscine (Classe UA) e la resistenza alla cristallizzazione dei sali marini, rendono questo marmo particolarmente adatto per l'utilizzo in esterno: pavimentazioni, rivestimenti di facciate con sistema ventilato o incollato, piscine, passeggiate lungomare.

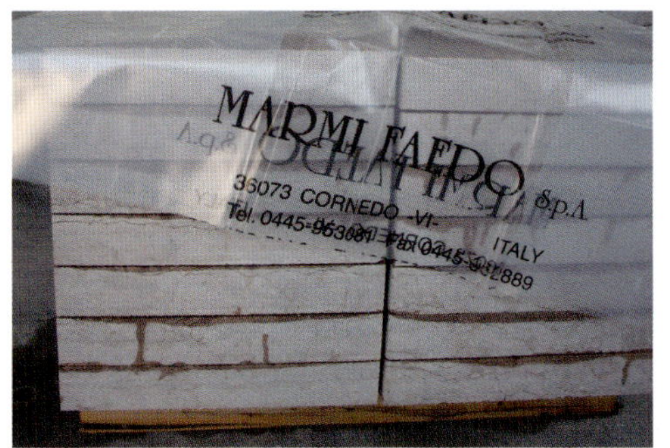

MARMI FAEDO QUARRY

We have quarried, produced and installed stone for more than 50 years as the sole proprietors of the only Grolla marble quarry in the world Marmi.

FAEDO WORKING

Since the initial extraction work started, the company has developed increasingly vast skills and business areas. Today, Marmi Faedo is able to supply a broad range of services: from products finished according to the customer's drawings, technical-design advice, on-site assistance up to installation using specialised skills.

Marmi Faedo S.p.A has worked for over 50 years in the stone sector applied to the architecture and construction industry, providing local and foreign materials. Among the numerous types of marble on offer, the company supplies Grolla marble, a material with certified technical and mechanical properties and aesthetically significant characteristics. Its low water absorption, resistance to abrasion, chemical resistance to swimming pool salts (Class UA) and resistance to sea salt crystallisation, make this marble particularly suitable for outdoor use: paving, ventilated facework or facework applied with adhesives, swimming pools or seafront promenades.

STORIE DI PIETRA

I Faedo, Alessandro, Isa, Nicola e Francesca, sono una famiglia che da due generazioni tratta la pietra con amore e passione. Lavorano nel cuore della terra veneta, per estrarre, nella cava di che fu di un antenato, giganteschi sassi bianco-grigio-rosso variegati. Che poi tagliano, quasi come fosse burro, con l'aiuto di grandi seghe circolari per estrarne splendide lastre e blocchi di dimensioni grandi e piccole.

L'azienda Faedo ha sede a Cornedo, nella provincia vicentina, dove storie di cavatori e scalpellini, a cominciare dal Palladio, si intrecciano da secoli e dove le facciate degli edifici, dal passato al moderno, si riempiono di questi cromatismi naturali e di questi strati di venature, che solo la pietra riesce a conferire.

Un campionario ricco di superfici, tonalità e sfumature diverse è quello che propongono i materiali di questa cava, dai più tradizionali ai più eleganti e raffinati, ai più "tecnologici" delle facciate ventilate, con texture variabili per trama e colore.

La cava Faedo di Cornedo è una sorta di luogo della "magia alchemica", una grande "stone gallery" a cielo aperto, dove le venature diverse delle pietre sono capaci di stimolare la creatività dei designer e degli architetti, attraverso un campionario ricco di possibilità: la pietra come la materia grezza che aspetta di essere trasformata, disegnata, sagomata, graffiata, levigata, bocciardata, con l'aiuto della sapienza artigianale dei Faedo che ne conoscono ogni segreto e potenzialità espressiva.

Gli impieghi sono estremamente versatili, per esterni e interni, dai grandi spazi aperti, alle facciate, basamenti e cornici, ai rivestimenti, mosaici, alle pareti dei living o dei diversi luoghi della casa. Con effetti sorprendenti e la magia delle cose naturali trasformate dall'uomo con progetti raffinati.

MARMI FAEDO SpA | P.IVA 02283330245
via Cimone, 13 - 36073 Cornedo Vicentino (Vicenza - ITALY)
phone/tel. +39 0445 953081
fax +39 0445 952889

http://www.marmifaedo.it/ita/index.asp
info@marmifaedo.com

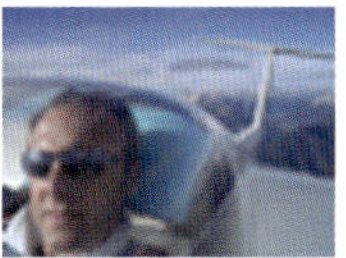

Guests residence/Schio (Vc)

In Schio, on the southwest side of the hill Maso Cisco, the project was provided for the construction of a new residence for guests, detached from the core housing already on the main plot of approximately 3,800 square feet. The main entrance to the residence is via incision of the pre-existing retaining wall along the city street. With the excavation of the hill at street level were obtained: the pedestrian access, the garage, the technical spaces and ancillary equipment for the housing maintenance private garden. It is at this basement that is designed for entry level access to the upper garden where grows the residence.

Residenza degli ospiti/Schio (Vc)

A Schio Vicenza, sul versante Sud-Ovest della collina Maso Ciscato, l'intervento progettato prevedeva la nuova costruzione di una residenza per gli ospiti, staccata dal nucleo abitativo principale già presente sul lotto di terreno di circa 3.800 metri quadrati. L'accesso principale alla residenza avviene tramite l'incisione del muro di sostegno pre-esistente che costeggia la strada urbana. Con l'escavazione della collina a livello stradale sono stati ricavati: l'accesso pedonale, l'autorimessa, i vani tecnici ed accessori per il ricovero degli attrezzi di manutenzione del giardino padronale. È a questo piano interrato che è stato progettato l'ingresso per l'accesso al piano giardino superiore ove si sviluppa la residenza.

Barbieri Architects

Carlo Barbieri (1961), graduate architect in Venice in 1986. Is one of the founders of Barbieri Engineering (1990) utilities for architectural and industrial plants, which in 2003 will become "Barbieri Ltd" takes over where "barbieri architects" architecture which division.

Carlo Barbieri (1961), architetto laureato a Venezia nel 1986. E' tra i fondatori di Barbieri Engineering (1990) una società di servizi per progettazione di architettura ed impiantistica industriale, che nel 2003 diverrà "Barbieri srl" dove assume la direzione di "Barbieri architects" quale divisione architettura.

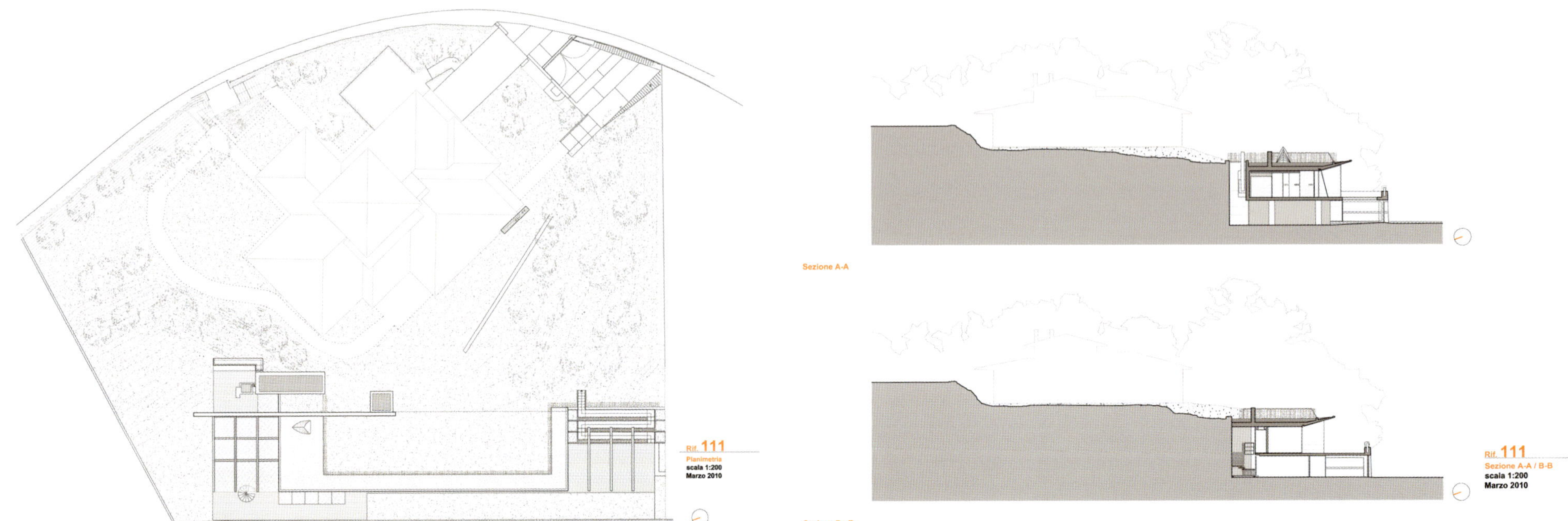

Crediti/Credits

Nome dell'edificio: Residenza degli ospiti
Indirizzo: Via Maso Ciscato
Città: Schio, Vicenza
Paese: Italia
Progettista: Carlo Barbieri architetto
Collaboratori: Teresa Dardo
Consulenti: strutture ing Valter Brunello,
impianti meccanici ing. Giovanni Barbieri
Anno di realizzazione – inizio: 2004
Anno di realizzazione – fine: 2006
Committente/proprietario: famiglia Marta
Zambotti
Tipologia di intervento: ampliamento,
ristrutturazione, architettura di interni,
sistemazione spazi esterni
Destinazione intervento: residenziale
Dimensioni: superficie totale in ampliamento
240 mq – piano giardino 70 mq, piano
interrato 170 mq

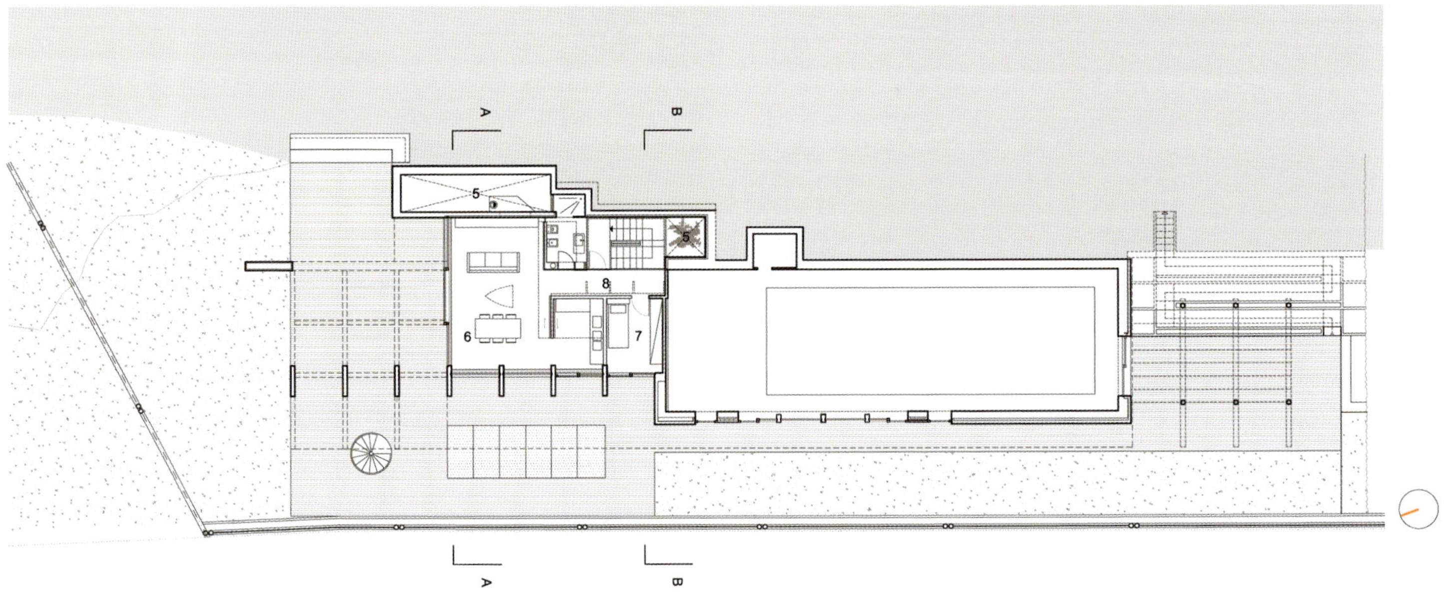

Legenda:
5 cavedio
6 soggiorno/cucina
7 camera
8 disimpegno
9 cavedio

Drawings of the "Guests residences" in Schio (Vicenza)
coated with Faedo marble; Architect Carlo Barbieri

Pictures of the "Guests residence in Schio" (Vicenza)
architect Carlo Barbieri

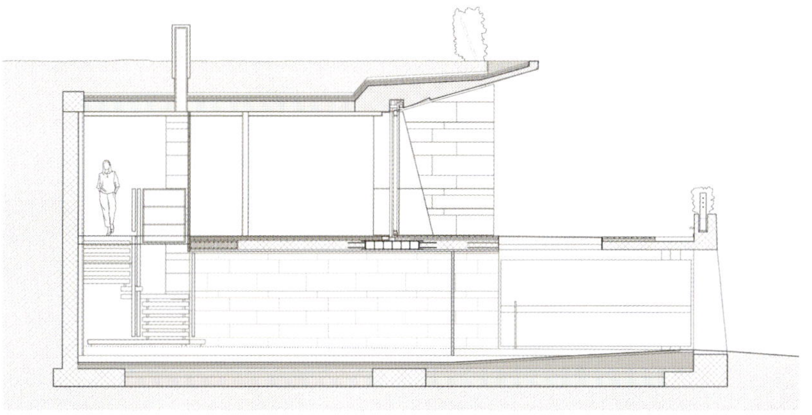

Pictures of the "Guests residence in Schio" (Vicenza), architect Carlo Barbieri

LANARIGROUP

MISSION

LanariGroup è una Agenzia, giovane, poliedrica e innovativa di Rappresentanza, Consulenza e Fornitura che agisce nel campo della rete vendita di prodotti e materiali per l'architettura. Proiettandosi fino alla progettazione/ideazione/promozione, dalla ampia distribuzione alla "sartorialità" puntuale, LanariGroup, con la formula dell'equipe, mira a superare il tradizionale modello del rappresentante individuale, dando continuità di servizio e ricerca diretta delle opportunità sul mercato. Attraverso una articolata distribuzione, supportata da una selezionata e affidabile rete di punti vendita, LanariGroup unisce la qualità del servizio commerciale con la promozione ai progettisti e operatori del settore edilizio e dell'arredo. Gli architetti e gli agenti di LanariGroup, agiscono per creare contatti tra l'innovazione, le tecnologie e la ricerca aziendale con quella ampia parte del mondo della progettazione, che si proietta e riconosce in percorsi di ricerca con linee progettuali e stilistiche originali e riconoscibili.

In particolare attraverso un modello di Contract innovativo, che guarda al servizio nel suo insieme e non per singole parti del processo progettuale, LanariGroup, è in grado di completare ogni realizzazione nelle sue diverse fasi, sino al "chiavi in mano", in collaborazione con i punti vendita selezionati e avvalendosi di squadre specializzate nella posa e nel montaggio dei suoi esclusivi materiali.

Tutto questo, unendo sia alta professionalità che qualità nei contatti e nelle relazioni interpersonali, fornendo garanzia di flessibilità a tutti i livelli, nell'offerta di collaborazione tra azienda, progettista, e distribuzione, e per gli aspetti finanziari-economici.

LanariGroup, effettua la selezione dei diversi prodotti aziendali, puntando all'eccellenza nel rapporto tra prodotto e design, sulla base del gradimento, dell'affidabilità e versatilità d'uso, attraverso il confronto con i progettisti, che contribuiscono in tal senso a definire e delineare una originale selezione di qualità.

INFO

PRESENZA SUL TERRITORIO

Roma e Lazio sedi operative (dal 1980) italia centro meridionale rete di relazioni e diffusione

ESPERIENZA MATURATA NEL SETTORE

Nasce nel 1983 dall'iniziativa di Fulvio Lanari che da subito si specializza nella distribuzione e nella rappresentanza di cucine componibili (Ferretti e Miele) realizzando la prima distribuzione in franchising nel settore. Successivamente distribuisce importanti marchi del settore arredamento (Axil, ecc.). Nel 2003 si definisce l'idea di unire un gruppo di professionisti per dare alla distribuzione e al mondo dell'architettura un servizio più attento e specializzato. Dal 2007 l'agenzia in collaborazione con le aziende e avvia la formazione di personale spe-

cializzato alla posa e al montaggio dei prodotti rappresentati dando l'opportunità di avvalersene alla distribuzione.

IN E OUT Ovvero il progetto nella sua continuità dal guscio al contenuto.

INNOVAZIONE La dimensione sostenibile e di attenzione ai materiali nuovi ed ecologici.

COLLABORAZIONI Tra le più significative ad oggi si citano: LINVISIBILE, CREATESPA, MARTINI, RAPSEL, MERIDIANI, ALULIFE, SWANITALY, CRASSEVIG, TONCELLI, ALLPLUS, FALEGNAMERIA1946, INTENTIONS, EXTETA,

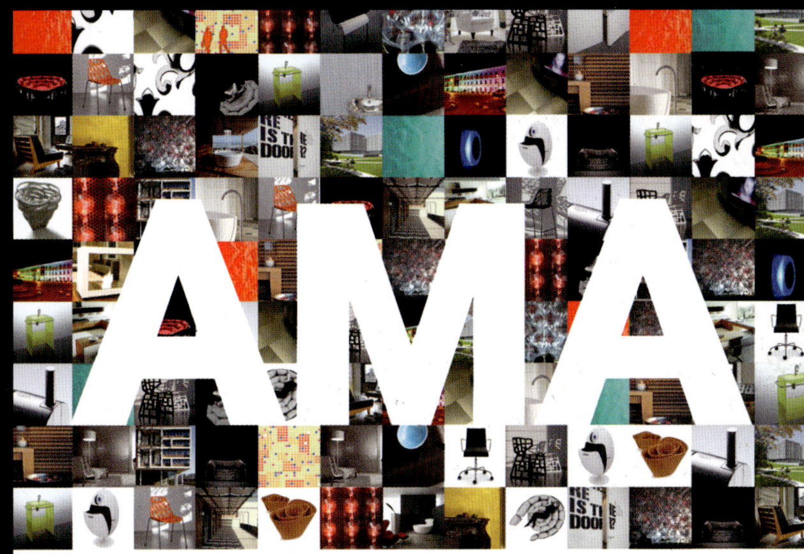

LANARI Rappresentanze
Fulvio Lanari
sede legale: viale dei Promontori 15_00122 RM
sede aministrativa: via Egna 10_ROMA tel/fax: 06 50917488
info@fulviolanari.com www.fulvolanari.com

richiedere l'Atlante AMA all'indirizzo email di Lanarigroup
ask the AMA Atlas of the email address Lanarigroup

L'AQUILA: CONTEMPORARY "CONTAINERS" OUT OF THE PROVISIONAL

The project provides for the recovery of an existing structure and its fully functional through the closure of the cantilever roof. Project he wants to meet harmony with the surrounding landscape. The intervention is in the building of the former factory Ravit, valid example of industrial architecture, built in 1919 by architect Spini. The idea is to accommodate 150 commercial activity with inventory and services, equipment for the public, technical spaces. Although it began as industrial, the building lends itself easily to perform the new function and consists of two buildings connected by a square, meeting place of relaxation, but also to the entry of visitors.

L'AQUILA: CONTAINERS CONTEMPORANEI PER USCIRE DALL'EMERGENZA

La struttura che si propone di recuperare è situata nella località Bazzano e precisamente nell'area industriale. La sua posizione è strategica rispetto ai centri della zona est dell'Aquila, quindi facilmente raggiungibili. E' un punto focale rispetto all'esistente e al nuovo che si sta realizzando e che verrà abitato in breve tempo. L'intervento si prefigge così di rispondere in modo adeguato alle necessità di accoglienza delle attività commerciali, che si verranno ad insediare. Il progetto prevede il recupero di una struttura esistente ed il suo completamento funzionale attraverso la chiusura delle pensiline. Progetto che vuole, così, armonizzarsi con il paesaggio circostante. L'intervento avviene sull'edificio dell'ex fabbrica Ravit valido, esempio di architettura industriale, realizzato nel 1919 su progetto dell'architetto Spini. L'idea è di ospitarvi 150 attività commerciali dotate di magazzino e servizi, attrezzature per il pubblico, vani tecnici. Sebbene sia nato come industriale, l'edificio si presta facilmente ad assolvere la nuova funzione ed è costituito da due corpi collegati attraverso una piazza, luogo di incontro, di relax, ma anche di ingresso dei visitatori.

Project/Progetto
Studio Architetto Patrizia Leone,
2009

Page promoted by/
pagina promossa da
Dimensioni Arredamenti Pescara

CONTENTS/CONTENUTI

by/di Pino Scaglione

A manifesto for contemporary design

Un manifesto per il progetto contemporaneo

With this issue monograph.it, takes the deep. The data of the publishing success of the first issue, confirm the originality of the formula –monograph+magazine- the innovative format and the quality of the description. The contents -and partly the renewed graphic design- of this second issue will have, therefore, the meaning of a "manifesto" for the new series of publications which are identified as "monomagazine", for proposal an emerging research line based on design and didactic emerging. The leading idea is that of putting together authors Italian and foreigners, who are moving on a common sense of think of the project, although with different approaches, on the line of "landscape sensitive design". So this second issue represents an evolution, but it keeps the same curiosity and constant attention of the previous one by digging the Italian-European-International reality. Much more it will survey work in progress and innovative scenarios, the aim is also that of anticipating new paths, not yet explored, to find the ultimate possibilities of contemporary design and its current and complex DNA. Follow, describing and showing issues and projects that revolve around the landscape, it is therefore a way to say the need to recover not a formula, not a word the fashion, but a new direction of the project contemporary. The direction which seems to contain the capacity to undertake different experiences at the different scales, but with original results, which confirm attention to the places and contexts, to the challenges of the progressive removal of soil, of environmental resources, in the direction of new trails genuinely sustainable in which project and landscape, are the protagonists and not supporting. In the direction as at truly sustainable new ways in which project and landscape are the leading actors and not the supporting cast. And in this sense are proposed the contributions that follow, both assigned to a mature as well as to young researchers, from emerging issue of Landscape Urbanism, in its original version being tested in the Architectural Association in London, crossing the Land Art, to reach "Landscape Sensitive Design" proposal, developed in some Italian schools of architecture –starting from that of Pescara between 1997/2003, and after in others- which comprehends an Italian way to contemporary design.The five architectural offices on which are focused the five monographs of this issue, the charming story of the High-Line New York and the beautiful pictures of Alex MacLean represent a coherent sequence of different approaches to Landscape Sensitive Design. From projects of PROAP/Nunes, portuguese landscape architect, in which the quality of the proposals is the result of a concrete, real design practice in a perfect balance between large-scale territory, city, public space and building, till to those of Plasma/Groundlab, an emerging composite studio based in London, furthermore with experiences around different parts of the globe, pushing its experimentation in the complexity of contemporary urban phenomena, transforming them into elements of architectural design and new landscape. The three Italian architectural offices, Cecchetto, Gasparrini, Ricci & Spaini, are same of the most representative of a new design condition, that describes with their original experiences, the layered complexity of the most tradition of the italian urban studies –not included in the "beaux-art" approach of composition- which witness the importance of the landscape, crucial in the figurative culture of this country, as well as for the contemporary design. Finally, the High-Line, which gives an original description of the project of a global new requalification of the city, in which are incorporated landscape, countryside, nature, architecture in order to "trigger" phenomena and processes for an urban regeneration. In the final part the aesthetic, high, glance of MacLean will offer a strong sensitive interpretation of the places.

Con questo numero monograph.it prende il largo. I dati del successo editoriale della prima uscita, confermano l'originalità della formula monografia-rivista, il formato innovativo e la qualità della descrizione. I contenuti -e in parte un rinnovo al design grafico- di questo secondo numero assumono, pertanto, il valore di "manifesto": per la nuova serie editoriale che si identifica nella formula della "monomagazine", per la proposta di una linea di ricerca progettuale e didattica emergente, per la scelta di mettere insieme autori italiani e stranieri che si muovono su un comune sentire il progetto, anche se con approcci differenti, nel segno del "landscape sensitive design".
La specie "editoriale" si evolve, ma resta lo spirito di curiosa e costante attenzione, di scavo sulla realtà italiana-europea-internazionale, sul lavoro in progress -piuttosto che su quello giunto "al capolinea"- sull'emergere di posizioni che disegnano scenari innovativi e anticipano percorsi, ancora da esplorare, e spingere fino alle estreme possibilità del progetto contemporaneo e del suo attuale e complesso DNA. Seguire, descrivendo e mostrando temi e progetti che ruotano intorno al paesaggio, è perciò una maniera per affermare la necessità di ritrovare non una formula, non una parola alla moda, ma una direzione nuova del progetto contemporaneo. Quella che sembra contenere la capacità di intraprendere esperienze diverse a scale diverse, ma con risultati originali che confermano attenzione ai luoghi e ai contesti, alle sfide della progressiva sottrazione di suolo, di risorse ambientali, in direzione di nuovi percorsi realmente sostenibili nei quali progetto e paesaggio, sono protagonisti e non comprimari. E in questo senso sono pensati i contributi che seguono, affidati tanto a maturi quanto a giovani ricercatori, dal tema emergente del Landscape Urbanism, nella sua originale versione in corso di sperimentazione all'Architectural Association di Londra, attraversando la Land Art, per giungere alla proposta del Landscape Sensitive Design, sviluppata in alcune Scuole di Architettura italiane -a partire da quella di Pescara, tra il 1997/2003, poi diffusa in altre- che riannodi, riprenda e racchiuda una via italiana al progetto contemporaneo. I cinque studi che compongono le cinque diverse monografie di questo numero, la suggestiva vicenda della High Line di New York -raccontata come mai altrove e sino dalla sua nascita- e le splendide immagini di Alex MacLean sono una coerente ed esemplificativa sequenza di approcci diversi al tema del Landscape Sensitive Design. Dai progetti di Proap/Nunes, paesaggista portoghese, in cui la qualità delle proposte è frutto di una concreta, autentica prassi progettuale in perfetto equilibrio tra la grande scala del territorio, della città, dello spazio pubblico e dell'edificio, fino a quelli di Plasma/Groundlab, un emergente, composito studio con base a Londra ed esperienze in giro in diverse parti del globo, che spinge la sperimentazione dentro la complessità dei fenomeni urbani contemporanei trasformandoli in elementi del progetto e di nuovo paesaggio. E i tre studi italiani Cecchetto, Gasparrini, Ricci&Spaini -tra i più rappresentativi di una nuova condizione teorico/progettuale- che comprendono, nelle loro originali esperienze, la base comune di un'autentica complessità italiana degli studi urbani e del territorio -non rintracciabile in quella "beaux-art" della composizione- con una chiara matrice nell'importante presenza del paesaggio, decisivo nella cultura figurativa di questo paese e, tuttora, per il progetto contemporaneo.
Infine la High-Line, in una descrizione originale del progetto più fortemente esemplificativo di una modalità del tutto nuova di riqualificare la città e introdurvi il paesaggio, la campagna, la natura, insieme all'architettura, per "innescare" fenomeni e processi di rigenerazione urbana a cascata. Per chiudere con lo sguardo di MacLean, estetico, alto/elevato, ma più che mai sensibile ai luoghi.

THE SPECIES EVOLUTION
L'EVOLUZIONE DELLA SPECIE
d'Architettura
monograph.it
5+1AA

LANDSCAPE URBANISM, PRAXIS AND THE SPATIAL TURNS
PRASSI E NUOVE DIREZIONI DEL LANDSCAPE URBANISM

by/di Douglas Spencer
(AALU/Architectural Association, London)

...the "spatial turn" is often marked by what could be termed a deficit of praxis, of that exquisitely materialist concern with the effects of collective political action, subjectivity and organization on the composition of the social and the functions of command. If the vast and multifarious interrogation of the multiple spaces of contemporary social experience is not to turn into a more or less reactionary, antimodernist nostalgia, a parochial theory of cultural differences or a fatalistic logic of systemic transformation; if it is to enter into some sort of dialogue with the resurgence of interest, practical and philosophical, for notions of militancy and organization, then it is imperative to begin formulating a truly political topology, one that binds together the subjective forms of political action and the shifting configurations of space[1].
Alberto Toscano

INTRODUCTION: "A DEFICIT OF PRAXIS"

Some twelve years since the 'disciplinary realignment' described by Charles Waldheim as 'Landscape Urbanism' was first identified its practice has settled into two broad camps. One, in North America, informed by a post-Fordist teleology in which post-urban territories are to be 'decamped' and dispersed within the landscape, the other adopting a critical regionalist position in which landscape is mobilised to conserve a genius loci of site and tradition against the encroachments of globalisation and its supposedly universalising technology. The post-urban variant of Landscape Urbanism, advocated and practiced by figures such as James Corner and Stan Allen has been, at times, acquiescent, if not 'fatalistic' and opportunistically instrumental to the 'logic of systemic transformation' described by Toscano. The critical-regionalist strategy, proposed by Kenneth Frampton and pursued by practitioners such as Kelly Shannon, whilst clearly articulating a certain politics of landscape, has, in its strategies of resistance, focused upon a place-making approach through which 'cultural difference' might be conserved. A third position has been developed, within the Landscape Urbanism programme in the Graduate School of the Architectural Association, eschewing both the strategies of dispersal and the politics of resistance. Since its inception under the directorship of Mohsen Mostafavi and Ciro Najle in 2000, and its subsequent development under Eva Castro's direction since 2004, this programme has pursued a distinctive approach to the practice and theorisation of Landscape Urbanism. On the one hand, the consistently international body of students and tutors that have been attached to the programme, combined with the range of locations and conditions that it has engaged with - Mexico, Sri Lanka, Dubai and China for example - has rendered any straightforward adoption of the North American model of post-urban decampment incongruous to its concerns. On the other hand, the programme's theoretical orientation, drawing at its outset upon the poststructuralist thought of figures such as Foucault and Deleuze, has placed it directly at odds with the phenomenological and humanist orientation of Frampton's critical regionalist and anti-technocratic position. Rather than operate under the dictates of a post-Fordist teleology, or be guided by a phenomenological/humanist agenda, then, AALU has forged a distinctive framework of practical knowledge, responsive design instruments and theoretical perspectives developed in an ongoing dialogue with the conditions and locations it has addressed over the course of its existence. In this sense the programme has developed through a logic of praxis, through the interrelationship, that is, of theory and practice.

... La "svolta spaziale" è spesso segnata da ciò che potrebbe essere definito un deficit di prassi, di tale preoccupazione squisitamente materialista con gli effetti dell'azione politica collettiva, della soggettività e dell'organizzazione sulla composizione del sociale e delle funzioni di comando. Se l'interrogazione vasta e multiforme di più spazi di esperienza sociale contemporanea non è quella di trasformarsi in nostalgia, più o meno reazionaria, antimodernista, o in una teoria "parrocchiale" di differenze culturali o di una logica fatalista di trasformazione del sistema, ma di entrare in una sorta di dialogo con la ripresa d'interesse, pratica e filosofica, per nozioni di militanza e organizzazione, di conseguenza è indispensabile iniziare a formulare una topologia veramente politica, quella che lega insieme le forme soggettive di azione politica e le configurazioni di movimento dello spazio.[1]
Alberto Toscano

INTRODUZIONE: "UNA MANCANZA DI PRASSI"

Dopo dodici anni dalla prima identificazione di un "allineamento disciplinare", descritto da Charles Waldheim come "Landscape Urbanism", la sua messa in pratica si è distinta in due parti: la prima, nel nord America, basata sulla teleologia post-Fordista in cui territori post urbani vengono "decampati" e dispersi nel paesaggio; la seconda che adotta una posizione regionalista critica, nella quale il paesaggio viene usato per conservare il genius loci del sito e della tradizione contro l'usurpazione della globalizzazione e la sua presunta tecnologia universalizzante. La variante post-urbana del "Landscape Urbanism", propugnata e praticata da personaggi come James Corner e Stan Allen è stata, a volte, condiscendente, se non "fatalistica" ed opportunisticamente strumentale per la "logica della trasformazione sistemica" descritta da Toscano. La strategia critico-regionalista, proposta da Kenneth Frampton e proseguita da Kelly Shannon, mentre articola una certa politica di paesaggio, contiene, in una strategia di resistenza, la concentrazione verso un approccio "place-making", attraverso il quale la "differenza culturale" potrebbe essere conservata. Una terza posizione si è sviluppata nell'ambito del programma "Landscape Urbanism" della Graduate School of the Architectural Association di Londra, evitando le strategie di dispersione e la politica della resistenza. Fin dalla sua istituzione sotto la direzione di Mohsen Mostafavi e Ciro Najle nel 2000, e dal 2004, con il successivo sviluppo sotto la direzione di Eva Castro, questo programma ha perseguito un approccio distintivo per la pratica e la teoria del "Landscape Urbanism". Da un lato, la consistente presenza internazionale di studenti e di tutor che sono stati coinvolti nel programma, in combinazione con la gamma di luoghi e condizioni scelte –per esempio, Messico, Sri Lanka, Dubai, Cina – hanno reso incongruo ogni semplice adozione del modello nordamericano post-urbano. D'altra parte, l'orientamento teorico del programma, che fin dall'inizio era ispirato al pensiero post-strutturalista di figure come Foucault e Deleuze, si è messo direttamente in contrasto con l'orientamento fenomenologico e umanistico della posizione critico-regionalista e anti-tecnocratica di Frampton. Piuttosto che operare sotto i dettami di una teleologia post-fordista, o di essere guidata da una agenda fenomenologica/umanista, AALU ha creato un quadro caratteristico di conoscenze pratiche, strumenti di progettazione e prospettive teoriche sviluppate in un dialogo continuo con le condizioni e le posizioni che essa ha affrontato nel corso della sua esperienza. In questo senso il programma si è sviluppato attraverso una logica di "prassi" continua, attraverso l'interrelazione tra teoria e pratica.
La prassi racchiusa all'interno della tradizione

Praxis is concerned, within the Marxian tradition to which Toscano alludes, and as defined by Marx himself in his critique of Feuerbach, with the particular aim to develop a radical project in which, through the interrelationship of theory and practice, of thought to material existence, their mutual transformation will follow.[2] Concerning the specifically spatial terms in which praxis is framed by Toscano, it cannot, of course, be claimed that any design discipline can by itself produce a political topology 'that binds together the subjective forms of political action and the shifting configurations of space'. It might be possible, though, that a design practice in which critical theory plays a significant part avoids both the subsumption of its own agenda to the productive logic of capitalist development, on the one hand, and, on the other, the idealism which posits an immutable human nature defined by its needs of attachment to place and tradition. It might be possible that through its own form of praxis it achieves the ability to critically rethink the possibile conditions of subjective experience and social existence in relation to the production of space and, through this, that it define projects contributing to the creation of a 'political topology' which, at the same time, ought also to be conceived as ecological in its formations. This essay explores the significance of praxis to the programme of AALU, and of the capacity to critically think and practice the discipline in relation to the specific convergences of the political, the social, the subjective and the ecological which are materialised across the territories it is engaged with. This praxis will be presented through an elaboration of the 'moments' of disciplinary contest, teleological construction, territorial definition and aesthetic possibility through which it passes.

DISCIPLINARY CONTESTATIONS

The interdisciplinary arena of Landscape Urbanism has not always functioned as a participatory democracy. It has often operated, on the contrary, as a disciplinary battle zone in which old rivalries are played out and positions of dominance are struggled over. Landscape architecture appears to be

Marxista, cui allude Toscano, e come definita dallo stesso Marx nella sua critica di Feuerbach, ha l'obiettivo specifico di sviluppare un progetto radicale cui, attraverso l'interrelazione tra teoria e pratica, pensiero ed esistenza materiale, seguirà una loro trasformazione reciproca.[2] Per quanto riguarda i termini specificamente spaziali in cui la prassi è inquadrata da Toscano, non si può certamente, affermare che qualunque disciplina del progetto sia in grado di produrre da sola una topologia politica "che lega insieme le forme soggettive di azione politica e l'incostante configurazione dello spazio". Potrebbe essere possibile, però, che una pratica di progettazione -in cui la critica teorica svolga una parte significativa del lavoro- eviti, da un lato, una assunzione del proprio programma alla logica produttiva dello sviluppo, e, dall'altro, quell'idealismo, che pone la natura umana immutabile, definita dai suoi bisogni di attaccamento al luogo e alla tradizione. Potrebbe essere possibile che, attraverso la propria forma di prassi si realizzi l'opportunità di ripensare criticamente le condizioni di esperienza soggettiva e la vita sociale in relazione alla produzione di spazio e, attraverso questo, si definiscano i progetti che contribuiscono alla creazione di una 'topologia politica' che, al tempo stesso, dovrebbe essere concepita come ecologica nelle sue forme. Questo saggio esplora il significato della prassi nel programma di AALU, e della capacità di pensare criticamente e praticare la disciplina in relazione alle convergenze specifiche in materia politica, sociale, soggettiva ed ecologica concretizzate in tutti i territori. Questa prassi sarà illustrata attraverso l'elaborazione dei "momenti" di un concorso disciplinare, interpretazione teleologica, definizione territoriale e possibilità estetica.

CONTESTAZIONI DISCIPLINARI

"L'arena" interdisciplinare del Landscape Urbanism non ha sempre funzionato come una democrazia partecipativa. Al contrario, si è spesso comportata come zona di battaglia disciplinare, in cui vecchie rivalità si scontrano con posizioni di dominio. L'architettura del paesaggio sembra sopravvalere di frequente in tali competizioni e la sua pratica è stata notevol-

a frequent victor in such contests and its practice has been significantly reinvigorated by the expanded scope of its operations under the umbrella of Landscape Urbanism. This outcome owes much to the North American origins of the discourse of Landscape Urbanism and its particular claims to the practice of urban design. Where modernist architecture had previously sought to establish its hegemony over urbanism through organs such as CIAM, under the changed conditions of the late-twentieth and early-twentieth first century this role is now claimed by landscape. As Charles Waldheim writes, in his account of Landscape Urbanism: *Landscape Urbanism describes a disciplinary realignment currently underway in which landscape replaces architecture as the basic building block of contemporary urbanism. For many, across a range of disciplines, landscape has become both the lens through which the contemporary city is represented and the medium through which it is constructed.*

Architecture is clearly the loser under the new terms of this 'disciplinary realignment'. Its practice overall, and not just its claims to form the basis of urbanism, is marginalised by a series of arguments concerning the impact of post-Fordism upon the city, and the uniquely performative capacities of landscape as a medium for time-based and ecological processes. These arguments centre upon Detroit as exemplary of a post-Fordist historical juncture in which the once dense urban fabrics of the American city ought now it, is argued, to be dispersed into the suurounding landscape. Occupying a privileged place in the discourse of Landscape Urbanism, and forming the focus of the essays contained in the book Stalking Detroit, the arc of the Motor City's rise and fall has been neatly correlated with the arrival and departure of the automobile industry, and its post-Fordist, post-industrial trajectory has been mapped onto the shifting articulations of 'property ownership, speculative development, and mobile capital' identified as its determining conditions.[3] In their essay 'After Ford', Patrik Schumacher and Christian Rogner argue that 'Detroit offers a paradigmatic case study of fordism as an

mente rinvigorita dall'uso esteso in progetti di urbanistica e paesaggio. Questo risultato deve molto alle origini nordamericane del Landscape Urbanism, e alla sua particolare "pretesa" verso una pratica della progettazione urbana. La dove l'architettura modernista aveva già cercato di stabilire la propria egemonia sull'urbanistica attraverso organi quali il CIAM, nelle mutate condizioni del ventunesimo secolo, questo ruolo è ora caratteristico del paesaggio. Come scrive Charles Waldheim, nel suo " The Landscape Urbanism Reader":
Il Landscape Urbanism descrive un riallineamento disciplinare attualmente in corso, in cui il paesaggio sostituisce l'architettura come struttura base dell'urbanistica contemporanea. Per molti, in una serie di discipline, il paesaggio è diventato sia una lente attraverso la quale la città contemporanea è rappresentata, sia il mezzo grazie al quale si è costruita.
L'architettura è chiaramente perdente secondo questa definizione di "riallineamento disciplinare". La sua pratica complessiva, e non solo la sua pretesa di voler costituire la base dell' urbanistica, è arginalizzata da una serie di argomenti riguardanti l'impatto del postfordismo sulle città, e le capacità performative uniche del paesaggio come mezzo per processi ecologici e basati sul tempo. L'esempio di Detroit è al centro di tali argomentazioni, come momento storico post-fordista, in cui i tessuti urbani, una volta caratterizzati dalla densità, dovrebbero ora essere "dispersi" nel paesaggio circostante. Altro argomento privilegiato nel discorso del Landscape Urbanism -che costituisce il punto centrale dei saggi contenuti nel libro Stalking Detroit- è la crescita della Motor City e la sua caduta, strettamente legata all'arrivo e alla partenza del settore automobilistico, e il periodo post Fordista, post industriale, è stato guidato dallo spostamento di proprietà, dallo sviluppo speculativo e dal capitale mobile, identificato come fattore determinante[3]. Nel loro saggio "After Ford", Patrik Schumacher e Christian Rogner sostengono che "Detroit offre un caso di studio paradigmatico del fordismo come modello organizzativo"[4], inoltre che "il concetto totalizzante del fordismo è diventato strumento della razionalità di base dell'urbanistica e dell'architettura moderna" in America e

organizational model'[4] and that the 'totalizing notion of fordism became instrumental to the underlying rationality of modern architecture and urbanism' in America and across Europe.[5] Inextricably bound to the logic of Fordism, Detroit is amongst the first of cities to experience the depopulation that follows the dispersive urban-regional practices of the former's decentralising phase in the mid-twentieth century. At this juncture, it is argued, modernist approaches to urban planning are made redundant and new methods of low-density, regionally-oriented and infrastructurally networked forms of planning emerge as their successor. In this context, Ludwig Hilberseimer's New Regional Pattern (which is informed too by the need to render infrastructure less vulnerable to attack by the atomic bomb), at the large scale, and his Lafayette park project in Detroit at the smaller one, are for Waldheim the very models of a 'direct critique of modern urbanism' and prescient exemplars of the contemporary need to rethink and remodel urbanism as landscape. The responses to the prevalence of vacant sites and void spaces now left in the wake of Detroit's depopulation and decentralisation have, on the part of Waldheim and others been to propose a remediative strategy drawing precisely on landscape as its medium. In answer to the patterns of abandon and decay exemplified in Detroit they have proposed, as represented in Stalking Detroit, an 'urbanism of landscape' which 'stages and choreographs the process of decommissioning, depopulating and [the] reconceiving' of its 'territories'.[6] As recounted by Graham Shane, Detroit's decommissioning is envisaged here as a four-part process comprised of the following stages: *"Dislocation"* (disconnection of services), then *"Erasure"* (demolition and jumpstarting the native landscape ecology by dropping appropriate seeds from the air), then *"Absorption"* (ecological reconstitution of part of the Zone as woods, marshes, and streams), and then *"Infiltration"* (the recolonization of the landscape with heteropic village-like enclaves).[7] *Graham Shane, 'The Emergence of Landscape Urbanism', Harvard Design Magazine, Fall 2003/Winter 2004*

in tutta Europa.[5] Indissolubilmente legata alla logica del Fordismo, Detroit è tra le prime città a sperimentare lo spopolamento che segue le pratiche dispersive urbano-regionali della fase del decentramento nella metà del XX secolo. Si sostiene, nei saggi citati, che gli approcci modernisti alla pianificazione urbana siano superflui, mentre emergono, in sostituzione, nuovi metodi di "bassa densità", forme orientate a scala regionale e in una rete di infrastrutture. In questo contesto, il nuovo modello regionale di Ludwig Hilberseimer, a larga scala, e il suo progetto del parco Lafayette a Detroit, a scala più piccola, sono per Waldheim gli stessi modelli di una "critica diretta dell'urbanistica moderna" ed esempi della necessità contemporanea di ripensare e rimodellare l'urbanistica verso il paesaggio. Le risposte alla prevalenza di spazi vuoti, dopo la stasi dello spopolamento e del decentramento di Detroit, hanno portato Waldheim e altri a proporre una strategia correttiva, che prende il paesaggio come supporto. In risposta ai modelli di abbandono e di degrado esemplificati come in Detroit hanno proposto, come scritto in "Stalking Detroit", un "urbanistica del paesaggio" che "mette in scena e rende coreografico il processo di smantellamento, spopolando e riconvertendo il suo territorio".[6]
Come raccontato da Graham Shane, l'abbandono di Detroit è considerato come un processo che comprende le seguenti quattro fasi: *"Dislocazione" (scollegamento dei servizi), poi "Eliminazione" (demolire e far ripartire l' ecologia originale del paesaggio seminando dei semi) poi "l'assorbimento" (la ricostruzione ecologica di una parte della Zona come boschi, paludi e corsi d'acqua), e poi l'"infiltrazione "(la ricolonizzazione del paesaggio con delle enclavi eteropiche intese come villaggio)[7] (Graham Shane, 'The Emergence of Landscape Urbanism', Harvard Design Magazine, Fall 2003/Winter 2004)*

URBANISTICA E LE "LEGGI MOTORIE"
Sia la più ampia applicabilità del modello di Detroit qui delineato e le sue politiche, o la mancanza di queste, non sono prive di problematiche. Graham Shane, in un saggio ampiamente in sintonia con Lanscape Urbanism, osserva:

URBANISM AND THE "LAWS OF MOTION"
Both the broader applicability of the Detroit model outlined here and its politics, or lack thereof, are not unproblematic, however. As Graham Shane, in an essay broadly sympathetic to Landscape Urbanism, observes:
The problem is that the small scale, bottom-up, and eco-friendly moves advocated by Stalking Detroit do not address fundamental issues of social justice and equity that are also part of the foundations of a true urbanity. Other cities have not fallen prey to Henry Ford's myopia, racism, and anti-urbanism. Other successful cities have moderated their dynamic and destabilizing tendencies with pushes for justice and equality, so that wealth and information are redistributed throughout the urban network in the interest of social reproduction, efficiency, and competitiveness in a global market.[8]
Moreover, given the uniquely intimate relationship between the automobile industry and Detroit, the extent to which it can be claimed as a paradigm of anything other than its own particular history is clearly questionable. But the wider applicability of this very particular model is nowhere problematised by Schumacher and Rogner, and their argument in fact suggests its more global validity: contemporary urbanism in general is subsumed under a single model of linear of development which leads to an inevitably post-urban outcome. Whilst the correspondences between industrial and urban phases of development which the authors argue for may offer a neatly deterministic formula, its precise telos is, though, singular, rather than universal, and doesn't begin to address the multiple forces shaping contemporary urbanism or their manifold dynamics. In the production of this telos Schumacher and Rogner follow an orthodox Western Marxist theory of urbanisation recently analysed by David Cunningham as driven by 'arguments about the primacy of industrialization and the factory – over any relatively autonomous processes of urbanization – within the 'laws of motion' of capitalist development, as well as in the composition of the proletariat as a force opposing it.'[9] More contemporary theories of urbanisation, at-

Il problema è che la piccola scala, bottom-up, ed il movimento eco-friendly sostenuto da "Stalking Detroit" non affrontano questioni fondamentali di giustizia sociale ed equità, che sono parte delle fondamenta di una vera urbanità. Altre città non sono cadute in preda alla miopia di Henry Ford, del razzismo e dell' anti-urbanistica. Altre città di successo hanno moderato le loro tendenze dinamiche con spinte destabilizzanti per la giustizia e l'uguaglianza, in modo che la ricchezza e l'informazione venissero distribuite su tutta la rete urbana ai fini della riproduzione sociale, l'efficienza e la competitività di un mercato globale.[8]
Inoltre, considerato il rapporto univoco ed intimo tra l'industria automobilistica e Detroit, la misura in cui esso può essere rivendicato come un paradigma di qualcosa di diverso da una propria storia particolare, è evidentemente discutibile. Ma la più ampia applicabilità di questo modello, molto particolare, non è mai posta in problema da Schumacher e Rogner, e la loro tesi, infatti, suggerisce una maggiore validità globale: l'urbanistica contemporanea in generale è sottomessa ad un unico modello di sviluppo lineare che porta inevitabilmente ad un risultato post-urbano. Mentre le corrispondenze tra le fasi di sviluppo industriale e urbano che gli autori auspicano sembra poter offrire una formula ben determinata, il suo preciso "telos" -scopo finale- tuttavia, è singolare e non universale, e non si confronta con le forze "multiple" che concorrono all'urbanistica contemporanea o le loro varie dinamiche. Nella definizione di questo "telos" Schumacher e Rogner seguono una teoria marxista ortodossa-occidentale di urbanizzazione, analizzata recentemente da David Cunningham, e suggerita da "argomenti sul primato dell'industrializzazione e di fabbrica -su qualsiasi processo relativamente autonomo di urbanizzazione- all'interno delle "leggi del moto" dello sviluppo capitalistico, così come nella composizione del proletariato come forza di opposizione.[9] Teorie più recenti di urbanizzazione, che tentano di tenere conto delle vere complessità delle formazioni attuali, devono, invece, concentrarsi sul "ruolo delle logiche della produzione, e delle relazioni sociali, specifiche all'urbanizzazione –siccome la logica non è riconducibile

tempting to account for the real complexities of its current formations, have come to focus instead, he continues, 'on the role of the logics of production, and of the social relations, specific to urbanization – as logics that are not reducible to the 'industrial' – and their connection to the contemporary spatial structuration of increasingly globalized flows of money, information and people.' If there is indeed any global logic of urbanisation to be grasped, it is not that of a 'post-urban' tendency but precisely its opposite.

As Cunningham reports: *Within the next few years, there are expected to be at least twenty mega-cities with populations exceeding 10 million, located in all areas of the globe. Since 1950, nearly two-thirds of the planet's population growth has been absorbed by cities. By 2020 the total rural population will almost certainly begin to fall, meaning that all future population growth will, effectively, be an urban phenomenon.*[10]

AALU has addressed itself to this broader dynamic of urban growth, and to particular local and regional conditions in which the 'globalized flows of money, information and people' are articulated within specific ecologies and geographies, through a series of research and design projects in Mexico, Sri Lanka, Dubai and the 'urban corridors' of the Pearl River and Yangtze Delta's of China.

In Sri Lanka, for example, the programme engaged with the aftermath of the 2004 tsunami and its subsequent social, economic and environmental impact upon a region especially vulnerable, in these terms, to 'natural disasters'. The rebuilding and reoccupation of the affected areas of Sri Lanka required clear identification of hazard zones to avoid future loss of life and property. At the same time, the new sociopolitical configurations generated as an immediate consequence of the local death toll called for a reinterpretation of the traditional patterns of spatial inhabitation, both at the macro and micro scale. In the aftermath of the tsunami, the regions' newly established urban organisation — in part artificially generated by new policies responding to the perception of the urgent need to develop tourism — enforced the regional dis-

all'industria- ed il loro collegamento con la strutturazione spaziale contemporanea di flussi di denaro, informazioni e persone sempre più globalizzati." Se esiste una logica globale dell'urbanizzazione da accogliere, non è di sicuro quella di una tendenza "post-urbana" ma il suo contrario. Cunningham riporta che: *Entro i prossimi anni, ci saranno almeno una ventina di mega-città con una popolazione superiore a 10 milioni, localizzate in tutte le aree del globo. Dal 1950, quasi due terzi della crescita della popolazione del pianeta è stata assorbita dalle città. Entro il 2020 il totale della popolazione rurale quasi sicuramente diminuirà, il che significa che tutta la futura crescita della popolazione, effettivamente, sarà un fenomeno urbano.* [10]

AALU ha focalizzato l'attenzione su questa dinamica più ampia della crescita urbana, e le particolari condizioni locali e regionali in cui i "flussi globalizzati di denaro, informazioni e persone" si articolano all'interno di ecologie ed aree geografiche specifiche, attraverso una serie di progetti di ricerca e progettazione in Messico, Sri Lanka, Dubai e i "corridoi urbani" del Fiume Pearl e il Yangtze Delta in Cina.

In Sri Lanka, per esempio, il programma si occupa delle conseguenze dello Tsunami del 2004 e il suo conseguente impatto sociale, economico ed ambientale su una regione particolarmente vulnerabile. La ricostruzione e la rioccupazione delle zone colpite dello Sri Lanka ha richiesto una chiara identificazione delle zone di pericolo per evitare una futura perdita di vite umane e di beni. Allo stesso tempo, la nuova configurazione socio-politica generata come conseguenza immediata del tributo locale di perdite umane, ha evocato una reinterpretazione dei tradizionali modelli degli abitati del territorio, sia in micro che in macroscala.

In seguito allo Tsunami, la nuova organizzazione urbana della regione -in parte artificialmente generata da nuove politiche in risposta all'urgente necessità di sviluppare il turismo- ha obbligato la dislocazione regionale delle comunità svantaggiate, ha messo il futuro economico di questi in pericolo, e, nel processo, ha causato drastici cambiamenti per l'ecosistema locale.

I progetti realizzati in questo programma di

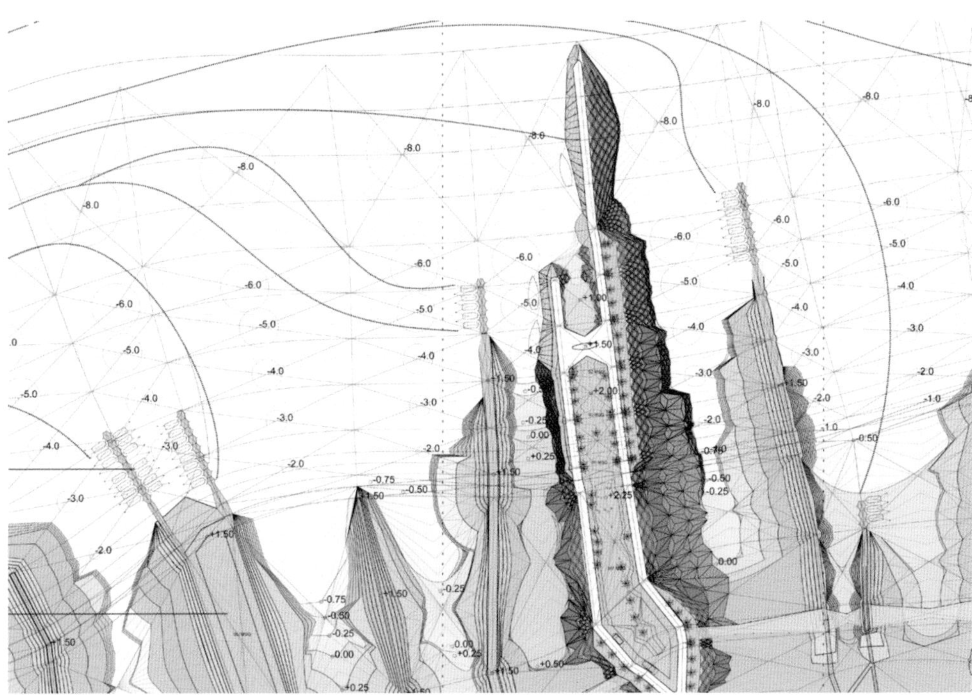

Urban Piers, Sri Lanka, Zoe Spiegel, 2006 AALU

Responsive Coastline, Dubai, Alejandra Bosch, 2007 AALU

location of underprivileged communities, put the economic future of these in jeopardy, and, in the process, were causing drastic changes to the local ecosystem.

The projects produced in this programme explored the means through which foreign capital could be engaged in the region so as to fund development that, whilst still providing for tourism, could also accommodate the existing local fishing economies and work to mitigate the threat of future flooding

In Dubai the dynamics of urban growth, in which billions were to be spent on the development of infrastructures supporting tourism and financial economies, were addressed in terms of their environmental implications and tendency to physically and socially segregate the urban fabric. Then hosting around 6 million tourists a year, and engaged in the creation of the artificial topographies of the palm islands, Dubai's massive infrastructure projects were reconceived as material organisations in which financial, technical and environmental forces could be productively reconfigured so as to obviate their negative impact upon social and ecological conditions.

AALU has more recently turned the focus of its attention to China, whose post-reform economic boom, combined with its mass rural to urban migration, is fuelling a high-speed urbanism and producing new cities at a globally unprecedented pace. This intense urbanisation process has brought even the smallest villages into immediate and sudden proximity to globalisation, foreign capital and the generic architecture that serves to accommodate it, and as a consequence, produced new hybrid spatial formations such as the 'urban village' and 'rurbanism' (closely-articulated patterns of rural-urban development). Alongside these factors, the pace and scale of development, particularly in the mega-cities of Beijing, Shanghai, Shenyang and Wuhan, has underscored the critical and urgent need to attend to the interrelations between the phenomena of mass migration, pollution and the loss of arable land. The absence of a coherent urbanisation policy for example, means that there are no existing mechanisms of negotiation between economic interests, existing

AALU esplorano i mezzi attraverso i quali il capitale straniero potrebbe essere impegnato nella regione, al fine di finanziare uno sviluppo che, garantendo allo stesso tempo il turismo, potrebbe mantenere anche le economie di scala locale esistenti e lavorare per ridurre la minaccia di inondazioni future.

A Dubai la dinamica della crescita urbana, in cui miliardi sono stati spesi per lo sviluppo delle infrastrutture a sostegno del turismo e delle economie finanziarie, è stata affrontata in termini delle implicazioni ambientali e di tendenza a separare fisicamente e socialmente il tessuto urbano. Ospitando circa 6 milioni di turisti l'anno – anche con la creazione artificiale delle isole Palm- Dubai ha ripensato i progetti infrastrutturali come occasione in cui le forze finanziarie, tecniche e ambientali possono essere produttivamente riconfigurate in modo da evitare il loro impatto negativo sulle condizioni sociali ed ecologiche.

Recentemente AALU ha portato al centro della sua attenzione la Cina, il cui boom economico post-riforma, combinato con la migrazione urbana-rurale di massa, crea un'urbanistica di elevata velocità e causa la produzione di nuove città a un ritmo senza precedenti a livello mondiale. Questo intenso processo di urbanizzazione ha portato anche i villaggi più piccoli ad una improvvisa globalizzazione, con i capitali esteri e una architettura generica, e, di conseguenza, ha prodotto nuove formazioni territoriali ibride, come il "villaggio urbano" e forme di "rurbanismo" (modelli di sviluppo rurale-urbano).

Accanto a questi fattori, il ritmo e la portata dello sviluppo, in particolare nelle mega-città di Pechino, Shanghai, Wuhan e Shenyang, hanno espresso la necessità urgente del progetto di occuparsi delle interrelazioni tra i fenomeni di migrazione di massa, l'inquinamento e la perdita di territorio coltivabile. L'assenza di un esempio di coerente politica di urbanizzazione, significa che non ci sono i meccanismi esistenti di negoziazione tra interessi economici, attuali formazioni sociali, pressioni di sviluppo ed ecologie ambientali. Lavorando all'interno di questo scenario i progetti dell'AALU per la regione hanno cercato di sviluppare nuovi modelli prototipici di urbanistica, spesso attra-

social formations, developmental pressures and environmental ecologies. Working within this scenario AALU projects for the region have sought to develop protypical models of urbanism, often through the close articulation of architecture, infrastructure and agriculture, which seek to grasp and redirect both the complexities and the possibilities immanent to these phenomena away from their otherwise catastrophic social and environmental effects.

THE TIME AND PLACE OF THE POLITICAL

Returning to the Detroit model of (post)urbanism, its political implications, as well as its geographic and historical scope, also demand critical attention. Since its teleology explicitly points the way to a post-urban condition, to a strategy of dispersal where the built fabric of the city is to be replaced by voids and non-sites, themselves remediated as new 'Zones' accommodating various forms of post-settlement park-based activities, it implies too a post-political and post-philosophical space, in the strict sense of these terms at least. This is so since, as Cunningham observes, the practices and meanings of politics and philosophy are explicitly associated with the metropolis:
...in its classical 'origins', philosophy itself is very precisely situated in the city (polis)... The city is the point at which Plato's philosophy as a whole converges, and not only in the Republic. The 'destiny of knowledge [of the truth] and that of communal [city] life' are inextricably linked.7 This means not only that it is philosophical thought that is entrusted with the foundation and government of a being-in-common that would constitute 'the unity of one and the same city', but that there can be no thought without the polis...Philosophy, in its classical Greek determination, is irreducibly urban. Thus, for Aristotle, similarly, man's unique nature as a political animal [politikon zoon] – a conception taken up later by Marx, among others – translates as he 'whose nature is to live in a polis'. [11]

In the absence of the metropolitan condition there is literally no place in which to practice philosophy and no place from which to produce its politics. The post-urban, then,

verso articolazioni vicine all'architettura delle infrastrutture e dell'agricoltura, che cercano tanto di contenere, quanto di allontanare, sia la complessità dei fenomeni che le possibilità immanenti dei loro effetti ambientali e sociali, altrimenti catastrofici.

IL TEMPO E IL LUOGO DELLA POLITICA.

Tornando al modello di (post)urbanismo di Detroit, sia le sue implicazioni politiche sia i suoi obiettivi geografici e storici richiedono attenzione. Siccome la sua teleologia ha esplicitamente l'obiettivo di una condizione post-urbana -oltre ad una strategia di dispersione, dove il tessuto costruito della città verrà sostituito da vuoti, da loro stessi pensati come nuove "Zone" che ospitano diverse forme di attività post-insediamento basati sui parchi- implica anche uno spazio post-politico e post-filosofico nel senso stretto di questi termini. Ciò perché, come osserva Cunningham, le pratiche ed i significati della politica e della filosofia sono esplicitamente associati alla metropoli:
...nelle sue 'origini' classiche la filosofia stessa è situata precisamente nella città (polis)... La città è il punto in cui tutta la filosofia di Platone converge, e non solo nella Repubblica. Il destino della conoscenza [della verità] e quella della vita comune [città] sono inestricabilmente collegati. Ciò significa non solo che è il pensiero filosofico che è affidato con la fondazione e il governo di un essere-in-comune che costituisce l'unità di uno e la stessa città, ma che non vi può essere la riflessione senza la polis... la filosofia, nella sua determinazione classica greca, è irriducibilmente urbana. Così, per Aristotele, analogamente, l'unicità dell'uomo è l'essere come animale politico [politikon zoon] - un concetto ripreso più tardi da Marx, tra gli altri – che si traduce come l'uomo la cui natura è di vivere in una polis. [11]

In mancanza di una condizione metropolitana non c'è davvero posto in cui praticare filosofia e non c'è nessun luogo in cui fare politica. Il post-urbano suggerisce poi il passaggio storico di una certa formazione socio-territoriale le cui condizioni, le contraddizioni e le possibilità, hanno costituito un punto focale di pratica e di ricerca, non solo per la filosofia classica, ma, in epoca moderna, per un lignaggio di critica urba-

suggests the historical passing of a certain socio-spatial formation whose conditions, contradictions and possibilities have constituted a focal point of practice and enquiry not only for classical philosophy, but, in the modern period, for a lineage of urban critique present in the thought of Karl Marx, Georg Simmel, Walter Benjamin, Siegfried Kracauer, ManfredoTafuri, Massimo Cacciari, Henri Lefebvre, and DavidHarvey, amongst others. For these thinkers the gathering of the masses in the city, its intensities of exchange and its production of new forms of experience and subjectivity are both symptomatic of the transformative effects of capitalism and ripe with the potential to function otherwise as the means to overcome capitalism itself. Within this current of urban critique, however problematic the conditions of the metropolis, their solution is not located in the return to some pre-modern social formation, or to a post-urban exodus. Rather the means through which social justice, or an end to exploitation and alienation are to be achieved are already immanent to the capitalist metropolis.

By contrast, the landscaping strategies with which Landscape Urbanism has been most often concerned, with their at times rather formulaic proposals for remediating post-industrial voids as parkland, appear to identify with an anti-metropolitan tradition of thought; to a current variously posited as romantic, utopian, anti-modern or conservative, in which the condition of the metropolis is rejected outright and anti-urban alternatives, typically involving the redemptive features of 'nature', are invoked. Key to Landscape Urbanism's particular inflection of this tradition is the notion of the 'non-site' and its use as a means to conceptualise the spaces left in the wake of post-urban decentralisation. These non-sites are indeterminate and unproductive zones without programme or function, spaces removed from the logic of production and development. 'Non-sites' are figured by Waldheim, borrowing from de Certeau, as analogous to the dying man who no longer functions as a 'site' for the disciplinary and productive regimes to which he would otherwise be subjected.[12] Detroit is thus

na nel pensiero, tra gli altri, di Karl Marx, Georg Simmel, Walter Benjamin, Siegfried Kracauer, Manfredo Tafuri, Massimo Cacciari, Henri Lefebvre, e David Harvey. Per questi pensatori la raccolta delle masse nella città, la sua intensità di scambio e la sua produzione di nuove forme di esperienze e soggettività sono entrambi sintomatici degli effetti trasformativi del capitalismo e delle potenzialità di funzionare come mezzo per superare il capitalismo stesso. All'interno di questa corrente di critica urbana, nonostante le problematiche delle condizioni della metropoli, la soluzione non sta nel ritorno alla formazione sociale pre-moderna, nè ad un esodo post-urbano. Al contrario, i mezzi attraverso i quali la giustizia sociale e la fine dello sfruttamento ed alienazione dovranno essere ottenuti, sono ormai insiti nella metropoli capitalista. Di contro, le strategie paesaggistiche di cui il Landscape Urbanism si è più spesso occupato, con proposte a volte piuttosto dal sapore di "formule" -per esempio per la trasformazione dei vuoti post-industriali in parchi- sembrano identificarsi con una tradizione anti-metropolitana del pensiero e con una corrente diversamente postulata come romantica, utopistica, anti-moderna o conservativa, in cui la condizione della metropoli viene rifiutata e vengono invocate quelle alternative anti-urbane, che di solito coinvolgono le caratteristiche "redentive" della natura.

Cardine della particolare inflessione del Landscape Urbanism –soprattutto di stampo americano- è la nozione di "non-sito" e del suo uso come mezzo per concettualizzare gli spazi lasciati sulla scia del decentramento post-urbano. Tali non-siti sono zone indeterminate e improduttive senza programma o funzione, spazi rimossi dalla logica della produzione e dello sviluppo. I "non luoghi" sono infatti rappresentati da Waldheim, secondo l'influenza di De Certeau, ovvero "analoghi all'uomo morente che non funziona più come un sito" per le modalità disciplinari e produttive a cui altrimenti sarebbe sottoposto.[12] Detroit è dunque rappresentato come un "non sito" in quanto non può essere sottoposto, nel suo stato di de-commissione, alle procedure di sviluppo e produttività, di architettura o di pianificazione. Va oltre la logica delle operazioni disciplinari.

figured by him as a 'non-site' since it cannot be subjected, in its decommissioned state, to the developmental and productive procedures of architecture or planning. It falls beyond the logic of their disciplinary operations. Only under these conditions of abandon, it is argued, can the 'non-site' be opened to other futures and its territory reconceived.

For Frampton too the potential of the non-site is premised upon its abandoned state in order that it function as a compensatory, remedial or resistant other to the homogenising logic of development. Despite their differences in approach, in both Waldheim's and Frampton's urban landscapes, populations are largely defined by their departure and absence. The projects informed by these positions, whilst often imaginatively and rigorously oriented toward ecological concerns, and articulated in relation to the powers of mobile capital, are thus not required to think or engage with either the relations between built elements of the urban fabric and the concommitant processes of subjectivification which follow from this, or the transformative potentials of these since both perspectives are explicitly anti-metropolitan.

Within both of these currents of Landscape Urbanism there is then a sense in which landscape's primacy as a means of conceiving and producing territories constitutes not only a disciplinary victory over architecture, in a hegemonic struggle over claims to urban design, but an historical one over urbanism and the metropolis as such. Landscape is proposed as a holding ground against development and in anticipation of a post-urban society. As Alan Berger has suggested of Frampton's proposals for undeveloped and voided zones, that they await a time 'when society comes to its senses and acknowledges the destruction it has caused with wasteful development practices'[13], a position echoed in the strategies of 'ecological reconstitution' to followed by 'village like enclaves' outlined in Stalking Detroit. There is a further intimation here too of a desire to finally have done with modernity, with both the problems and potentials of its contradictions and with the continuous transformations and upheavals of its met-

Solo a queste condizioni di abbandono, sostiene Waldheim, il "non-sito" può essere aperto ad altri futuri e il suo territorio ripensato. Per Frampton anche le potenzialità del non-sito si fondano sul suo stato di abbandono in modo che funzioni come compensazione, riparazione o resistenza oltre la logica di omogeneizzazione di sviluppo. Nonostante le differenze di approccio, in entrambe le idee sul paesaggio urbano di Waldheim e di Frampton, le popolazioni sono in gran parte definite dal loro dinamismo o dalla loro assenza. I progetti influenzati da queste posizioni, mentre spesso creativamente e rigorosamente sono orientati verso le preoccupazioni ecologiche, e organizzati in relazione ai poteri del capitale mobile, non sono però tenuti a pensare o impegnarsi né con i rapporti tra gli elementi costruiti del tessuto urbano ed i processi concomitanti che ne derivano, né con le potenzialità di trasformazione di questi in quanto entrambe le prospettive sono esplicitamente anti-metropolitane.

All'interno di queste due correnti del Landscape Urbanism vi è poi un concetto in cui il primato del paesaggio come mezzo di concepire e produrre i territori, costituisce non solo una vittoria disciplinare sull'architettura, in una lotta egemonica verso la progettazione urbana, ma una vittoria storica sull'urbanistica e la metropoli in quanto tale. Il paesaggio si propone come opposizione allo sviluppo e anticipa una società post-urbana. Alan Berger ha lavorato sulle proposte di Frampton per le zone sviluppate e vuote, che attendono il tempo di "quando la società si desta e riconosce la distruzione provocata dalle pratiche consumiste di sviluppo",[13] una posizione ripresa nelle strategie di "ricostituzione ecologica" seguito dal "villaggio come enclave" delineata in Stalking Detroit. Anche qui vi è un indizio del desiderio di superare la modernità, sia con i problemi e le potenzialità delle sue contraddizioni e con le continue trasformazioni e sconvolgimenti del suo spazio metropolitano. Casi precedenti di questa posizione anti-modernista sono stati citati qualche tempo fa da Marshall Berman come indicazione di un "pastoralismo" nuovo nel suo "Tutto ciò che è solido si scioglie nell'aria".[14] L'argomentazione, che ha ancora qualcosa da suggerire al Landscape Urbanism in condizioni

ropolitan space. Previous instances of this anti-modernist position were lamented some time ago by Marshall Berman as indicative of an new pastoralism in his 'All That is Solid Melts Into Air'.[14] His argument there, which has something still to say to a Landscape Urbanism engaging with conditions beyond those of North America or Europe, was that an understanding of modernity and modernism in fact acquire a renewed relevance through the contemporary globalisation of their transformative effects: *They can help us connect our lives with the lives of millions of people who are living through the trauma of modernization thousands of miles away, in societies radically different from our own...They can illuminate the contradictory forces and needs that inspire and torment us: our desire to be rooted in a stable and coherent personal and social past, and our insatiable desire for growth-not merely for economic growth but for growth in experience, in pleasure, in knowledge, in sensibility-growth that destroys both the physical and social landscapes of our past, and our emotional links with those lost worlds; our desperate allegiances to ethnic, national, class and sexual groups which we hope will give us a firm "identity," and the internationalization of everyday life-of our clothes and household goods, our books and music, our ideas and fantasies-that spreads all our identities all over the map.[15]*

The contemporary 'trauma of modernization' does not, of course, straightforwardly replay and reproduce at a global scale the precise developmental logic of earlier and more specifically Western forms of urbanisation. The growth of the metropolis now occurs at a speed and magnitude that produces historically unique conditions Ð huge informal settlements, new hybrid forms such as the urban-village and massive pressures on local ecologies Ð whilst contemporary infrastructural programmes such as those designed for high-speed rail travel produce networks of urban centres that pose new questions of regional-metropolitan scale, for example. Yet the generalised tendency towards ever denser concentrations of large populations in urban conditions renders the question of a genuine

al di là di quelle del Nord America o Europa, è che la comprensione della modernità e del modernismo, acquisiscono una rilevanza rinnovata attraverso la globalizzazione contemporanea dei loro effetti trasformativi:
Essi possono aiutarci a collegare la nostra vita con quella di milioni di persone che vivono il trauma della modernizzazione a migliaia di chilometri di distanza, nelle società radicalmente diverse dalla nostra... Possono far luce sulle forze contraddittorie e le esigenze che ci ispirano e ci tormentano : il nostro desiderio di essere radicati in un passato personale e sociale, stabile e coerente, e il nostro desiderio insaziabile di crescita non solo per la crescita economica, ma per la crescita di esperienza, nel piacere, nella conoscenza, nella sensibilità di crescita che distrugge il paesaggio fisico e sociale del nostro passato, ed i nostri legami affettivi con i mondi perduti; nostra disperata fedeltà ai gruppi etnici, nazionali, sociali e di sesso che ci auguriamo possano darci un'"identità" forte,"e l'internazionalizzazione della vita quotidiana dei nostri abbigliamento e articoli per la casa, i nostri libri e la musica, le nostre idee e fantasie che diffondono le nostre identità su tutta la mappa. [15]

Il trauma contemporaneo "della modernizzazione" naturalmente non riprende ne riproduce semplicemente a scala globale la precisa logica di sviluppo di forme di urbanizzazione precedenti e più specificamente occidentali. La crescita della metropoli avviene oggi ad una velocità ed entità che produce condizioni storicamente uniche -enormi insediamenti informi, nuove forme ibride come il villaggio-urbano e pressioni sulle ecologie locali– mentre i programmi infrastrutturali contemporanei, come quelli per il treno ad alta velocità, producono reti di centri urbani che propongono nuove questioni sulla scala regionale-metropolitana. Eppure, la tendenza generalizzata verso la concentrazione sempre più fitta di grandi popolazioni in condizioni urbane riporta il dibattito su una politica vera e propria dello spazio urbano, rivolgendo l'attenzione criticamente agli scambi e ai movimenti tra le forze sociali, economiche e ambientali, ora più urgenti rispetto a prima. A questo proposito -e in questi contesti- gli approcci basati sul paesaggio sono di

politics of urban space, attending critically to the exchanges and movements between social, economic and environmental forces, now more and not less urgent than before. In this respect and in these contexts landscaping-based approaches are of limited applicability and, given the movement and mobility of contemporary populations, where identities are not only 'spread over the map', but thrown into constantly mobile juxtapositions, the possibility of maintaining a strict identity between a landscape and 'its' people is untenable and even politically reactionary. Landscape alone, addressed to site or non-site, is not a viable medium through which a design-based discipline can engage with the spatially transformative forces of globalised capital in late modernity. These forces demand an engagement too with the production of the built environment, particularly in terms of the role it has been understood to play in relation to social and subjective experience, and in its infrastructural capacities to configure relations between the social, the technological and the environmental.

BUILDINGS AS LANDSCAPES, LANDSCAPES AS BUILDINGS

In this context, the place of architecture maintained within AALU at its inception by the programme's first director, Mohsen Mostafavi is significant: *As a framework for the imagination, landscape produces new insights in response to the contemporary urban situation. It allows one to describe the territory in terms of an equal, though artificial, dialogue between buildings and landscapes. Yet this dialogue is not limited by the traditional definition of the terms 'building' and 'landscape': it allows for the simultaneous presence of the one within the other, buildings as landscapes, landscapes as buildings. And in this lies the potential to redefine the parameters of each discipline - architecture and landscape architecture in relation to one another.[16]*

Mostafavi's conception of the disciplinary relations within Landscape Urbanism is fundamentally distinct to that of Waldheim's. Rather than a 'disciplinary realignment', where landscape achieves hegemony over

limitata applicabilità e, data la circolazione e la mobilità delle popolazioni contemporanee, dove le identità non sono solo "sviluppate sulla carta", ma vengono messe in giustapposizioni costantemente mobili, la possibilità di mantenere un identità stretta tra un paesaggio e la propria gente è abbastanza difficile e anche politicamente reazionaria. Il paesaggio da solo, sensibile al sito o non sito, non è un medium valido attraverso il quale una disciplina basata sul progetto può impegnarsi insieme con le forze di trasformazione spaziale del capitale globalizzato in tarda modernità.
Queste forze, infatti, domandano un impegno anche verso la produzione dell'ambiente costruito, in particolare in termini del ruolo che si sostiene svolga in relazione a esperienze sociali e soggettive, e nella sua capacità infrastrutturale di configurare i rapporti tra il sociale, il tecnologico e l' ambientale.

EDIFICI COME PAESAGGI, PAESAGGI COME EDIFICI

In questo ambito, la concezione dell'architettura mantenuta dall'AALU dal suo inizio e dal primo direttore del programma, Mohsen Mostafavi è significativa:
Come un quadro di riferimento per l'immaginazione, il paesaggio produce nuove conoscenze, in risposta alla situazione urbana contemporanea. Esso permette di descrivere il territorio in termini di parità, anche se artificiali, del dialogo tra gli edifici e i paesaggi. Eppure, questo dialogo non è limitato dalla definizione tradizionale dei termini "costruire" e "paesaggio": consente la presenza simultanea di una dentro l'altra, edifici come paesaggi, paesaggi come edifici. E in questo risiede il potenziale per ridefinire i parametri di ogni disciplina - architettura e architettura del paesaggio in relazione l'uno all'altro.[16]

La concezione di Mostafavi dei rapporti disciplinari all'interno del Landscape Urbanism è fondamentalmente diversa da quella di Waldheim. Piuttosto che un "riallineamento disciplinare", dove il paesaggio raggiunge l'egemonia sull'architettura nelle sue pretese di offrire un modello di pratica buono per la progettazione urbana, entrambe le discipline sono riconfigurate attraverso le loro interrela-

architecture in its claims to offer a model of practice for urban design, both disciplines are reconfigured through their interrelationship. Landscape Urbanism is conceived by Mostafavi as a transdisciplinary rather than an interdisciplinary practice.

One in which buildings are landscaped and landscape becomes architectural. It worth noting too, in reference to the third term of the relations considered here, that of 'urbanism', that the 'urban situation' is not posited as a site for the remediative strategies of landscape, but as a territory in which this mutual redefinition of landscape and architecture can be productively mobilised.

For architecture, then, the model of landscape outlined here suggests, rather than a pastoral condition, a model through which built form becomes topographic. Rather than the figure-ground relations through which the urban fabric has traditionally been produced, with architecture as the static, and at times monumental figure accommodating and enveloping fixed programmes, and the street as the ground through which movement between these is channeled, an architecture as landscape suggests the capacity to produce more complex articulations within the urban fabric. A topographically, even topologically, directed architecture also provides the means through which to recompose and invent new configurations of infrastructure, agriculture, inhabitation and mobility within urban space and across the wider territories in which these are networked.

In his 1995 essay 'Toward an Urban Landscape', Kenneth Frampton, drawing upon Peter Rowe's book 'Making a Middle Landscape', appears to advance a similar argument for a landscaped architecture: *Two salient factors may be derived from Rowe's thesis...first, that priority should now be accorded to landscape rather than to freestanding built form and second, that there is a pressing need to transform certain megalapolitan types such as shopping malls, parking lots and office parks into landscaped built forms.*[17]

Whilst the proposal Frampton presents here has often been drawn upon within the discourse of Landscape Urbanism (the es-

zioni. Landscape Urbanism è concepito da Mostafavi come transdisciplinare piuttosto che interdisciplinare. In cui gli edifici sono come il paesaggio e il paesaggio diventa architettura. E' "da notare anche, in riferimento al terzo termine delle relazioni qui considerate, quello di "urbanistica", che la "situazione urbana" non si pone come un luogo per le strategie "rimediative" del paesaggio, ma come un territorio in cui questa reciproca ridefinizione del paesaggio e architettura può essere produttivamente mobilitata.

Per l'architettura, quindi, il modello del paesaggio qui delineato suggerisce, piuttosto che una condizione "pastorale", un modello attraverso il quale il costruito diventa "topografico". Piuttosto che le relazioni tra figure e terreno -attraverso le quali il tessuto urbano è stato tradizionalmente generato, con l'architettura come elemento statico e, a volte figura monumentale accomodante e avvolgente dentro programmi fissi, e la strada come il terreno su cui il movimento tra esse viene incanalato-un'architettura come paesaggio propone la capacità di produrre articolazioni più complesse all'interno del tessuto urbano. Un'architettura diretta topograficamente e topologicamente, prevede anche il mezzo attraverso il quale ricomporre e inventare nuove configurazioni delle infrastrutture, dell'agricoltura, dell'abitazione e della mobilità, all'interno dello spazio urbano e in tutti i territori più ampi in cui questi sono collegati in rete.

Nel 1995, nel suo saggio "Verso un paesaggio urbano", Kenneth Frampton, attingendo dal libro di Peter Rowe "Making a middle Landscape", sembra avanzare l'idea di un argomento simile per un'architettura del paesaggio: *Due fattori salienti possono essere derivati dalla tesi di Rowe... in primo luogo, che la priorità dovrebbe essere accordata al paesaggio, piuttosto che alla costruzione indipendente e la seconda, che vi è una pressante necessità di trasformare alcuni tipi "megalopolitani" come centri commerciali, parcheggi e uffici in forme costruite "paesaggisticamente".*[17]

Mentre la proposta di Frampton qui presentata è stata spesso estratta dal ragionamento sul Landscape Urbanism (il saggio in questione è citato in Waldheim, Shannon e Richard Weller

say in question is referenced in essays by Waldheim, Shannon and Richard Weller in the Landscape Urbanism Reader, for example), his 'landscaped built forms' actually bear little resemblance to the models of practice developed within AALU. Frampton's position is primarily formal in its strategy since it is addressed to existing typologies Ð 'shopping malls, parking lots and office parks'Ð which he argues ought now to assume a landscape form so as to minimise the impact of development within existing landscapes. The role of this landscaping is understood by Frampton to be remedial and compensatory, whereas within AALU the topographically oriented built form is properly machinic; it is both responsive and inventive. Formal complexity becomes a means through which existing typologies and urban programmes can be recomposed and rethought so that, for example, infrastructure may become inhabitable or architecture operate as a conduit for mobility.

In this sense the practice of AALU is closer to that of certain moments in the practice of Koolhaas Ð disparaged by Frampton as 'avant-gardist' Ð as exemplified in projects such as his unrealised project for Parc de la Villette. Here the promise of programmatic cross-fertilization, to be realised through the proximity of the project's stripped orientations, suggests a desire to work inventively with programme with which AALU is itself similarly concerned. Perhaps more significant as a precedent though, in terms of the articulation of built form, is the work of Paul Virilio and Claude Parent as the short-lived architectural practice 'Architecture Principe' in the 1960s. Through their articulation of the ground as an oblique gradient, as both floor and partition, Architecture Principe proposed a mediation of the strict division between the vertical, as a boundary-support function, and the horizontal, as the plane of inhabitation and mobility. Virilio and Parent's drawings of the period picture large-scale urban environments of intermeshing ramps and planes, of megastructures inhabited by figures reacquainted with the physiological pleasures of self-locomotion through a renewed contact with gravitational force. The potentials of the 'function of the

nel Landscape Urbanism Reader, per esempio), le sue "forme costruite paesaggisticamente" in realtà poco assomigliano ai modelli delle pratiche sviluppate all'interno dell' AALU. La posizione di Frampton è principalmente formale nella sua strategia, dal momento che è indirizzata a tipologie esistenti –"centri commerciali parcheggi e uffici"- che egli sostiene ora devono assumere una forma in modo da minimizzare l'impatto dello sviluppo all'interno di paesaggi esistenti. Il ruolo di questo paesaggio è inteso da Frampton come correttivo e compensativo, mentre all'interno dell'AALU la forma costruita orientata topograficamente è correttamente dinamica: è allo stesso tempo sensibile e inventiva. La complessità formale diventa un mezzo attraverso il quale le tipologie esistenti e i programmi urbani possono essere ricomposti e ripensati in modo che, per esempio, le infrastrutture possano diventare habitat o l'architettura medesima possa operare come un "canale" per la mobilità. In questo senso, la pratica dell'AALU è più vicina a quella di certi momenti nel lavoro di Koolhaas – screditato da Frampton come "avanguardista"– come il progetto non realizzato per il "Parc de la Villette". Qui, la promessa di fertilizzazione reciproca programmatica, da realizzare tramite la prossimità di orientamento del progetto, suggerisce un desiderio di lavorare inventivamente con programmi di cui la AALU stessa si occupa. Forse, però, il progetto più significativo, come precedente, in termini di articolazione della forma costruita, è il lavoro di Paul Virilio e Claude Parent, cioè il breve studio sull' architettura: "Architecture Principe" del 1960. Attraverso la loro articolazione del terreno come un gradiente obliquo, come pavimentazione e partizione, "Architecture Principe" ha proposto una mediazione della divisione rigida tra la verticale, come funzione di supporto del confine, e l'orizzontale, come il piano dell'abitazione e di mobilità. I disegni di Virilio e Parent dell'epoca mostrano grandi ambienti urbani di rampe e piani intrecciati, di megastrutture abitate da figure riprendendo contatto anche con i piaceri fisiologici di auto-locomozione attraverso un contatto umano rinnovato e con la forza gravitazionale.

Le potenzialità della "funzione della obliqua",

oblique', as it was termed by Architecture Principe, have been further developed, acros a range of scales, by AALU director Castro both in her architectural practice, Plasma Studio, and, collaboratively with other tutors and former students of the AALU programme, in the design group 'Groundlab'. In this body of design work the potentials of the oblique function in architecture are extended beyond the production of physiological qualities and explored as a means to selectively channel, distribute, mobilise or stabilise the material, technological, social and environemental forces at play within a given territory.

ABSTRACTION AND "SECOND-ORDER SENSUALISM"

If the formations produced as result of the articulation of such complex forces and phenomena at work contemporary urbanism appear somewhat 'abstract' then this is not a sign of their failure to respond with sufficient sensitivity toward their context. It results in fact from a rigorous analysis of context, understood not as an aesthetic or formal category, or only as 'site', but one where both material and abstract forces are present. In using the index and the diagram, the vectors of abstract forces such as finance, mobility, governance or planning are figured in relation to the material forces and practices which also shape territories and their futures. Through an understanding of the these relations, and the identification of the means through which they might be reconfigured or redirected, come projects that are to a degree necessarily abstract in their ambition to mediate conditions which are themselves both abstract and material. Whilst absolutely eschewing any tendency toward aestheticisation along the lines of either vernacular imagery or naturalisitic categories of the picturesque, the artificial topographies of AALU are not, in their abstract formations though lacking in the capacity to produce realms of affect and sensation, and may in fact achieve this through the very means of abstraction which make them appear, to some, as an alien presence. Speaking of abstraction and sensation in this context, Paolo Virno has

come è stata definita dalla "Architecture Principe", sono state ulteriormente sviluppate, attraverso una serie di approcci di scala, dalla Direttrice dell'AALU Eva Castro, sia nella sua pratica architettonica, con Plasma Studio e, in collaborazione con i tutor e gli ex studenti del programma AALU, nel gruppo di progettazione "Groundlab". In questo gruppo di progettazione le potenzialità della "funzione obliqua" in architettura sono estese al di là della produzione di qualità fisiologiche ed esplorate come un mezzo per "canalizzare, distribuire, mobilitare o stabilizzare le forze materiali, tecnologiche, sociali e ambientali in gioco all'interno di un dato territorio".

ASTRAZIONE E "SENSUALISMO DEL SECONDO ORDINE"

Se le realizzazioni prodotte come risultato dell'articolazione di tali forze e fenomeni complessi e dall'urbanismo contemporaneo, sembrano astratte, non è un segno della loro incapacità di rispondere con sufficiente sensibilità verso il contesto. Ciò risulta infatti da una rigorosa analisi del contesto, non inteso come categoria estetica o formale, o soltanto come "sito", ma come un luogo in cui sia il materiale sia le forze astratte sono presenti. Utilizzando l'indice e il diagramma, i vettori delle forze astratte come l'economia, la mobilità, il governo e la pianificazione sono rappresentati in relazione alle forze materiali e alle pratiche che formano i territori e il loro futuro. Attraverso la comprensione di queste relazioni, e l'identificazione dei mezzi attraverso i quali potrebbero essere riconfigurate o modificate, derivano progetti che sono ad un livello necessariamente astratto nella loro ambizione di mediare le condizioni medesime, sia astratte che materiali.

Pur evitando assolutamente qualsiasi tendenza estetizzante-formale o dell'immagine vernacolare o delle categorie naturalistiche e del pittoresco, le topografie artificiali dell' AALU non mancano, nelle loro formazioni astratte, della capacità di produrre contesti emozionali e di sensazioni, di fatto raggiungendo questo obiettivo attraverso proprio lo stesso mezzo di astrazione che li fa apparire, per alcuni versi, come forme "aliene". Parlando di astrazione e di

recently remarked upon this possibility, which he conceives as a 'second-order sensualism':
...today the fundamental problem is not to oppose the abstraction of social life in the name of a supposedly "concrete", but to derive a totally new "concrete" precisely from the reality of abstraction. I refer to Marx, who talked of "real abstractions" (like money, law, State institutions), and Marx talked also about the general intellect, that is the techno-scientific as the corner of social production. The task is to develop a form of both political and aesthetical sensualism that takes "real abstractions" as its stating point, a sensualism capable of critically re-working those abstractions. The task is to give a "body" to the general intellect.[18]

CONCLUSION

To return, in summary, to the question of a politics of the metropolis and the place of critical thought within Landscape Urbanism, to return to the question of praxis, that is, AA Landscape Urbanism has demonstrably eschewed any straightforward mobilisation of landscape, in its established sense, as means of pastoral remediation, resistance, cultural identification or developmental amelioration of the type to be found within other currents of its interdisciinary practice. It operates rather on the basis of a critical praxis, necessarily engaged, given the territories with which it is concerned, with conditions which are simultaneously and complexly social, political, ecological and economic, and with the transformative possibilities of these. Its proposals and interventions are derived from critical reflection not only upon such territorial conditions but too upon the means through which it engages with these. In this context it has developed hybrid forms of 'material organisation', drawing not only from landscape and architecture, rethought and reconfigured through their mutual interference, but also from infrastructure and engineering, and has done so in order adequately to respond to the phenomena that define contemporary urban and regional problematics. This response is one that searches for and is prepared to invent the specific means at the

sensazione, in questo contesto, Paolo Virno ha recentemente osservato su un "sensualismo di secondo ordine":
... oggi il problema fondamentale non è quello di opporsi all'astrazione della vita sociale in nome di una presunta "concretezza", ma di ottenere una "concretezza" totalmente nuova proprio dalla realtà dell'astrazione. Mi riferisco a Marx, che ha parlato di "astrazione reale" (come il denaro, il diritto delle istituzioni dello Stato), e ha parlato anche dell'intelletto generale, cioè quello tecno-scientifico, come l'angolo della produzione sociale. Lo scopo è di sviluppare una forma di sensualismo estetico e politico, che tenga conto delle "astrazioni reali" e come punto di partenza, un sensualismo in grado di rielaborare criticamente le astrazioni. Il compito è di dare un "corpo" all'intelletto generale. [18]

CONCLUSIONE

Per tornare, in sintesi, alla questione di una politica della metropoli e ribadire la posizione del pensiero critico all'interno del Landscape Urbanism, in sintesi, per tornare alla questione della prassi, AA Landscape Urbanism ha palesemente evitato qualsiasi uso diretto del paesaggio, nel suo senso stabilito, come mezzo di risanamento ambientale-rurale, di resistenza, di identificazione culturale o miglioramento di sviluppo, come invece sostenuto all'interno di altre correnti della sua pratica interdisciplinare. AALU opera invece sulla base di una prassi critica, necessariamente impegnata -dati i territori cui è interessata- in condizioni che sono complesse e contemporaneamente sociali, politiche, ecologiche ed economiche, e con la possibilità della trasformazione di questi. Le sue proposte progettuali e gli interventi derivano da una riflessione critica non solo di tali condizioni territoriali, ma anche sui mezzi attraverso i quali essa interagisce con questi. In questo contesto si sono sviluppate forme ibride di "organizzazione materiale", attingendo non solo dal paesaggio e dall'architettura, ripensata e riconfigurata attraverso l'interferenza reciproca, ma anche dalle infrastrutture e ingegneria, e lo ha fatto in modo da rispondere adeguatamente a fenomeni che definiscono le problematiche contemporanee a scala urbana e regionale. Questa risposta viene da una

disposal of a design-based practice, not so as to assume control over these conditions, but, on the basis of comprehending their implications in social and environmental terms, so as to identify the potentials to inflect, perhaps even detourn, these toward becomings which challenge the purely capitalist valorisation of social space and its attendant production of social and environmental injustice.

ricerca in progress ed è pronta a "inventare" i mezzi specifici a disposizione di una pratica basata sul progetto, non per assumere il controllo su tali diverse condizioni, ma sulla base di una comprensione delle loro implicazioni in termini sociali e ambientali, in modo da individuare le potenzialità di usare, e forse anche deviare, queste direzioni verso un divenire che metta in discussione la valorizzazione puramente capitalistica dello spazio sociale e la sua produzione di "ingiustizia sociale e ambientale".

Notes

1. Alberto Toscano, 'Factory, Territory, Metropolis, Empire', Angelaki, Volume 9, Issue 2, August 2004, pages 197 Angelaki, 2004
2. Karl Marx, 'Theses on Feuerbach', in Karl Marx and Frederick Engels, Collected Works, Vol. 5, London: Lawrence and Wishart, 1976
3. Charles Waldheim, Georgia Daskalakis and Jason Young (editors), Stalking Detroit, Barcelona: Actar, 2001. See for example the essay 'Decamping Detroit' by Charles Waldheim and Marili Santos-Munné in this collection.
4. Patrik Schumacher and Christian Rogner, 'After Ford' in Charles Waldheim, Georgia Daskalakis and Jason Young (editors), ibid, p. 49
5. ibid, p. 51
6. Charles Waldheim and Marili Santos-Munné, op cit. p. 110
7. Graham Shane, 'The Emergence of Landscape Urbanism', Harvard Design Magazine, Fall 2003/Winter 2004, pp. 4-5
8. ibid. p. 7
9. David Cunningham, Radical Philosophy 133, September/October 2005, p. 14
10. ibid. p. 13
11. ibid. p. 15
12. Charles Waldheim 'Ford's Fields', public lecture at the Architectural Association, London, UK, 2008.
13. Alan Berger, Drosscape: Wasting Land in Urban America, New York, Princeton Architectural Press, 2006, p. 33
14. Marshall Berman, All That Is Solid Melts Into Air, New York: Penguin, 1982, p. 31. Berman, mocks such pastoral aspirations thus: 'If only the modernist snake could be expelled from the modern garden, space, time and the cosmos would straighten themselves out. Then, presumably, a techno-pastoral golden age would return, and men arid machines could lie down together happily forevermore.'
15. ibid.
16. Mohsen Mostafavi, 'Landscapes of Urbanism', in Landscape Urbanism: A Manual for the Machinic Landscape, London: AA Publications, 2003, p. 7
17. Kenneth Frampton, 'Toward and Urban Landscape', Columbia Documents no. 4, 1994, p. 91
18. Paolo Virno, 'Three Remarks', in Institut Für Kunstkritik, Under Pressure: Pictures, Subject, and the New Spirit of Capitalism, Frankfurt am Main, Berlin, New York: Sternberg Press, 2008, p. 41

Note

1. Alberto Toscano, 'Factory, Territory, Metropolis, Empire', Angelaki, Volume 9, Numero 2, Agosto 2004, pagine 197 Angelaki, 2004
2. Karl Marx, 'Theses on Feuerbach', in Karl Marx and Frederick Engels, Collected Works, Vol. 5, London: Lawrence and Wishart, 1976
3. Charles Waldheim, Georgia Daskalakis e Jason Young (editors), Stalking Detroit, Barcelona: Actar, 2001. Vedi 'Decamping Detroit' di Charles Waldheim e Marili Santos-Munné in questa collezione.
4. Patrik Schumacher e Christian Rogner, 'After Ford' in Charles Waldheim, Georgia Daskalakis e Jason Young (editors), ibid, p. 49
5. ibid, p. 51
6. Charles Waldheim e Marili Santos-Munné, op cit. p. 110
7. Graham Shane, 'The Emergence of Landscape Urbanism', Harvard Design Magazine, Fall 2003/Winter 2004, pp. 4-5
8. ibid. p. 7
9. David Cunningham, Radical Philosophy 133, September/October 2005, p. 14
10. ibid. p. 13
11. ibid. p. 15
12. Charles Waldheim 'Ford's Fields', lezione pubblica al Architectural Association, London, UK, 2008.
13. Alan Berger, Drosscape: Wasting Land in Urban America, New York, Princeton Architectural Press, 2006, p. 33
14. Marshall Berman, All That Is Solid Melts Into Air, New York: Penguin, 1982, p. 31. Berman, beffa tale aspirazioni pastorali quindi: 'If only the modernist snake could be expelled from the modern garden, space, time and the cosmos would straighten themselves out. Then, presumably, a techno-pastoral golden age would return, and men arid machines could lie down together happily forevermore.'
15. ibid.
16. Mohsen Mostafavi, 'Landscapes of Urbanism', in Landscape Urbanism: A Manual for the Machinic Landscape, London: AA Publications, 2003, p. 7
17. Kenneth Frampton, 'Toward an Urban Landscape', Columbia Documents no. 4, 1994, p. 91
18. Paolo Virno, 'Three Remarks', in Institut Für Kunstkritik, Under Pressure: Pictures, Subject, and the New Spirit of Capitalism, Frankfurt am Main, Berlin, New York: Sternberg Press, 2008, p. 41

CITY, DESIGN AND CONTEXT
CITTÀ, DESIGN E CONTESTO

Interview with Alberto Clementi
by Alessandro Franceschini

What are the challenges that urban planning must face today?

The discipline today is effectively in crisis, even though it pains me to admit it. It suffers from the fall in authority that we planners have witnessed in the past years, during which we highly criticized deviations in the speculative management of cities and the marginalization of the public values traditionally sustained through town planning, but we weren't able to present convincing alternative proposals that measured up to the challenges. Due to this a worrying behaviour of surrender and mistrust spread. I, however, believe that the world now more than ever is in need of competent and modern planners. The context of these decades has changed a lot and requires planners to turn to an innovative vision of the future of the city to which we need to associate new tools of intervention. We also have to invent a new role for ourselves but to do this we need to go back to dealing with real problems, even if it's undesirable. Above all we have to be able to offer solutions and projects to the public institutions and societies. Only in this way can we reacquire that positive change needed for the development of the city that historically defines us.

As regards "real problems": what represents the "context" for a contemporary urban planner that pays attention to a project both in the large and small scale?

The theme of this context is crucial to being contemporary. I must admit that personally I do not agree with the current architectonic mindset that finds the context of no influence to the project, and that sees the work of the architect as the only meaningful source. I do not agree with this. I believe that it is more important than ever to critically confront the context, composed not only of the morphological surroundings but also of an ensemble of conditions and of transformations that are associated to the place and to its articulated stratification of meanings. This has an important consequence. If we are able to attentively read the context in which we have been called to work, it becomes evident that not everything in legitimate in the architectonic and urban project. The conditions of the context must be considered not only as an opportunity, but also as limits that reduce the arbitrariness of the choices of the architect and urban planner.

The world is divided between those that ignore the context and the that adore it. Can you propose a third possibility?

From my way of working I have gradually matured an approach that I would like to define "Context Sensitive Desgin". This is effectively a third possibility that doesn't share the indifference of those who want to neutralize the context (which often masks the arrogance of a self-referential and narcissistic architecture, far from the world and from life) neither does it share the subordination of the existing values of those who "adore" context. It is a third possibility that limits the span of possible futures such that they are coherent to the local genetic code and to the share vision of the local society called to think of their future.

What is the new relationship between urban planning and landscape, and how much can the sensitivity of our time contribute to the modification of the "old rules" of planning?

Currently the urban planning politics seem to be concentrated on the problems regarding building. In professional practice we are still tied to the concept of a city strongly associated with construction and valorisation of ground and building as though all the other problems regarding open space and the functioning of ecological and environmental systems in the perspective of sustainable development were inexistent. But in Italy the theme of the landscape can, in

AF Quali sono le sfide a cui deve rispondere l'urbanistica di oggi?

AC La disciplina oggi è effettivamente in crisi, anche se mi duole ammetterlo. Soffre il calo di autorevolezza che noi urbanisti abbiamo subìto negli ultimi anni, nei quali abbiamo criticato tanto le derive nel governo speculativo delle città e l'emarginazione dei valori pubblici sostenuti tradizionalmente dall'urbanistica, ma non abbiamo saputo presentare proposte alternative convincenti, all'altezza delle nuove sfide. Si è diffuso un preoccupante atteggiamento rinunciatario e di sfiducia. Io invece credo che oggi più che mai il mondo abbia bisogno di urbanisti capaci e moderni. Il contesto in questi decenni è molto cambiato e richiede agli urbanisti visioni innovative del futuro delle città a cui bisogna associare nuovi strumenti d'intervento. Dobbiamo inventarci anche un ruolo nuovo per noi stessi. Ma per fare questo abbiamo bisogno di ritornare ad occuparci di problemi veri, anche se scottanti. Dobbiamo soprattutto saper offrire soluzioni e progetti alle istituzioni pubbliche e alla società. Solo in questo modo potremo recuperare quella carica propositiva per lo sviluppo della città che ci ha storicamente caratterizzato.

AF A proposito di "problemi reali": cosa rappresenta il "contesto" per un urbanista contemporaneo attento al progetto sia alla piccola che alla grande scala?

AC Il tema del contesto è un tema cruciale nella contemporaneità. Devo ammettere che personalmente non mi trovo allineato con quella parte del pensiero architettonico attuale che vede nel contesto una condizione ininfluente ai fini del progetto, e che intende il gesto dell'architetto come l'unica fonte di creazione del senso. Io sono del parere opposto. Credo, infatti, che oggi più che mai sia indispensabile confrontarsi criticamente con il contesto, inteso non solo come intorno morfologico ma come un insieme di condizioni, della trasformazione, ancorate al luogo e alle sue articolate stratificazioni di senso. Con una conseguenza importante. Se siamo in grado di leggere con attenzione il contesto in cui siamo chiamati a lavorare, appare evidente che non tutto è legittimo nel progetto urbanistico ed architettonico. Le condizioni di contesto devono essere considerate come opportunità ma anche come limiti che riducono l'arbitrarietà delle scelte progettuali dell'architetto e dell'urbanista.

AF Il mondo è diviso tra chi ignora il contesto e chi lo adora. Lei propone una terza via?

AC Nel mio modo di lavorare ho maturato lentamente un atteggiamento che vorrei definire "Context Sensitive Design". Si tratta effettivamente di una terza via, che non condivide l'indifferenza di chi vuole neutralizzare il contesto (ciò che spesso maschera l'arroganza di una architettura autoreferenziale e narcisistica, lontana dal mondo e dalla vita) ma non condivide neanche la subalternità ai valori dell'esistente da parte di chi "adora" il contesto. E' una terza via che limita il ventaglio dei futuri possibili alla loro coerenza con i codici genetici locali, ma anche alle visioni condivise da parte della società locale chiamata a pensare il proprio avvenire.

AF Quali sono oggi le nuove relazioni tra il progetto urbanistico ed il paesaggio, e quanto la sensibilità del nostro tempo può contribuire a modificare le "vecchie regole" dell'urbanistica?

AC Attualmente le politiche urbanistiche correnti sembrano concentrarsi sulla soluzione del problema del costruire. Nelle pratiche professionali, viviamo ancora legati ad un concetto di città profondamente legata ai temi della costruzione e della valorizzazione fondiaria e immobiliare. Come se tutti gli altri problemi che riguardano gli spazi aperti e il funzionamento dei sistemi ecologici e ambientali nella prospettiva dello sviluppo sostenibile fossero inesistenti. Ma in Italia il tema del paesaggio può, in un certo senso, aiutare a contrastare

a sense, help to contrast this tendency. The landscape is in fact a concept of transversal and pervasive nature which – also following the European landscape convention to which Italy adhered – is destined to have a role in all the aspects and practices of urban transformation. So it's a matter of changing attitude: planning not only as a set of rules and limitations (which are fundamental in limiting the strong pressures posed by the market on areas of high environmental and landscape value) but above all as strategies and projects that can introduce landscape quality into all of the politics in the sector: from urban planning, to agriculture, to infrastructure, to industry and handcrafts, to energy and mobility politics, to public spaces.

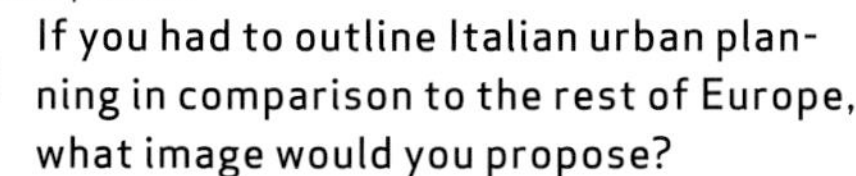 If you had to outline Italian urban planning in comparison to the rest of Europe, what image would you propose?

The traditional Italian urban planner in the European context is characterised for his fundamentally conservative approach. It's almost as though it were a sin to open Italy to the contemporary world, with all its contradictions and it's great potential for change. This means all the errors that have been made elsewhere have been avoided and the permanence of our historical heritage efficiently demonstrates this. However, this attitude greatly conditioned us in the construction of cities toward the end of the century, with its immense and pathological outskirts without quality or design. The new settlements seem like caricatures of modernity to us. This comes with a paradox: we are conservative, but we are not even able to convincingly reinterpret the existing elements. Under these conditions, when we attempt to adapt areas rich in history, the biggest risk is that of making disastrous errors, which is what happened in Rome with the arrangement of Arc pacis by Meier; or, in a very different context, the market square in La Spezia. Of course, the Italian system is so fixed that it limits the possibility of making total errors. But it could make small errors.

Is it possible to resume the interrupted dialogue between the substantially undividable disciplines of architecture and urban planning?

questa tendenza. Il paesaggio è infatti un concetto per sua stessa natura trasversale e pervasivo che – anche al seguito della Convenzione europea del paesaggio alla quale anche l'Italia ha aderito – è destinato ad entrare in tutti gli aspetti ed in tutte le pratiche delle trasformazioni urbane. Si tratta insomma di cambiare atteggiamento: un'urbanistica fatta non più di sole regole e vincoli (che peraltro sono fondamentali per arginare le fortissime pressioni del mercato sulle aree ad alto valore ambientale e paesaggistico), ma soprattutto di strategie e di progetti che possano portare la qualità del paesaggio dentro tutte le politiche di settore: dalla pianificazione urbana, all'agricoltura, alle infrastrutture, agli spazi industriali e artigianali, alle politiche per l'energia e la mobilità, agli spazi pubblici.

AF Se dovesse tracciare un profilo dell'urbanista italiano rispetto al resto d'Europa quale immagine proporrebbe?

AC L'urbanista italiano tradizionale si caratterizza in Europa per il suo approccio fondamentalmente conservatore. Quasi che in Italia fosse un peccato aprire il paese alla contemporaneità, con tutte le sue contraddizioni ma anche con le sue grandi potenzialità di cambiamento.
Ciò ha consentito di evitare finora gli errori grossolani che altrove sono stati fatti, e la permanenza del nostro patrimonio storico lo testimonia efficacemente. Ma questo atteggiamento ci ha condizionato molto nella costruzione della città di fine secolo, con le sue immense e patologiche periferie senza qualità e senza progetto. I nuovi insediamenti ci appaiono delle caricature del moderno. Con un paradosso: siamo conservatori, ma non sappiamo neppure reinterpretare l'esistente in modo convincente. In questa condizione, quando ci proponiamo di adeguare gli spazi ricchi di storia il rischio maggiore è di compiere degli errori disastrosi, come è accaduto a Roma con la sistemazione dell'Ara pacis ad opera di Meier; o, in un contesto del tutto diverso, la piazza del mercato a La Spezia. Certo il sistema italiano è talmente ingessato che frena la possibilità che si compiano grandi "errori". Ma tanti "piccoli" errori, questo sì.

AF È possibile riprendere il dialogo interrotto

Not only would it be convenient, but it becomes constantly more necessary.
In reality it's mostly a question of scale and the ability of the project to act (and to be ideated) simultaneously to the various scales. I believe the theories of Lodovico Quaroni are still valid, as he saw an essential unity between the two disciplines. The project of a city is the meeting point between urban planning and architecture, which are related by their reciprocal contamination that in turn enriches the value of the project and validates the technical, social, economical and administrative feasibility. For this reason I find it's important that urban planning goes back to working on themes that are of common interest also to an architecture that breaks away from a vision of single objects.

Which could become the common terrain?

My experience has frequently brought me in contact with themes that have common interests both for urban planning and for architecture, such as the design of a sustainable city, new urban and territorial infrastructures, the introduction of new centres, the construction of the lines of sustainability, the requalification of public spaces and the development of new big facilities for logistics and mobility, the organization of areas for consumption, tourism and free time, the creation of new factories of knowledge which represent the true contemporary industries. So, many themes that allude the configuration of new spatiality, which are destined to deeply re-elaborate the existing city, as nodes for the arrival of great external flows and at the same time for the projection of values that have settled within the context that finds itself inside global circuits. Recently I asked my faculty of architecture in Pescara to dedicate all the fourth year laboratories to the theme of reconstructing territories in Abbruzzo that were devastated by the earthquake last year. This theme is therefore taken away from the earthquake engineers and geologists, and placed in the hands of an innovative cooperation between the disciplines of urban planning and architecture, as well as engineering, technology, history and restoration, environ-

tra due discipline sostanzialmente indivisibili come l'architettura e l'urbanistica?

AC Non solo è opportuno, ma è sempre più necessario. In verità si tratta soprattutto di problemi di scala, e della capacità del progetto di agire (e di essere pensato) contemporaneamente alle diverse scale. Io ritengo che siano ancora attuali le tesi di Lodovico Quaroni, che vedeva nelle due discipline un'unità imprescindibile. Il progetto urbano è per eccellenza il luogo di confluenza del progetto urbanistico e del progetto architettonico, in un rapporto di contaminazione reciproca che arricchisce le valenze del progetto e ne valida la fattibilità tecnica, sociale, economica e amministrativa. Per questo ritengo importante che l'urbanista torni a lavorare su temi d'interesse comune con un'architettura che riesce ad emanciparsi dalla visione dei singoli oggetti.

AF Quali possono essere i terreni comuni?

AC La mia esperienza personale mi ha portato a frequentare molto spesso temi di interesse comune per l'urbanistica e l'architettura, come la progettazione della città sostenibile, la nuova infrastrutturazione urbana e territoriale, la introduzione delle nuove centralità, la costruzione delle reti della sostenibilità, la riqualificazione degli spazi pubblici e lo sviluppo delle nuove grandi attrezzature per la logistica e la mobilità, la organizzazione degli spazi per il consumo, il turismo e per il tempo libero, la creazione delle nuove fabbriche della conoscenza che rappresentano le vere industrie della contemporaneità. Insomma molti temi che alludono alla configurazione di nuove spazialità che sono destinate a rielaborare profondamente la città esistente, come snodi per l'atterraggio locale dei grandi flussi che provengono dall'esterno e al tempo stesso per la proiezione dei valori sedimentati nel luogo all'interno dei circuiti globali. Più recentemente ho chiesto alla mia facoltà di architettura di Pescara di dedicare tutti i laboratori del quarto anno ai temi della ricostruzione dei territori abruzzesi devastati dal sisma dello scorso anno. Il tema del progetto per questi territori va sottratto agli ingegneri sismici e ai geologi, e va riportato ad una innovativa cooperazione tra i saperi dell'urbanistica, dell'architettura ma anche dell'ingegneria,

mental and landscape sciences, sociology and economics. Within this cooperation, the project values arise from our disciplines, and their absence has until now heavily conditioned the emergency management procedures.

You are the Dean of an architecture school, what does it mean today to be a good student in order to, tomorrow, become a good architect?

Firstly, to be a good architect one must have the ability to understand the substance of the problems that are fundamental to the project; then one must be able to formulate proposals that actually constitute a solution to the matter, in the interest, above all, of the commissioner and of the users; and finally one must have the ability to use to the best possible level the instruments and architectural or urban languages, in order to apply the proposals of transformations giving to them a cultural order and an appreciable aesthetic-morphologic-functional quality. In terms of students, it is important to consider the educational processes relative to the abilities mentioned above. To evaluate the efficiency of our educational system, for years I have been inviting, at the end of the course, international architects who come to discuss the work carried out by the students. Some years ago, a famous architect from Zagabria made me notice that their projects presented some fascinating solutions, but which seemed immeasurable compared to the reality of the surrounding city, which was particularly desolate and deprived of quality. This acute observation highlighted the difficulties of teaching architecture in contexts that are particularly insensitive to the value of the quality of architecture and urban planning, like those in Abbruzzo. However, since then we have tried to raise awareness to the processes that develop the existing city and to the logic of the local businesses. The objective is to exercise a critical view which obligates the architecture to take on the difficulties and the delays regarding the surrounding environment. As a result, a new relationship which increasingly anchors the university to its territory arose, assuming the responsibility of offering more innovative instruments that are also able to face prob-

della tecnologia, della storia e del restauro, delle scienze ambientali e del paesaggio, della sociologia e dell'economia. In questa cooperazione i valori della progettualità provengono dalle nostre discipline, e la loro assenza ha finora condizionato pesantemente le politiche dell'emergenza.

AF Lei è Preside di una scuola di architettura, cosa vuol dire oggi essere un buon studente per essere, domani, un buon progettista?
AC Per essere un buon progettista si deve avere in primo luogo capacità di cogliere la sostanza dei problemi posti a base del progetto; poi di formulare proposte che siano realmente risolutive rispetto alle questioni affrontate, nell'interesse soprattutto della committenza e degli utenti sociali; e infine di saper utilizzare al meglio gli strumenti e i linguaggi dell'architettura e dell'urbanistica, per mettere in forma le proposte di trasformazione dell'esistente, conferendo loro un ordine culturale e un'apprezzabile qualità estetico-morfologica-funzionale. Per gli studenti va messa in primo piano la qualità dei processi formativi relativamente alle capacità sopra richiamate. Per valutare l'efficacia del nostro sistema formativo, da anni ho preso l'abitudine di chiamare, a fine corso, progettisti di calibro internazionale che discutono il lavoro fatto dagli studenti. Qualche anno fa un noto architetto di Zagabria mi ha fatto notare che i progetti presentavano soluzioni affascinanti, ma che sembravano incommensurabili con la realtà della città circostante, particolarmente dimessa e priva di qualità. Questa acuta osservazione ha messo a nudo le difficoltà dell'insegnamento dell'architettura in contesti particolarmente insensibili al valore della qualità architettonica e urbanistica come le città abruzzesi. Ma da allora abbiamo cercato di accrescere l'attenzione ai processi che producono la città esistente e alle logiche delle imprese locali. Lo sforzo è di esercitare uno sguardo critico che però obblighi l'architettura a farsi carico delle difficoltà e dei ritardi dell'ambiente esterno. Ne è nato un nuovo rapporto che radica sempre più l'università nel suo territorio, assumendo la responsabilità di offrire strumenti più innovativi ma tagliati anche sulle capacità del

lems regarding the local context. Since then I have always given students projects that area relative to reality, not so much because of the link with the context – or at least not only – but so that they realise how binding the external conditions can be. This doesn't suggest forcing university exercises towards a professional level, but learning to face problems also from a professional point of view.

How is it possible to improve the education for architecture students?

I believe that in the faculty of architecture it is essential to educate the students especially in the last years with an interdisciplinary method which teaches an integrated planning, knowledgeable and open to the context. Moreover, the time has come for technical education to return to the centre of the question, keeping it in strict connection with the design abilities and the theoretical knowledge. It is only in this way that architects will be able to give a substantial contribution to a society that requires a solution not only to their own needs, but also to their own dreams. Reacquiring authority in the eyes of the commissioner and in those of the politics, which are increasingly looking for technical and scientific reassurances, it is possible also to propose visions for the future, opening up to the resources of the imagination and the creativity which, luckily, are not lacking in our young students.

contesto locale. Insomma, da allora propongo ai miei studenti progetti sempre più legati alla realtà. Non tanto per il loro legame colto con il contesto – o non solo – ma soprattutto per rendersi conto della cogenza delle condizioni esterne. Questo non significa spingere l'università in braccio alla professione. Significa imparare ad affrontare i problemi anche in maniera professionale.

AF Come può migliorare la formazione degli studenti di architettura?
AC Credo che nelle facoltà di architettura sia indispensabile educare gli studenti, soprattutto degli ultimi anni, al confronto interdisciplinare con un metodo che conduce al progettare in forma integrata, consapevole e aperta al contesto. Inoltre è venuto il tempo di rimettere al centro della formazione il sapere tecnico, tenendolo in stretta connessione con le abilità progettuali e le conoscenze teoriche. Solo in questo modo gli architetti potranno dare un contributo sostanziale ad una società che chiede loro una risposta non solo ai propri bisogni, ma anche ai propri sogni. Riacquistando autorevolezza agli occhi della committenza e della politica che cercano sempre di più rassicurazioni di natura tecnico-scientifiche, si è abilitati anche a proporre visioni traguardate verso il futuro, mettendo a disposizione le risorse della propria immaginazione e creatività che per fortuna non difettano ai nostri giovani.

A MANIFESTO FOR LANDSCAPE SENSITIVE DESIGN
UN MANIFESTO PER IL LANDSCAPE SENSITIVE DESIGN

by/di Massimo Angrilli

The principles of the manifesto of Landscape Sensitive Design (LSD), formulated by the Pescara School of Architecture during various instances of theoretical and design experimentation (in particular, the bilateral Italy-Japan workshop Progettare nuovi paesaggi, at the Italian Cultural Institute in Tokyo) and proposed here in an open list, are focused on developing a philosophy of landscape sensitive design. The coordinates of this approach can be traced back to a specific focus on context: on its twofold articulation as a historicised cultural landscape and ecological-environmental system; on the full consideration of its temporal dimension, projected into both the past and the future; on the dynamic evolution of lifecycles; on the co-evolution of the artificial and the natural worlds; and, finally, on the fertile contamination between the paradigms of urban planning and those of landscape design. A Landscape Sensitive project is based on a responsive reaction to the landscape in which it is to be located, observed not as a backdrop for architectural objects, but rather as a "liquid space" within which to immerge the forms of the new, which thus become an inseparable part of the landscape itself, modifying it intentionally and intelligently. This configuration is not to be understood as definitive, but rather as one of the different possible configurations that a site may assume over the course of its temporal evolution as a result of processes of transformation. The attitude adopted by a landscape sensitive project allows for the intromission of the landscape within all related decisions, consciously modifying context based on an approach that refuses mimesis, and its polar opposite, self-referentiality. A landscape sensitive project expresses its position through continuous confrontation with context, with the objective of entering into "resonance" with the site and overcoming a common and widespread approach to architecture that, when confronting the landscape, assumes forms extraneous to its disciplinary language and attempts, often in improbable ways, to become a surrogate of the landscape (tree-house; rock-house; topography-house). The architectural approach towards a Landscape Sensitive project can instead be summed up in the ability to consider the landscape as a "contextual totality with a specific individuality" (Clementi, 2002), towards which we must adopt a process that is simultaneously intellectual and emotional comprehension, in which we "listen" without making judgment and enter into empathy with context. The understanding of context is a fundamental part of LSD that, however, it is not based exclusively on intellectual comprehension (concentrated only on the objective data related to a given context), but also on empathic comprehension, more subtle and complex than its intellectual counterpart, founded on subjective sensitivities and the capacity to intuit what is "agitated" in a context, as well as its essential values, without placing too much faith in personal methods of attributing meaning. To comprehension we thus add the interpretation of context, understood as a design practice, which tends to distinguish between dominant meanings and values and, above all, recognise vocations for transformation.

1 Multidisciplinary approach
Privileging a multi-disciplinary method, as part of the perspective of a progressive convergence between disciplinary approaches that mutually exchange paradigms of understanding and operative instruments, overcoming the vision of a project as an "authorial" decision, in favour of a notion of design as a collective action, whose leadership is entrusted to the discipline of design.

I principi manifesto del Landscape Sensitive Design (LSD), formulati dalla scuola di Pescara in diverse occasioni di sperimentazione teorica e progettuale[1] (in particolare nel workshop bilaterale Italia-Giappone "Progettare nuovi paesaggi", presso l'Istituto Italiano di Cultura di Tokyo) e proposti qui in un elenco aperto, si pongono l'obiettivo di sviluppare una filosofia del progetto landscape sensitive, le cui coordinate si individuano nell'attenzione specifica al contesto, nella sua doppia articolazione di paesaggio culturale storicizzato e di sistema ecologico-ambientale; nella piena considerazione della dimensione temporale, sia nelle sue proiezioni al passato che al futuro; nella evoluzione dinamica connessa ai cicli vitali; nella co-evoluzione tra dominio dell'artificiale e dominio del naturale; e nella fertile contaminazione tra i paradigmi dell'urbanistica e quelli del paesaggio. Il progetto Landscape Sensitive assume la propria configurazione a seguito di una reazione sensibile con il paesaggio in cui è collocato, traguardato non come sfondo per gli oggetti architettonici, quanto piuttosto come "spazio liquido" entro cui immergere le forme del nuovo, che divengono così parti inscindibili del paesaggio stesso, modificandolo intenzionalmente e consapevolmente. Una configurazione da intendersi non come definitiva, quanto piuttosto come una delle diverse configurazioni possibili che il luogo, nel corso della sua evoluzione temporale, assumerà a seguito delle trasformazioni.
L'attitudine del progetto landscape sensitive è un'attitudine che consente di introiettare il paesaggio all'interno delle proprie scelte, modificando consapevolmente il contesto secondo un approccio che rifiuta il mimetismo ma anche, al suo opposto, l'autoreferenzialità. Il progetto landscape sensitive esprime la propria posizione attraverso il confronto continuo con il contesto, con l'obiettivo di entrare in "risonanza" con il luogo e superando un atteggiamento comune e molto praticato che vede l'architettura, quando si confronta con il paesaggio, assumere forme estranee al linguaggio disciplinare e tentare, in modi spesso improbabili, di farsi essa stessa surrogato di paesaggio (casa-albero; casa-roccia; casa-topografia). L'approccio dell'architettura al progetto Landscape Sensitive è piuttosto riassumibile nella capacità di considerare il paesaggio come una "totalità contestuale dotata di una specifica individualità" (Clementi, 2002) verso la quale occorre compiere uno sforzo di comprensione intellettuale ed emotiva insieme, ponendosi in "ascolto" non valutativo ed entrando in empatia con il contesto. La comprensione del contesto è un atto fondamentale del LSD, che però non si basa esclusivamente sulla comprensione intellettuale (concentrata solo sui dati oggettivi del contesto), ma anche sulla comprensione empatica, più sottile e complessa di quella intellettuale, fondata sulla sensibilità soggettiva e sulla capacità di intuire cosa si "agiti" nel contesto e quali siano i valori essenziali, senza lasciarsi guidare troppo dai propri schemi di attribuzione di significato. Alla comprensione si somma quindi l'interpretazione del contesto, intesa come atto intrinsecamente progettuale, che tende a distinguere i significati ed i valori dominanti e soprattutto a riconoscere le vocazioni alla trasformazione

1 Approccio multidisciplinare
Privilegiare l'approccio multidisciplinare, nella prospettiva di una progressiva convergenza tra approcci disciplinari che scambiano mutuamente paradigmi conoscitivi e strumentazioni operative e superando la visione del progetto come decisione "autoriale" a favore di una nozione di progetto come azione collettiva, la cui leadership è tuttavia affidata alle discipline del progetto.

2. A cross-scale approach

The assumption of a cross-scale approach to the landscape as a key to the interpretation of context and the structuring of strategies of intervention, utilizing conceptual and operative instruments, capable of jointly considering and analysing relationships between the different scales of the landscape. A cross-scale approach is innate to visible forms and the very meaning of the landscape, whose qualities are derived from the overlap between the small and large scale, based on contextual totalities that combine, on a case-by-case basis, to create territorial rooms: large geomorphological formations and forms of settlement, to the material and chromatic details of single elements.

3. Landscape as living bodies evolving over time

Considering landscapes as dynamic realities in continuous evolution, whose current form results from the combination of the characteristics of the natural environment and responses to the economic and cultural needs of the societies inhabiting it. Realities subject to changes imposed over time and by lifecycles, capable of continuously reinterpreting its own values and projecting them, through projects capable of co-evolving in harmony with a site, into the future.

4. Relationships with the meaning of historical and contemporary landscapes

Establishing relationships of meaning with the historical and contemporary significance expressed by the landscape, interpreting, case-by-case, the dominant figures of meaning, understood as particularly representative and capable of synthetically assuming the nature of relationships between multiple and simultaneously present meanings and transmitting them through design to future generations.

5. Guiding sustainable change (energy-ecology-social)

Assuming energy, ecological and social sustainability as guiding criteria for design transformations, uniting contemporary demands and needs with the expectations of future generations and privileging, in all design decisions, the methods for conserving primary environmental resources (a balanced relationship between the ground, water and vegetation), social resources (local practices of land use, behaviour, perceptions) and energy resources (a relationship with local climate).

6. Natural and historical networks

Interpreting networks of history and nature as design matrixes, assuming their signs (rivers, geological conformations, rural patterns and weavings, basins of natural conditions, historical roads and axes) as ordering patterns, placing them in continuity with it and revealing implicit values and vocations.

7. Multifunctional programmes

Structuring programmes that favour variety and multi-functionality of land uses, avoiding mono-functional compounds, responsible for the reduction of the complexity and meaning of sites, and privileging the combination of functions capable of exalting the specificity of a site and offering vaster social benefits and favouring the creation of partnerships between groups of users.

8. Social values

Assuming social values and perceptions as factors upon which to structure any project, activating methods for reading and interpreting the demands made by local populations with respect to the transformations of the landscape.

---

2. Approccio transcalare

Assumere la transcalarità del paesaggio come chiave di interpretazione del contesto e di impostazione delle strategie di intervento, attraverso l'utilizzo di strumenti concettuali ed operativi, in grado di considerare congiuntamente le diverse scale del paesaggio nonché di analizzare i rapporti fra esse. La transcalarità è connaturata alle forme visibili e al senso stesso del paesaggio, le cui qualità derivano dall'intreccio tra piccola e grande scala, secondo totalità contestuali che volta per volta combinano in modo specifico le stanze territoriali, ovvero le grandi formazioni geomorfologiche e le forme insediative, fino al dettaglio materico e cromatico dei singoli elementi.

3. Paesaggio come corpo vivo che si evolve nel tempo

Considerare i paesaggi come realtà dinamiche in continua evoluzione, la cui forma attuale è il risultato della combinazione tra le caratteristiche dell'ambiente naturale e le risposte alle esigenze economiche e culturali delle società insediate. Realtà soggette ai cambiamenti imposti dal tempo e dai cicli vitali e capaci di reinterpretare continuamente i propri valori, proiettandoli, attraverso progetti capaci di co-evolvere armonicamente con i luoghi, al futuro.

4. Relazioni tra il significato del paesaggio con la storia e la contemporaneità

Stabilire relazioni di senso con i significati storici e contemporanei espressi dal paesaggio, interpretando di volta in volta le figure di senso dominanti, intese come significati particolarmente rappresentativi, in grado di riassumere sinteticamente la natura delle relazioni tra i molteplici significati compresenti, e trasmetterli, attraverso il progetto, alle generazioni future.

5. Guidare il cambiamento sostenibile (energia, ecologia, sociale)

Assumere la sostenibilità energetica, ecologica e sociale come criterio guida per le trasformazioni di progetto, coniugando le domande ed i bisogni contemporanei con le attese delle generazioni future e privilegiando, nelle scelte di progetto, modalità di conservazione delle principali risorse ambientali (rapporto equilibrato con suolo, acqua, vegetazione), sociali (pratiche d'uso dei luoghi, comportamenti, percezioni) ed energetiche (rapporto con il clima locale).

6. Reti naturali e storiche

Interpretare le reti della natura e della storia come matrici del progetto, assumendone i segni (fiumi; conformazioni geomorfologiche; trama e ordito rurale; bacini di naturalità; vie e assi storici) come tracciati ordinatori, ponendosi in continuità con essi e disvelandone valori e vocazioni impliciti.

7. Programmi multifunzionali

Impostare programmi che favoriscono la varietà e la multifunzionalità degli usi del suolo, evitando i recinti monofunzionali, responsabili della riduzione della complessità e del significato dei luoghi, e privilegiando la combinazione di funzioni in grado di esaltare le specificità del luogo, di fornire benefici sociali più ampi e di favorire la creazione di partnership tra gruppi di utenti.

8. Valori sociali

Assumere i valori e le percezioni sociali come fattori di impostazione del progetto attivando modalità di lettura e interpretazione delle domande emergenti dalle popolazioni insediate rispetto alle trasformazioni del paesaggio.

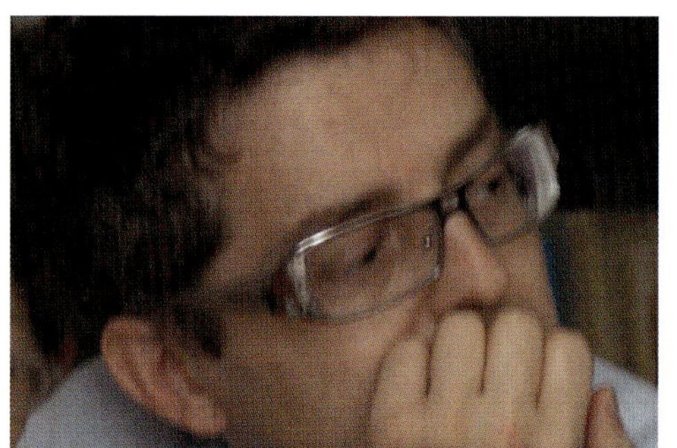

Note

1. Vedi: Massimo Angrilli, "Sostenibilità energetica e Landscape Sensitive Design", in "High Scape. Alps", Scaglione P. (a cura di) Atti della I Biennale dei Paesaggi Alpini e Montani, List, Barcellona, 2009; Massimo Angrilli, "Energy Sustainability and Landscape Sensitive Design", in "Architettura e paesaggio. Italia/Giappone faccia a faccia", Clementi A. (a cura di), List, Barcellona, 2010.

DISSOLVING IN THE LANDSCAPE
DISSOLVERSI NEL PAESAGGIO

by/di Emmanuele Johnatan Pilia

In introducing its "Paths interrupted", Heidegger compares the searches contained in the text to those paths that "often covered with herbs, is suddenly stop in the thick. [...] each of them is its own account in the same forest. One often seems the other: but it seems so only" (Heidegger 1968, p. 1).
As we are reminded by Pietro Chiodi, in his translation, each of these paths for Heidegger, as a metaphor of a journey of research, is at a time "via e sviamento", "unit articulated of revelation and hiding" (ibid, p. X). Following one of these paths is equivalent to standing by the side of those who know what it means take these paths, worried about their custody, that is, of letting them be what they are, to preserve the senses.
The same way, "paths interrupted" are also the reflections drawn by the collective oplà+, veneto group led by Marco Pasian and Giorgio Chiarello, that with its interdisciplinary nature, from ten years in this part, is his commitment to a complete rethinking of the concept of landscape. Using the heideggerian metaphor, to not have here a simple quote of virtuosity: as the paths of which are spoken go to get lost in the woods, dissolving themselves and the crossing going through it, so even in oplà+, this introduces a transitional process that tends toward the "liquefaction" of user inside of the landscape.
This dissolution is not for something metaphorical: the concept of landscape is indeed essential by the observer and the way in which it is perceived and lived, the good cultural character identity, the fruit of the perception of the population. In this sense the landscape, as determined by his given to see, it is always related to the human action of scrutiny.

Nell'introdurre i suoi Sentieri interrotti, Heidegger paragona le ricerche contenute nel testo a quei sentieri che «sovente ricoperti di erbe, si interrompono improvvisamente nel fitto. [...] Ognuno di essi procede per conto suo, nel medesimo bosco. L'uno sembra sovente l'altro: ma sembra soltanto» (Heidegger 1968, p. 1).
Come ci ricorda Pietro Chiodi nella sua traduzione, ognuno di questi sentieri per Heidegger, in quanto metafora di un cammino di ricerca, è all'un tempo via e sviamento, «unità articolata di rivelazione e nascondimento» (ivi, p. X). Seguire uno di questi percorsi, equivarrebbe a porsi al fianco di chi sa cosa vuol dire percorrere tali sentieri, preoccupati della loro custodia, cioè di lasciarli essere ciò che sono, di salvaguardarli1. Alla stessa maniera, sentieri interrotti sono pure le riflessioni tracciate dal collettivo Oplà+, gruppo veneto guidato da Marco Pasian e Giorgio Chiarello, che con il suo carattere interdisciplinare, da dieci anni a questa parte pone il suo impegno verso un completo ripensamento della nozione di paesaggio. Utilizzare la metafora heideggeriana non è qui un semplice virtuosismo citazionista: come i sentieri di cui si parla vanno a perdersi nel bosco, dissolvendo essi stessi e l'attraversatore che lo percorre, così, anche in Oplà+, si instaura un processo transitorio che tende alla liquefazione del fruitore all'interno del paesaggio.
Tale dissoluzione non è per nulla metaforica: la nozione di paesaggio è infatti imprescindibile dall'osservatore e dal modo in cui viene percepita e vissuta, bene culturale a carattere identitario, frutto della percezione della popolazione. In tal senso il paesaggio, in quanto determinato da un suo darsi a vedere,

"The Supreme Being in its entirety, is thus seen in a way that only in the supreme being becomes the man who is and produces " (Heidegger 1968, p. 88). It is therefore, not to coincide with the material reality, with the territory, but as it the action of mediation socio-cultural and human subjectivity that determine the effect of production of sense. From this point of view, the landscape is also language: there is no landscape without representation of this, and indeed, landscape and its description may not give rise in unison, giving as this description, the representation of the projections of an imaginary collective linked to a certain context.
Dissolve in the landscape must therefore take the meaning of going inside a network of relations signifiers. Network in which man, in quality of weaver of relations, can only remain embroiled. It is not casual that it is precisely Heidegger to introduce this concept, to that the "Contrada" (gegend), a finiteness open, free vastness that requires both a risk, their lack of protection.
The landscape is not seen as the background of a stage, the closed space to which man says is part by protagonist or by appearance, but it is the "Contrada", in which he is a "passerthrough" of the relations: you can always move a actor from a scene to another, but it is not possible to remove the man from the landscape, because he is set in it, being an integral part of the relations that it maintains.
In this sense it is not difficult to extrapolate the clear path to search as a milestone, 13°24'8. And 0"/46°12'9. 0" n/mt. 645 above s.l. (This is the name if the work), installation site specific achieved at the farmhouse Zaro, the Italian-Slovenian border.
Never before, than in this occasion, the adjective "site specific" was so coherent with the image: a cross in polycarbonate white based on the ground, it should be to link, with five metres of the arm, the relationship irreplaceable with the territory, bringing an even brand in its name, and in its polymer surface that embodies this link. Oplà+ leaves a small but a symbolic sign, which is to submit institutionally " each place belonging to the "network" of the world".

è sempre relazionato all'azione dell'uomo di scrutare.
«L'ente nel suo insieme è perciò visto in modo tale che diviene ente soltanto in quanto è posto dall'uomo che rappresenta e produce» (Heidegger 1968, p. 88, 2). Esso quindi non va a coincidere con la realtà materiale, con il territorio, in quanto è l'azione di mediazioni socio-culturali e della soggettività umana che determinano un effetto di produzione di senso.
Da questo punto di vista il paesaggio è anche linguaggio: non esiste un paesaggio senza rappresentazione di questo, ed anzi, paesaggio e rappresentazione dello stesso non possono che nascere all'unisono, essendo questo, proprio la rappresentazione delle proiezioni di un immaginario collettivo legato ad un determinato contesto.
Dissolversi nel paesaggio va quindi a prendere il significato di porsi all'interno di una rete di relazioni significanti. Rete in cui l'uomo, in qualità di tessitore di rapporti, non può che rimanerne invischiato. Non è un caso che sia proprio Heidegger ad introdurre tale nozione, legandola a quella di contrada (Gegend), una finitezza aperta, libera vastità che implica al contempo un rischio, un uscir fuori dalla protezione.
Il paesaggio, non è quindi visto come lo sfondo di un palcoscenico, lo spazio chiuso, di fronte al quale l'uomo recita la propria parte da protagonista o da comparsa; bensì è la contrada, in cui egli si pone come tramite di rapporti: si può sempre spostare un attore da una scena all'altra, ma non è possibile togliere l'uomo dal paesaggio, perché egli è incastonato in esso, essendo parte integrante delle relazioni che intrattiene. Porsi innanzi un paesaggio sta qui a significare già far parte di esso, appartenere ad esso.
In questo senso non è difficile estrapolare come pietra miliare di questo preciso sentiero di ricerca, 13°24'8.0" E / 46°12'9.0" N / Mt. 645 s.l.m. (è questo il nome dell'opera), installazione site specific realizzata presso l'agriturismo Zaro, sul confine italo-sloveno. Mai come in quest'occasione l'aggettivazione di site specific è stata così azzeccata: una croce in policarbonato bianco poggiata al suolo,

And it is here more than elsewhere, "where nature is over to go beyond the territorial border", that is possible to rethink the worth of the limit of values as the matrix of identity. Limit is also a key word with which it is possible to describe many of the works of Oplà+. But now the limit is broken, and the work is immersed in a free vastness, in a Contrada. The same Contrada to which is mentioned before, where Heidegger always recalls that the term Contrada (gegen) is relative of the term meeting (gegnet).

To be in a free vastness, means at the same time lose its uniqueness to belong to an identity: the work belonging to the landscape has not that the same role of a tree, to a branch or to a slope, but at the same time, it is to be part of a wider saying, of a more immense meaning.

Notes:
1. In the rich glossary used by Heidegger, safeguard it should be to take on the significance of guard the nothiding, then to guard the truth.
2. Important to recall for Heidegger the concept of a body should be to coincide with the world.

va a legare, con i suoi cinque metri di braccio, un rapporto insostituibile con il territorio, portando addirittura a marchio nel proprio nome e nella propria superficie polimera tale legame. Oplà+ lascia un piccolo ma simbolico segno, che va ad indicare istituazionalmente «l'appartenenza di ogni luogo alla "griglia" del mondo». Ed è qui più che altrove, «dove la natura sopravanza a sfumare qualsiasi confine territoriale», che è possibile ripensare il valore del limite come matrice di valori identitari. Limite è anche una delle parole chiave con cui è possibile descrivere molte delle opere di Oplà+. Ma ora il limite è infranto, e l'opera è immersa in una libera vastità, in una contrada. La stessa contrada a cui si è accennato prima, e che sempre Heidegger ricorda che il termine "Contrada" (Gegen) è parente del termine "Incontro" (Gegnet). Trovarsi in una libera vastità, significa allo stesso tempo perdere la propria unicità per appartenere ad una identità: facendo appartenere l'opera al paesaggio, essa non ha che lo stesso ruolo di un albero, di un ramo o di un pendio, ma allo stesso tempo essa va a far parte di un ché più grande, di un ché di immenso.

LANDSCAPE: AMONG ART, ARCHITECTURE AND TERRITORY
PAESAGGIO: TRA ARTE, ARCHITETTURA, TERRITORIO

by/di Silvio Carta

Sculpture: from the base to not-base. The earth consumes the pedestal
There probably wasn't was not a precise moment in which the statue decided to leave its pedestal and take its place partially in the ground, but most of the artistic activity of the twentieth century has definitely had an effect on the coming of a new era in the history of art.
After the first cultural seeds, in which constructivism demonstrated that reality was governed by a universal and immutable geometrical logic and minimalism showed that instead it was determined by a total contingency in which the essence of the artistic object was brought to light, were sewn, the term "sculpture" attained ever more elastic and malleable characteristics. Passing from the 60's to the 70's, sculpture began to be represented by anything from rectangles of blue, red and yellow fluorescent lights, to mirror labyrinths, to neon signs expressing thoughts and phrases and to installations of multicolour ties attached to a wooden support. This avant-garde art brought on some serious doubts about an unambiguous definition of sculpture. A consolidated praxis when studying the history of art is one which is based on universal categories of critique (painting, architecture, sculpture) with the objective of legitimizing a particular group of expressions (the single work of an artist, the single creation, a building). It was, especially, in front of similar avant-garde, that setting artistic activities within a framework of categories of critique became complex. This is what Rosalind Krauss explains in her book Sculpture in the Expanded

Sculpture: from the base to not-base. La terra ingoia il piedistallo
Probabilmente non vi è stato un momento preciso in cui la statua ha deciso di lasciare il suo piedistallo per andare ad introdursi parzialmente nel terreno, ma buona parte dell'attività artistica del ventesimo secolo ha sicuramente contribuito a questa epocale svolta nella storia dell'arte. Dopo che i primi semi culturali erano stati gettati in cui il costruttivismo dimostrava che la realtà era governata da una logica geometrica universale ed immutabile e il minimalism che la stessa poteva invece essere determinata da una totale contingenza, nella quale l'oggetto artistico veniva mostrato nella sua essenza, il termine "scultura" ha assunto caratteri sempre più elastici e malleabili. Nel passaggio dagli anni '60 ai '70 la scultura ha iniziato ad essere rappresentata da rettangoli di luci fluorescenti blu, rosa e gialle, da labirinti di pannelli rivestiti di specchio, da insegne pubblicitarie al neon che riportavano frasi e pensieri a installazioni di cravatte multicolore su supporti di legno. Queste avanguardie artistiche hanno gettato seri dubbi su una definizione univoca di scultura. Una prassi consolidata nello studio della storia dell'arte è quella che si fonda sull'uso di categorie critiche universali (quali pittura, architettura o scultura) finalizzate alla legittimazione di un gruppo di manifestazioni particolari (la singola opera dell'artista, il singolo manufatto, edificio). Fu soprattutto di fronte a simili avanguardie che risultò realmente complesso inquadrare le attività artistiche all'interno di un framework di categorie critiche. È quanto viene

Fields[1] when, in front of the work Perimeters, Pavilions, Decoys of 1978 by the American sculptor Mary Miss (in Nassau County, Long Island, New York) she argues: ‹And so we stare at the pit in the earth and think we both do and don't know what sculpture is›. Nevertheless, Krauss continues, ‹I would submit that we know very well what sculpture is›. At this point she introduces some considerations on sculpture as a discipline based on its own internal logics and inescapable rules which can be applied to very different situations. So it would seem that al l the single, particular expressions can be associated within the same category.

In any case the American critic links, in an indissoluble manner, sculpture with the logics that govern monuments[2]. Omitting the architectonic and urbanistic implications that a monument poses through the presence of urban memories, we will concentrate – following the writings of Krauss – on the functions of representation and marking that monuments have. Michelangelo represented the Piazza del Campidoglio in Rome by drawing a line on the axis of Palazzo Senatorio. The strength of this line of force was that it reorganized the chaotic space of the Piazza into a clear and ordered system. The statue of Marco Aurelio, marked by a vertical and horizontal score of the line of force, plays a fundamental role in the creation and organization of the space. The statue is both a representative gesture and a call for attention. In order to carry out this role – Krauss believes - ‹sculptures are normally figurative and vertical›; anyhow, what interests us most within this article is reading that ‹their pedestals (are) an important part

con lucidità spiegato da Rosalind Krauss nel suo saggio Sculpture in the Expanded Fields quando, di fronte all'opera Perimeters, Pavilions, Decoys del 1978 della scultrice americana Mary Miss (in Nassau County, Long Island, New York) asserisce: ‹And so we stare at the pit in the earth and think we both do and don't know what sculpture is›. Tuttavia, continua Krauss, ‹I would submit that we know very well what sculpture is›. In effetti viene a questo punto introdotta una considerazione della scultura come disciplina fondata su proprie logiche interne e regole imprescindibili che possono essere applicate a varie e diverse situazioni. A questo punto parrebbe che le singole manifestazioni particolari possano essere accomunabili nuovamente sotto una medesima categoria.

Ad ogni modo la critica americana unisce la scultura in maniera indissolubile alle logiche del monumento. Tralasciando le implicazioni di tipo architettonico e urbanistico che un monumento porta con se in quanto presenza urbana della memoria, ci concentreremo – seguendo il saggio di Krauss - sulla funzione che i monumenti espletano di representation e marking. Michelangelo ha concepito la piazza del Campidoglio a Roma tracciando una linea direttrice fondamentale sull'asse del Palazzo Senatorio. La linea di forza ha avuto come effetto quello di ri-organizzare lo spazio della Piazza caotico e non gerarchizzato in un sistema ordinato e chiaro. La statua di Marco Aurelio, posta a segno verticale ed orizzontale della linea di forza, svolge un ruolo fondamentale nella creazione ed organizzazione spaziale. La statua è assieme un gesto rappresentativo e un richiamo di attenzione. Per poter svolgere questo ruolo – sostiene Krauss ‹sculptures are normally figurative and vertical›; ad ogni modo, la cosa che a noi maggiormente interessa nell'ambito di questo articolo è leggere che ‹their pedestals (are) an important part of the structure since they mediate between actual site and representational sign›. Il podio quindi è elemento chiave per la statua nella sua lettura di elemento che si deve ergere sullo sfondo di ciò che gli sta intorno. Il piedistallo è un gesto che richiede attenzione per la statua. Ad ogni modo, nell'ultima parte del diciannovesimo secolo la logica del monumento come elemento urbano rappresentativo

of the structure since they mediate between actual site and representational sign›. So the podium is a key element for the statue in its reading, which must be done taking into account its surroundings. The pedestal is a gesture that calls attention to the statue. Nevertheless, in the last part of the nineteenth century, the logic that governs monuments as a marking and representative urban element has gradually lost its strength and credibility with respect to a society that is in continuous and rapid evolution[3]. The monument loses its significance of historical representation to the point where it finds a new dimension, almost completely peripheral, toward the end of the century, leaving its commemorative role of iconic architecture behind[4]. Sculpture, intended as a monument, during the twentieth century loses its expressive strength determined by its relationship with the context. In the words of Rosalind Krauss, this transformation coincides with the Modern theories in which a sculpture has a strong a-topic component and the monument becomes ‹functionally placeless and largely self-referential›[5]. The sculpture, thus, becomes independent of its context, it frees itself of the landscape and of formal and compositional references linked to the place, to the landscape or to the city.

The works of Constantin Brâncusi are of formidable clarity during this transition. Bird in Space (1924) is still on a pedestal, which becomes a formal generator for the statue itself. The Endless Column from 1938 (The Column without End as a literal translation of the Romanian title) is a sculpture formed of rhomboidal metallic modules, repeated seventeen times in vertical reaching a height of 29.33m; the sculpture is terminated with a half module. The pedestal is still in place, but appears detached from its historical role: it is actually described by Brâncusi as the body of the sculpture and as the obvious conclusion to it. Brâncusi produces a work in which the base itself is the sculpture (it can be seen as the result of an infinite number of repetitions of the same pedestal) and, at the same time, it is a sculpture that ends with a pedestal (a half module).

A temporal extreme of the attempts by Brâncusi can be found in the works of Antony Gormley. In 2006 the English sculptor positioned one

e di marking ha gradualmente perso la sua forza e credibilità rispetto ad una società in continua e rapida evoluzione. Il monumento perde il suo significato di rappresentazione storica fino a trovare una nuova dimensione, quasi totalmente periferica, alla fine del secolo, fino a lasciare il ruolo commemorativo alle architetture iconiche. La scultura in qualità di monumento si svuota quindi durante tutto il ventesimo secolo della forza espressiva determinata dal suo rapporto con il luogo. Nelle parole di Rosalind Krauss questo passaggio coincide con le teorie del Moderno in cui la scultura ha una forte componente a-topica e il monumento diventa ‹functionally placeless and largely self-referential›. La scultura diventa quindi indipendente dal suo contesto, si libera dal paesaggio e da riferimenti formali e compositivi legati al luogo, al paesaggio o alla città. Il lavoro di Constantin Brâncuði è di formidabile chiarezza durante questo passaggio. Bird in Space (1924) ha ancora un piedistallo, ma quest'ultimo diventa generatore formale della statua stessa. La Endless Column del 1938 (The Column without End nella traduzione letterale dal rumeno) è una scultura formata da moduli romboidali in metallo ripetuti in verticale diciassette volte fino a raggiungere un altezza di 29.33 metri; la scultura termina con un mezzo modulo. Il piedistallo è ancora presente, ma appare svincolato dal suo storico ruolo: viene infatti citato da Brâncuði come corpo della sua scultura stessa e finanche come sua ovvia conclusione. Brâncuði produce un opera nella quale il basamento è la scultura stessa (può essere vista come il risultato di una ripetizione ennesima dello stesso piedistallo) e, allo stesso tempo, è una scultura che termina con un piedistallo (il mezzo-modulo).

Un estremo temporale dei tentativi di Brancusi può essere trovato nell'opera di Antony Gormley. Nel 2006 lo scultore inglese posiziona cento sculture metalliche con forma di corpo umano in un area di 8.5 ettari di rovine romane (Parco Archeologico di Scolacium) nel sud dell'Italia, a Catanzaro. L'installazione si chiama Time Horizon. Ogni forma umana metallica è posizionata su una diversa base, ma alla stessa altezza (la quota fissa del progetto è fissata ad 1.80 metri sopra il livello dello scavo del foro romano) in modo da creare un unico orizzonte.

hundred metallic sculptures of human bodies in an 8.5 hectare area of Roman remains (Archeological Park of Scolacium) in the south of Italy, in Catanzaro. The installation is called Time Horizon. Each metallic human form is positioned on a different base, but at the same height (at a fixed height of 1.80m above the level of the excavation of the roman forum) such as to create a single horizon. As the level of the terrain varies, the metallic bodies rise and fall in relation to the ground level, up to the point where the sculptures are immersed in the earth. The sculpture has definitely lost its pedestal as a constructive element whose function was to point out the marked (and voluntarily declared) distance between the statue and the earth, and so between object and background, between statue and landscape. The absence of the pedestal and the absorption of the statue by the ground results in the landscape incorporating the object. Reading the distinction between landscape and sculpture become more difficult.

The landscape, with the disappearance of the pedestal, has finally absorbed the sculpture.

Sculpture = not-landscape. Sculpture = not-architecture

Once the sculpture lost what linked it to a piazza, to an urban context, everything that gave it a position and an urban function, it became detached from its surroundings. The sculpture no longer had an unambiguous place and so it became a free element in the landscape. Free to be repeated an infinite number of times like in Nature by Lucio Fontana from the early sixties, or absorbed by the ground years later by Gormley. At this point the sculpture seeks a new dimension and position through the process of reconfiguring the artistic category.

In spatial terms, the modern sculpture loses the positive features of its possible definition and assumes a sense of negativity. In the search for a re-definition, it will try to occupy the place of what is-not. "Sculpture is what you bump into when you back up to see a painting," said Barnett Newman in the fifties. In the writings of Krauss, sculpture becomes what we find in front of a building but which cannot be considered as a building and, equally, what we find in the landscape but which cannot be considered as part of

Al variare della pendenza del terreno, i corpi metallici salgono e scendono rispetto al livello del terreno fino ad ottenere dei punti nei quali le sculture sono immerse nel suolo.

La scultura ha definitivamente perso il piedistallo come elemento costitutivo la cui funzione era quella di segnare la marcata (e volutamente dichiarata) distanza tra l'oggetto statua e il terreno e quindi tra oggetto e sfondo, tra statua e paesaggio. L'assenza del piedistallo e l'assorbimento della statua nel terreno ha, in un certo modo, fatto sì che il paesaggio includesse l'oggetto stesso. La distinzione tra landscape e scultura diviene di più complessa lettura.

Il landscape, con la scomparsa del piedistallo, ha finalmente assorbito la scultura.

Sculpture = not-landscape. Sculpture = not-architecture

Una volta che la scultura ha perso ciò che la legava ad una piazza, ad un contesto urbano, ciò che le dava una posizione ed una funzione urbana, diviene un oggetto slegato dal suo intorno. La scultura non ha più un luogo univoco e perciò diventa un elemento libero nel paesaggio. Libero di essere ripetuto un numero indefinito di volte come nelle Nature di Lucio Fontana dei primi anni sessanta o assorbito dalla terra anni dopo come in Gormley. A questo punto la scultura cerca una sua nuova dimensione e posizione attraverso un processo di riconfigurazione della categoria artistica stessa.

In termini spaziali, la scultura moderna perde i connotati positivi di una sua possibile definizione per assumere un senso di negatività. Nella ricerca della sua ri-definizione, cercherà di occupare infatti il posto di ciò che non-è. "Sculpture is what you bump into when you back up to see a painting," dice Barnett Newman negli anni cinquanta. Nella lettura di Krauss la scultura diventa ciò che sta di fronte ad un edificio e non è considerabile come edificio e, ugualmente, ciò che sta nel landscape ma non è considerabile come parte del landscape stesso. I cubi in alluminio anodizzato del 1971 di Donald Judd rappresentano un esempio abbastanza chiaro di quanto può essere all'interno di una stanza ma non sia realmente la stanza.

In buona sostanza la scultura inizia a corrispondere a delle ulteriori categorie critiche quali

the landscape[6]. The aluminum cubes anodized in 1971 by Donald Judd represent a fairly clear example of how it can be in a room without really being in the room. Substantially, sculpture begins corresponding to ulterior categories of critique which are not-architecture and not-landscape.

So if sculpture takes the place of expressions of what is real but is not architecture or landscape, it remains to clarify what position sculpture takes with respect to hybrid situations which see architecture and landscape as part of the same expression. Krauss, regarding this, makes us observe that "Labyrinths and mazes are both landscape and architecture; Japanese gardens are both landscape and architecture"[7].

Landscape as territory

Toward the end of the seventies, a-topic sculpture without pedestal underwent a radical transformation, losing the adjective "modern" and entering a process of reconnection with the context. An article by Robert Smithson in 1966 entitled "Entropy and the New Monuments" marks a fundamental point of the artistic conscience that corresponds with an introduction to the concept (or to the awareness) of entropy in the processes of transformation of reality. The faith in technological progress which dominated until the sixties, leaves space for the awareness of the presence of a certain chaos within the material which dominated reality according to its own laws. According to a principle of nuclear physics, matter, in the eyes of Smithson, tends towards an increasing disorganization and disintegration of its own structure. Artists such as Walter De Maria, Robert Morris or Robert Smithson start literally filling the art galleries with material (earth, sand, stone). Set against elaborate tendencies and sophistically intelligent artistic experiments, are the artistic experiences whose objective is to bring to light the contrasts and the natural tensions generated by matter. In fact, the material which arouses the most interest is that which derives directly from nature: earth, rock, sand or gravel, tree trunks, leaves, branches and water[8]. It was Smithson himself to lay claim to the term Earthworks to indicate this tendency. Operations like his Spiral Jetty (1979) or Compression

non-architettura e non-landscape. Se la scultura quindi prende il posto nelle manifestazioni del reale di ciò che non è architettura o landscape, resta tuttavia da chiarire come la scultura si ponga rispetto a quelle situazioni ibride che vedono architettura e landscape parte della stessa manifestazione. Krauss, a tal proposito, fa osservare che "Labyrinths and mazes are both landscape and architecture; Japanese gardens are both landscape and architecture".

Landscape as territory

Alla fine degli anni sessanta la scultura atopica e senza piedistallo subisce una radicale trasformazione perdendo definitivamente l'aggettivo di "moderno" ed entrando in un processo di ri-connessione con il contesto. Un articolo di Robert Smithson del 1966 intitolato "Entropy and the New Monuments" segna un punto fondamentale nella coscienza artistica che corrisponde all'introduzione del concetto (o della consapevolezza) di entropia nei processi di modificazione della realtà. La fiducia nel progresso tecnologico che aveva dominato fino ai primi anni sessanta, lascia spazio alla consapevolezza della presenza di una misura del caos interno alla materia che domina il reale secondo leggi proprie. Secondo un principio desunto dalla fisica nucleare, la materia agli occhi di Smithson tende ad una crescente disorganizzazione e disintegrazione della propria struttura. Artisti come Walter De Maria, Robert Morris o lo stesso Robert Smithson iniziano a riempire letteralmente di materia (terra, sabbia, pietre) le gallerie d'arte. A tendenze elaborate ed esperimenti artistici sofisticamente intellettuali, si contrappongono esperienze artistiche nelle quali l'obiettivo è far emergere i contrasti e le tensioni naturali generate dalla materia. Di fatto i materiali che desteranno maggiore interesse saranno quelli derivanti in modo diretto dalla natura: terra, rocce, sabbia o ghiaia, tronchi d'albero, foglie, rami e acqua. Fu proprio Smithson a coniare il termine Earthworks per indicare questa tendenza. Operazioni come il suo Spiral Jetty (1970) o Compression Line (1968) di Michael Heizer sono oramai entrati nella memoria collettiva del Land-Art. Un autore fondamentale nel nostro discorso, il cui lavoro rappresenta un esempio paradig-

Line (1968) by Michael Heizer have entered the collective memory of Land-Art.

An author fundamental to our discussion, whose work represents a paradigmatic example of this kind of exploration, is James Turrell. One of his best known (and most ambitious) works is the Roden Crater Project, built in an extinct volcano in the north-east of Flagstaff in Arizona (USA). Inside this 3 km wide crater, formed about 400.000 years ago, the natural landscape is transformed into an enormous open-roofed observatory, designed specially to allow people to observe the evolution of natural phenomena from within a trail created by the American artist. In the crater he designed a spatial configuration based on the combination of light (artificial and natural) and the space in which the natural phenomena are presented in new and unexpected directions. The perception of nature and of the landscape is suggested as being in continuous evolution through the drawings by the artist[9].

The list of artists who contributed to setting the foundations for an artistic awareness, characterised by the fact that the sculpture (or work of art in general) can arise physically (in the physical characteristics of its matter) from the landscape, is long, and the quality of their specific contributions will not be discussed here. Nevertheless, it is important to clarify that the works of Richard Serra, Robert Morris, Robert Smithson, Mochael Heizer, Robert Irwin, Sol LeWitt, Bruce Nauman, Walter De Maria acted as the predecessors, given what they proposed and realized, being contemporary landscapers, during the past years.

Within this context we can locate the work of West(8). Between 1992 and 1997, the Dutch studio realized the "urban square" of Carrascoplein, in the vicinity of the station of Sloterdijk (Amsterdam). One of the most interesting details of the project is represented by woodchipsstumps made of metal which contain lights orientated toward the side of the nearby concrete viaduct. It isn'tis not naïve to bring this operation of landscape construction by means of natural elements placed in a repetitive and artificial manner, back to the American artistic operations from the late sixties. The same could be said about the Iterpolis Garden of Tilburg (1995-97)

matico di questo tipo di esplorazione è James Turrell. Uno dei suoi più noti (e ambiziosi) lavori è il Roden Crater Project, costruito in un vulcano spento nel nord-est di Flagstaff, in Arizona (Stati Uniti). All'interno di un cratere largo 3 km formatosi circa 400.000 anni fa, il paesaggio naturale è stato trasformato in un enorme osservatorio a cielo aperto, concepito appositamente in modo da consentire alle persone di vedere l'evolversi dei fenomeni naturali all'interno di percorsi creati dall'artista americano. Nel cratere è stata progettata una configurazione spaziale inedita basata sulla combinazione di luce (artificiale e naturale) e spazio in cui i fenomeni naturali sono presentati in nuove e inaspettate direzioni. La percezione della natura e del paesaggio è suggerita come in continua evoluzione attraverso la mano dell'artista. La lista degli artisti che hanno contribuito a gettare le basi per una consapevolezza artistica (e progettuale) caratterizzata dal fatto che la scultura (o l'opera d'arte in genere) possa nascere in maniera fisica (nella fisicità delle caratteristiche dei suoi materiali) dal paesaggio, è lunga e le qualità dei loro contributi specifici non sarà discussa in questa sede. Tuttavia è d'obbligo chiarire che l'opera di Richard Serra, Robert Morris, Robert Smithson, Michael Heizer, Robert Irwin, Sol LeWitt, Bruce Nauman, Walter De Maria è stata antesignana di quanto i landscapers contemporanei hanno proposto e realizzato durante gli ultimi anni.

In questa prospettiva può essere collocata l'opera di West8. Dal 1992 al 1997 lo studio olandese realizza la "piazza urbana" di Carrascoplein, nei pressi della stazione Sloterdijk (Amsterdam). Uno dei dettagli più interessanti del progetto è rappresentato da dei ceppi d'albero realizzati in metallo che contengono delle luci orientate verso l'intradosso del vicino viadotto in cemento armato. Non è ingenuo ricondurre questa operazione di costruzione del landscape attraverso elementi naturali, posti in maniera ripetitiva ed artificiale, alle esperienze artistiche americane delle fine degli anni sessanta. Lo stesso discorso potrebbe valere per l'Iterpolis Garden di Tilburg (1995-97) nel quale un giardino artificiale viene realizzato attraverso l'uso di grandi frammenti piatti di pietra. Gli elementi naturali (frammenti di roccia) vengono

in which an artificial garden is built using large, flat fragments of stone. The natural elements (fragments of rock) are used in different ways than their natural state for the construction of this landscape project. Between Michael Heizers's The Rift in 1968 and the use that West8 makes of the natural material in the Iterpolis Garden, there is a close analogical relationship, as though the second were an attempted evolution (and application of the Dutch contemporary urban context of Tilburg) of the first[10].

The Garden of Cosmic Speculation (1989-2007), a vast project made up of "forty major areas, gardens, bridges, landforms, sculptures, terraces, fences and architectural works", by Charles Jencks is an ulterior step ahead from the Earthworks. In fact, in the Spiral Jetty by Smithson, the elements of a natural landscape get discomposed and reassembled in order to obtain a "twisted effect", but are still recognizable by their own traits of an unanthopized landscape, but referring to new forms. In the work of Jencks, however, one can appreciate a landscape that is completely under control. The natural elements have become (the project was completed 20-30 years later) part of the tool set of the author, who modifies and uses the earth, water and plants at pleasure. In this sense it can be considered an experiment of tighter control and awareness of the landscape with regards to the American experimentation at the end of the seventies.

A project that marks to some extent the finish line of our discussion is the Vulcano Buono (Good Volcano) by Renzo Piano from the period 1995-2007. This mixed programme centre situated in Nila, near Naples (Italy) is a project that places itself in the limits of the category of architecture and landscape. "The crater structure is made of reinforced concrete, covered with turf, allowing the artificial volcano to disappear into the landscape: the aim of the projects is to integrate the building into the landscape, not just occupy it. From a distance, it fits naturally with the contour of the land" are the Piano's words. If one carefully considers the size of the project, its pronounced (and clearly desired) similarity to the real volcano which one clearly sees from every area, but above all the positioning and the extension of the immense

usati in modo diverso dal loro stato naturale per la costruzione di un progetto di paesaggio. Tra il The Rift di Michael Heizer del 1968 e l'uso che West8 fa della materia naturale nell'Iterpolis Garden vi è una stretta relazione analogica, come se il secondo fosse un tentativo di evoluzione (e di applicazione al contesto urbano contemporaneo olandese di Tilburg) rispetto al primo. Il Garden of Cosmic Speculation (1989-2007), un vasto progetto costituito da "forty major areas, gardens, bridges, landforms, sculptures, terraces, fences and architectural works" firmato da Charles Jencks, presenta un ulteriore passo avanti rispetto agli earthworks. In fatti, nello Spiral Jetty di Smithson gli elementi di un landscape naturale vengono scomposti e ri-assemblati per ottenere un "twisted effect", ancora riconoscibile per i tratti propri di un paesaggio non antropizzato, ma riconducibile nuove (inedite) forme. Nel lavoro di Jencks invece si può apprezzare un paesaggio completamente sotto controllo. Gli elementi naturali sono oramai (il progetto è stato concepito 20-30 anni più tardi) entrati a far parte del tool set del progettista, il quale modifica ed usa suolo, acqua e piantumazioni a suo piacimento. In questo senso può essere considerato una prova di maggiore controllo e consapevolezza del progettista nei confronti del landscape rispetto agli esperimenti americani della fine degli anni '70. Un progetto che segna, in qualche misura, un punto di arrivo del nostro discorso è il Vulcano Buono (1995-2007) di Renzo Piano. Questo centro a programma misto situato a Nola, vicino a Napoli (Italia) è un progetto che si colloca nel limite delle categorie di architettura e paesaggio. "The crater structure is made of reinforced concrete, covered with turf, allowing the artificial volcano to disappear into the landscape: the aim of the projects is to integrate the building into the landscape, not just occupy it. From a distance, it fits naturally with the contour of the land". Se si considera attentamente la dimensione del progetto, la sua pronunciata (e chiaramente voluta) somiglianza con il reale vulcano che si vede palesemente in tutta l'area, ma soprattutto la disposizione e l'estensione dell'immenso parcheggio, si potrebbe capire quanto il paesaggio abbia influenzato l'architettura stessa. Cambiando la posizione reciproca

car park, one could understand how much the landscape influenced the architecture. Changing the reciprocal position of the predicated in the construction of the latter sentence, we could say that the architecture was in a way absorbed by the landscape, so much so that it becomes part of it. The architecture momentarily loses its characteristic of being an independent discipline in order to satisfy the rules of the landscape and to participate in the construction of a new landscape of a much greater scale. The Vulcano Buono is a paradigmatic project which isolates and shows the tendency orientated toward a practice based on a control that is ever more aware of the elements of the landscape and which results in the landscape being able to absorb the architecture itself. What they obtained indirectly (and probably with a very different aim), modifying consolidated urban environments with "occasions" able to involve citizens and urban landscape, was demonstrated with extreme efficiency by Christo and Jeanne-Claude. This pair of artists works with an operation of absorption of architecture (and also isolated elements of the landscape) obtaining as a result the constitution of a new landscape. The operation of wrapping carried out around the Reichstag in Berlin (1995) or the Pont-Neuf in Paris (1985) is an evident example of an architecture that gets encompassed in the landscape itself. Understanding which tendencies will, in the future, be sensitive modifications of our way of living space and reality has always been subject to an arduous and complex interpretation. Anyhow, based on the considerations made here, it can be observed that the landscape designed in our era, after having partially absorbed the artistic practice of sculpture (starting from its pedestal), has made clear attempts to do the same which an independent discipline such as architecture. Will the next objective of the landscape be to try to absorb the land itself from which it originated?

dei predicati nella costruzione della frase precedente, potremmo affermare che l'architettura sia stata in qualche modo assorbita dal paesaggio, fino a diventare parte integrante dello stesso. L'architettura perde momentaneamente il suo carattere di disciplina autonoma per assecondare le regole del paesaggio e partecipare alla costituzione di un nuovo paesaggio ad una scala molto maggiore. Il Vulcano Buono è un progetto paradigmatico per isolare e mostrare la tendenza orientata ad una pratica progettuale basata su un controllo sempre più consapevole degli elementi del paesaggio che risulta finalmente in un landscape in grado di assorbire l'architettura stessa.
Ciò che in maniera indiretta (e probabilmente con uno scopo profondamente diverso) avevano ottenuto i situazionisti (modificando ambienti urbani consolidati con degli happening capaci di coinvolgere assieme cittadini e paesaggio urbano), è stato dimostrato con estrema efficacia da Christo and Jeanne-Claude. La coppia di artisti opera un lavoro di assorbimento dell'architettura (ma anche di elementi isolati del paesaggio) ottenendo come risultato la costituzione di un nuovo paesaggio. L'operazione di wrapping eseguita attorno al Reichstag a Berlin (1995) o del Pont-Neuf a Parigi (1985) è un esempio forzatamente palese di un architettura che viene inglobata dal paesaggio stesso.
Capire quali siano le tendenze che risulteranno nel futuro sensibili modificazioni del nostro vivere lo spazio e la realtà è da sempre stata materia ben ardua e di complessa interpretazione. Ad ogni modo, alla base delle considerazioni accennate in questo testo, può essere osservato che il landscape progettato nella nostra contemporaneità, dopo aver assorbito parzialmente la pratica artistica della scultura (ad iniziare dal suo piedistallo), ha fatto palesi tentativi per fare lo stesso con una disciplina autonoma come l'architettura. Sarà il prossimo obiettivo del landscape quello di tentare di assorbire il territorio stesso da cui ha origine?

Notes

1. Rosalind Krauss, *Sculpture in the Expanded Field*, in October, Vol. 8. (Spring, 1979), pp. 30-44.
2. *The logic of sculpture, it would seem, is inseparable from the logic of the monument.*
By virtue of this logic a sculpture is a commemorative representation. It sits in a particular place and speaks in a symbolical tongue about the meaning or use of that place.
In Rosalind Krauss, *Sculpture in the Expanded Field*, op.cit. p.33
3. L'argomento non verrà affrontato in questa sede, ma si pensi, a titolo di esempio, alla riconfigurazione sociale e culturale che le varie società nazionali europee hanno affrontato a seguito dei due conflitti mondiali.
4. Si veda a tale proposito Charles Jencks, *The Iconic Building - The Power of Enigma*, Frances Lincoln, London, 2005
5. *I would say, one crosses the threshold of the logic of the monument, entering the space of what could be called its negative condition-a kind of sitelessness, or homelessness, an absolute loss of place. Which is to say one enters modernism, since it is the modernist period of sculptural production that operates in relation to this loss of site, producing the monument as abstraction, the monument as pure marker or base, functionally placeless and largely self-referential.* In Rosalind Krauss, *Sculpture in the Expanded Field*, op.cit. p.34
6. *[...] it was what was on or in front of a building that was not the building, or what was in the landscape that was not the landscape.* In Rosalind Krauss, *Sculpture in the Expanded Field*, op.cit. p.36

7. Rosalind Krauss, *Sculpture in the Expanded Field*, op.cit. p.38
8. L'uso di tali materiali avrà in seguito una larga diffusione in America e Europa con artisti fra i quali Antoni Tàpies, Jean Fautrier, Jean Dubuffet, Lucio Fontana, Cy Twombly, Franz Kline, Conrad Marca-Relli e Ben Nicholson. In Italia l'opera di Alberto Burri è in tal senso paradigmatica.
9. Uno dei fattori chiave nell'interpretazione del Roden Crater (concetto valido in termini generali per la maggior parte dell'opera di Turrell), è il fatto che la luce naturale subisca una forzatura da parte dell'artista finalizzata ad apparire come un elemento della natura che agisce in una maniera a cui lo spettatore non è abituato. In altre parole, un fenomeno naturale subisce un processo di artificializzazione al fine di ottenere un effetto inedito, che non è in realtà composto da qualcosa di nuovo, è semplicemente visto da una prospettiva diversa a causa di cambiamenti nelle condizioni al contorno. La questione è posta in questi termini da Turrell: "il nuovo fenomeno ottenuto dopo la modificazione dell'artista è ancora una fenomenologia naturale o diventa artificiale?".
10. Il *The Rift* di Heizer si riferiva alle zone desertiche del Nevada, probabilmente in una area volutamente priva di presenze umane. Gli esperimenti formali di Heizer stavano su un piano di introspezione artistica. Si potrebbe affermare che, laddove Heizer mantiene il suo lavoro su un piano di sperimentazione teorica, West8 trova la sua applicazione pratica nel denso e complesso contesto urbano contemporaneo.

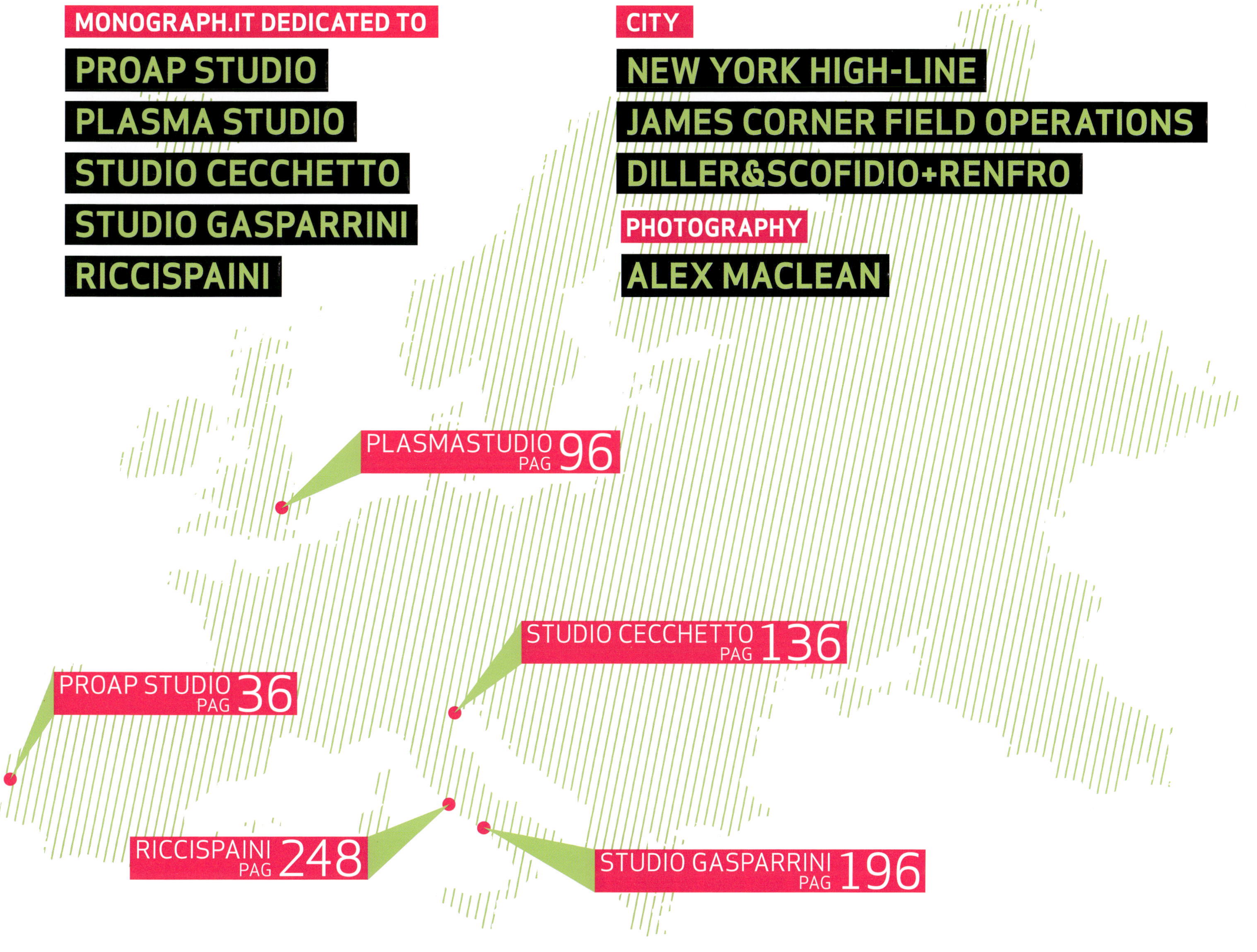
MONOGRAPH.IT DEDICATED TO
PROAP STUDIO
PLASMA STUDIO
STUDIO CECCHETTO
STUDIO GASPARRINI
RICCISPAINI

CITY
NEW YORK HIGH-LINE
JAMES CORNER FIELD OPERATIONS
DILLER&SCOFIDIO+RENFRO
PHOTOGRAPHY
ALEX MACLEAN

PLASMASTUDIO PAG 96
STUDIO CECCHETTO PAG 136
PROAP STUDIO PAG 36
RICCISPAINI PAG 248
STUDIO GASPARRINI PAG 196

PROAP STUDIO
Lisboa

PROAP STUDIO
INTERVIEW
INTERVISTA

with
JOAO NUNES

by MASSIMO FAIFERRI

Joao Nunes has been teaching at the Faculty of Architecture in Alghero since its foundation. His course on landscape design is part of a series of first year courses on this subject which are coordinated by him, belonging to the urban planning undergraduate course. Consistent with the objectives of the PROAP study and the education, it was decided to hold an interview/public conversation within the Faculty, such that the dialogue could also be heard by the students.

Would begin this interview by asking you a possible definition of landscape, perhaps starting from the considerations made some moments ago during your lesson.

Today, a definition of landscape has a direct relationship with the project of the landscape, that is to say with the tools, the instruments, that a designer uses to resolve a series of problems. So it's a synthetic concept and not a rhetorical one that is linked to a very pragmatic

Joao Nunes insegna nella Facoltà di Architettura di Alghero fin dal primo anno della sua fondazione. Il suo corso di progettazione del paesaggio si tiene all'interno del blocco didattico di progetto del paesaggio, da lui coordinato, al I anno del corso di laurea in urbanistica. Coerentemente agli obbiettivi, anche a fini didattici, che lo studio PROAP si propone di perseguire, si è deciso di organizzare una intervista-conversazione pubblica all'interno della Facoltà, in modo da poter condividere questo dialogo anche con gli studenti del corso.

MF Partirei con questa intervista chiedendoti una possibile definizione di paesaggio, magari partendo proprio dalle considerazioni che hai fatto poco fa durante la tua lezione.
JN Una definizione di paesaggio oggi ha una diretta relazione con il progetto di paesaggio, ovvero con gli attrezzi, gli strumenti, che il progettista usa per risolvere una serie di problemi. Quindi è un concetto sintetico non retorico, legato ad una questione molto pragmatica, cioè che cosa sta facendo

matter, that is, what the designer is doing, what is changing and above all, with which instruments. The definition is linked to reality which is composed of a series of different types of signs. These signs come from the history of the places considered, marked by their overlaying in time. This is why when I tried to describe the disciplinary identity of a landscape project during my lesson, I spoke mainly about time by describing four projects which deal with the theme of time in different ways. The first speaks about time as an overlaying of history, history of the various generations that when overlaid, overwrites the preceding one. The theme of the waterfront is paradigmatic in this sense; we could think that in the nineteenth century, with the discovery of motors and vapour, humanity understood that boats could be manoeuvred better and be anchored to the riverbanks which until then didn't exist. The idea of eternity conditions the relationship that the various generations have with the territory, which gets modified for eternity even if it only belongs to them for a limited period of time. So, the landscape project has to include the dimension of time as an overlaying of signs and as an ability of the designer to chose the signs that should be remembered and those that should be erased. This is the decision that we have to make, and do make, every day as designers.

So starting with this concept of time, the project is intended as a dynamic process, a system open to stimuli that come from the place and that through this temporal succession modify its image, that dynamically mutates with the passing of time. A form that evolves due to its temporal relationship with the place.

Exactly, the landscape projects rejects the concept of formalism. If we talk about the project as a process, we realise we can't start from a form, because the formalization is consequential to the process.

il progettista, che cosa sta cambiando, e soprattutto con quali strumenti. La definizione di paesaggio è legata alla realtà, che è costituita da un insieme di segni di tipo diverso. Segni che provengono dalla storia dei luoghi, contrassegnata dalla loro sovrapposizione nel tempo. Ecco perché quando ho cercato di descrivere l'identità disciplinare del progetto di paesaggio nella mia lezione ho parlato soprattutto di tempo, attraverso la descrizione di quattro progetti che parlano di tempo in modo diverso. La prima parla del tempo come sovrapposizione di storie, storie di diverse generazioni che nella loro sovrapposizione cancellano progressivamente quelle precedenti. Il tema del waterfront è paradigmatico in tal senso; se pensiamo che nell'800 l'umanità, con la scoperta dei motori a vapore, comprese che le navi si potevano manovrare meglio e attraccare sulle banchine che fino ad allora non esistevano. Il concetto di eternità condiziona il rapporto delle generazioni con il territorio che viene modificato per l'eternità anche se lo si ha in consegna solo per un periodo di tempo limitato. Dunque il progetto di paesaggio deve includere la dimensione tempo come sovrapposizione di segni e come capacità del progettista di scegliere i segni da ricordare o quelli da cancellare e questa è la decisione che ogni giorno noi dobbiamo prendere e che come progettisti prendiamo.

MF A partire da questo concetto di tempo, il progetto viene quindi inteso come processo dinamico, sistema aperto e ricettivo rispetto agli stimoli che provengono dai luoghi e che attraverso questa successione temporale modifica anche la sua immagine, che muta dinamicamente proprio con il passare del tempo. Una forma che si evolve quindi attraverso la sua relazione temporale con i luoghi.

JN E' proprio così, il progetto del paesaggio rifiuta il concetto di formalismo. Se stiamo parlando di progetto inteso come

There are approaches that give privilege to the form as a starting point of the projects, but I ask myself how this approach finds a relationship with time and how it thinks to last longer than the tendency of that moment.

In this sense the attention to the place assumes a relevant and necessary aspect in the design process which attempts to gather its significant elements in order to reinterpret and recompose them according to new relationships.

Before we were talking about how the past generations search for eternity, which is also a characteristic of the job of an architect. For example in the recent project for the Valdebebas Urban Park in Madrid, this idea of eternity is looked for in something more than just the physical durability of the materials. It is looked for in the substance of the landscape, where it was looked to find the persistent signs that haven't changed in time and that represent the character of the place. It is precisely because of their persistence that these signs must be looked for and used as the structuring form of the project. If we do this we are anchoring the project to something much more lasting than the physical resistance of the materials used. We often talk about the duration of buildings and of cities as though they were much more lasting than parks and green areas, but if we look at the duration of cities, for example the Polish cities bombed during the Second World War, the most stable and unchanged parts are the green areas of the city. It is much easier and faster to modify buildings than green areas, which are less mobile and perhaps less considered by the citizens.

This idea of procedure seems to be a very close concept to the definition of the open-ended works of Eco, that is, an artefact comprised of open modules, able to welcome mutation and based on the vision of a universe founded on the concept of possibilities.

For me the definition of Eco is in strict relationship with the definition of landscape, not only because of the idea

processo non si può partire dalla forma, la formalizzazione è conseguente al processo. Esistono approcci che privilegiano la forma come punto di partenza del progetto, ma mi chiedo come questo approccio possa relazionarsi proprio con il tempo, pensando ad una durata che vada oltre la moda del momento. Dobbiamo pensare invece a dei progetti che abbiano la capacità di rispondere anche ai cambiamenti di programma richiesti nel tempo.

MF In questo senso l'attenzione per i luoghi, assume un aspetto rilevante, indispensabile nel processo progettuale che cerca di coglierne gli elementi significativi, per poterli poi reinterpretare e ricomporre secondo nuove relazioni.

JN Si parlava prima della ricerca dell'eternità da parte delle generazioni passate che è anche una caratteristica del mestiere dell'architetto. Ad esempio nel recente progetto per il Parco Urbano di Valdebebas, a Madrid, questa eternità viene ricercata attraverso qualcosa che vada oltre la durabilità fisica dei materiali. Si cerca quindi nello spessore del paesaggio, alla ricerca della persistenza dei segni che non sono cambiati nel tempo e che rappresentano il carattere di questo luogo. Segni, che devono essere ricercati proprio per la loro persistenza e che devono diventare la forma strutturante del progetto. Se noi facciamo questo siamo in grado di ancorare il progetto a qualcosa di molto più duraturo della resistenza fisica dei materiali che lo compongono. Noi parliamo spesso della durata degli edifici e della città costruita, immaginandola molto più durevole rispetto alla permanenza dei parchi e del verde, ma se guardiamo alla evoluzione delle città stesse come ad esempio le città polacche bombardate nella seconda guerra mondiale, le parti che si sono rivelate più stabili e immutabili nel tempo sono proprio le zone verdi della città. E' molto più facile e veloce modificare il costruito che le zone verdi, che si rivelano più immobili e forse più protette dalla considerazione dei cittadini.

MF Questa idea di processo progettuale, mi sembra un concetto molto vicino alla

of uncertainty of the project itself, meaning it as an open-ended work undefined by the project, but is also contained in the individual interpretation of the landscape by anyone who, within their subjectivity, is able to propose diverse points of view of the same landscape.

Yet, this doesn't mean leaving the project to an uncontrolled evolution or natural process without form; I believe that in your work there is always an intentional formalization.

Let's clarify what a project is. Each project is a cross between a programme, a necessity to transform and a place, and the meeting point of these is the mind of the designer who decides, within a logic of transformation, that a corn field for example can become the site for a hospital. It is a radical change generated by the programme, and it is the first articulation of the project. Of course the project is also influenced by the site itself, as the same programme in a different site produces evidently different

definizione di opera aperta di Eco, ovvero un artificio costituito da moduli aperti capaci di accogliere la mutazione, basato sulla visione di un universo fondato sul concetto di possibilità.

JN Per me la definizione di Eco ha una stretta relazione con la definizione di paesaggio, non solo per l'idea di indeterminazione nella progettazione stessa, appunto l'opera; aperta perché sfugge ad una definizione chiusa e immobile attraverso il progetto, ma è anche contenuta nella interpretazione del paesaggio, intesa come interpretazione individuale da parte di qualsiasi persona, che all'interno della sua soggettività, deve essere capace di proporre diverse chiavi di lettura del paesaggio stesso.

MF Questo non significa comunque lasciare il progetto ad una evoluzione incontrollata, al naturismo senza forma; mi pare che nei vostri lavori sia comunque presente una formalizzazione intenzionale.

JN Dunque chiariamo cosa è un progetto. Ogni progetto è un incrocio tra un programma,

projects. The first question to ask is whether this particular site is compatible with this particular programme.

Are we able to actuate this programme without violating the site whilst doing so? Sometimes this meeting point is not compatible, yet sometimes it becomes feasible within the mind of the designer, the true platform for the project. Given the same site and programme, a project can turn out better or worse depending on the designer.

 It seems to me that your projects demonstrate how the programme, intended as a solution to concrete problems, has an important role in the project procedure; where the form, found rather than looked for, gets its meaning from the objectives that the project proposes.

This is because of the role that the designer has in the community.

Our task is to resolve the problems that our commissioner presents us with. We are not artists who work at home by ourselves, neither are we politicians who have to convince others to like our proposals. When a person makes a request we must primarily do a job that responds to the requirements of the community, that has its problems, its needs and its ambitions which we must be able to understand and interpret. With our project we must give a shape to these dreams, even through our personal interests of research, respecting, however, the necessities of a community who pays tax which go towards public works.

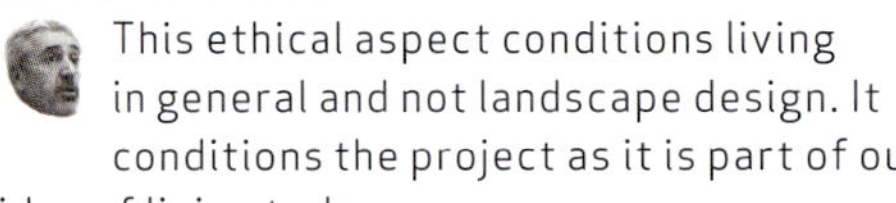 During your lesson, still while attempting to define what a landscape project is, you focused on the important ethical aspect of designing a better condition for our children.

This ethical aspect conditions living in general and not landscape design. It conditions the project as it is part of our idea of living today.

 Which can't be taken for granted, however, at least when observing some recent projects that, after the recent

una necessità di trasformazione e un luogo, e questo incontro accade dentro della testa del progettista, che decide, all'interno di una logica di trasformazione, che un campo di mais ad esempio, possa diventare il luogo per un ospedale.

E' un cambiamento radicale generato dal programma, che è la prima articolazione del progetto. Poi il progetto è fatto anche dal luogo, perché lo stesso programma in luoghi diversi produce evidentemente progetti diversi. La prima domanda da porsi è se un determinato luogo sia compatibile con questo determinato programma. Siamo capaci di attuare questo programma senza violentare il luogo deputato alla sua realizzazione? A volte questo incrocio non è compatibile, ma a volte lo diventa all'interno della mente di un determinato progettista, la vera piattaforma progettuale. A parità di luogo e di programma un progetto può quindi attuarsi meglio o peggio, a seconda del progettista.

MF Mi pare che i vostri progetti dimostrino come il programma, inteso come risposta a problemi concreti, svolga comunque un ruolo importante nel processo progettuale; dove la forma, trovata, piuttosto che ricercata, ancora una volta prende significato proprio dagli obbiettivi che il progetto si propone di raggiungere.

JN Questo c'entra con il ruolo che il progettista ha rispetto alla comunità. Il nostro ruolo è quello di risolvere i problemi di chi ci chiama a progettare. Noi non siamo artisti che stanno lavorando a casa da soli e non siamo neanche politici prepotenti che devono far piacere alle persone ciò che vogliamo noi. Quando arriva un signore che ci fa una richiesta, noi dobbiamo fare un lavoro che prima di tutto dovrebbe rispondere alle richieste della comunità, che ha i suoi problemi, le sue necessità, i suoi sogni, le sue ambizioni; che dobbiamo essere in grado di capire e interpretare. Con il progetto dobbiamo rispondere ai desideri, dare materia e corpo a questi sogni, anche attraverso i nostri interessi di ricerca personali, rispettando però, le necessità di una comunità, in particolare per i lavori pubblici che sono pagati con le tasse delle persone.

global economic crisis, we begin to see through more critical eyes which are perhaps more aware of our actuality. Previously you mentioned the idea of maintenance, which is an important aspect in architecture but assumes even more relevance within a landscape project, so much so that it strongly conditions the evolution of the project in time.

Talking about time in a landscape project certainly means taking note of some of the positive aspects which we spoke about, like open-ended projects, flexibility etc, but this also means discovering some weak points. These weaknesses are in direct relationship with the maintenance. I have seen beautiful, precise, well built projects that get transformed due to bad management and bad maintenance. It can happen that unexpected changes are made voluntarily to the project, but which are not in accordance with the original project, or that involuntary changes take place due to badly carried out maintenance. So ideally the processes linked to the projects are as independent as possible from the maintenance. This is not only in order to agree with a principle, but for the motive of sustainability; it seems evident that a project that requires little maintenance is more sustainable. Talking about sustainability, which nowadays has become common ground to many disciplines, also means thinking about its costs, in this case economical, for the community. Therefore, we have to try to realize projects that do not have excessive costs just because we want to use a particular material that will make us look good in a magazine publication.

Having worked with you for two years here in Alghero, I have had the chance to see how important the tool of drawing is in explicating the intentions of a project; in particular I would like to ask you to comment on the difficulties for a designer in finding the right kind of graphic representation for a landscape project.

In my opinion drawing is fundamental for communicating but at the same time constitutes an instrument for thinking. Above all it is a form of thinking, we actually

MF Durante la tua lezione, sempre all'interno di una possibile definizione di progetto del paesaggio, ti sei soffermato su un aspetto eticamente rilevante, ovvero sulla necessità di progettare una condizione migliore per i nostri figli.
JN Questo aspetto etico condiziona il vivere in generale e non la progettazione del paesaggio. Condiziona il progetto in quanto all'interno di una precisa idea del vivere oggi.

MF Che però non è così scontata, almeno nell'osservare alcuni recenti progetti che, dopo la recente crisi economica globale, incominciamo ad osservare con occhi diversi, più critici e forse più consapevoli della nostra contemporaneità. Precedentemente accennavi anche al concetto di manutenzione, che ha un aspetto rilevante in architettura, ma assume una importanza ancor più significativa all'interno del progetto di paesaggio, tanto da condizionare fortemente l'evoluzione del progetto nel tempo.
JN Parlare di tempo nel progetto di paesaggio certamente significa rilevare alcuni aspetti positivi di cui si parlava prima come l'apertura, la flessibilità ecc., ma questo significa scoprire anche la sua fragilità. Questa debolezza ha una diretta relazione con la manutenzione. Ho visto progetti bellissimi, accurati, costruiti bene, trasformarsi a causa di una cattiva gestione della manutenzione. Può accadere infatti che si attuino cambiamenti non previsti dal progetto, quindi volontari, magari perché non si è d'accordo con il progetto, ma anche cambiamenti involontari determinati da manutenzioni mal attuate. Allora, idealmente, il processo progettuale dovrebbe essere il più autonomo possibile dalla manutenzione. Non solo per ragioni ideali di principio, ma anche per ragioni di sostenibilità; appare evidente che un progetto che necessita di poca manutenzione è più sostenibile. Parlare di sostenibilità è ormai un luogo comune, ma parlare di sostenibilità significa anche ragionare sui costi e della loro sostenibilità, in questo caso economica, da parte di una comunità. Dobbiamo quindi sforzarci per riuscire a realizzare dei progetti che non costino uno sproposito, magari solo

think through drawing. The tool of drawing is also an important form of communication which, however, in a landscape project meets some shortcomings when used for traditional representations such as plans, elevations and sections which are useful for describing static conditions, but which is not the case for landscape. In this discipline we talk about time, about flexibility, about dynamics etc. After this, though, in our work, we borrow forms of representation that are used in disciplines that work with stability. I find this behaviour contradictory, which brings us to say that it is necessary to work with many more types of drawing able to illustrate the dynamics. We can say that we're almost at the point of using animation.

What role do new materials and new languages of construction play in your projects?

The client isn't usually willing to finance innovation. Our innovations are mainly the result of the collaboration with didactic institutions, such as the school in Lisbon which has around one hundred hectares available with various areas for experimentation, which, though, are difficult to carry out due to the lack of money for research. Didactics are very important for professionals as they constrain us to reflect and think about how to explain what we are doing. In this way we are forced to evaluate the consistency of the results obtained from our projects. This attitude can also be useful for schooling, which in this way opens up and interacts with the professional world.

In fact, your study is meant as a place for research and exchange between various disciplines.

The landscape is a territory formed by various professions, we need the philosopher, the artist, the physicist, who work with us and without whom we would not be able to understand the complexity of the landscape. Furthermore, it seems more interesting to work this way, rather than remaining in the sadness of a studio closed in oneself. Currently we are working on a

per poter usare un particolare materiale che mi può far fare bella figura in una pubblicazione sulla rivista.

MF Lavorando oramai da circa due anni con te qui ad Alghero ho potuto osservare quanto lo strumento del disegno sia importante nell'esplicazione delle intenzioni del progetto; in particolare ti chiederei un commento rispetto alle difficoltà per il progettista di trovare la rappresentazione grafica più idonea al progetto di paesaggio.
JN Secondo me il disegno è fondamentale per comunicare ma allo stesso tempo è uno strumento per ragionare. Prima di tutto è una forma di ragionamento, di definizione, noi ragioniamo disegnando. Lo strumento del disegno è anche una importante forma di comunicazione che nel progetto di paesaggio trova una certa difficoltà nell'utilizzo di rappresentazioni tradizionali come piante, prospetti e sezioni che sono utili per descrivere una condizione di immobilità che non è propria del paesaggio. In questo ambito parliamo di tempo, di flessibilità, di dinamica etc. Però dopo, per lavorare, prendiamo in prestito forme di rappresentazione appartenenti a discipline che lavorano in stabilità. Trovo una contraddizione in questo atteggiamento, che ci porta a dire che c'è la necessità di lavorare con molti più disegni, che siano capaci di illustrare questa dinamica, possiamo dire che siamo quasi alle porte dell'animazione.
MF Che ruolo ha la ricerca di nuovi materiali e di nuovi linguaggi costruttivi nei vostri progetti?
JN Il cliente in genere non è disposto a finanziare una innovazione. Quello che riusciamo a fare di innovativo è frutto soprattutto di collaborazioni con istituzioni didattiche, come la scuola di Lisbona che ha circa cento ettari a disposizione, con all'interno diversi luoghi di sperimentazione, che però non è facile portare avanti a causa dei pochi soldi per le ricerche. La didattica è molto importante per chi fa professione perché ci costringe a riflettere e ragionare per spiegare ciò che facciamo. Così siamo costretti a valutare la consistenza dei risultati ottenuti dai nostri progetti. Questa attitudine

memorial park for those fallen in Belgium during World War One. It is situated in a territory where, for more than three years, there was a concentration of military forces, along a band of forty kilometres and where about one and a half million people died. This completely changed the landscape of these territories, eliminating practically everything that existed beforehand, leaving a landscape of mud marked by trenches. What we see today is a successive attempt to remove the signs of this war, which is remembered only by memorials and cemeteries disseminated along this strip of territory. Our proposal is based on the delicate balance between the memories that we want to keep and the ones we want to forget, the park of memories and the park of oblivion, overlaid. For this project the team is composed of a painter, a sculptor and a colonel of the Belgian army.

In 2002, during the Biennale of Venezia I was speaking to my Dean about a landscape designer we wished invite to our school, and I decided to bring him to the Portuguese pavilion to show him a very educational approach to the profession. The landscape designer in question was obviously you, and in your installation it was fun recomposing the elements that you had chosen in you project for the Forlanini park and which you had decided to make available to the visitors so that they could design their own park.

Is this occasion we decided to show the elements we had chosen for the Forlanini Park and place them within the installation so that visitors could compose their own landscape on the floor. The children, who understood the game straight away, took the elements and made long trains, whilst the fathers, almost all architects, always build towers. Education starts with the liberation from arrogance. We all learn every day from every situation and from every person that we work with. For example I had a very negative relationship with my military life but the contact with the Belgian colonel taught me that there are very interesting people even within military institutions. In every moment

può risultare utile anche alla scuola, che in questo modo si apre e interagisce con il mondo del lavoro.

MF Il vostro studio è infatti inteso come luogo di ricerca e scambio anche tra discipline diverse.
JN Il paesaggio è il territorio formato da attori diversi, a noi serve il filosofo, l'artista, il fisico, che lavorano con noi e senza i quali non riusciamo a comprendere la compiutezza del paesaggio. Inoltre mi sembra più interessante lavorare in questo modo piuttosto che rimanere nella tristezza di uno studio chiuso in se stesso. Attualmente stiamo lavorando ad un parco della memoria per i caduti della I guerra mondiale in Belgio. Situato in un territorio dove, per più di tre anni, si concentrarono gli sforzi bellici di moltissimi paesi, lungo una fascia di quaranta chilometri e dove morirono circa un milione e mezzo di persone. Questa guerra ha cambiato completamente il paesaggio di questi territori, cancellando praticamente tutto ciò che esisteva prima, lasciando un paesaggio di fango segnato dalle trincee. Quello che oggi si vede è invece il successivo tentativo di cancellare i segni di questa guerra, che si ricorda solo attraverso i memoriali e i cimiteri disseminati lungo questa fascia di territorio. La nostra proposta si basa infatti sul delicato equilibrio tra la memoria di ciò che vogliamo ricordare e ciò che invece vogliamo dimenticare, il parco della memoria, ma anche il parco dell'oblio, sovrapposti. Per questo progetto ad esempio abbiamo messo in piedi un team che comprende un pittore, uno scultore, ma anche un colonnello dell'esercito belga.

MF Nel 2002 durante la Biennale di Venezia discutevo con il mio Preside alla ricerca di un paesaggista da invitare nella nostra scuola, decisi di accompagnarlo al padiglione portoghese per mostrargli un approccio molto didattico alla professione. Il paesaggista in questione eri ovviamente tu, e in quella vostra istallazione era divertentissimo poter ricomporre gli elementi che avevate scelto per il progetto del parco Forlanini e che avevate deciso di mettere a disposizione dei visitatori

we are learning, even from the students that come to us for an internship which are the explorers of this world

STUDIO PROAP

Team
João Nunes, Carlos Ribas, Nuno Jacinto, Iñaki Zoilo, Ana Marques, Mariana Sargo, Margarida Beirôco, Carla Silva, Sílvia Basílio, Mafalda Costa e Silva, Inês Teigão, Ana Margarida Henriques, Marta Palha, Sara Neves, Paulo Câmara, Ana Bragança, Miguel Coelho de Sousa, Rui Sequeira, Rita Barros, Raquel Coutinho, David Sampaio, David Fonseca, Helena Palma, Bruno Silva, Clara Guedes, Magda Gonçalves, Piera Carcassi, Bernardo Faria, Miguel Chalbert, Pedro Cortez, Ana Cristina Martins, Mariana Wallenstein and Ema Ferreira

Temporary project assistants
Alessandro Ponchio, Anna De Nadai, Federica Salata and Gunther Galligioni

Regular partners
Gonçalo Byrne, Frederico Valsassina, Manuel Mateus, Teresa Castro e José Soalheiro, Carlos Infantes, Andrea Menegotto, BETAR, JOULE

per fargli progettare il loro parco.
JN In quella occasione decidemmo di mostrare gli elementi che avevamo pensato per il progetto del Parco Forlanini, mettendoli a disposizione dei visitatori che potevano utilizzarli per comporre il loro paesaggio nel pavimento. I bambini, che avevano capito tutto, prendevano gli elementi e facevano dei lunghi trenini, mentre i papà, quasi tutti architetti, costruivano sempre delle torri. La dimensione didattica parte dal rifiuto all'arroganza, tutti noi impariamo ogni giorno da ogni situazione e da ogni persona che lavora con noi. Per esempio io avevo un rapporto pessimo con la vita militare e questo rapporto con il colonnello belga mi ha fatto capire che ci sono persone molto interessanti anche all'interno delle istituzioni militari. Ogni momento stiamo imparando, anche dagli studenti che ci arrivano per il tirocinio che sono gli esploratori di questo mondo.

CONSTRUCTING
LANDSCAPES

Before proposing a specific design and given the awareness that a landscape architectural project shall never correspond to any static and immutable image, what we seek is dynamism backed up by clear strategy. In each project development moment, formalism should leave space for the capacity to contemplate a complex operational metabolism. The objective is not to engrave some image onto the land but rather to understand the characteristics of the place, understand the energies that determine its functioning and placing the will for transformation into the flow defined by these same energies. It is somewhat like sailing a yacht: the energies that modify the state (movement – transformation) are not introduced by man into the systems; they are intrinsic to the system. We retain the responsibility to observe and transform but only to the extent of enabling these forces to build the system desired.

It would be unthinkable to undertake any type of transformation that runs counter to the natural forces of the system itself. This would immediately imply a completely unsustainable power struggle that would result in an enormous and constant waste of energy to ensure its maintenance. Image should emerge out of a dynamic but serene functioning. What we seek with a project is, in fact, an expressed functioning: the introduction of an active principle that drives, over time, the continuous success of different images that the actual landscape sets about building and modifying in accordance with its own needs and conditioning factors. The research deals with finding a functioning dynamic within which the images, or more precisely the infinite succession of images, emerge. Constructing a landscape, through a landscape architectural project, is to manipulate natural metabolic factors positively, incorporating a poetic, ideological and artistic sense.

It is conveying fertility, productivity and diversity, with the awareness of the cultural importance of this gesture. Intervention in the landscape is no juxtaposition of some agglomeration of objects but rather reinventing that base from which we set off from through the interplay of elements and proportions. Topographic manipulation represents an essential parameter in the transformation of landscapes. Historically, this has been traditionally associated with the conservation of soil and water for agricultural purposes but also with urbanisation processes when establishing infrastructures and points of access. The project effectively ensures the confluence and integrative syntheses of both within the logics of appropriation and transformation: the agricultural, out of the imperative of rationally managing resources, and the urban out of providing access to all citizens and the establishment of comfort and secondarily out of the need to rationalise processes.

Prima di proporre una progettazione specifica -data la consapevolezza che il progetto di un architettura di paesaggio non deve mai corrispondere a una qualsiasi immagine statica e immutabile- ciò che cerchiamo è un percorso dinamico sostenuto da una chiara strategia. In ogni momento di sviluppo del progetto pertanto, il formalismo dovrebbe lasciare spazio alla capacità di contemplare un operativo, complesso "metabolismo". L'obiettivo non è quello di incidere qualche immagine sul suolo, ma piuttosto di capire le caratteristiche del luogo, capire le energie -che ne determinano il funzionamento- e la presenza della volontà di trasformazione nel flusso definito da queste stesse energie. E 'un po' come una barca a vela: le energie che modificano lo stato (movimento - trasformazione) non sono introdotte dall'uomo nei sistemi, ma sono intrinseche al sistema. Ci prendiamo la responsabilità di osservare e trasformare, ma solo fino al punto di estendere tali forze per costruire il sistema desiderato.

Sarebbe impensabile intraprendere qualsiasi tipo di trasformazione che si presenti in contrasto con le forze naturali del sistema stesso. Ciò implicherebbe una immediata, completamente insostenibile, forte lotta che si tradurrebbe in uno spreco enorme e costante di energia per garantire il mantenimento di questa lotta L'immagine dovrebbe emergere da un funzionamento si dinamico, ma sereno, equilibrato. Quello che cerchiamo con un progetto è, infatti, un processo chiaro: l'introduzione di un principio attivo che guidi, nel tempo, quel progredire continuo di immagini diverse che il paesaggio contemporaneo definisce sulla sua costruzione e modifica, in conformità con i propri bisogni e i fattori di condizionamento. La ricerca si occupa di trovare una dinamica di funzionamento entro dentro la quale le immagini, o più precisamente la successione infinita di immagini, possano emergere. La costruzione di un paesaggio -attraverso un progetto di architettura del paesaggio- muove verso l'idea di manipolare elementi naturali e fattori "metabolici" positivi, incorporando poetica, senso ideologico e artistico.

Ciò vuol dire trasportare "fertilità", produttività e diversità, con la consapevolezza dell'importanza culturale di questo gesto. Intervenire sul paesaggio non è la giustapposizione di agglomerazioni di oggetti, ma piuttosto reinventare la base da cui siamo partiti, attraverso l'interazione di elementi e proporzioni. La manipolazione topografica rappresenta un parametro essenziale nella trasformazione dei paesaggi, laddove, storicamente, questo è stato tradizionalmente associato con la conservazione del suolo e delle acque per scopi agricoli, ma anche ai processi di urbanizzazione e di infrastrutturazione, al momento di stabilire i punti di connessione. Il progetto deve poter garantire l'effettiva confluenza di una sintesi integrativa, sia all'interno delle logiche di appropriazione che di trasformazione: l'agricoltura -fuori dall'imperativo razionale di gestione delle risorse- e l'extra urbano, per fornire la fruizione a tutti -cittadini e istituzioni- di ogni comfort e per porre in secondo piano la necessità di sola razionalizzazione dei processi.

01
CORDOARIA GARDEN
GIARDINO DI CORDOARIA
Porto - Portugal - 1999/2000

Client Sociedade Porto 2001 SA; **Architecture** Joao Nunes, Camilo Cortesão and Mercês Vieira; **Colaborators** Nuno Jacinto, Luís Carvalho, Carla Silva, Nuno Mota, Mafalda Silva; **Consulenti** Victor Abrantes, GEG - Paulo Pimenta, Rodrigues Gomes

Cliente Società Sociedade Porto 2001 SA; **Progetto** Joao Nunes, Camilo Cortesão e Mercês Vieira; **Collaboratori** Nuno Jacinto, Luís Carvalho, Carla Silva, Nuno Mota, Mafalda Silva; **Consulenti** Victor Abrantes, GEG - Paulo Pimenta, Rodrigues Gomes

The Cordoaria Garden establishes itself, like in many other situations of the same period, as a manifesto, the embodiment of profound social changes, through the elegant appropriation of a site with profoundly popular characteristics. The chosen approach builds on a design that corresponds to a proposal to replace a central space in the city of Porto, up till then occupied by a market ground that hindered its daily use, with a leisure space for gathering and social representation.

The garden ceases to be a closed off space, disconnected from the city, and becomes part of people's daily lives, enclosed by diffuse boundaries that relate and communicate naturally with the surroundings.

The high walls were replaced by gradual changes in level that establish the transition between varying spot heights. The high hedges were replaced with low trimmed hedges whilst the trees had their canopies raised.

The intervention assumes the fluidity of the previously mentioned frontiers incorporating them in a site without obvious transitions between soft and hard landscape elements. This approach steers the design of the entire intervention (from the Palácio da Justiça to the triangle of the Tower of the Clérigos, from the Relação to the Guarda Republicana) as a single space, continuously subject to the same, almost obsessive, rule of site uniformity, amongst which rise independent elements that have always belonged to the site's identity; the dense vegetation, the lake area, the paths and the seating areas.

Il giardino di Cordoaria costituisce un manifesto, assieme a tante altre situazioni della stessa epoca, di come vengono incorporate le profonde mutazioni sociali, attraverso l'appropriazione elegante degli spazi con caratteristiche profondamente popolari, nello sforzo disperato di "europeizzare" un modo di vita che continua ad essere autonomo e differente. La strada scelta è quella di un progetto d'autore che corrisponde ad un concetto molto preciso dell'ambiente che va ad essere realizzato e dei modi di viverlo, sostituendo una piazza con un mercato e altri grandi spazi di incontro sociale.

Il piano crea uno spazio chiuso e ben isolato dall'esterno, uno spazio da sfruttare, di esibizione e di rappresentazione sociale. Ha sofferto recentemente di alterazioni che ne hanno modificato il senso iniziale, senza conferirgliene un altro.

Il degrado delle aree urbane limitrofe, la presenza di edifici istituzionali, alcuni occupati, altri vuoti, la violenza crescente nella nostra società riassumono le ragioni per le quali il giardino è stato abbandonato da coloro che tradizionalmente lo utilizzavano.

In risposta a varie questioni di sicurezza del giardino, e dopo un passato intenso di risse, furti e addirittura morte, venne aumentata significativamente la permeabilità di tutta l'area, specialmente dalle aree più elevate della Facoltà di Medicina e della Torre dos Clérigos, dove la topografia permette la visibilità dall'esterno. Per la stessa ragione, le recinzioni miste e di arbusti furono sostituite da recinzioni più basse e le chiome degli alberi vennero aumentate artificialmente.

In the garden area the repetitive pattern, that arises from the initial platform design, defines the frontier of this space and establishes the transition between the different levels, is used with different intentions and built with different materials: sand gravel; grass and hedges that abiding by the same geometric rule, create a garden space that is imperceptibly formed in the area where the hard landscape elements prevail in expression.

The path design and the seating area locations are organized, transgressing the overall geometric design rule, in accordance with new pedestrian flows and destinations, where paths are drawn as voids that interrupt the continuity of successive strips.

The cellular consistence of the design organizes a space within a mutable fabric, through a very clear regulatory norm, that identifies the entire space as a unique organism, and turns it as recognizable as a living body, independent of the locally apparent fabric.

Il giardino già non era uno spazio chiuso, ma era limitato da barriere diffuse. Questa alterazione a lungo termine non ha mai oltrepassato la vegetazione. Il disegno dei percorsi, delle aree di sosta e la posizione delle statue era privo di logica.
L'obiettivo della proposta è quello di includere la citata permeabilità dei confini in una area priva di transizione ovvia tra le zone verdi e quelle inerti.

La proposta è quella di ridisegnare tutta l'area che va dal Palazzo di Giustizia al triangolo "dos Clérigos", in relazione alla Guardia Repubblicana, come uno spazio unico, una piazza soggetta alle stesse regole, talvolta ossessive, uno spazio omogeneo, considerando le differenti situazioni, dove sorgono luoghi singolari e autonomi, come la Facoltà di Scienze, il quartiere vecchio e il parco boscato.

Il disegno dei percorsi e la localizzazione delle aree di sosta sono ora organizzati, trasgredendo la regola geometrica del disegno complessivo, in allineamento con nuovi flussi e destinazioni.
I camminamenti sono disegnati come vuoti che interrompono la continuità delle fasce.

Organizzando quest'area come una texture mutevole che risponde ad una chiara regola standard, la consistenza a cellule del disegno identifica tutto lo spazio come un organismo, rendendolo nuovamente riconoscibile, come si riconosce un corpo vivo, indipendentemente dalla tessitura che appare localmente.

Il disegno interviene direttamente nel sistema di possibilità e condizioni d'uso, grazie agli ostacoli che rimuove, decisivi specialmente durante la notte, e per le emozioni che propone al fruitore o al semplice passante.

02
URBAN PARK SÁO ROMÁO
PARCO URBANO DI SÁO ROMÁO
Leiria - Portugal - 2003/2006

CREDITS

Client Leiria Polis, Sociedade para o Desenvolvimento
do Programa Polis em leiria, SA; Architecture Joao Nunes;
Colaborators Margarida Quelhas, Iñaki Zoilo, Mariana
Sargo, Ana Paiva, Márcia Cruz and Mafalda Silva

Cliente Leiria Polis, Sociedade para o Desenvolvimento
do Programa Polis em leiria, SA; Progetto Joao Nunes;
Collaboratori Margarida Quelhas, Iñaki Zoilo, Mariana
Sargo, Ana Paiva, Márcia Cruz, Mafalda Silva

The park of São Romão intervention embraces specifically the right bank of river Lis, from the northern edge up to the São Romão Bridge. Although there are sparse urban episodes, the area is defined from a peripheral urban territory, very characteristic in small cities, and from the character of the whole area given by the natural canal-space created by river Lis.

Il Parco di São Romão comprende la sponda destra del fiume Lis fino al ponte di San Romão. Si nserisce in una strategia di intervento di una zona periferica urbana in cui la persistenza di un carattere rurale rimanda l'immagine di una semplice espressione residua, caratteristico di situazioni periurbane. La proposta si basa sulla ricerca di stabilire un dialogo continuo, qualificato ed attrezzato con punti di sosta attrezzati, consentendo attraversare il Rio Lis in maniera comoda, privilegiando percorsi pedonali e piste ciclabili come maniera di godimento dei vari elementi di interesse paesaggistico e dell'ambiente, in sequenza in questo percorso.

The proposal, in its essence, is oriented towards the establishment of a continuous route, qualified and organized with staying-spots, which would allow visitors to walk along river Lis in a comfortable way, giving priority to the walkways and cycling paths. In parallel, some particular situations appear necessary, and need special treatment. In the case of the São Romão Park, there exists a parking lot, an area dedicated to open-air leisure activities, areas for radical sports, all over with the predominance of green areas.

The proposed solutions are intended to potentiate the development of the site in terms of specific urban and social functions, simultaneously enhancing its landscape and ecological value by the entire preservation of the vegetal material in all areas.

Altre situazioni richiedono un trattamento specifico a seconda delle funzioni loro assegnate, in particolare un parcheggio, una zona visita guidata, la creazione di ampie zone di ricreazione e di sport informale all'aperto "ad alto rischio", la tutela e riqualificazione dell'ETAR e anche la riqualifica di una strada preesistente. Le soluzioni proposte vogliono potenziare le prestazioni del sito in termini di funzioni urbane e sociali, allo stesso tempo il valore paesaggistico, con una predominanza di aree verdi ed ecologiche.

03
SURROUNDINGS OF THE MONUMENT CAVA DO VIRIATO
RECINTO DEL MONUMENTO DI CAVA DO VIRIATO
Viseu - Portugal - 2000/2008

CREDITS

Client Viseu Polis, SA; **Architecture** Joao Nunes whit Gonçalo Byrne **Colaborators** Iñaki Zoilo, Joana Barreto, Cristina Vasconcelos, Andrea Alonso and Marta Lopes; **Conulenti** BETAR, Estudos e Projectos de Estabilidade, Lda, Grade Ribeiro, Estudos, Projectos e Consultoria, Lda; JOULE, Projectos, Estudos e Coordenação, Lda; Sojefer, Projectos e Construcções, Lda

Cliente Viseu Polis, SA; **Progetto** Joao Nunes con Gonçalo Byrne **Colaboratori** Iñaki Zoilo, Joana Barreto, Cristina Vasconcelos, Andrea Alonso and Marta Lopes; **Conulenti** BETAR, Estudos e Projectos de Estabilidade, Lda, Grade Ribeiro, Estudos, Projectos e Consultoria, Lda; JOULE, Projectos, Estudos e Coordenação, Lda; Sojefer, Projectos e Construcções, Lda

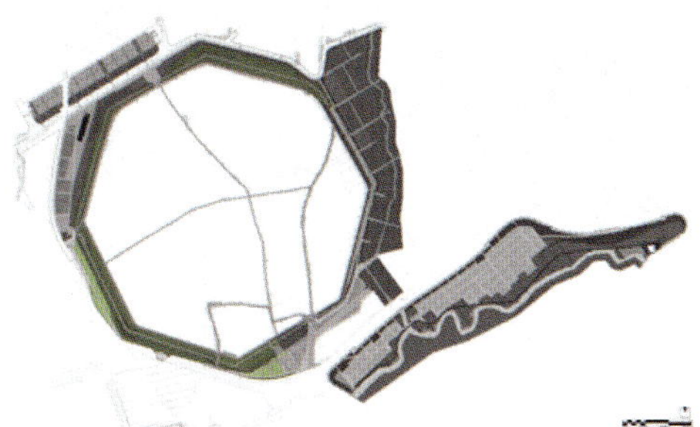

The present intervention focuses a much diversified territory with very different typological configurations and can be divided into three main areas:

1 Slope Monument

The intervention actuates upon three main aspects, the objective being the promotion of the integrity and formal lecture of the monument and the development of rules for its direct utilisation.

2 Market Park of Santiago's Radial Road

The park is situated at the point of confluence of river Paiva and Santiago brook. Two realities with different natures meet in this space: the installation of the weekly market– with a specific program that stipulates occupation areas, circulation areas and the distribution of the vendors according to the articles they sell – and the definition of an Urban Park along river Paiva, as a continuity of the actions foreseen by POLIS Program, that promotes the continuity of a leisure route and a route for pedestrians and bicycles along the river, extending and relating the town with the housing of the urban fringe and the rural area.

3 Slope Park

The proposition for the definition of the park is the result of a conceptual guideline based upon four main aspects:
- The definition of a matrix territory, around the monument, enabling the lecture of its octagonal form.
- The creation of a hydrological basin, to retain and store floodable ground, in this particular area, where two water lines meet in an urban space.
- The creation of a space with urban characteristics in a transition zone with clear agricultural marks.
- The creation of a space to be freely used, based upon a network of routes and leisure areas along the brook. This area contains various leisure equipped green spaces and can be used as a support area for the visiting circuits of the museum.

L'attuale intervento si concentra molto sulla diversificata condizione del territorio con tipologie e configurazioni molto diverse, e può essere suddiviso in tre settori principali:

1 Inclinazione monumento

L'intervento si articola su tre aspetti principali, l'obiettivo è la promozione dell'integrità, la lettura formale del monumento e lo sviluppo di regole per la sua diretta utilizzazione.

2 Mercato – Il Parco di Santiago, radiale alla strada

È situato presso il punto di confluenza del fiume Paiva e il ruscello Santiago. Due realtà con diverse nature si uniscono in questo spazio: l'installazione del mercato settimanale- con un programma specifico che prevede l'occupazione di aree, a zone, e la distribuzione dei venditori secondo gli articoli che vendono- e la definizione di un parco urbano lungo il fiume Paiva, come continuità delle azioni previste dal programma POLIS, che promuove la continuità di un percorso di svago, per pedoni e biciclette lungo il fiume, e in estensione nella città a coinvolgere la periferia e lo spazio rurale.

3 Parco in pendenza

La proposta per la definizione del parco è il risultato di un orientamento concettuale fondato su quattro aspetti principali:
-La definizione di una matrice territoriale, intorno al monumento, che permetta la lettura della sua forma ottagonale.
-La creazione di un bacino idrologico, per mantenere e conservare allagabile il terreno, in questo particolare settore, dove due linee d'acqua si uniscono in un spazio urbano.
-La creazione di uno spazio con caratteristiche urbane in transizione con una zona di chiara vocazione agricola.
-La creazione di uno spazio da usare liberamente, basato su una rete di collegamenti e zone di svago lungo il torrente. Quest'area contiene varie zone svago attrezzate con spazi verdi e può essere utilizzata come area di supporto per la visita dei circuiti nel museo.

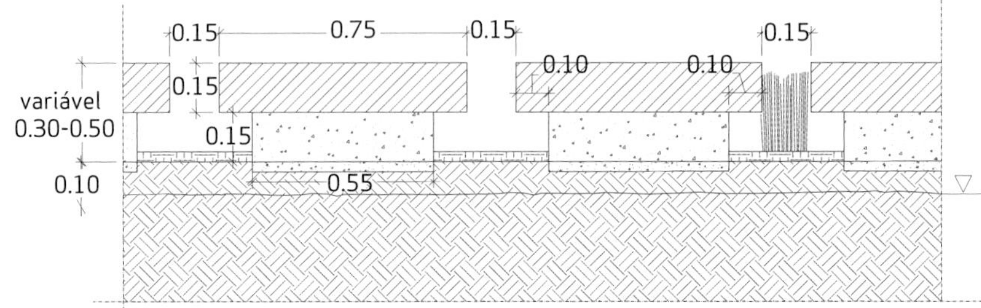

0.15
0.75
0.15
0.15
0.15
0.10
0.10
0.15
variável
0.30-0.50
0.15
0.10
0.55

2.00
1.70
variável
0.30-0.50
0.15
0.15
0.15
0.10

0.01
0.50
0.01
0.15
0.40
0.70
0.15
0.30
0.10

0.15
0.15
0.25
0.10
0.25
2.00
C1
C2
0.75
0.50
C3

P1

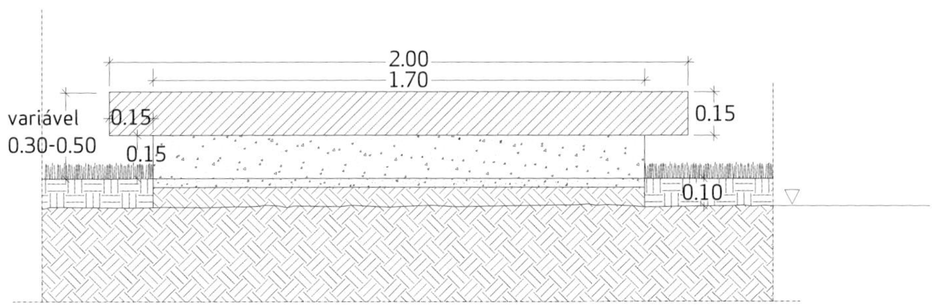

P1

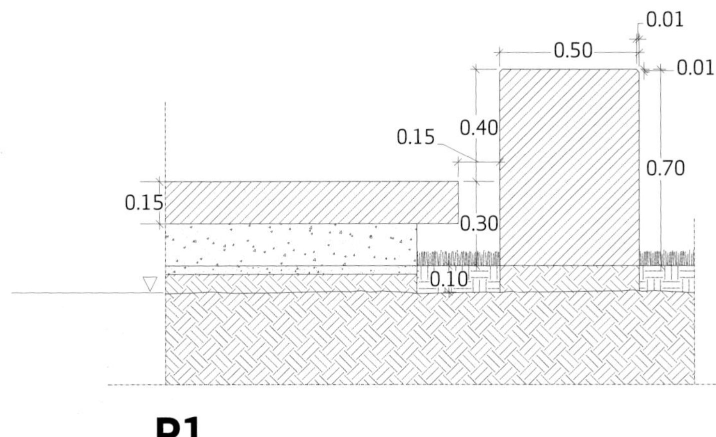

P1

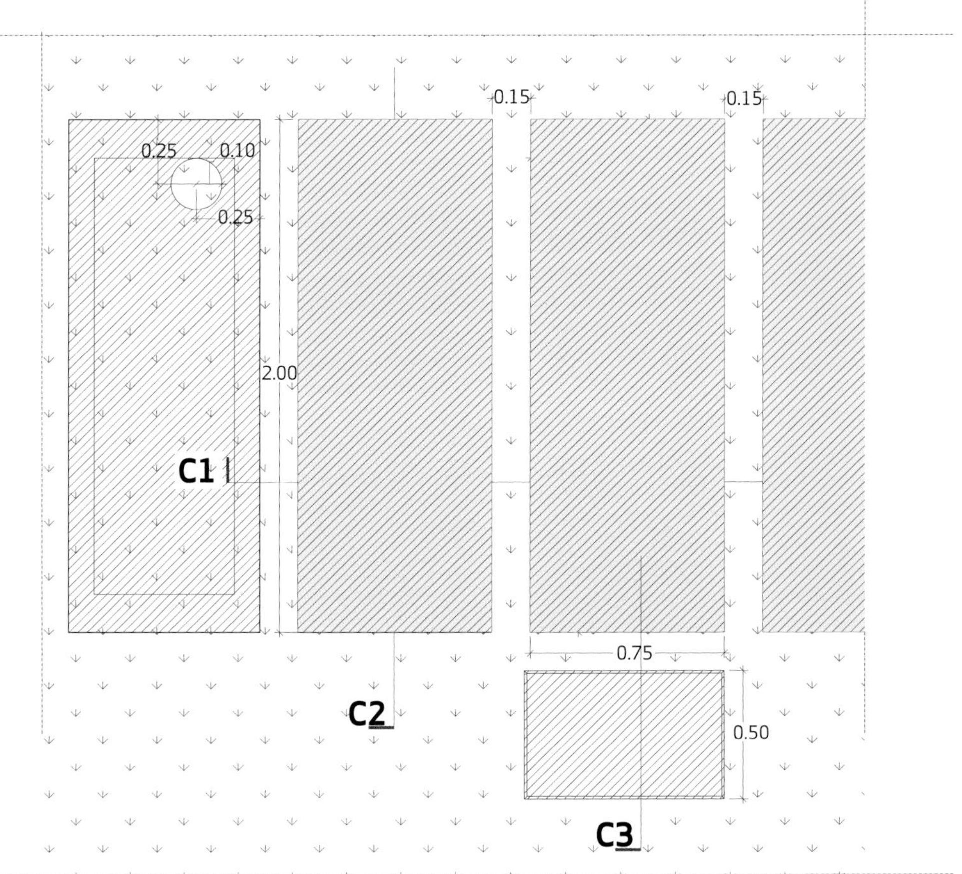

P1

CREDITS

Client Coimbra Polis, Sociedade para o Desenvolvimento do Programa Polis em Coimbra, S.A.; **Architecture** Gonçalo Byrne, José Laranjeira; **Colaborators** Joana Barreto; **Consultants** BETAR, Estudos e projectos de Estabilidade, Lda Grade Ribeiro, Estudos, projectos e Consultoria, Lda JOULE, Projectos, Estudos e Coordenação, Lda Eng. António Magalhães de Carvalho

Cliente Coimbra Polis, Sociedade para o Desenvolvimento do Programa Polis em Coimbra, S.A.; **Progetto** Gonçalo Byrne, José Laranjeira; **Collaboratori** Joana Barreto; **Consulenti** BETAR, Estudos e projectos de Estabilidade, Lda Grade Ribeiro, Estudos, projectos e Consultoria, Lda JOULE, Projectos, Estudos e Coordenação, Lda Eng. António Magalhães de Carvalho

The intervention lies within a territory that has been subject to urban renewal, according to several detail plans of the Mondego Green Park. These plans implement urban parks and a system of pedestrian paths along both banks of the River Mondego.

The project takes on two main objectives intended for this intervention; to protect the surrounding area of the Santa Clara-a-Velha convent from flooding by building an embankment/dike, and to create an urban park that guides people from the left bank of the city to the Mondego Green Park.

The proposed, apparently simple, design that arises from the definition of a stone platform that marks the entrance to the park, and leads to a main walkway that allows viewing the space of the Convent, and originates an entire system of multilevel pathways. These pathways promote various views and prospects of the city, while framing grass surfaces that are occasionally punctuated by shrub masses, in situations where it is intended to avoid free access to users.

L'intervento si inserisce in un contesto soggetto a riqualificazione urbana, in accordo con vari Piani Particolareggiati del Parco Verde del Mondego. Questi piani implementano i parchi urbani e un sistema di percorsi pedonali lungo le due sponde del fiume Mondego.

Questo intervento si propone due obiettivi principali, proteggere l'area che circonda il convento dalle innondazioni, costruendo un argine/diga, e creare un parco urbano che conduca le persone dal margine sinistro della città al Parco del Mondego, attraverso un tunnel sotterraneo che supera una barriera esistente, una strada intensamente trafficata.

Viene creato un circuito pedonale, in sommità all'argine precedentemente citato, che gode dell'unica e privilegiata possibilità di osservare l'interno del convento di Santa Chiara, da una quota superiore a quella del terreno. Questo sistema permette inoltre che la vista verso l'interno del monumento, in direzione del centro storico della città di Coimbra, venga controllata dal limite della passerella sopraelevata, togliendo dalla visuale l'intenso movimento generato dalla Avenida Inès de Castro, e rendendo così predominante la bellissima acropoli della Coimbra alta.

Il sistema integrato dei percorsi pedonali, collegati alla piattaforma arborea inclinata di accesso, farà in modo anche che alcuni di questi possano essere percorsi da biciclette, oltre che dai veicoli di emergenza e di manutenzione. Risultando dalle differenze di quota tra terreno e viabilità circostante, i percorsi pedonali proposti provocano differenti pendenze e orientamenti.

Il rivestimento delle superfici è costituito da prati irrigati, per la maggior parte, o da masse arbustive, nelle situazioni dove si intende evitare l'accesso libero dei fruitori. Attraverso la piantumazione di specie arboree adattate a suoli umidi sono create aree di protezione, in relazione a vie di comunicazione automobilistiche, che focalizzano l'inquadramento visivo verso i punti desiderati.

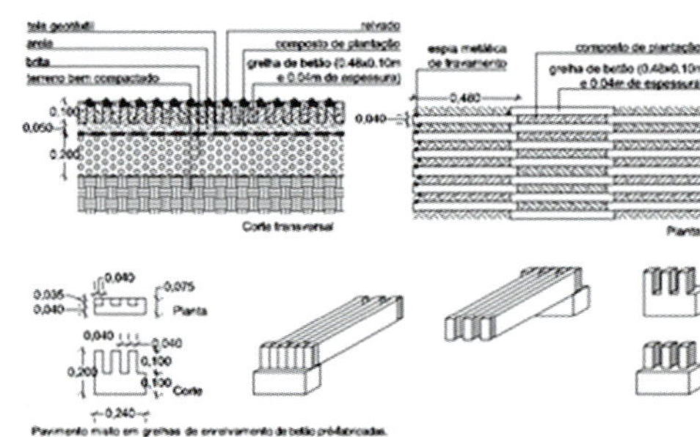

05
REDEVELOPMENT OF THE FORT OF FENESTRELLE
RIQUALIFICA DEL FORTE DI FENESTRELLE
Fenestrelle - Torino - Italy - 2008

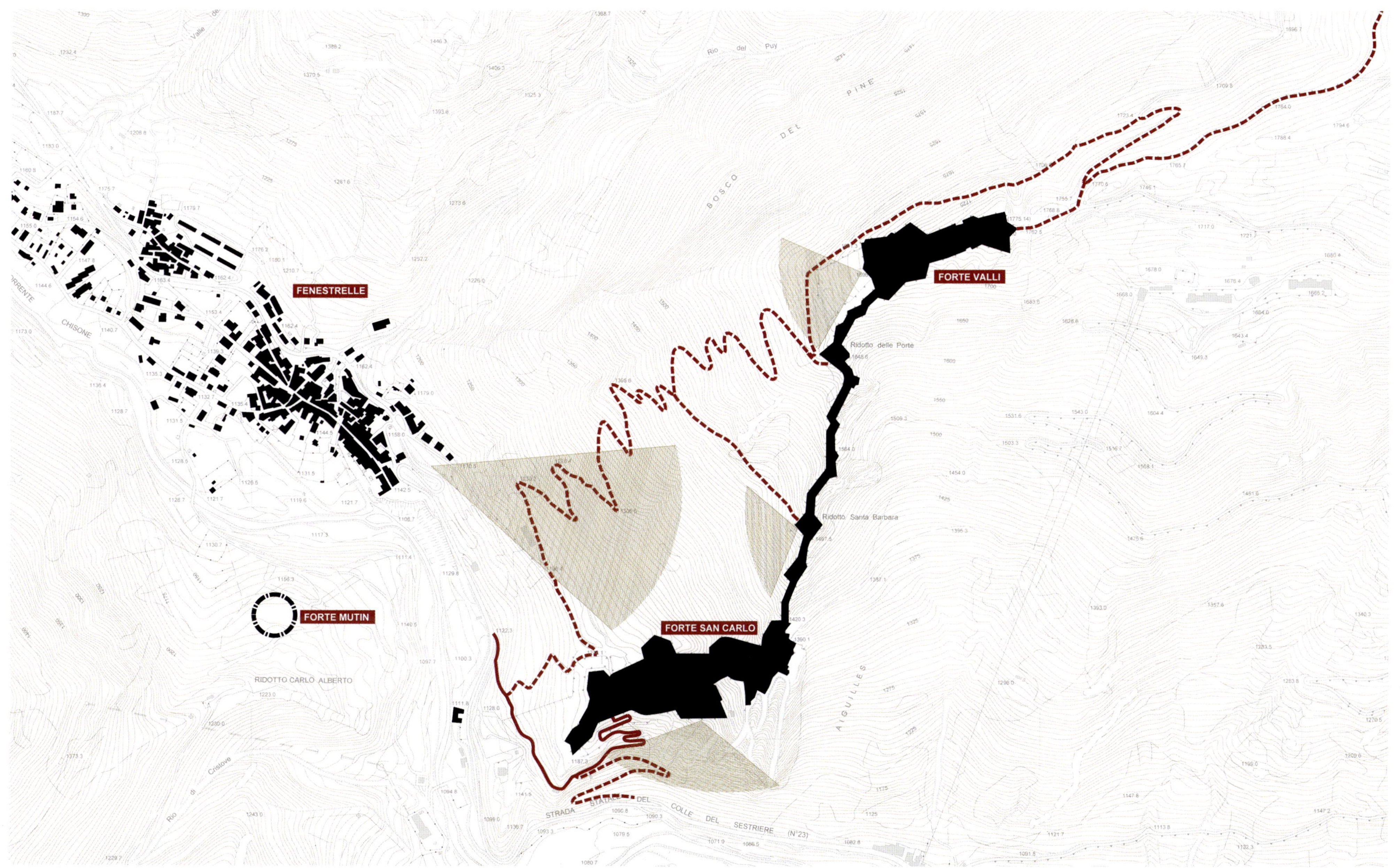

CREDITS

Client Provincia de Turim + Ordine degli Architetti, Pianificatori, Paesaggisti e Conservatori dela provincia di Torino, competition - first prize; **Architecture** Joao Nunes with Fiorenzo Meneghelli; **Colaborators** Ana Marques, Marta Palha, Ana Henriques and Bernardo Faria **Direzione dei lavori** D-recta, Andrea Menegotto

Cliente Provincia di Torino + Ordine degli Architetti, Pianificatori, Paesaggisti e Conservatori dela provincia di Torino, competition - first prize; **Progetto** Joao Nunes con Fiorenzo Meneghelli; **Collaboratori** Ana Marques, Marta Palha, Ana Henriques e Bernardo Faria; **Direzione dei lavori** D-recta, Andrea Menegotto

The Fort of Fenestrelle is the main alpine fortress of Europe, exceptional/outstanding realization of military architecture, planned and realized between 1727 and 1850 and landmark of the Province of Turin. The fortified complex has an extension of about 3 km, winning a difference in height of 635 m and it's composed by, besides the wall, three forts and others defensive structures, with an entire area of building of 1.300.000 sqm.

The proposal starts on the idea of the fort as a structure that help the reading of the landscape and in the reinvention of a relationship between the space and the natural times; an introduction of a new human presence in the mountain, a recover of a traditional ecology of agriculture and farming, using the fortifications' net as point of support.

Il Forte di Fenestrelle è la più grande fortezza alpina in Europa, eccezionale realizzazione di architettura militare, concepito e realizzato tra il 1727 e il 1850, monumento simbolo della Provincia di Torino. Il complesso fortificato si estende per circa 3 km, superando un dislivello di 635 metri ed è composto anche –nella parte anteriore- da una muraglia, da tre forti e altre strutture difensive, con una superficie totale di costruzione di 1.300.000 metri quadrati.

Il progetto parte dal concetto della fortezza, come elemento di lettura del paesaggio, e il recupero della rete di strade militari come proposta per una mobilità lenta, per reinventare un rapporto naturale con lo spazio e il tempo, e attraverso l'introduzione di un nuova presenza umana sulla montagna, il recupero dell'agricoltura tradizionale e biologica, utilizzando la rete di fortificazioni come punto di supporto di questo nuovo disegno.

SEZIONE A-A

06
URBAN PARK VALDEBEBAS
PARCO URBANO VALDEBEBAS
Madrid - Spain - 2009

CREDITS

Client Junta de Compensación Parque de Valdebebas, Internetiona competition, firts prize; Architecture Joao Nunes; Colaborators Ana Henriques, Bernardo Faria, David Sampaio, Ana Bragança, Marta Palha, Rui Sequeira, David Fonseca, Helena Palma, Tiago Campos, Vânia Lopes, Luis Brum and Daniel Reparaz

Cliente Junta de Compensación Parque de Valdebebas, concorso internazionale, primo premio; Progetto Joao Nunes; Collaboratori Ana Henriques, Bernardo Faria, David Sampaio, Ana Bragança, Marta Palha, Rui Sequeira, David Fonseca, Helena Palma, Tiago Campos, Vânia Lopes, Luis Brum e Daniel Reparaz

The project for Valdebebas Park defined an area of 2,600 km in width and including and hosting an enormous quantity of facilities, equipment and activities.

This space is fundamentally characterised by its complementary nature as a constant, firmly constructed perimeter frontier. This great border plays an exceptional role both in terms of park identity and in its functionality. For these motives, we set out a park that would be closed at night, which does not imply the materialisation of an established border that abruptly separates the interior and the exterior. The border acts as a space for mediation between the two environments present, the urban and the green, serving as a highly effective filter that interacts with the built urbanised area on the one side and the park on the other, generating a genuine "pre-park" space acting as a catalyser and pole of great attraction given its implementation as an inhabitable wall along whose extent programs, experiences and actions take place.

Il progetto per il parco Valdebebas si sviluppa all'interno di un'area di 2600 km ed ha una grande varietà di strutture e attività.

Questo spazio è caratterizzato in primo luogo dalla complementarietà di un perimetro costante, una sorta di frontiera, fortemente costruita. Un confine grande perimetrale svolge un ruolo importante sia per l'identità del parco che per la sua funzionalità. Per questo motivo, proponiamo un parco che rimane chiuso durante la notte, e che non comporta la materializzazione di un confine costruito per separare bruscamente l'esterno dall'interno. Il confine agisce portanto come uno spazio di mediazione tra i due tessuti, urbano e verde, il che lo rende un filtro molto efficiente, legato alla parte costruita su un lato, e al parco, sul lato opposto, ge enerando una vero spazio di "pre-parco" che funge da catalizzatore e grande attrattore nella misura in cui è implementato come un muro vivente, lungo il quale sono presenti e ricorrenti i programmi, le esperienze e le attività.

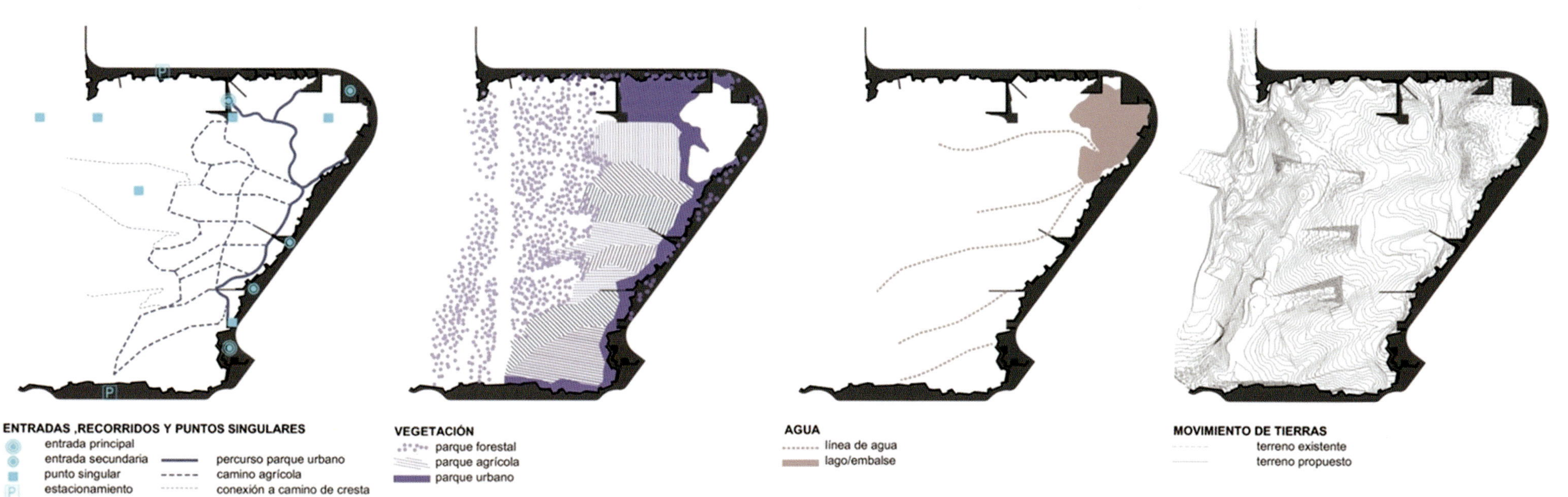

ENTRADAS ,RECORRIDOS Y PUNTOS SINGULARES
entrada principal
entrada secundaria
punto singular
estacionamiento
percurso parque urbano
camino agrícola
conexión a camino de cresta

VEGETACIÓN
parque forestal
parque agrícola
parque urbano

AGUA
línea de agua
lago/embalse

MOVIMIENTO DE TIERRAS
terreno existente
terreno propuesto

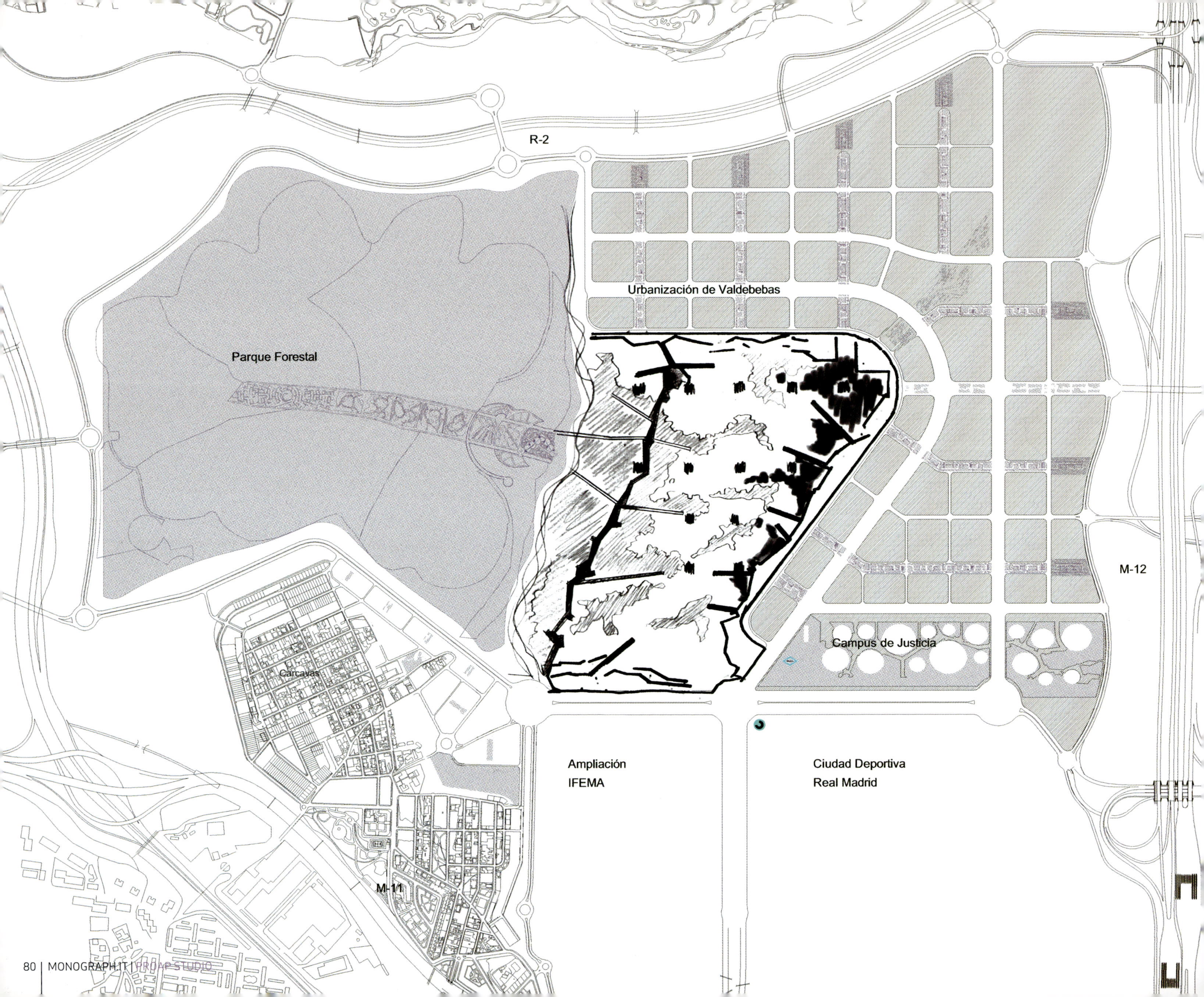

R-2
Urbanización de Valdebebas
Parque Forestal
Carcavas
M-11
Campus de Justicia
M-12
Ampliación
IFEMA
Ciudad Deportiva
Real Madrid

07
REDEVELOPMENT OF THE RIVER FRONT RIBEIRA DAS NAUS
RIQUALIFICAZIONE DEL RIVER FRONT RIBERA DAS NAUS
Lisboa - Portugal - 2009

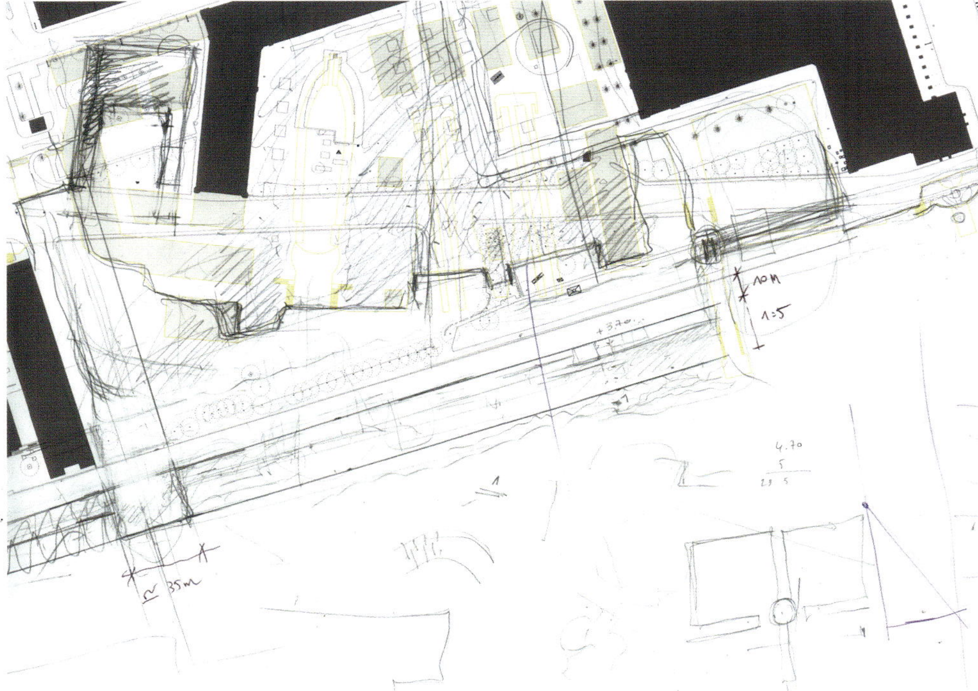

CREDITS

Client Camara Municipal de Lisboa, competition, firts prize; **Architecture** Joao Nunes con João Gomes da Silva; **Colaborators** Ana Marques, Silvia Basilio, Magda Alves, Bernardo Faria, Miguel Domingos, Ana Manta, Miguel Coelho and Mafalda Silva

Cliente Camara Municipal de Lisboa, concorso, primo premio; **Progetto** Joao Nunes con João Gomes da Silva; **Collaboratori** Ana Marques, Silvia Basilio, Magda Alves, Bernardo Faria, Miguel Domingos, Ana Manta, Miguel Coelho e Mafalda Silva

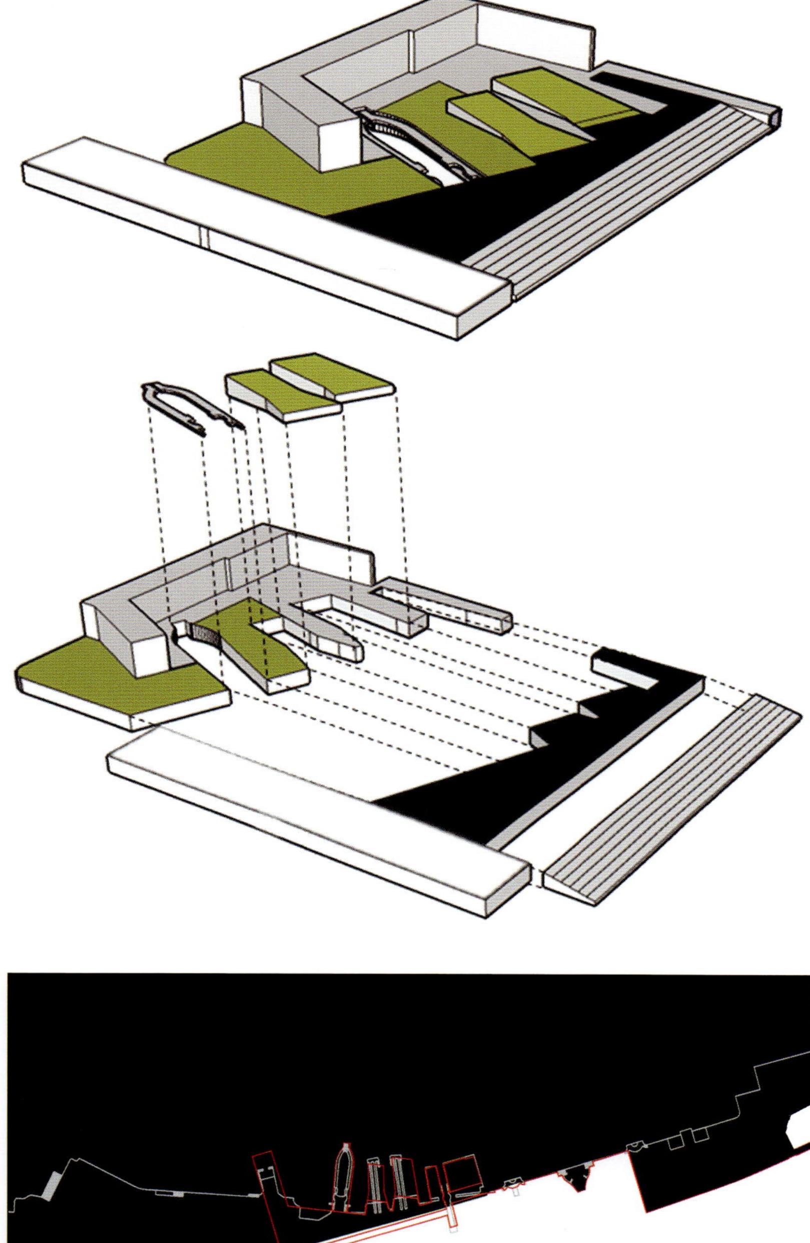

The Ribeira das Naus site is a mythical site in the national and local identity. Partially produced by the collective imaginary, partially by the official culture. The myth is linked to the naval plant that operated on this site, and that throughout centuries produced various types of boats. The myth articulates the certainty of the Vessel production with the possibility of considering these as protagonists of the discovery of the universal routes, and of a first globalization phenomenon impelled by Portugal.

The proposed design is the result of the tension between the diverse elements in Ribeira das Naus site (built elements, dry dock) and the diverse strata, which lay geometrically below the current surface spot height (Arsenal Dock, beaching-place). The revelation and the integration of these fossil elements, partially buried and potentially determinative of the site's character, make up the recreation process of Ribeira das Naus. The architecture of this site in Lisbon's waterfront landscape is based on the concurrence of fossil and contemporary elements, with the double sense of revealing the diverse times of the place (culture of the space of the city) and the action in the use of public space (circulation, permanence, contemplation, infrastructure). However, if the revelation of juxtaposed time strata in space appears to be a unique chance to create a vibrant site in Lisbon, what site-living experience can it bring us?

La zona della Ribeira das Naus è un luogo leggendario per l'identità nazionale e locale. In parte prodotto dall'immaginario collettivo, ma anche per la cultura ufficiale. Il mito è legato alla fabbriche navali che hanno operato su questo sito, e prodotte per secoli le navi di vario tipo. Il mito si articola inoltre, sia sulla produzione delle navi, sia sulla possibilità che questo ha generato nell'essere protagonisti del movimento di scoperta di rotte universali, sia come parte di un primo fenomeno di globalizzazione guidato dal Portogallo.

E' dalla tensione tra i vari elementi presenti nella zona della Ribeira das Naus, con livelli sotto la linea di terra geometricamente differenti in relazione all'altezza della superficie attuale della linea di costa (e dei muri del molo) che imposta il progetto proposto. La scoperta e l'integrazione di dei diversi elementi –parzialmente interrati e determinanti il carettere del luogo- costituiscono il processo di ridisegno della Ribeira do Naus. Così l'architettura di questi spazi, nei paesaggi del margine di Lisbona, composto da elementi fossili in contrasto con elementi contemporanei, con il doppio significato della rivelazione dei tempi diversi nello stesso sito (cultura del territorio e della città) e l'interazione con l'uso dello spazio pubblico (circolazione, relax, contemplazione, infrastrutture). Ma se la rivelazione dei diversi strati temporali giustapposti nello spazio, sembra essere una opportunità unica per creare un luogo vivace dentro Lisbona, quale esperienza esistenziale potrà venirne fuori?

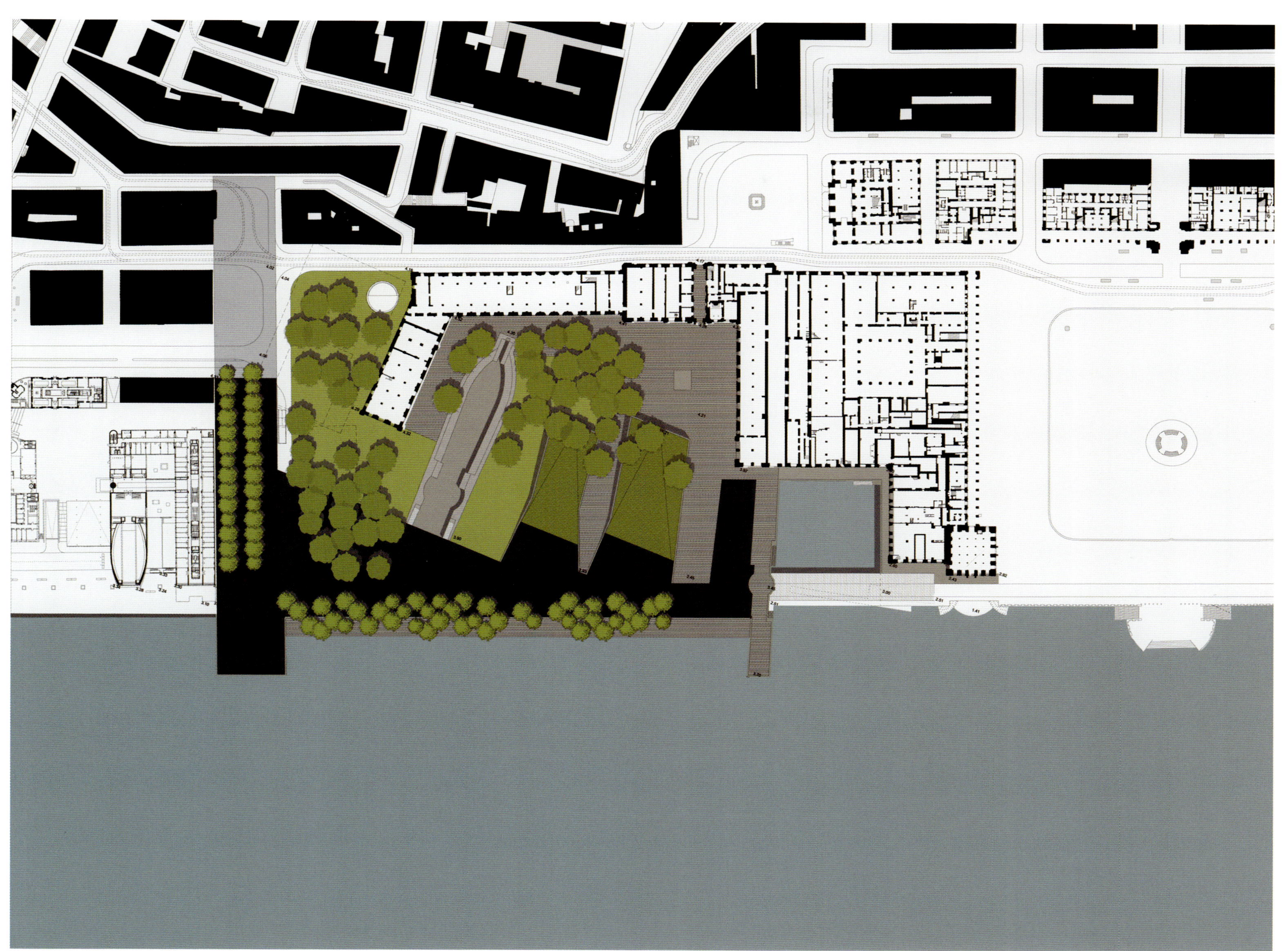

1 praia

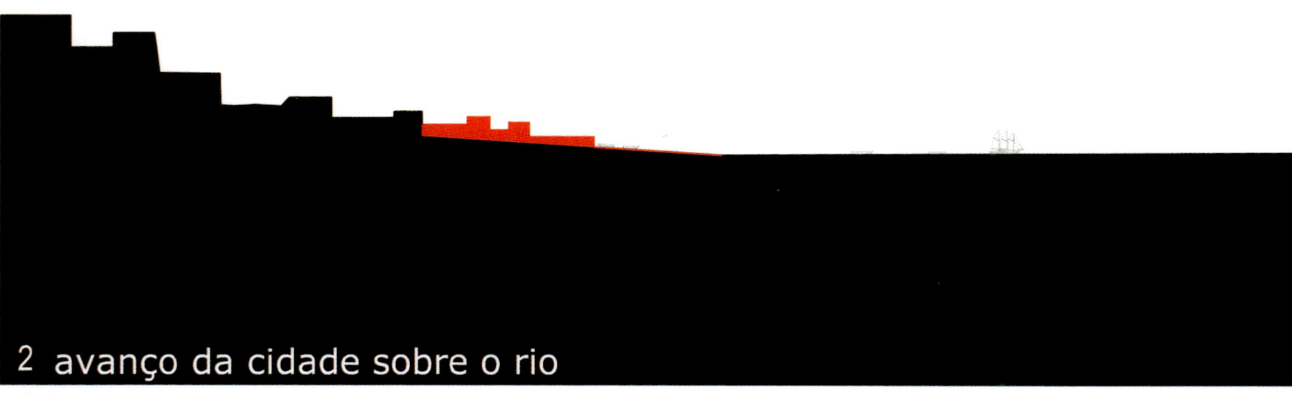

2 avanço da cidade sobre o rio

3 construção de aterros para acostagem de navios de maior calado.

PLASMA STUDIO
London

PLASMA STUDIO

INTERVIEW
INTERVISTA

with
EVA CASTRO
HOLGER KEHNE
ULLA HELL

by NICOLA CANESSA

 Your works moving by the scale of the installation to territory, yet it is perceived a conductive thread in the spatial and threedimensional mobility. The possibilities of relationship between the parties does not seem to lose strength and tension. Particularly in the relationship between building and public space, how to obtain this result?

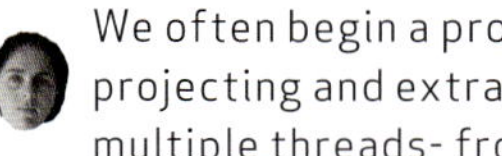 We often begin a project by projecting and extracting multiple threads- from contextual indexing on the one hand and internal logistical diagram on the other. These then enforce continuities between a building's fabric and interior and its context. Specifically they may form paths, structure, light and as such override the boundary between inside and outside, public

NC I vostri lavori passano dalla scala dell'installazione a quella del territorio, eppure è percepibile un filo conduttore nella mobilità spaziale e tridimensionale. Le possibilità di relazione tra le parti sembrano non perdere forza e tensione. Soprattutto nel rapporto tra edificio e spazio pubblico, come ottenete questo risultato?

PS Iniziamo spesso un progetto creando e isolando molteplici fili paralleli, con l'analisi contestuale da un lato ai diagrammi logistici interni dall'altro. Queste azioni rafforzano la continuità tra l'edificato, il suo interno e il suo contesto. In maniera più specifica essi possono formare percorsi, strutture, luci e come tali superare il confine tra interno ed esterno, pubblico e privato. Per noi questo processo di disegno ha anche bisogno di rispondere a requisiti che sono nello stesso

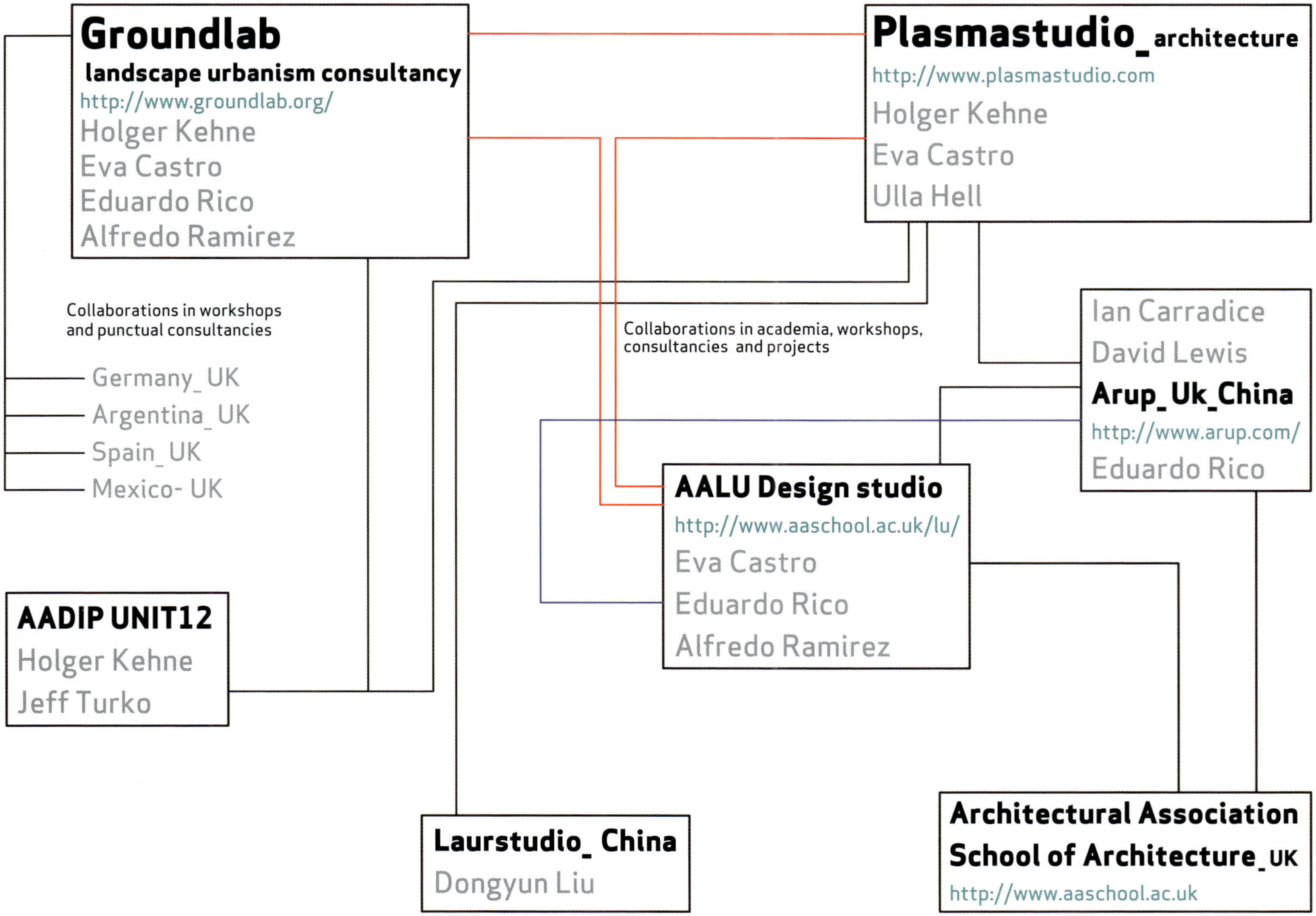

Groundlab

landscape urbanism consultancy

http://www.groundlab.org/

Holger Kehne
Eva Castro
Eduardo Rico
Alfredo Ramirez

Collaborations in workshops
and punctual consultancies

Germany_UK
Argentina_UK
Spain_UK
Mexico- UK

Plasmastudio_architecture

http://www.plasmastudio.com

Holger Kehne
Eva Castro
Ulla Hell

Collaborations in academia, workshops,
consultancies and projects

Ian Carradice
David Lewis
Arup_Uk_China

http://www.arup.com/

Eduardo Rico

AALU Design studio

http://www.aaschool.ac.uk/lu/

Eva Castro
Eduardo Rico
Alfredo Ramirez

AADIP UNIT12

Holger Kehne
Jeff Turko

Laurstudio_ China

Dongyun Liu

**Architectural Association
School of Architecture**_UK

http://www.aaschool.ac.uk

and private. For us such a design process also needs to fulfill at once systematic and specific requirements. Ultimately the goal is to expand from a collection of singular indexical instances towards a synthetic organisation and experience of boundlessness.

 An interesting aspect in your work is the creation of topographies, this includes the re-definition and articulation of the transitions between the different spatial and social conditions. How all this goes to new technologies for the architecture?

 Let's say we employ computational tools and techniques for their ability to make the vastly different sets of information for architectural production to interact and inform the design simultaneously. As a consequence this produces nonhierarchical conditions where various strands of 'text' are of equal importance. In other words

momento sistematici e specifici. Infine l'obbiettivo è quello di evolvere da una collezione di singole e generiche istanze verso un'organizzazione sintetica e un'esperienza progettuale senza confini.

NC Un aspetto interessante nel vostro lavoro è la creazione di topografie, questo include la ri-definizione e l'articolazione delle transizioni tra le diverse condizioni spaziali e sociali. In che modo tutto questo si abbina alle nuove tecnologie per l'architettura?
PS Possiamo dire che utilizziamo strumenti e tecniche di calcolo per la loro capacità di fornire diversi gradi di informazione per la produzione architettonica, e di interagire e comunicare simultaneamente il progetto. Di conseguenza questo produce una condizione priva di gerarchie dove varie parti di "testo" hanno uguale importanza.
In altre parole la tecnologia rende possibile una sospensione delle convenzioni tradizionali, delle relazioni di dipendenza, dei

technology enables some suspension of traditionally necessary conventions, dependencies, disciplinary traits. Their employment opens the gap for the creation of genuine new spatial sensibilities and new social and affectual affiliations. Yet rather than relying on the 'shock and awe' novelty of much of today's technical and formal wizardry we develop these constellations from and towards contextual, cultural, social and phenomenological readings and ambitions- ultimately as a coherent field.

 What message do you think of being able to communicate with your projects, and what sensation arouse?

 One main concern is that we intend to make our projects interwoven into their respective contexts. We want them to read as extention of what is already there or around. A radical and rather extreme pitch maybe – and in that sense offering the notion that

manuali tecnici. Il loro impiego lascia spazio alla creazione di un genuina e nuova sensibilità spaziale e a nuove relazioni sociali e affettive. Eppure, invece di basarsi su "shock e soggezione", la novità di gran parte della magia tecnica e formale di oggi, noi sviluppiamo queste costellazioni da e verso letture del contesto, della cultura, del sociale, del fenomenologico e delle ambizioni, in definitiva come un campo coerente.

NC Quale messaggio pensate di riuscire a comunicare con i vostri progetti, e quali sensazioni suscitano?
PS La nostra maggiore preoccupazione è quella di far capire che i nostri progetti si intromettono nei loro rispettivi contesti. Noi vogliamo che essi siano letti come un estensione di quello che si trovava già presente sul sito o nelle vicinanze. Una posizione radicale e forse quasi estrema, e in questo senso si offre la consapevolezza del fatto che qualunque cosa in qualunque posto

anything anywhere would have the inherent capacity to be pushed into something richer, more intensive, more beautiful.
Like a crystal is a special and extreme part of the rock strata but it is not alien at all to what is around – it is basically formed by an intensification of the same sets of processes and materials.

Do not like to talk about your architecture as fully parametric, but as this use of modeling (which also defines your name) influencing the projects?

Parametric is indeed a currently overused term usually despicting software capabilities- to make the impossibile possible etc. For us it is meaningful in describing a different way of thinking- in relative rather than absolute terms. To define geometry as a system of relationships rather than fixed dimensions has been essential to us well before parametric software was available. Our work is devised by multiple geometric and relational pegs- different elements appear as to influence each other – in order to develop this and overcome a purely sculptural outcome, we employ parametric design processes and exploit new software cabilities.

You have been selected as one of 10 visionary studies for a new decade, in addition to many other awards. What does it mean for you to be visionary?

The challenge is to identify and question the current state and seek for alternatives and opportunities. Whilst we subscribe to a Modernist agenda of a historically continuous development of ideas, the need for the 'new', we equally see the need to challenge the fatalism that this seem to entail and see ourselves in line with the critical project- in other words we develop our work through a critical challenge of the status quo yet with using the tools that are cutting-edge and offer new opportunities. In practical terms- as architects- visionary must always be an instrumental term: to produce projects

NC Non vi piace definire la vostra architettura come completamente parametrica, ma come questo utilizzo della modellazione (che in fondo definisce anche il vostro nome) influisce sui progetti?
PS Parametrico è un termine ormai abusato solitamente indica l'abilità di un software di rendere possibile l'impossibile, etc. Per noi ha significato solo nella descrizione di un diverso modo di pensare, in termini di relazione piuttosto che in termini assoluti.
Definire la geometria come un sistema di relazioni piuttosto che di dimensioni fisse è stato essenziale per noi ancor prima che un software parametrico fosse disponibile. Il nostro lavoro è concepito attraverso molteplici reti di natura geometrica e relazionale -elementi diversi che sembrano influenzarsi l'un l'altro - allo scopo di sviluppare questo concetto e superare un risultato prettamente scultoreo, noi usiamo processi parametrici di disegno e sfruttiamo le nuove capacità del software.

NC Siete stati selezionati come uno dei 10 studi "visionari" per una nuova decade, oltre a moltissimi altri riconoscimenti. Cosa vuol dire per voi essere "visionari"?
PS La prova è quella di identificare ed interrogarsi sulla situazione attuale e cercare alternative e nuove opportunità. Mentre noi sottoscriviamo un manifesto del Moderno per un continuo sviluppo delle idee nel corso della storia, la necessità del "nuovo", noi vediamo ugualmente la necessità di sfidare il fatalismo che questo sembra comportare e vediamo noi stessi in linea con il progetto critico. In altre parole noi sviluppiamo il nostro lavoro attraverso un confronto critico dello status quo attuale, usando gli strumenti che sono in grado di tagliare i confini e offrire nuove

that engage with present conditions but able to expand upon them towards relevant expressions of future scenarios.

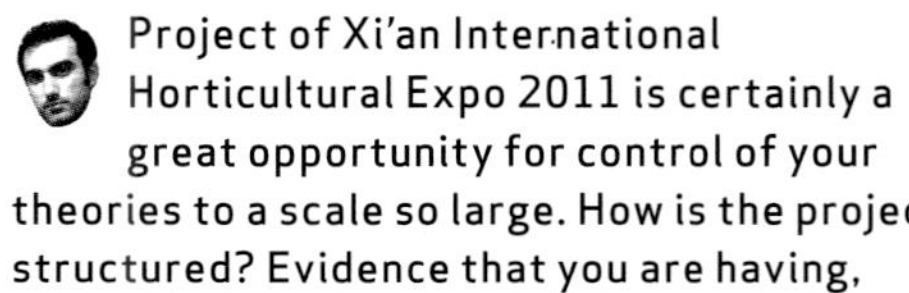

Project of Xi'an International Horticultural Expo 2011 is certainly a great opportunity for control of your theories to a scale so large. How is the project structured? Evidence that you are having, already at this step of construction?

Xi'an Horticultultural Expo enables us to work on an extensive range of scales from the furniture to the overall masterplanning scale. Here we are able to develop and employ our ideas regarding diagrams and scalelessness: how the same geometric element for instance a mesh operates in a diagrammatic way the same at any given scale. So we employ it as a skin in the greenhouse fassade and as a path system for the overall park. Each intersection transfers loads in more than one direction – although there is a general tendency of flow, on a local level it becomes dispersed which gives the system a robustness that works equally structurally and in terms of pedestrian paths. We hope that such connections and continuities between different scales and elements will be actually noticable to the visitors when the project is completed.

How do you relate with the territory with your buildings and your artificial landscapes?

The relation to the (existing) territory is complex indeed. In China, all our projects are located in a radically altered landscape; in Xi'an for instance when we visited the site there was a desert-like landscape. Everything that surrounds our park is currently being constructed: a huge lake with several islands, hills, a new motorway…The traditional meaning of context or genius loci is completely meaningless there. So almost ironically we gave an almost heightended importance to these new artificial alignments – the project evolved as an index of topography, water management and people's

opportunità. In pratica -come architetti- l'essere visionari deve sempre essere un termine strumentale: per produrre progetti che si impegnano con le condizioni presenti ma sono in grado di espandere sopra di esse un espressione rivelante degli scenari futuri.

NC Il progetto del Xi'an International Horticultural Expo 2011, è sicuramente una grande occasione per il controllo delle vostre teorie ad una scala così grande. Come è articolato il progetto? Che riscontri state avendo, già in questa fase di cantiere?
PS Xi'an International Horticultural Expo ci permette di lavorare su un ampio spettro di scale dall'arredo al masterplan. Su questo progetto siamo in grado di sviluppare e impiegare le nostre idee riguardanti i diagrammi e le scale: come lo stesso elemento geometrico, per esempio una mesh, opera in una maniera schematica a tutte le scale a cui è applicato. Quindi noi la usiamo come una pelle per la facciata della serra e come sistema del percorso per l'intero parco. Ogni intersezione trasferisce ogni carico in più di una direzione, anche se sussiste una tendenza generale di flusso, ad un livello locale diventano sparpagliati, il che da al sistema una robustezza che lavora a ugual modo strutturalmente e in termini di percorsi pedonali. Noi speriamo che questa connessione e continuità tra le differenti scale ed elementi possa essere in realtà visibile dai visitatori quando il progetto sarà completo.

NC In che modo vi relazionate con il territorio con i vostri edifici e con i vostri paesaggi artificiali?
PS La relazione con il territorio esistente è in effetti molto complessa. In Cina, tutti i nostri progetti sono localizzati in paesaggi particolarmente alterati; nello Xi'an per esmpio quando abbiamo visitato il sito sembrava un deserto. Tutto quello che circonda il nostro parco è attualmente in fase di costruzione: un grande lago con parecchie isole, colline, una nuova autostrada. Il termine tradizionale di contesto o genius loci è qui privo di ogni significato. Quindi ironicamente

flows. The landscape becomes performative whilst offering a reading that is authentic to this level of artificiality.

For the buildings we opted to have them quasi subordinated even submerged (in)to the round. The Gate Building at the beginning acts as ground- peeling off and bringing the visitors seamlessly across the motorway. The Exhibition Building is organised as three fingers with landscape running in between. A complete interlace. Then finally the Greenhouse is semisubmerged into the hillside. So in contrast to the Modernist paradigm of figure-ground composition and dominance, our buildings are developed as an integral and continuous part of the landscape.

  **Eva Castro and Holger Kehne, are also part of Graundlab Ltb., who participates directly in the Plasma Studio project of Xi'an Expo, but also of many other projects of landscape and urbanism. How it started and exactly what it takes?**

GroundLab grew out of the AA Landscape Urbanism master programme. From this and a range of academic design studies and workshops we developed the expertise and interest in large scale urbanism. But we were also aware that a wide range of different specialist skills are needed to develop a project of such scale- traffic engineering, flow management, urban density assessments, planting strategies, etc. GroundLab's setup responds to this by bringing on board Eduardo Rico who is a Civil Engineer and Alfredo Ramirez who has got many years of experience in a range of landscape and urbanism practices and institutions. The intersection with Plasma, i.e. architecture remains very fluid due to our involvement in both and ultimately architecture becomes the nodal articulation of those large scale urban and landscape strategies.

abbiamo alzato l'importanza di questi nuovi elementi artificiali - il progetto si è evoluto come elemento di controllo della topografia, della gestione della acque e dei flussi delle persone. Il paesaggio diventa performante nel momento in cui offre un'autentica lettura di questo livello di artificialità. Per gli edifici abbiamo optato di subordinarli, quasi sommergerli nel contesto. L'edificio d'ingresso all'inizio si muove come se stesse scrostando il suolo e porta i visitatori oltre l'autostrada senza discontinuità. L'edificio dell'esposizione è organizzato come tre dita con la natura che si insinua nel mezzo. Per completare questo disegno infine la serra è semisommersa nel lato della collina. Quindi, in contrasto con il paradigma modernista di figura-sfondo, composizione e la posizione dominante, i nostri edifici sono sviluppati come parte integrante e permanente del paesaggio.

NC Eva Castro e Holger Kehne, con Ulla Hella, fanno anche parte del Graundlab Ltb, che partecipa direttamente con Plasma Studio al progetto del Xi'an Expo, ma anche di tanti altri progetti di landscape e città. Come è nato e di cosa si occupa esattamente?

PS GroundLab è cresciuto all'esterno del programma del master di AA Landscape Urbanism. Da questo e da una serie di progetti accademici e workshop abbiamo sviluppato la competenza e l'interesse sulla grande scala urbanistica. Ma siamo anche consapevoli che per sviluppare un progetto a questa scala è necessaria una larga gamma di competenze differenti e specializzate - organizzazione dei trasporti, gestione dei flussi, valutazione della densità urbana, strategie per il rimboschimento, etc. L'organizzazione di GroundLab risponde a questo portando a bordo Eduardo Rico, che è un ingegnere civile, e Alfredo Ramirez che ha molti anni di esperienza in una serie di studi e istituzioni di paesaggio e urbanistica. L'intersezione con Plasma, cioè l'architettura rimane molto fluida in seguito al nostro coinvolgimento in entrambi e ultimamente l'architettura è diventata un espressione cruciale per queste strategie sulla grande scala urbana e paesaggistica.

RELATION SKIN

RELATION SKIN

Innichen/San Candido - Bolzano - Italy - 2011

CREDITS

workshop facilities and administration Client Werner Tschurtschenthaler; **Architecture** Eva Castro, Holger Kehne and Ulla Hell (PLASMA studio)

laboratorio e amministrazione Committente Werner Tschurtschenthaler; **Progettista** Eva Castro, Holger Kehne e Ulla Hell (PLASMA studio)

The design for workshop and administration facilities for a local construction and carpenter firm sitting within an industrial area is driven by the necessity to respond on one hand to a series of plain functional necessities and on the other to be an expression of the innovation spirit of the client itself.

Programme and form

The building sits within the site as a singular envelope, an articulated volume derived from a deformed three-dimensional grid. The functional requirement of a carpenter's workshop drives program and form of the building. Specific area and volumetric constraints generated a three-dimensional module that was then proliferated to form a grid. This grid, overlapped on the site, is influenced by both the site as well as the building's functions. Programmatically, the volume allows for truck access, pedestrian access, and car access facilitated by a simple circulation loop at ground level that feeds into the main carpentry workshop space. This open workshop allows clients to interact directly with fabricators, creating a unique sensory experience. Above the workshop sits offices, separated from the main workspace but open to views of the landscape beyond.

Lammelar Morphologies

The lammelar material system of the TSC Workshop is comprised of linear wood elements wrapping a facade creating a wide array of light and shading effects. The lammelas employed are singular components, simple in their geometry and form, yet create complex results based on their differentiated organization. The angle of each wood strip is calibrated to negotiate solar gain, direct sunlight exposure, and specific programmatic requirements. In addition, the strips rotate at

Il progetto per l'officina e amministrazione per una impresa locale di costruzioni e falegnameria situata all'interno di una zona industriale, è guidato dalla necessità di rispondere, da un lato ad una serie di semplici necessità funzionali e, dall'altro, di essere espressione dello spirito di innovazione della cliente stesso.

Programma e modulo

L'edificio si situa all'interno del sito come un unico elemento, un volume articolato derivato da una griglia tridimensionale deformata. Il requisito funzionale del programma di uno spazio-workshop di una falegnameria determina il programma funzionale e la forma dell'edificio. L'area specifica e i vincoli volumetrici hanno generato un modulo a tre dimensioni, che è stato poi proliferato a formare una griglia. La griglia, sovrapposta al sito, è influenzato sia dal sito stesso, che dalle funzioni dell'edificio. Per quanto concerne il programma funzionale, il volume consente l'accesso a camion, con inoltre un accesso pedonale ed un accesso auto agevolata da un semplice loop di circolazione a livello zero che permette il rifornimento dello spazio principale del laboratorio di falegnameria. Questo workshop aperto permette ai clienti di interagire direttamente con i costruttori, creando un'esperienza sensoriale unica. Al di sopra dello spazio laboratorio sono stati posti gli uffici, separati dallo spazio di lavoro principale, ma aperti alla vista del paesaggio.

Morfologia di lamelle

Il sistema di lamelle materiale del Workshop TSC è costituito da elementi in legno lineari che avvolgono la facciata creando una vasta gamma di effetti di luce e ombre. Le lamelle impiegate sono singoli componenti, semplici nella loro geometria e forma, capaci però di creare risultati complessi in base alla loro diversa disposizione. L'angolo di ogni

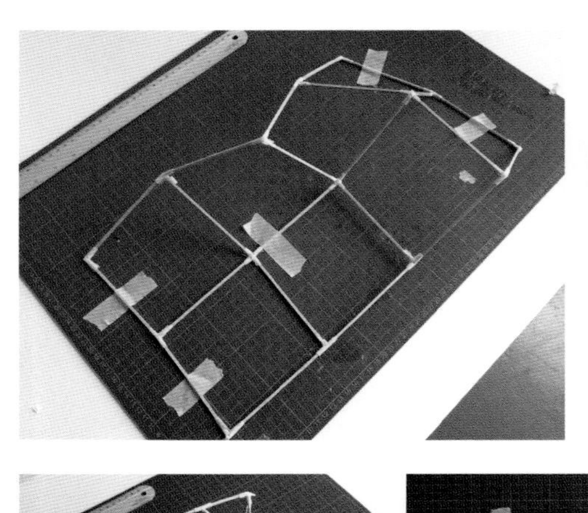

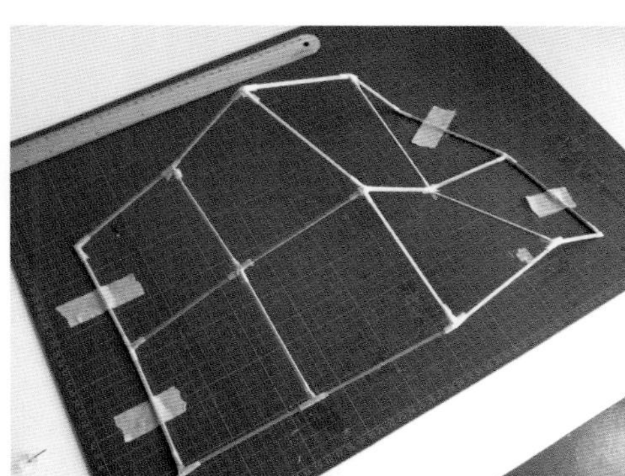

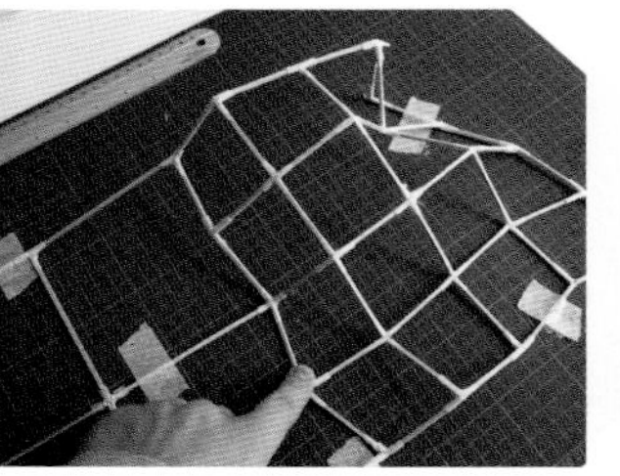

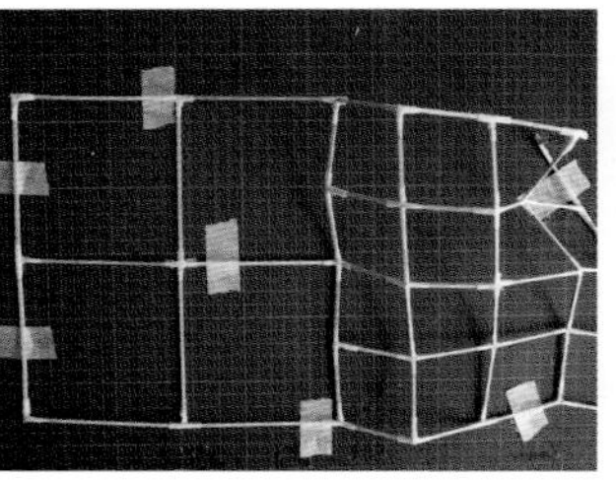

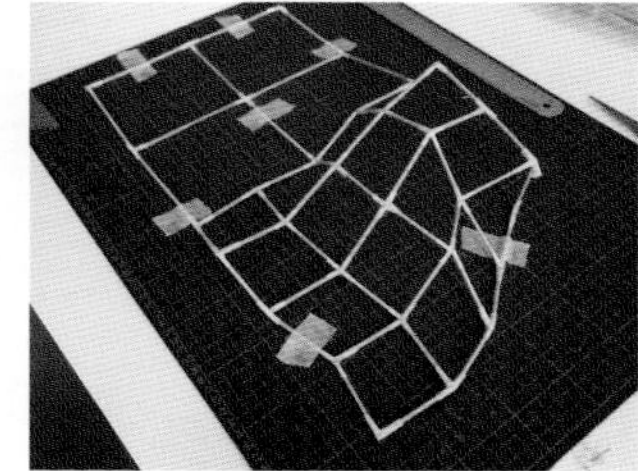

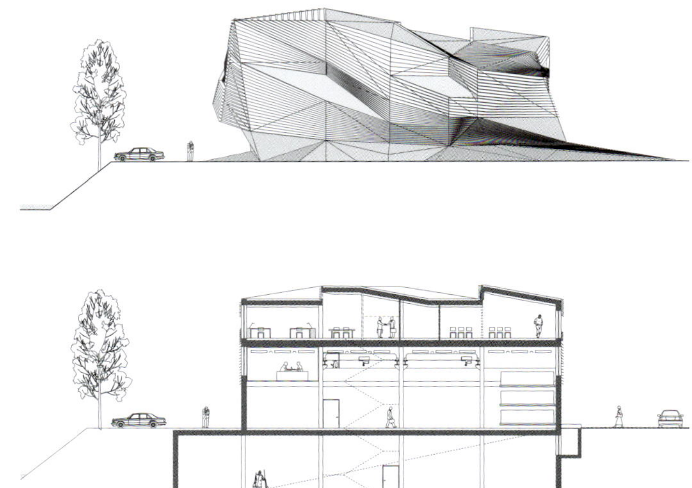

each end, within the limitations of the wood, in order to create a rich formal language that both responds to and challenges the existing architectural context. By incorporating multiple parameters with a simple material element, a complex integral design solution is achieved.

The lammelas work on two very distinct **levels**. The wood strips create a simple yet unique environmental condition for the interior of the building, both protecting workspaces from harsh direct sunlight and creating areas where solar insulation is desired. They also create a fluid linearity around the entire building, causing an interesting dialogue wtih the crystalline volume behind. The lamellas follow continuously around the entirety of the building, splitting at parts to allow for generous views to the landscape beyond, while also flowing directly into the landscape. This interconnectivity blurs the boundary between building and landscape while creating interesting spatial and experiential conditions.

striscia di legno è calibrato per negoziare il guadagno di luce solare, l'esposizione alla luce solare diretta, e ulteriori requisiti di programma. Inoltre, le strisce ruotano ciascuna alle estremità, entro i limiti dati dal materiale (legno), al fine di creare un ricco linguaggio formale che sia capace di rispondere alle sfide del contesto architettonico esistente. Inserendo più parametri, con un semplice elemento, è possibile ottenere una complessa e completa soluzione progettuale.

Le lamelle lavorano su due diversi livelli. Le strisce di legno creano una condizione di semplice ma unica condizione ambientale per l'interno dell'edificio, proteggendo le aree di lavoro dalla forte luce diretta, creando zone protette dall'ingresso della luce solare; questi elementi creano inoltre una fluida linearità intorno a tutta la struttura, generando un interessante dialogo con il volume vetrato retrostante. Le lamelle corrono costantemente intorno all'edificio, dividendosi in parti, consentendo viste ampie sul paesaggio, e diventando in alcuni punti parti del paesaggio stesso. Questa interconnettività confonde il confine tra edificio e paesaggio creando interessanti condizioni spaziali ed esperienziali.

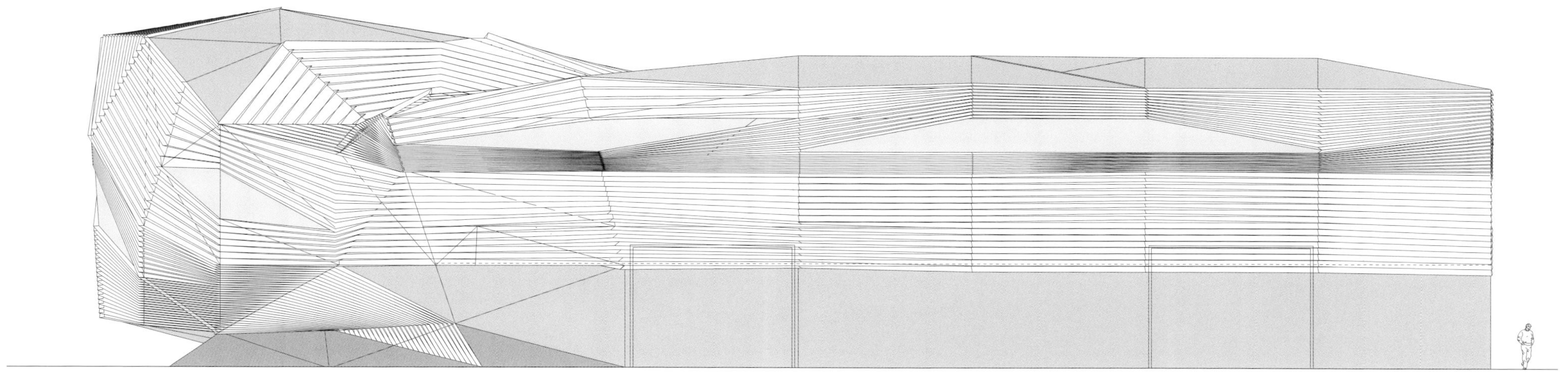

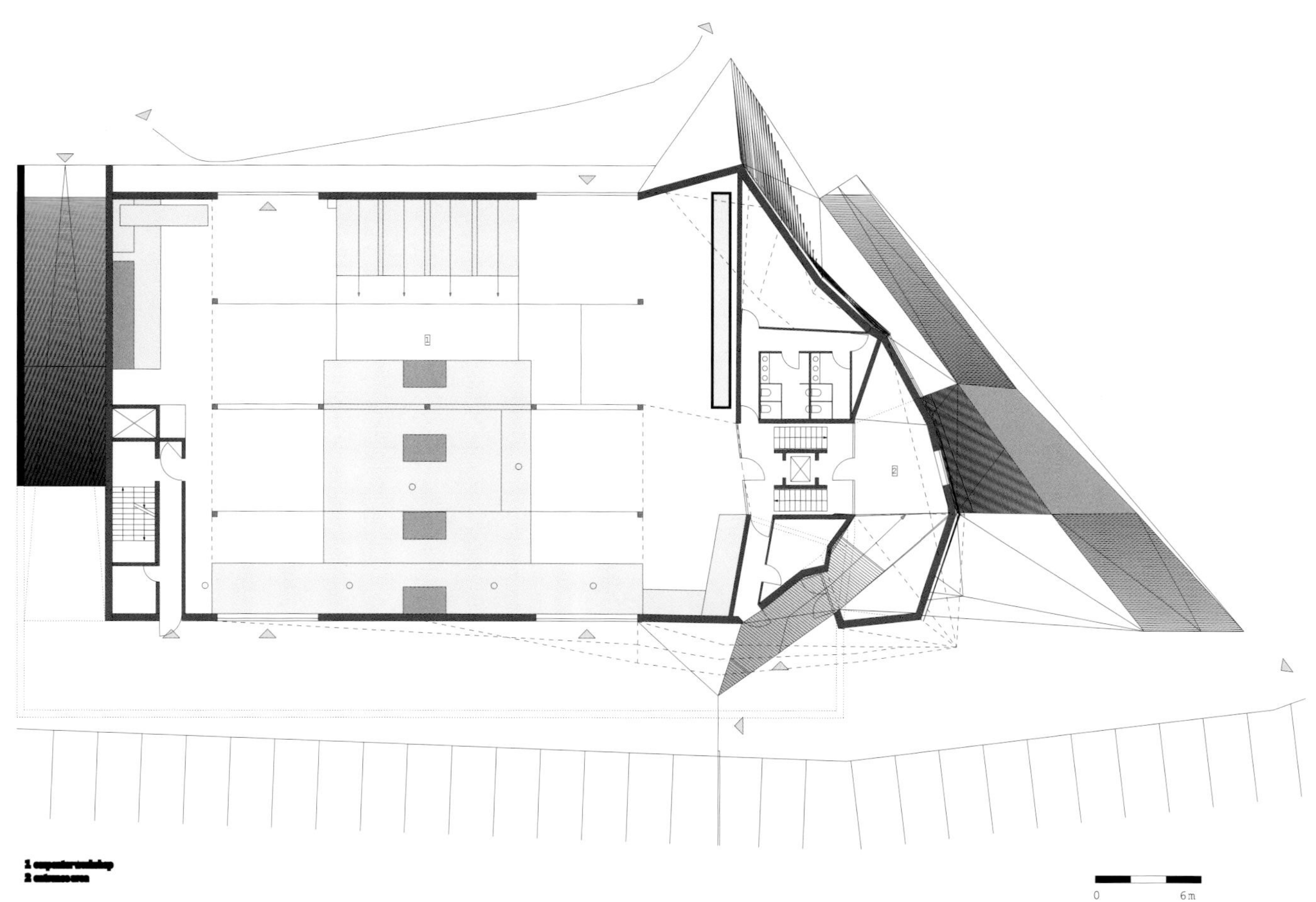

1 carpenter workshop
2 exhibition area
0   6m

02
CUBE HOUSE
CASA CUBO
Sexten/Sesto - Bolzano - Italy - 2008

CREDITS

Client Private; **Architecture** PLASMA studio, Lanerweg 18, Eva Castro, Holger Kehne and Ulla Hell; **Collaborators** Angelika Mair, David Preindl and Daniela Walder; **Photographs** Cristobal Palma; **Size** 220m²

Committente Privato; **Progettista** PLASMA studio, Lanerweg 18, Eva Castro, Holger Kehne e Ulla Hell; **Collaboratori** Angelika Mair, David Preindl e Daniela Walder; **Foto** Cristobal Palma; **Dimensione** 220m²

The major constraints of this project, its steep site, compressed between existing buildings and very limited allowance of development volume have shaped the form of this house. It is inserted into the earth with 2 covered parking spaces to the front from where a small stair case leads up to the main living zones in the first floor and further to the bedrooms in the second floor.

Compact circulation

Because of the limited available floor area the staircase and circulation had to be designed in a very space saving way – this lead to the continuous organization in the first floor: The single functions cooking/eating and living are positioned around the circulation core in order to give connectivity and privacy at the same time to the single activities- the staircase and built in furniture piece which is storage, oven and services cavity at the same time divides and connects as a short cut at the same time. In the second floor the single sleeping rooms are connected to each other in the shortest possible way.

View and Shelter

Given prominent location of the site directed towards the South and the dolomites we opened the façade as much as possible in order to widen up the tights interiors – on both main floors ample balconies and terraces double the available floor area and offer great places to play for the kids and rest for the parents. In order to provide shelter from the views of the passing-by road a layer of wooden sticks was wrapped around the big openings directed to the South – depending on the varying size of the openings they provide different degrees of shelter and intimacy.

Il sito scosceso è la principale restrizione di questo progetto, che si trova chiuso tra edifici esistenti e limitato nella possibilità di sviluppo del volume, dalla quale è derivata la forma della casa; questa è in parte interrata, con 2 spazi destinati a parcheggio coperti sul fronte, dal quale una piccola scala conduce al piano primo, alle zone giorno e, alle stanze da letto, del piano secondo.

Circolazione compatta

A causa della poca superficie disponibile, le scale e la circolazione sono state disegnate in modo da sfruttare al meglio l'uso dello spazio – guidando anche l'organizzazione della circolazione nel primo piano. Le specifiche funzioni quali cucinare/mangiare e vivere sono state disposte intorno al nucleo della circolazione al fine di creare relazione e privacy al tempo stesso, fra le singole attività – le scale, le parti di arredo stoccate e i vani tecnici sono, al tempo stesso, separati e connessi attraverso un taglio. Nel secondo piano si trovano le stanze da letto singole, connesse direttamente le une alle altre.

Vista e riparo

Volendo sottolineare l'importanza della collocazione del sito, rivolto a sud, verso le Dolomiti, la facciata è stata aperta il piu possibile al fine di aumentare la qualità di luce portata all'interno degli spazi – in entrambi i piani si trovano ampie superfici a balcone e terrazze che raddoppiano la quantità di area di pavimento disponibile, offrendo grandi spazi di gioco per i bambini e di riposo per i genitori. Al fine di dare un riparo alla vista dal passaggio – verso la strada uno strato di lamelle di legno è stato piegato intorno alle grandi aperture rivolte a sud – a seconda delle differenti grandezze delle aperture le lamelle danno differenti angoli di protezione ed intimità.

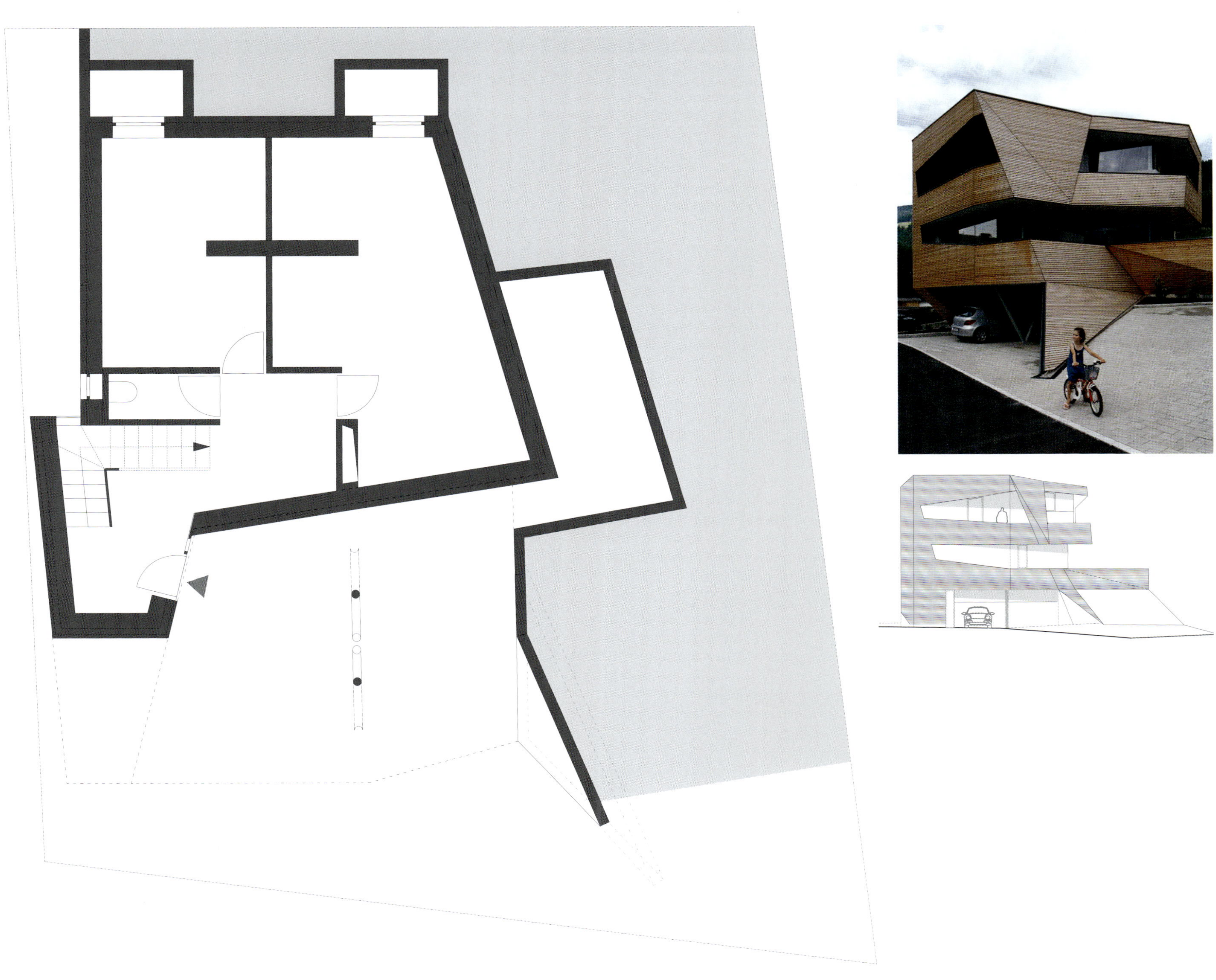

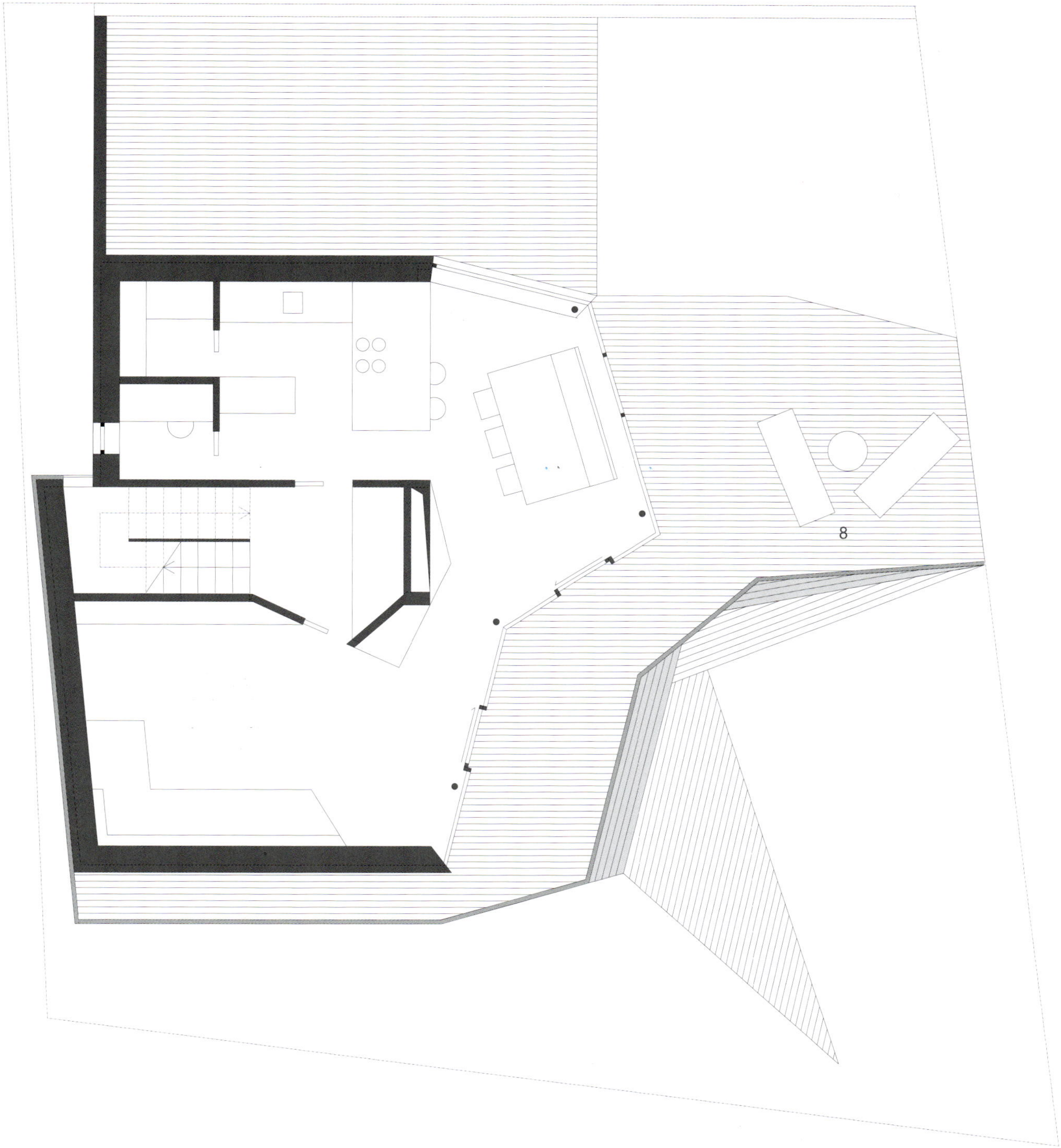

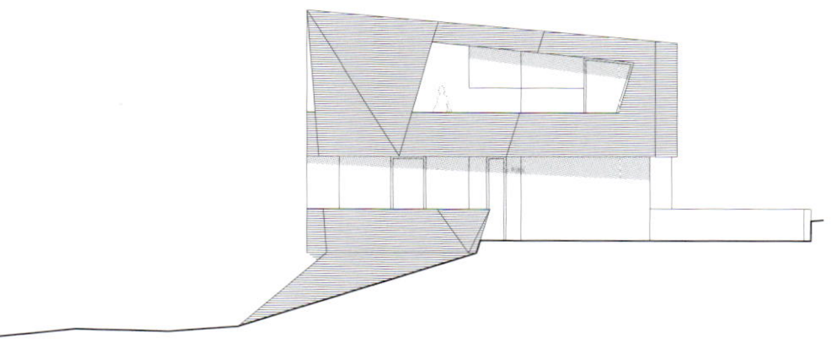

ESKER HOUSE
CASA ESKER
Innichen/San Candido - Bolzano - Italy - 2006

CREDITS

Client Private; **Architecture** PLASMA studio, Eva Castro, Holger Kehne and Ulla Hell; **Collaborators** Peter Pichler, Angelika Mair and Libny Pacheco; **Engeneer** Andreas Erlacher; **Photographs** Cristobal Palma, Holger Kehne; **Size** 160 m², 60m² Terrasse; **Completed** March - October 2006

Cliente Privato; **Progettisti** PLASMA studio, Eva Castro, Holger Kehne e Ulla Hell; **Collaboratori** Peter Pichler, Angelika Mair e Libny Pacheco; **Ingegneria** Andreas Erlacher; **Foto** Cristobal Palma, Holger Kehne; **Deimensioni** 160 m², 60m² Terrazza; **Completato** Marzo - Ottobre 2006

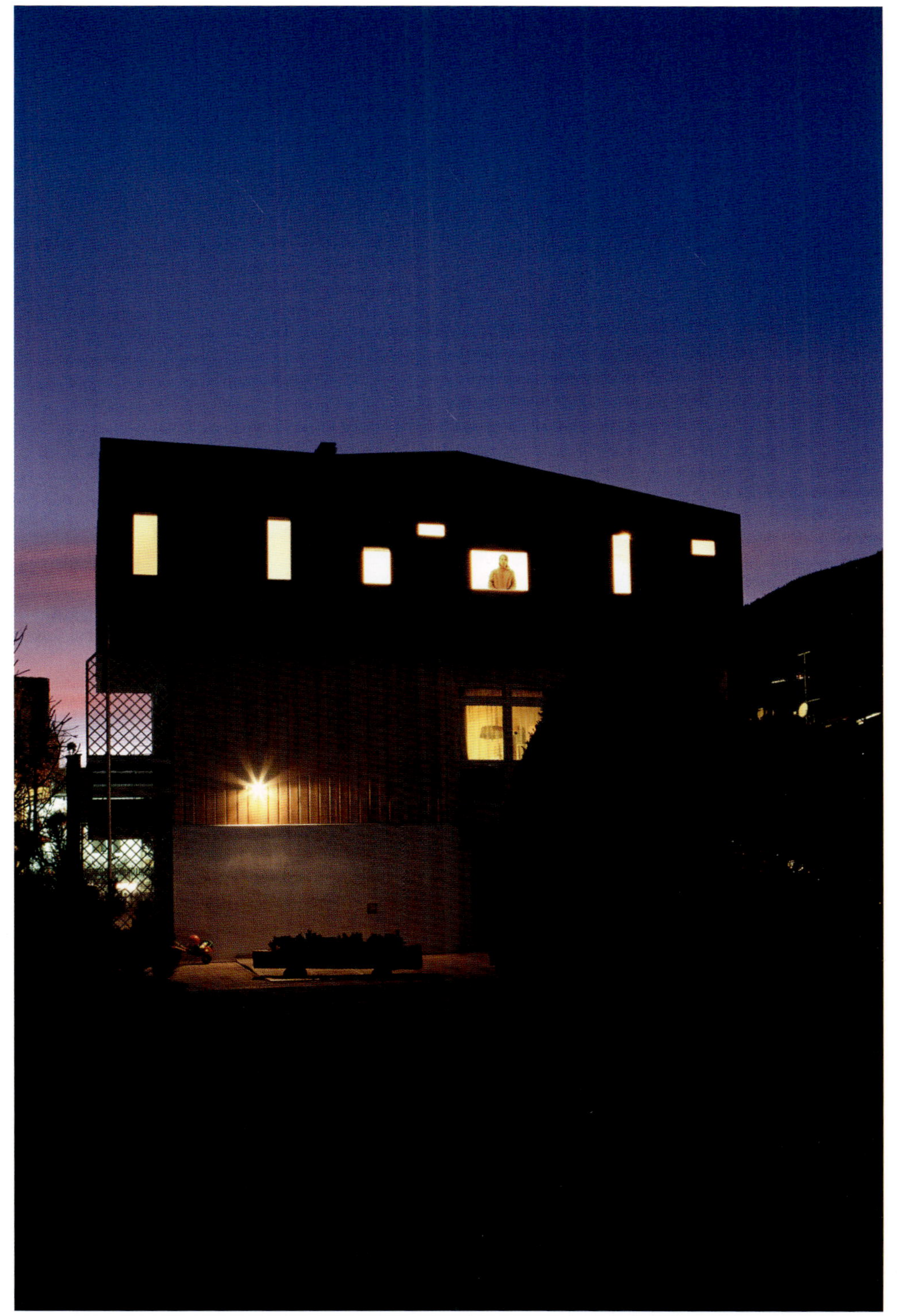

Esker Haus (esker=stratified geological formation) is a self contained residential unit placed on top of an existing house from the 1960s.

The project has been developed as a parasite which started from adopting the structure of the host and gradually differentiated into its own unique organization and morphology. The project is formed by a series of steel and timber frames that deform to recreate the smooth hillsides of the surrounding dolomites. This partly accessible roofscape also determines the spatial character inside-the spaces are enfolded by an angular and dynamic series of planes creating new and ever-changing perspectives and spatial constellations.

Esker House (esker=stratificata formazione geologica) è una singola unità abitativa situata sulla sommità di una casa esistente del 1960.

Il progetto è stato sviluppato come un parassita che iniziando dall'adottare la struttura che l'accoglie, si differenzia gradualmente nella propria organizzazione e morfologia.Il progetto è formato da una serie di telai in acciaio e legno, che si deformano per ricreare la morbidezza delle colline delle Dolomiti circostanti. Questo tetto parzialmente accessibile determina anche il carattere dello spazio interno; gli spazi si dispiegano in una spigolosa e dinamica serie di piani capaci di creare prospettive e costellazioni spaziali nuove, in continua evoluzione

The unique stratified morphology and construction system started off from projecting each step of the external staircase as a modulor that then was proliferated as frames. These frames enable the subsequent deformation and softening of the overall geometry.

The split level organization leads to the lengthening of parts of the stairs to form a topography for informal occupation. The overall spatial character is that of an echelon with a diffusion of functions and conditions where inside and outside, above and below become gradient zones of varying intensity. The interior spaces are the reflection of the exterior geometry with folded planes accentuating the flow through the open split-level plan.Their character is determined by the transgressions from the Cartesian orthogonal layout (determined in part by the structure below and functional requirements) towards the soft and fluid morphology of the roofscape.

Site, programme and organisation. To consider building a new dwelling on top of an existing house is a relevant and valuable approach, leaving ground undeveloped elsewhere and creating higher density. Plasma's process of charging each project from its ground and context becomes here even more specific. The existing house is composed of two parts with different levels. Structural walls, chimneys, drainage and other infrastructural lines organized the site into a mesh of constraints.

La morfologia stratificata ed il sistema di costruzione parte dalla proiezione di ogni scalino della scala esterna come un Modulor, che viene proliferato come *frames*, consentendo la successiva deformazione e ammorbidimento della geometria globale.

L'organizzazione divisa a livelli porta ad un allungamento delle parti delle scale a formare una topografia che determina un'occupazione essenziale. Il carattere globale è quello di un Echelon, con una distribuzione delle funzioni e delle condizioni dove interno ed esterno, sopra e sotto diventano zone graduali ad intensità variabile.

Sito, programma e organizzazione Il considerare l'edificio una nuova dimora sulla cima di una casa esistente è un approccio pertinente e di valore, lasciando il terreno non sviluppato altrove e creando una maggiore densità.
Il processo di Plasma tramuta ogni progetto a partire dal proprio terreno e contesto diventando, qui ancora una volta, più specifico. La casa esistente è composta da due parti con differenti livelli. Muri strutturali, camini, scarichi e altre linee infrastrutturali organizzato il sito in una rete di vincoli. Plasma ha trasformato il tetto a falda spiovente sviluppato una ricca trama di spazi abitabili differenti. Verso l'esterno sono un podio che porta alla cima del tetto all'interno di un tuffo, un semi-pergolato di sotto di essa, una terrazza lungo l'estensione a sud del salotto.

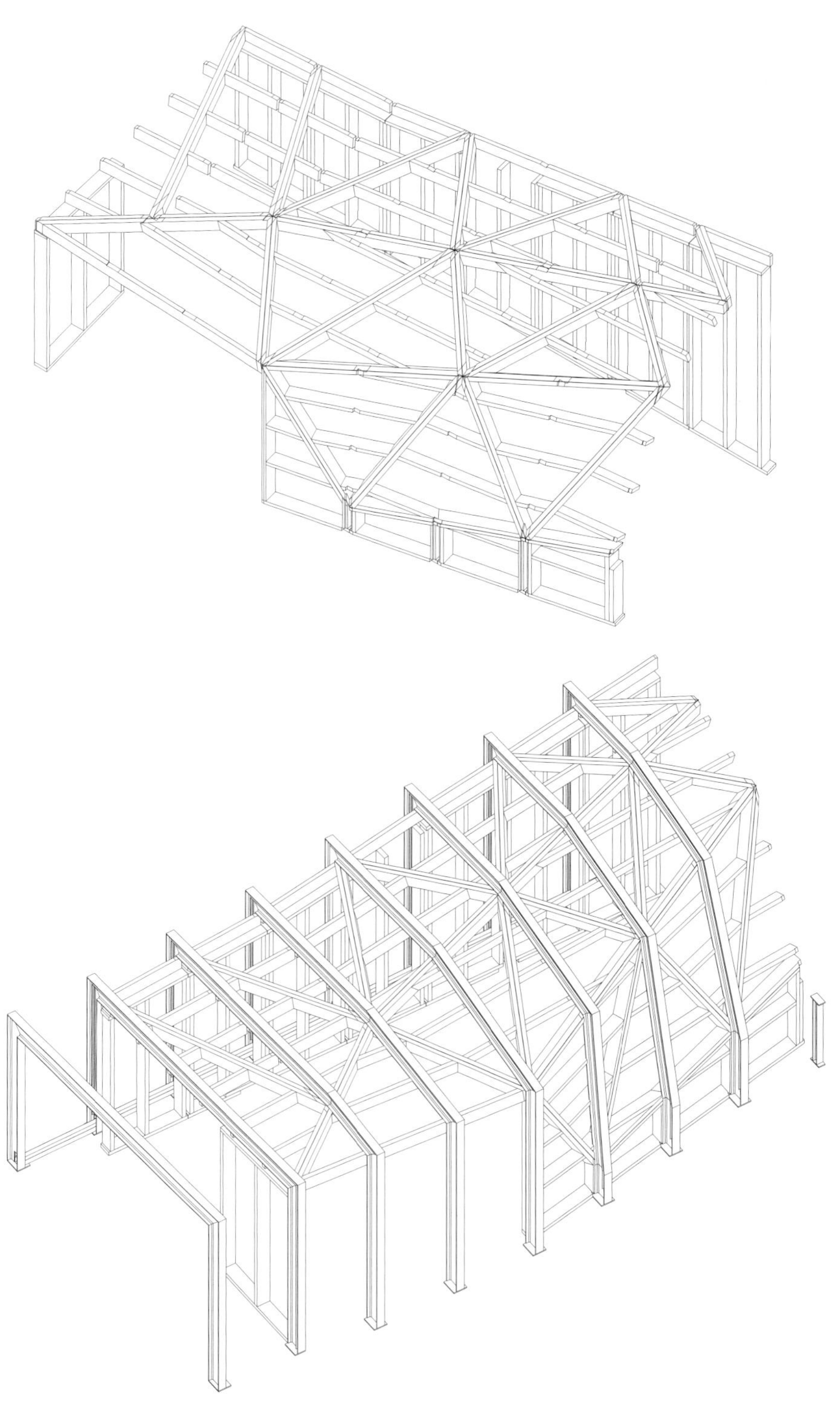

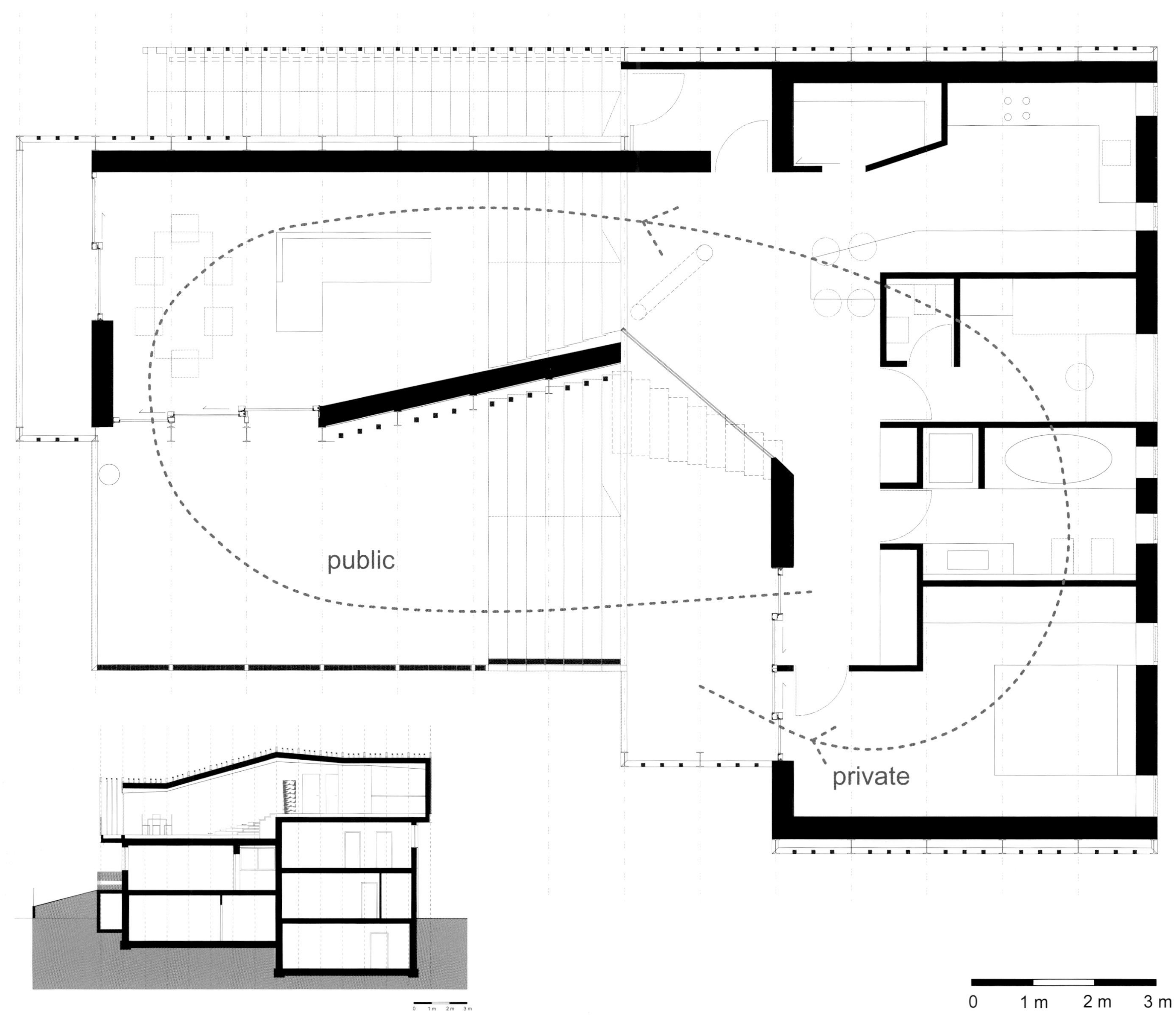

public
private
0 1 m 2 m 3 m

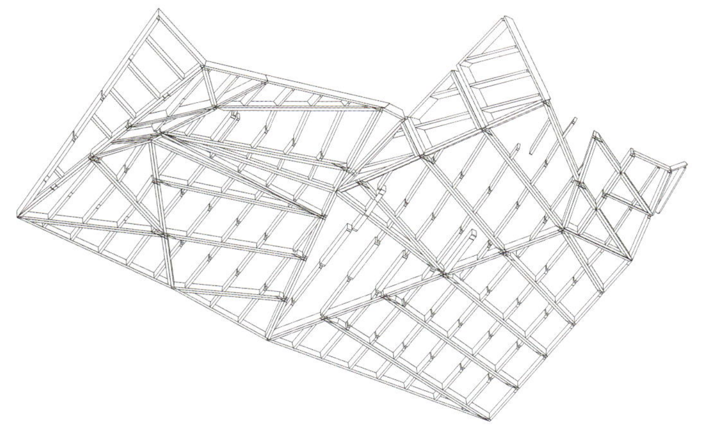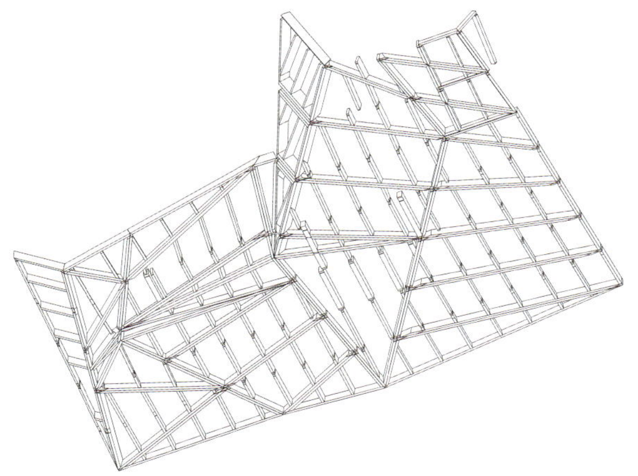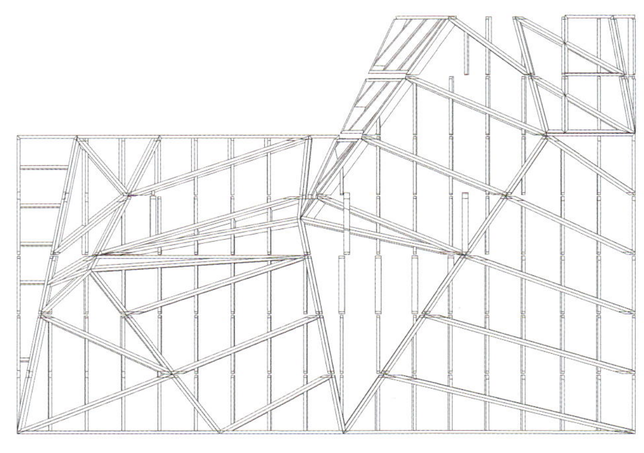

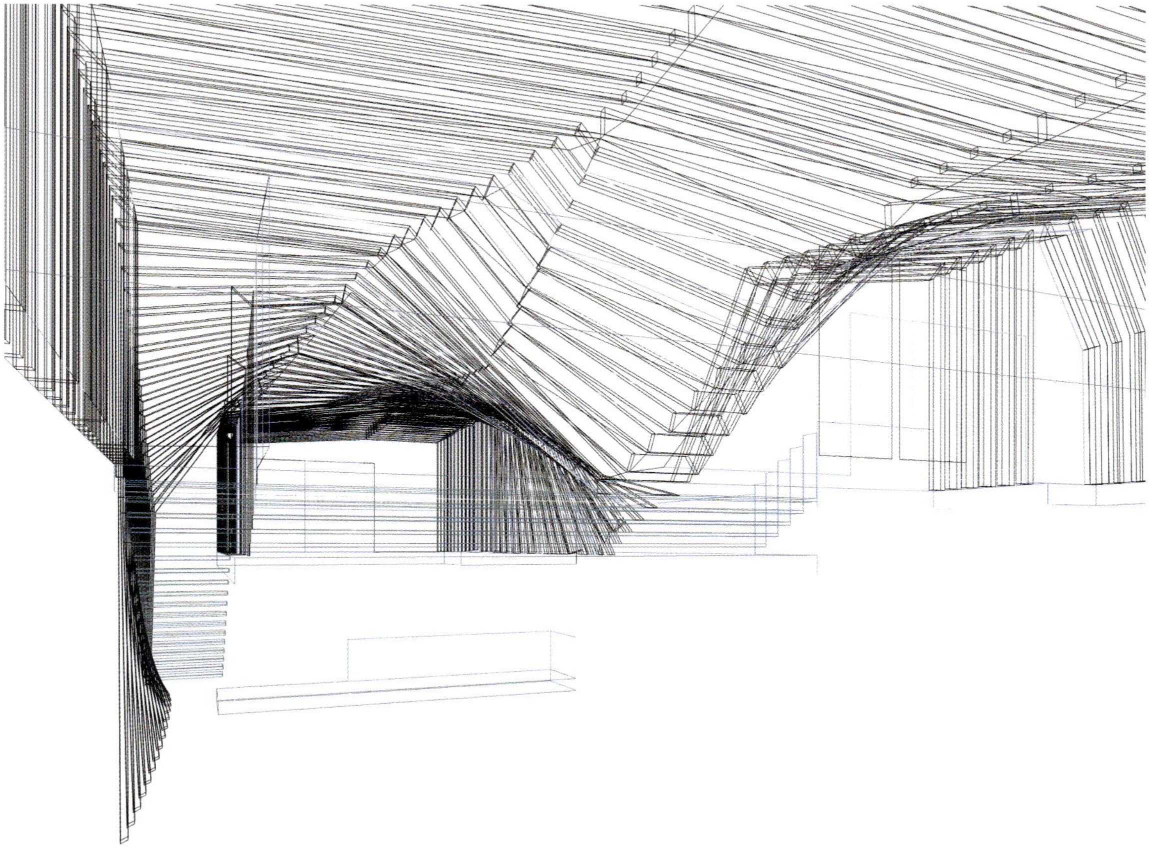

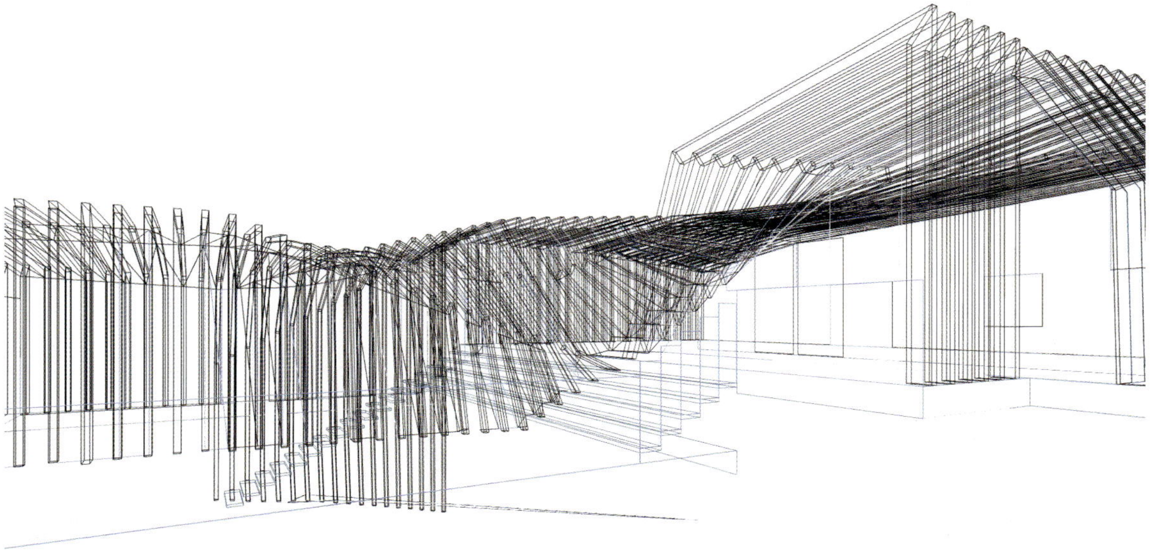

04
STRATA HOTEL
HOTEL STRATA
Sexten/Sesto - Bolzano - Italy - 2007

     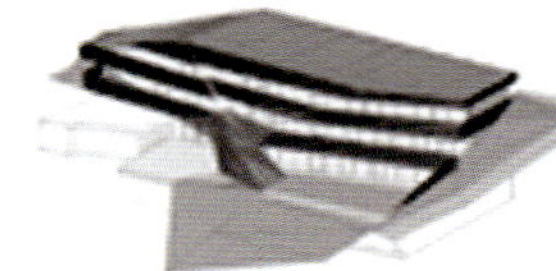

CREDITS

Client Residence Koenigswarte; **Architecture**
PLASMA studio, Lanerweg 18, Peter Pichler (Team
leader), Eva Castro, Holger Kehne and Ulla Hell;
Collaborators Angelika Mair, Anneli Giencke, Libny
Pacheco, Stefan Huth, Michael Suchanek, John Villiar,
Cornelia Kestel, Yip Chun Ping, David Preindl
and Daniela Walder; **Structural Engeneer**
Ingenieurgemeinschaft Team 4; **Services engeer**
Ekon Bruneck **Photographs** Cristobal Palma;
Size 1.510m²; **Completed** October 2007

Cliente Residence Koenigswarte; **Progettisti**
PLASMA studio, Lanerweg 18, Peter Pichler
(capogruppo progettista), Eva Castro, Holger Kehne
e Ulla Hell; **Collaboratori** Angelika Mair, Anneli
Giencke, Libny Pacheco, Stefan Huth, Michael
Suchanek, John Villiar, Cornelia Kestel, Yip Chun
Ping, David Preindl e Daniela Walder; **Ingegneria
strutturale** Ingenieurgemeinschaft Team 4; **Ingegneria
impiantistica** Ekon Bruneck; **Foto** Cristobal Palma;
Superficie 1.510m²; **Completo** Ottobre 2007

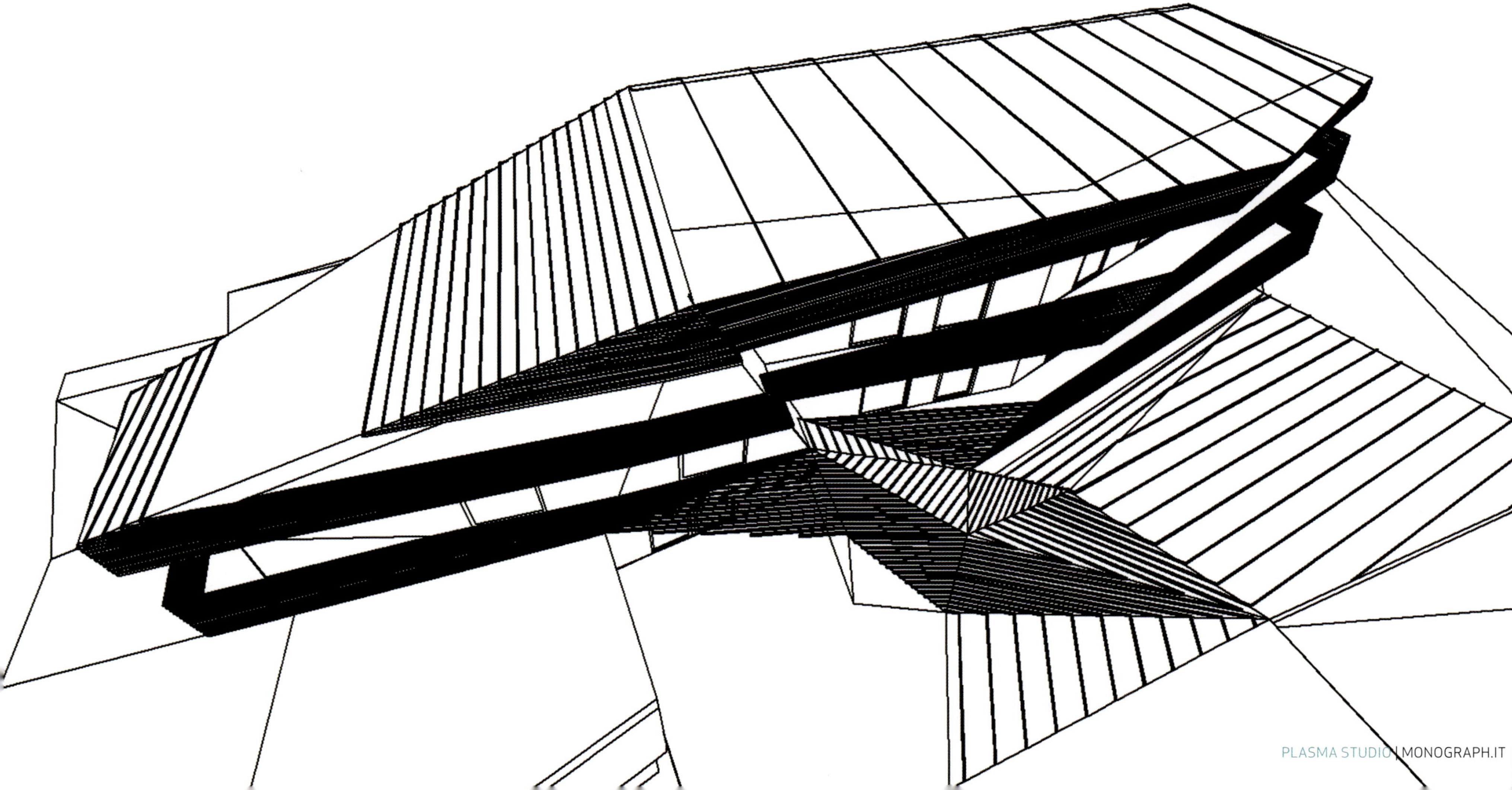

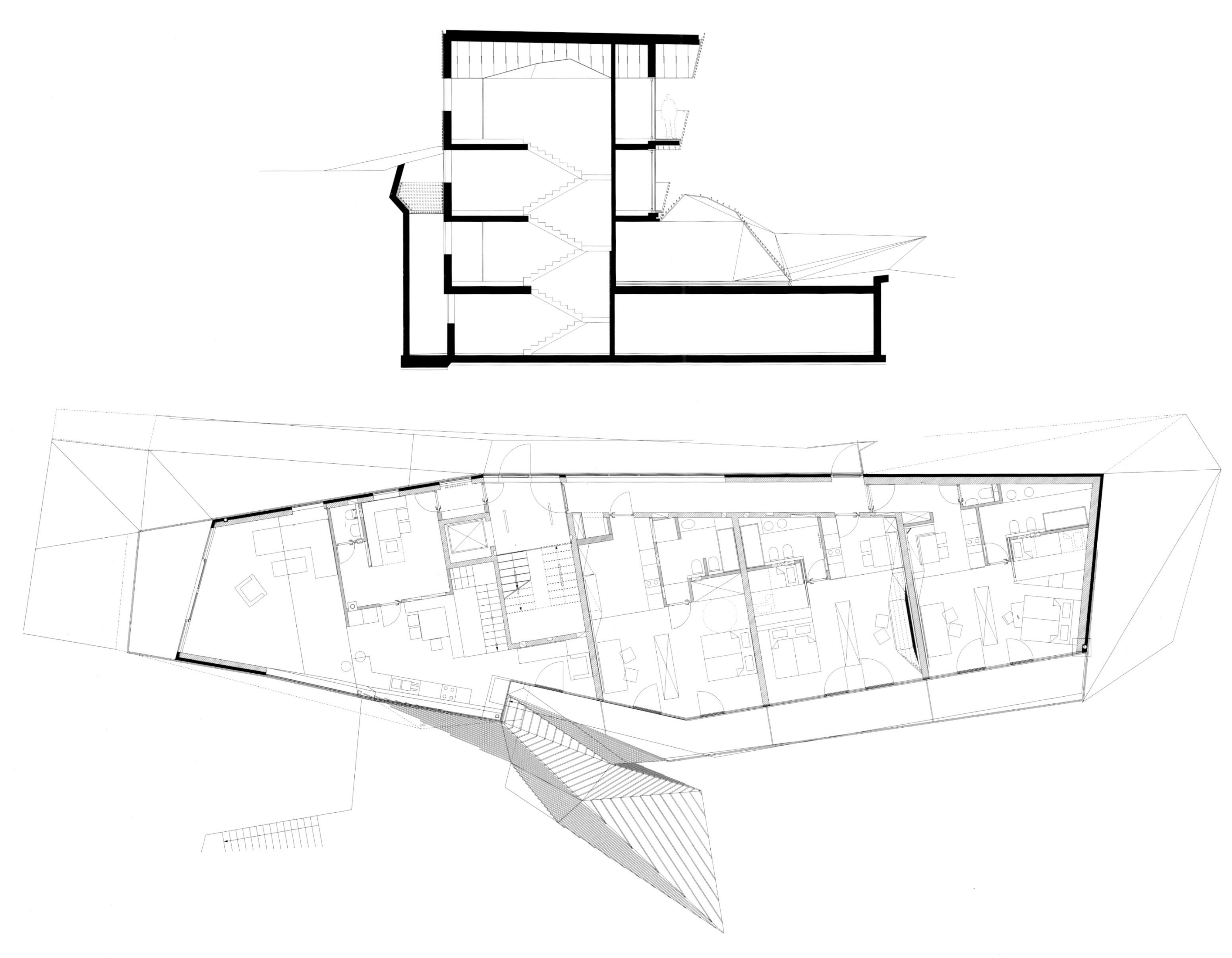

Located on a steep hillside in the Italian Dolomites this new-built hotel has been developed as the interweaving of the free-flowing topography- indexed and organized by series of timber strips- and the serial sequence of appartment units perpendicular to it.

Skin organisation as strata_ Since the overall shape was developed from the local planning guidelines, the linear distribution of units and the views and sun directions, it is a resultant of the constant negotiations among all these parameters as well as a topological answer to the picturesque typologies frequently built in the area. From applying the logic of topographical mapping, i.e. the indexing of horizontal sections as continuous lines, the volume is formed as a series of strata that- as an artificial entity- maintains a dialogue with its natural environment. The bands surround the volume at different scales, peeling off from it, flowing into the landscape and blurring the boundaries of the building. In addition these horizontal sections operate as control lines, enabling the generation of curved hyperbolic- parabolic geometry. The bands surround the volume at different scales, peeling off from it, flowing into the landscape and blurring the boundaries of the building.

The building is an extension to an already existing Apart – Hotel. The main new building volume distinguishes consciously from the existing part. Programmatically the new volume is divided into two parts: the right side of the wing is a rigid addition of the axis of the guestrooms, all directed to the view and the sun, the left one together with the mediating building is occupied by the private house of the client. The two parts are visually divided from each other through a building volume which reads as an artificial topography and is an extension of the existing natural landscape. Programmatically this volume gives privacy to each of the two different zones of the building, conceptually the natural landscape unfolds into an artificial one and connects into the façade of the building which reads a series of folded bands which run around the volume and connect in the different parts to the natural topography of the hillside. The guestrooms are all developed as family apartments. A series of wooden sticks is brought into the interior: it unfolds from a bench into a shelf and into a sofa and connects visually to the outside bands of the balconies.

Il progetto tratta l'ampliamento di una struttura ricettiva esistente, dove i due corpi – esistente e nuovo – intenzionalmente tenuti distinti. Il nuovo volume è stato concepito tenendo presente quelli che sono i materiali tipici della zona reinterpretati in modo nuovo ed alternativo.

Organizzazione in strati: In ragione del fatto che la forma generale era stata sviluppata secondo le regole di pianificazione locale, la distribuzione lineare delle unità, le vedute e l'illuminazione solare, si traduce sia come il risultato di una continua negoziazione tra questi parametri, sia come risposta topologica alle tipologie pittoresche utilizzate in quest' area. Dall'utilizzo della logica del mapping topografico, ovvero la graduazione di sezioni orizzontali come linee continue, il volume è formato da una serie di strati che come un'entità artificiale mantiene un dialogo con il suo ambiente naturale. Le fasce che sono fatte da bande di larice circondano il volume con gradazioni diverse, si staccano da esso, fluendo nell'ambiente circostante e rendendo indefiniti i limiti del edificio; queste sezioni orizzontali fungono inoltre da linee di controllo, rendendo possibile la creazione di una geometria iperbolica- parabolica. Mentre le fasce orizzontali sono sempre dritte, la relazione tra loro è geometricamente complessa e allo stesso tempo d'importanza cruciale per la morfologia globale. Per ottenere la precisione necessaria e rendere semplice l'assemblaggio degli elementi, abbiamo progettato dei pilastri d'acciaio galvanizzato: costruiti tagliando con il laser e ripiegando le lamine d'acciaio, contengono delle mensole che mantengono automaticamente le fasce di legno nelle loro esatte posizioni alle varie altezze.

La costruzione è un ampliamento di un Apart Hotel preesistente. Questo nuovo volume é stato diviso in due parti: il lato destro dell'ala è una rigida aggiunta all' asse degli appartamenti per gli ospiti (10 appartamenti familiari), tutti esposti al sole e la vista mentre la sinistra, insieme con l' edifico di connessione, è occupata dalla casa del committente. La filosofia dell'esterno viene riproposta negli spazi interni: lo stesso larice caratterizza le pareti delle stanze per mezzo di fasce orizzontali che si piegano a formare una panchina, delle mensole, per poi diventare ancora una seduta in maniera fluida e dinamica, legando indissolubilmente interno ed esterno.

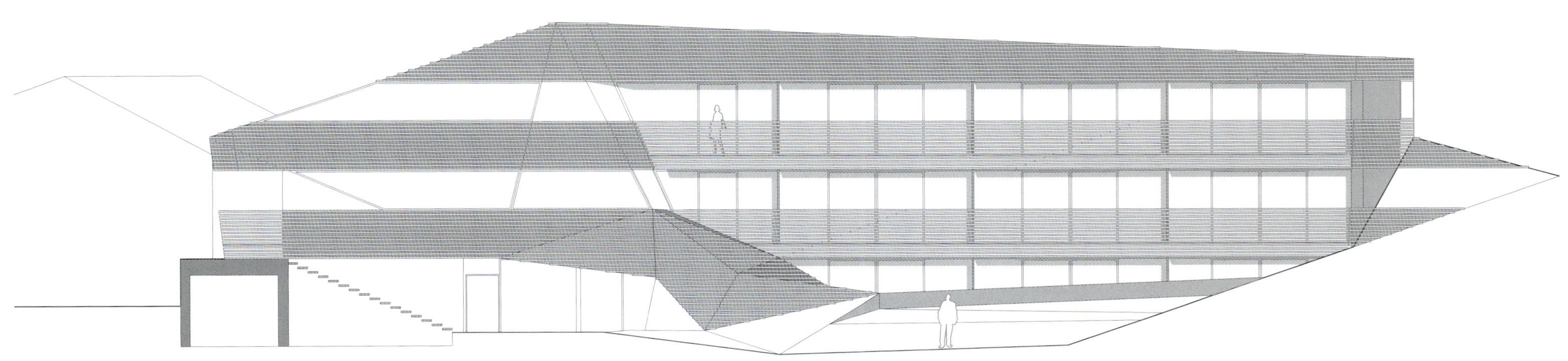

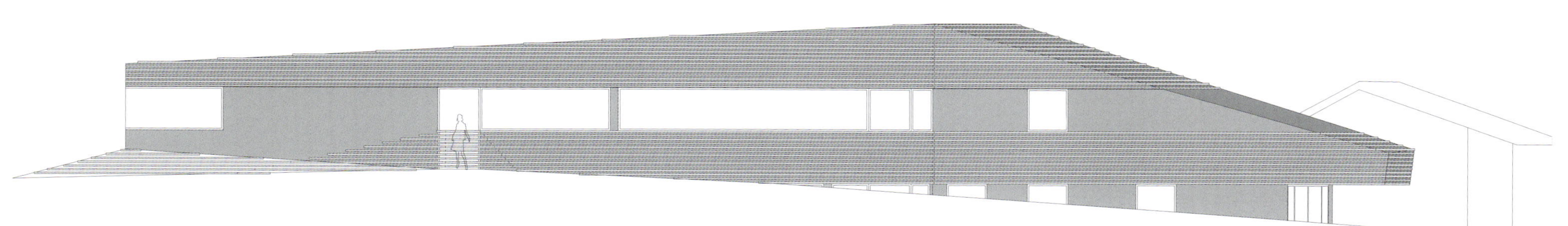

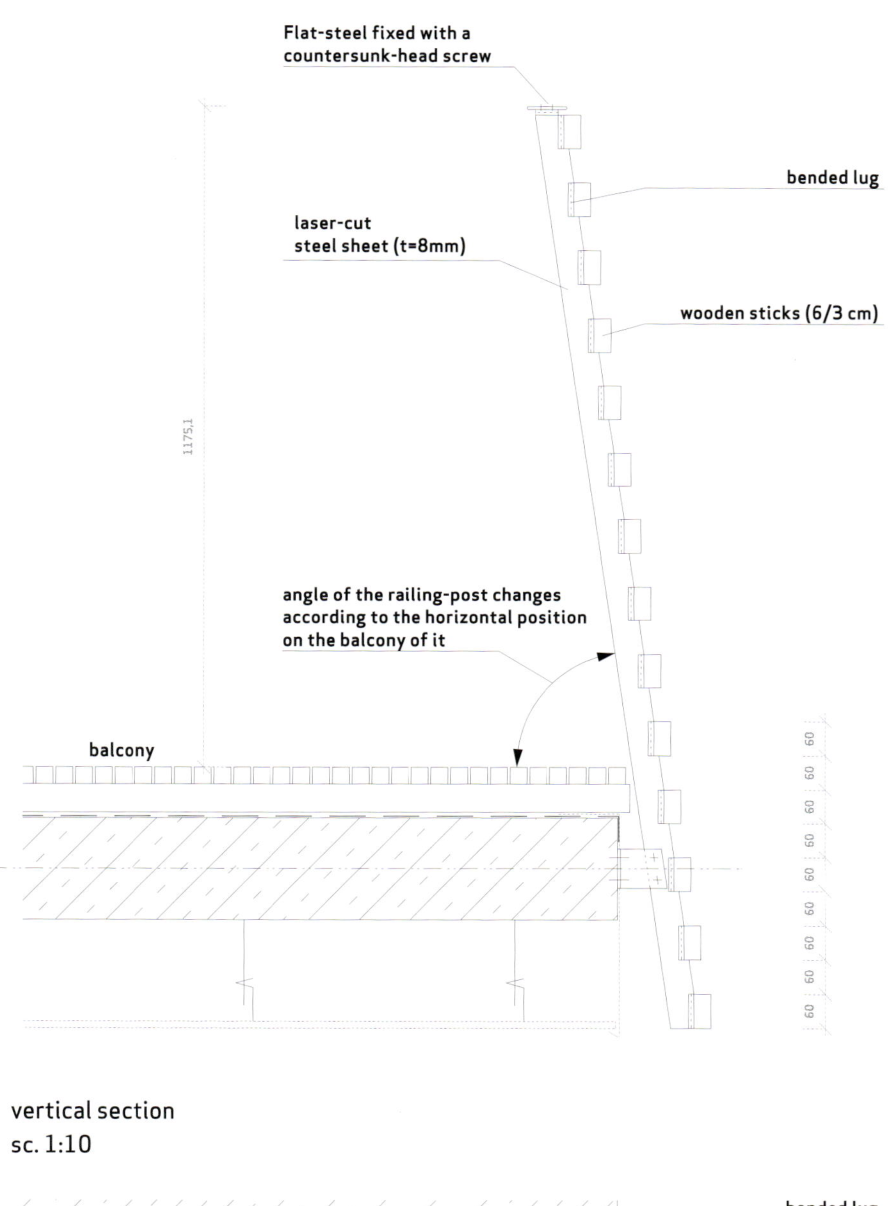

vertical section
sc. 1:10

horizontal section
sc. 1:10

05
INTERNATIONAL HORTICULTURAL EXPO
ESPOSIZIONE ORTICOLA INTERNAZIONALE
Xi'an - China - 2009/2011

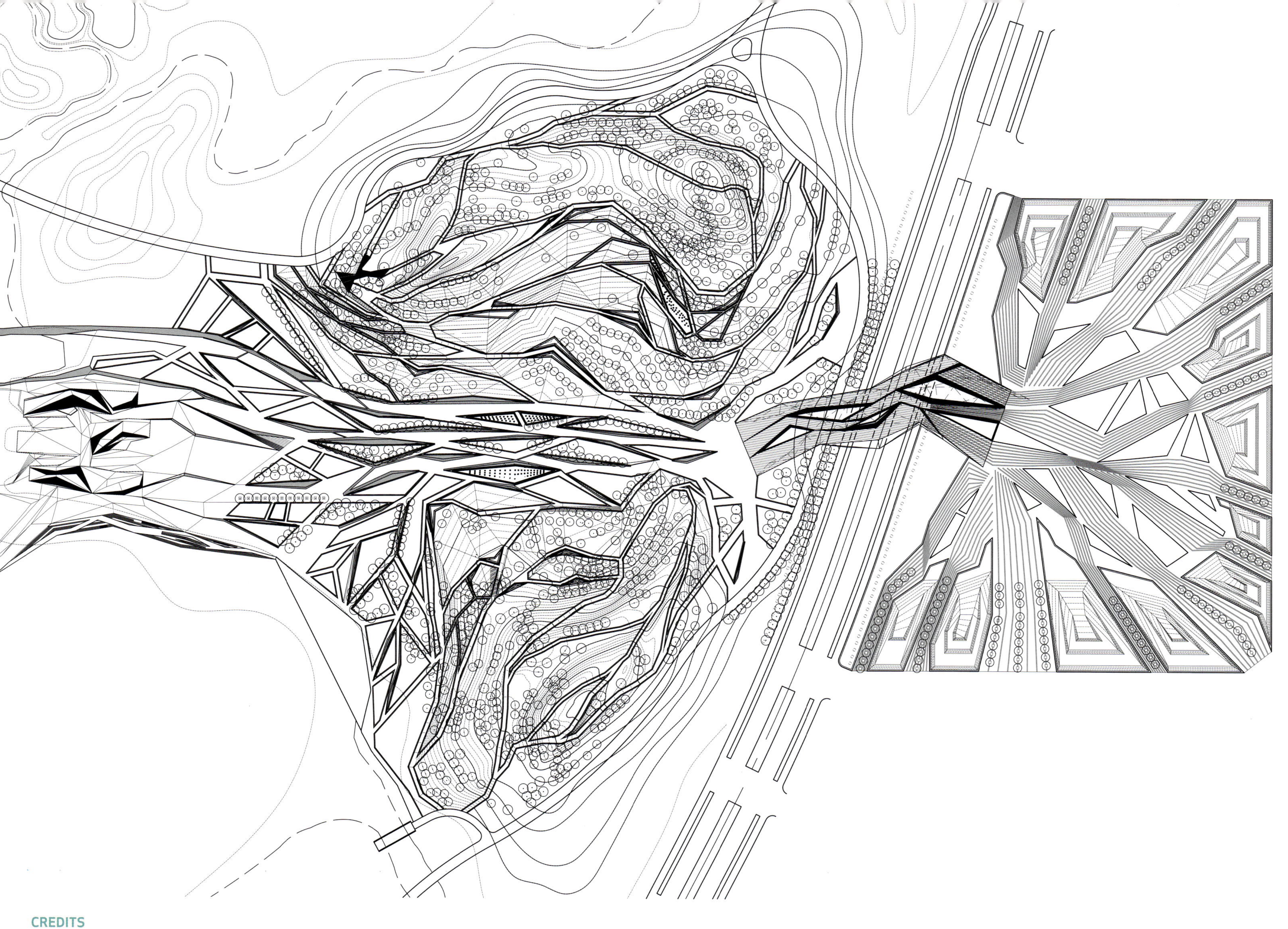

CREDITS

Client Xian City Governmen; **Architecture** Eva Castro, Alfredo Ramirez, Eduardo Rico, Holger Kehne, Xiaowei Tong; **Completed** under costruction

Cliente città di Xian; **Progettisti** Eva Castro, Alfredo Ramirez, Eduardo Rico, Holger Kehne, Xiaowei Tong; **Completato** in costruzione

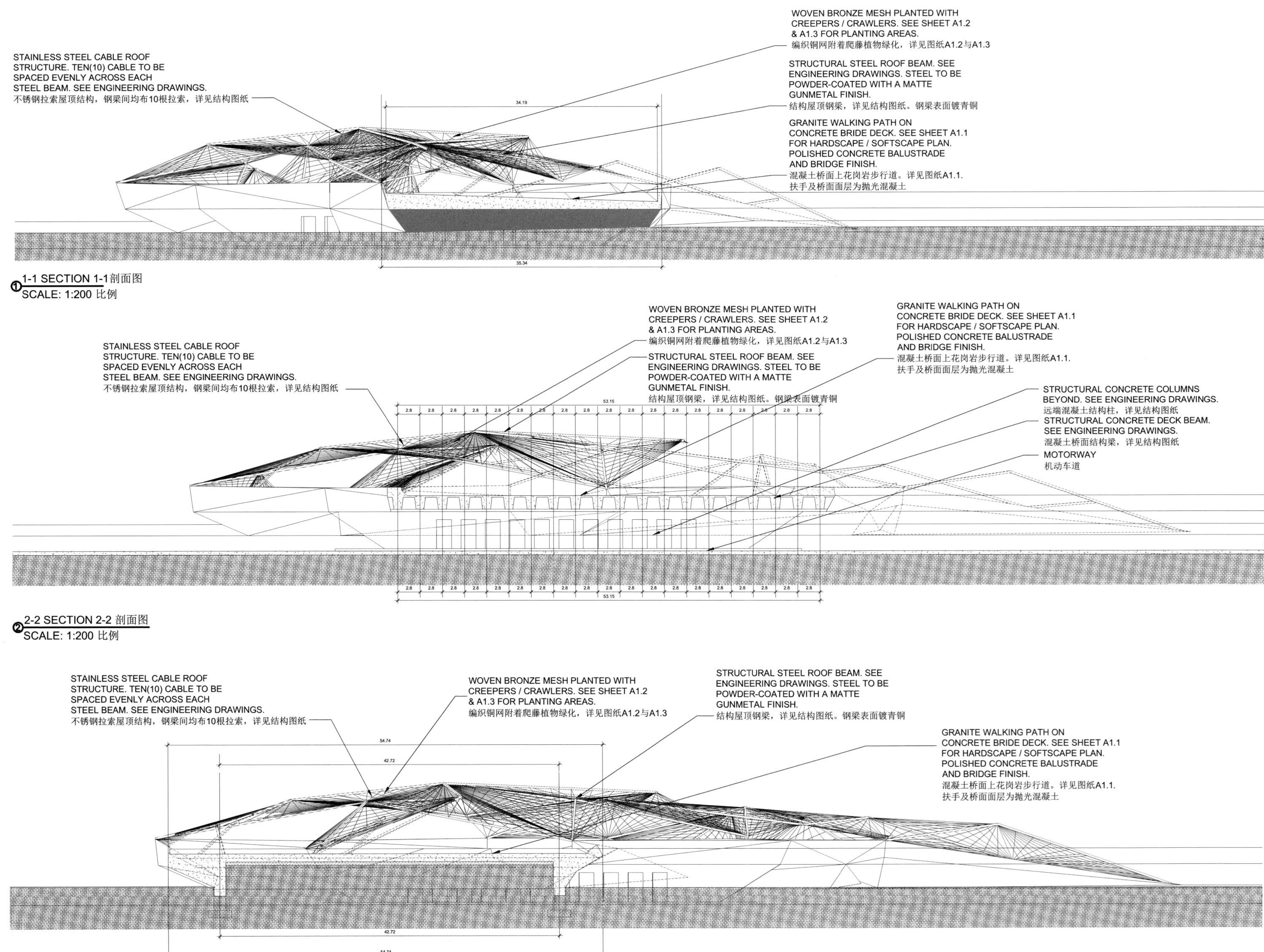

STAINLESS STEEL CABLE ROOF STRUCTURE. TEN(10) CABLE TO BE SPACED EVENLY ACROSS EACH STEEL BEAM. SEE ENGINEERING DRAWINGS.
不锈钢拉索屋顶结构，钢梁间均布10根拉索，详见结构图纸
WOVEN BRONZE MESH PLANTED WITH CREEPERS / CRAWLERS. SEE SHEET A1.2 & A1.3 FOR PLANTING AREAS.
编织铜网附着爬藤植物绿化，详见图纸A1.2与A1.3
STRUCTURAL STEEL ROOF BEAM. SEE ENGINEERING DRAWINGS. STEEL TO BE POWDER-COATED WITH A MATTE GUNMETAL FINISH.
结构屋顶钢梁，详见结构图纸。钢梁表面镀青铜
GRANITE WALKING PATH ON CONCRETE BRIDE DECK. SEE SHEET A1.1 FOR HARDSCAPE / SOFTSCAPE PLAN. POLISHED CONCRETE BALUSTRADE AND BRIDGE FINISH.
混凝土桥面上花岗岩步行道。详见图纸A1.1. 扶手及桥面面层为抛光混凝土
34.19
35.34
1-1 SECTION 1-1 剖面图
SCALE: 1:200 比例
WOVEN BRONZE MESH PLANTED WITH CREEPERS / CRAWLERS. SEE SHEET A1.2 & A1.3 FOR PLANTING AREAS.
编织铜网附着爬藤植物绿化，详见图纸A1.2与A1.3
STRUCTURAL STEEL ROOF BEAM. SEE ENGINEERING DRAWINGS. STEEL TO BE POWDER-COATED WITH A MATTE GUNMETAL FINISH.
结构屋顶钢梁，详见结构图纸。钢梁表面镀青铜
GRANITE WALKING PATH ON CONCRETE BRIDE DECK. SEE SHEET A1.1 FOR HARDSCAPE / SOFTSCAPE PLAN. POLISHED CONCRETE BALUSTRADE AND BRIDGE FINISH.
混凝土桥面上花岗岩步行道。详见图纸A1.1. 扶手及桥面面层为抛光混凝土
STAINLESS STEEL CABLE ROOF STRUCTURE. TEN(10) CABLE TO BE SPACED EVENLY ACROSS EACH STEEL BEAM. SEE ENGINEERING DRAWINGS.
不锈钢拉索屋顶结构，钢梁间均布10根拉索，详见结构图纸
STRUCTURAL CONCRETE COLUMNS BEYOND. SEE ENGINEERING DRAWINGS.
远端混凝土结构柱，详见结构图纸
STRUCTURAL CONCRETE DECK BEAM. SEE ENGINEERING DRAWINGS.
混凝土桥面结构梁，详见结构图纸
MOTORWAY
机动车道
53.15
2-2 SECTION 2-2 剖面图
SCALE: 1:200 比例
STAINLESS STEEL CABLE ROOF STRUCTURE. TEN(10) CABLE TO BE SPACED EVENLY ACROSS EACH STEEL BEAM. SEE ENGINEERING DRAWINGS.
不锈钢拉索屋顶结构，钢梁间均布10根拉索，详见结构图纸
WOVEN BRONZE MESH PLANTED WITH CREEPERS / CRAWLERS. SEE SHEET A1.2 & A1.3 FOR PLANTING AREAS.
编织铜网附着爬藤植物绿化，详见图纸A1.2与A1.3
STRUCTURAL STEEL ROOF BEAM. SEE ENGINEERING DRAWINGS. STEEL TO BE POWDER-COATED WITH A MATTE GUNMETAL FINISH.
结构屋顶钢梁，详见结构图纸。钢梁表面镀青铜
GRANITE WALKING PATH ON CONCRETE BRIDE DECK. SEE SHEET A1.1 FOR HARDSCAPE / SOFTSCAPE PLAN. POLISHED CONCRETE BALUSTRADE AND BRIDGE FINISH.
混凝土桥面上花岗岩步行道。详见图纸A1.1. 扶手及桥面面层为抛光混凝土
54.74
42.72

Named as 'Flowing Garden', the proposal comprises of a 5000 sqm Exhibition Hall, a 4000 sqm Greenhouse and a 3500 sqm gate building sitting in a 37 ha landscape that will house the International Horticultural Expo and a park for Xi'an city and its legacy. The Expo will open in 2011, receiving approximately 200,000 visitors a day. Afterwards it becomes instigator and core for the redevelopment of a large area between the airport and the ancient city center of Xi'an, which is known as the home of the Terracotta Army and business centre of the vast Chinese interior. Plasma Studio with collaborator Groundlab, won this invited international competition with a radical self-sustainable vision for the future: Flowing Gardens creates a harmonic functionality of water, planting, circulation and architecture into one seamless system.

Flowing Gardens begins from a single line an axis extends from the Gate Building to the Greenhouse, travelling through the East and West Hills and over the lake, while extending into many sinuous paths, creating a network of intermingling circulation, landscape and water.
Much like the legendary Silk Road, the entire scheme is combination of connectivity, circulation, rejuvenation, and elegance.
The given topography and its existing slopes were used to draw out the paths in a way similar to how roads ribbon around a mountain, negotiating steepness with gradients.
These paths vary in width ranging from main walkways and arteries to towpaths. The patches between these paths become the zones for various planting types and wetland areas, which retain the quality of ease.

La proposta, che prende il nome di
Flowing Gardens, comprende un edificio
espositivo di 5000 mq, una serra di
4.000 mq ed un edificio-gate di 3.500, ed
immersa in un paesaggio di 37 ettari che
ospiterà l'International Horticultural Expo
e un parco per la città di Xi'an, insieme ad un
lascito per il futuro. L'Expo sarà aperto nel
2011, e riceverà circa 200.000 visitatori
al giorno. L'International Horticultural
Expo si fa promotore fondamentale per
la riqualificazione di una vasta zona tra
l'aeroporto e il centro antico della città di
Xi'an, conosciuta sia come luogo dove dimora
l'Esercito di Terracotta sia come vasta area
commerciale. Plasma Studio, insieme con
la collaborazione di Groundlab, ha vinto il
concorso internazionale grazie alla propria
radicale visione sostenibile per il futuro:
Flowing Gardens crea un equilibrato rapporto
tra acqua, connessioni e architettura in un
sistema unico, senza soluzione di continuità.

Il progetto si struttura a partire da un asse
che si estende dall'edificio-gate alla serra,
passando attraverso le colline orientali
ed occidentali fino al lago, estendendosi in
diversi percorsi, che articolandosi in disegno
sinuoso, creano una rete di compenetrazione
tra circolazione, paesaggio e percorsi d'acqua.
Proprio come la leggendaria Via della Seta,
Flowing Gardens è una sintesi tra connettività,
circolazione, rinnovamento ed eleganza.
La topografia ed i dislivelli esistenti sono stati
utili a disegnare i percorsi, quali un sistema di
strade che si snoda attorno ad una montagna,
interagendo su vari livelli. Questi percorsi
variano in larghezza divenendo passerelle,
arterie principali ed alzaie. Le aree tra questi
sentieri diventano zone destinate a diversi tipi
di piantumazione edaree umide, conservando
una facilità di manutenzione.

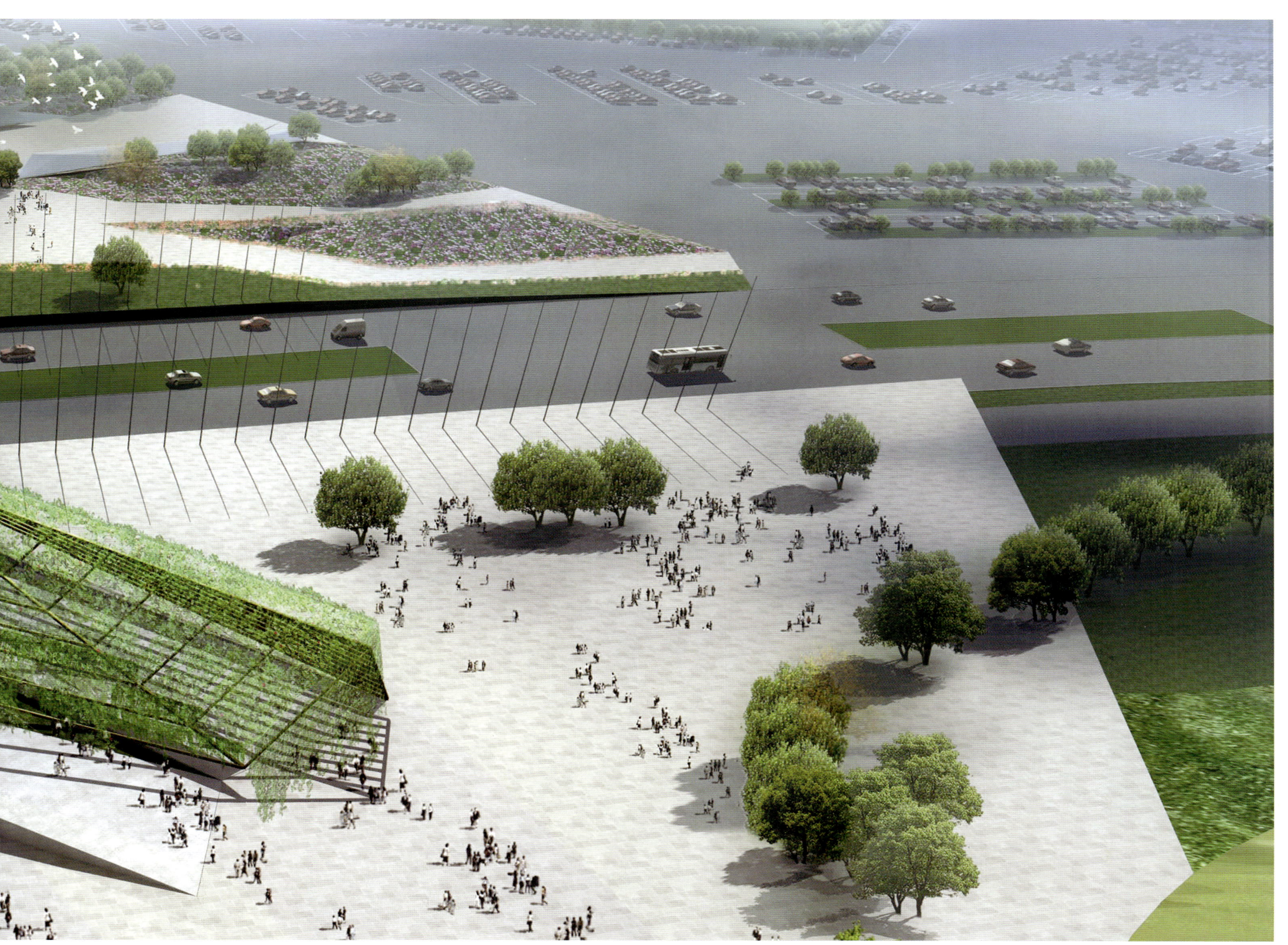

STUDIO CECCHETTO
Venezia

STUDIO CECCHETTO

with
ALBERTO CECCHETTO

by ALESSANDRO FRANCESCHINI

You have been one of the first to deal with landscape, when this was still a not very abused term. How did you get involved in this theme?

The theme of landscape now more than ever is shown in all its ambiguity. In the past this attribute was also an advantage. But today the landscape is used as a filling, causing confusion and indifference toward the great issues that are intrinsically linked to it. Therefore, everyone works with the landscape and the term is used to describe everything and the opposite of everything. When I began to deal with landscape, whilst working on a project thirty years ago, we were in an era where Architecture was spelt with a capital A. The discipline distinguished – even in a somewhat snobbish way – between major architecture and minor architecture. This "major" architecture soon became self-referential, celebrative and neo-monumentalist, which had as its main supporters the "Architecture Group" from Venice, Franco Purini in Rome and Giorgio Grassi in Milan, to mention a

D: Lei è stato uno dei primi ad occuparsi di paesaggio, quando questa era ancora una parola "poco" abusata. Come si è avvicinato a questo tema?

Il tema del paesaggio mostra oggi più che mai tutte la sua ambiguità. In passato questa caratteristica era anche il suo vantaggio. Ma oggi il paesaggio è usato come riempitivo, creando confusione ed indifferenza rispetto alale grandi questioni che ad esso sono intrinsecamente legate. Così tutti si occupano di paesaggio e questa parola è usata per descrivere tutto ed il contrario di tutto. Quando ho iniziato attraverso il progetto, ad occuparmi di paesaggio trent'anni fa, eravamo ai tempi dell'Architettura con la A maiuscola. La disciplina distingueva – con un po' di snobismo – l'architettura maggiore da quella minore. L'architettura "maggiore" era diventata ben presto quella autoreferenziale, celebrativa e neo-monumentalista che aveva nei suoi fautori principali il "Gruppo Architettura" di Venezia, Franco Purini a Roma, Giorgio Grassi a Milano – tanto per citare alcuni dei protagonisti. L'architettura

few. "Minor" architecture, on the other hand, interested only some architects, nostalgic and passionate about traditional construction techniques.

Was there also a variety of opinions?

For a young and curious student there were also other points of view that could be listened to. In the seventies Vittorio Gregotti wrote a very interesting book: "The Territory of Architecture". Even Gregotti was an architect who designed "square windows". Yet in his book he demonstrated of what great interest the territory – intended as an element of cultural writing and of documentation of antique customs and uses – could per for architecture. Then there was Giancarlo De Carlo who, working curiously with the many faces of architecture, put in difficulty the easy dogmatisms of the dominant academic design culture, giving priority to social connections, the theme of context and the dialectics between nature and artifice. This is how I became involved with the second approach, taking especially from the foreign urbanistic and architectonic culture. I understood how the results of Italian formalism, the famous "architectural errors", had reached their expressive maximum

"minore" era invece interesse solo di alcuni architetti nostalgici e di appassionati di tecniche costruttive tradizionali.

D: C'erano anche voci diverse?
Per un giovane studente curioso c'erano anche altre campane che potevano essere ascoltate. Negli anni Settanta Vittorio Gregotti aveva scritto un libro molto interessante: «Il territorio dell'architettura». Anche Gregotti era un architetto che faceva le "finestre quadrate". Ma nel libro dimostrava il grande interesse che il territorio – inteso come elemento di scrittura culturale e come deposito di usi millenario – poteva avere per il progetto di architettura. Poi c'era la figura di Giancarlo De Carlo che, lavorando con curiosità fra le pieghe dell'architettura, metteva in crisi i facili dogmatismi della cultura progettuale accademica dominante, ponendo in primo piano le connessioni sociali, il tema del contesto, la dialettica fra natura ed artificio.
Ho così iniziato ad avvicinarmi a questo secondo approccio, pescando soprattutto dalla cultura urbanistica ed architettonica straniera. Avevo capito che i risultati del formalismo italiano, le famose "stecche architettoniche" avevano raggiunto il loro apice espressivo e non lasciavano spazio

and no longer left space for research and curiosity. Looking back we can say that that type of architectonic culture was to fail: not because it didn't have any intellectual rigor, but because it annulled all the elements that have to do with architecture (the society, man, the environment), in this way ruining a whole generation of architects that were left imprisoned in a constantly more trivialized and minimalist iconography.

What was necessary in order to move on from this academic architecture?
It took getting over the idea that only by means of architecture did the background attain a meaning. And it had to be done without being tempted by the idea of the romantic landscape in which only (second rate) architecture can be inserted. It was the beginning of a journey that wasn't equipped with a strategy or a well defined theory. If anything, it was characterised by a great curiosity in reading landscapes and for the way in which architecture expressed itself with it. Therefore, architecture became the medium through which to read other elements: the context, the place, the history, the traces settled in time, maturing this way a dialect about the diversity. The attention to the landscape derives from this experience of work on rural architecture. As said by Giuseppe Pagano, whilst organising the Triennale of Milano in 1943, the language of contemporary architecture is enclosed within rural architecture. This is in its use of materials – always used ethically; in the knowledge of its technique – fixed due to the sedimentation over the centuries; in the ability to read the context – which itself guaranteed survival.

At the time architecture was already "sustainable"...
Ideally it was sustainable. Certainly not because it used solar panels or thermo-isolating materials, but because it was able to maximise the advantages of construction materials and techniques, and because it communicated with the site and with the needs of those who lived and worked

per la ricerca e la curiosità. A distanza di qualche anni possiamo dire che quel tipo di cultura architettonica è stato fallimentare: non perché non avesse un rigore intellettuale, ma perché ha fatto tabula rasa di tutti gli elementi che hanno a che fare con l'architettura (la società, l'uomo, l'ambiente), rovinando così tutta una generazione di architetti che sono rimasti imprigionati in un'iconografia sempre più banalizzata e "inscheletrita".

D: Cosa occorreva fare per superare questa architettura accademica?
Occorreva a mio avviso superare l'idea che solo attraverso l'architettura lo sfondo si dotasse di senso. E questo bisognava farlo senza cedere alla tentazione del paesaggio romantico-decadente ove è possibile inserire solo architetture di serie "B". È stato l'inizio di un percorso che non è stato caratterizzato da una strategia o da un pensiero teorico ben definito. Ma, semmai, di una grande curiosità nel leggere i territori e le maniere in cui l'architettura si era, in essi, espressa. L'architettura diventava così il medium con cui leggere le altre cose: il contesto, il luogo, la storia, le tracce sedimentate nel tempo. Maturando così una dialettica sulle e delle diversità. L'attenzione per il paesaggio deriva da questa esperienza di lavoro sull'architettura rurale. Come diceva Giuseppe Pagano, organizzando la Triennale di Milano del 1943, in essa è racchiuso il linguaggio dell'architettura contemporanea. Nell'uso dei suoi materiali – sempre usati in maniera "etica"; nella sapienza delle sue tecniche – assodate perché sedimentate nei secoli; nella capacità di lettura dei caratteri del contesto – che da sola garantiva la sopravvivenza.

D: Già allora l'architettura era "sostenibile"...
Si trattava di una architettura idealmente sostenibile. Non certo perché fosse dotata di pannelli solari o materiali termo-isolanti. Ma perché riusciva a massimizzare le caratteristiche dei materiali da costruzione e delle tecniche costruttive. Perché dialogava con il sito e con le esigenze di chi in esso viveva e lavorava, risparmiando fatica al

there, reducing wasted work energy for the farmers. Yet there was an aspect that for an architect was even more interesting: the rural landscape is gifted with beauty. A "moral" beauty, as John Ruskin would say, light years away from the contemporary multi-storey buildings. This was the stimulus on which I based my behaviour when I face a project, and which I have adopted ever since: curiosity to understand the rules of traditional construction and to capture stimuli for creativity in a project. Obviously I taught this to myself. At the time only geographers (like Eugenio Turri and Emilio Sereni) and some writers or philosophers (like Rosario Assunto) dealt with landscape. Something also happened in our discipline, broadly speaking. Other that the book by Gregotti, which has already been cited, I remember an interesting study by Aldo Rossi on a rural quarter of stone by the Ticino, which, however, was much too simplified. Yet the specificity of rural architecture is not, as Rossi believed, its characterization, its mononuclear typology, but the great variety that follows the application of determined rules in diverse sites and contexts.

So the idea of "context" is this valid for a contemporary architect...
The idea of context is a great strength in architecture. It has an intrinsic strength because it is not just nature that surrounds a site, but the collection of agents and processes that can be characterized by an extraordinary formal quality. The creativity of an architect must come from a careful reading of the context, avoiding trivializations and letting itself go to the fascination of variety. In this sense landscape becomes interesting.

You are the owner of an important laboratory-studio of architecture. What are your projects for the future?
The main aim it to continue being a place where we enjoy ourselves. We work hard but we have fun. Being an architect these days means having to continuously compare oneself with the outside world. And above all it means having the courage to give

contadino. Ma c'era un aspetto che per un architetto era ancora più interessante: il paesaggio rurale è dotato di bellezza. Una bellezza "morale", direbbe John Ruskin, lontana anni luce dai palazzoni e dai condomini dell'edilizia contemporanea. Questo è stato lo stimolo su cui ho fondato un atteggiamento progettuale che conservo ancora oggi: la curiosità nel capire le regole della costruzione tradizionale per catturare stimoli per la creatività e per il progetto. Ero ovviamente un autodidatta. Allora si occupavano di paesaggio solo i geografi (come Eugenio Turri o Emilio Sereni), qualche letterato o filosofo (come Rosario Assunto). Qualcosa accadeva anche nella nostra disciplina, anche se in senso lato. Oltre al già citato libro di Gregotti, ricordo anche un interessante studio di Aldo Rossi su un quartiere rurale di pietra nel Ticino che però peccava di semplificazione. Perché la specificità dell'architettura rurale non è, come sosteneva Rossi, la sua tipizzazione, la sua tipologia mononucleare. Ma la grande varietà che consegue dall'applicazione di regole fisse a contesti e siti diversi.

D: Il tema del "contesto" è quindi ancora valido per un architetto contemporaneo...
Il tema del contesto è una grande forza per l'architettura. Ha una sua forza intrinseca perché non è solo la natura che circonda un sito. Ma l'insieme degli agenti e dei processi che possono avere anche una carattere formale straordinario. La creatività dell'architetto deve derivare da una attenta lettura dei luoghi. Deve evitare le banalizzazioni e lasciarsi sedurre dal fascino delle differenze. In questo senso il paesaggio è interessante.

D: Lei è titolare di un importante laboratorio-studio di architettura. Quali sono i vostri progetti per il futuro?
L'idea principale è continuare ad essere un luogo in cui ci si diverte. Con fatica ma ci si diverte. Far l'architetto oggi significa costantemente confrontarsi con il mondo esterno. E significa soprattutto avere il coraggio di dare soluzioni. Fare sintesi. Questo in un paese come l'Italia – sempre più

solutions. This, in a country like Italy – ever more a place of debates – becomes more and more difficult. It takes having ever more courage to make mistakes.

  **What projects are you currently working on?**

After many years we went back to working in Venice. We are working on three important projects: the first is located in the Arsenal. We are dealing with an unresolved theme which balances between restoration and reuse of this great space that occupies 10% of the surface area of the historical centre of Venice. There we are working on creating the head offices for the Consorzio Venezia Nuova (which is building the Mose) and for others like the Cnr. In general it will provide spaces for the new advanced tertiary activity. Also in Venice, we are working of the result of a competition that we won for the Hospital by the sea; a master plan and some buildings. It deals with the typical idea of the "lido" of Venice, which we are attempting to interpret in a new way – without succumbing to liberty – in order to attract young people who come also from central Europe. Lastly, a tertiary zone in Marghera: and ex-industrial area which we are transforming into a place for recreation in this part of Mestre. With these three projects, we are touching upon all the areas of the history of Venice: from the historical centre, to the Lido, to the industrial areas. Also in this case the context, whether rich or poor, offers extraordinary creative suggestions for the projects.

e per antonomasia il luogo di "dibattiti" – è sempre più difficile e faticoso. Occorre fare e avere anche il coraggio di sbagliare.

D: Quali progetti avete in corso?
Dopo molti anni siamo tornati a lavorare a Venezia. Abbiamo in corso tre lavori importanti: il primo è collocato all'Arsenale. Si trattava di un grande tema irrisolto in equilibrio tra il restauro ed il riuso di quei grandi spazi che rappresentano il 10% di tutta la superficie del centro storico veneziano. Lì stiamo lavorando per creare sedi e spazi per il Consorzio Venezia Nuova (che sta costruendo il Mose) e per altri enti come il Cnr. Più in generale si tratta di spazi per il nuovo terziario avanzato. Sempre a Venezia stiamo lavorando all'esito di un concorso che abbiamo vinto per l'Ospedale al mare. Un Master plan e alcuni edifici. Si tratta del classico tema del "lido" di Venezia che stiamo cercando di interpretare in maniera nuova – senza cadere nel liberty – per attrarre persone giovani e provenienti anche dalla mitteleuropa. Infine un insediamento terziario a Marghera: un'area ex-industriale che stiamo trasformando in un luogo ricreativo per questa parte di Mestre. In questi tre progetti stiamo toccando tutta a storia di Venezia: dal centro storico, al Lido, alle aree industriali. Anche in questo caso il contesto per ricco o povero che sia, offre straordinarie suggestioni di creatività progettuale.

STUDIO CECCHETTO

Team
Alberto Cecchetto, Enrico Friselle, Fabiola Bazzo, Sara Scialpi, Alberto Fucigna, Laura Di Milla, Alfonso Piazza, Mattia Ferrari, Antonio Contento, Matteo De Vecchi and Claudia Solari.

Temporary project assistants
Gualtiero Azimonti, Stefano Antonello, Valentina Lancerin, Michele Roccabruna, Nicolò Reither, Daniele Pietrobon, Andrea Zanon, Vincenzo Cribari, Greta Brugnoli, Andrea Grossi and Filippo Gambarotto

Regular partners
Arup, Favero & Milan Ingegneria, SWS Engineering, Ata Group, Thetis

01
RED TO THE LEFT GREEN TO THE RIGHT, MOSE PROJEC
ROSSO A SINISTRA VERDE A DESTRA, PROGETTO MOSE
Bocca di Malamocco - Venezia - Italy - 2004/2015

CREDITS

Client Consorzio Venezia Nuova; Architecture Alberto
Cecchetto; Collaborators Enrico Friselle, Valentina
Lancerin, Michele Roccabruna, Nicolò Reither
and Andrea Zanon

Committente Consorzio Venezia Nuova; Progetto
Alberto Cecchetto; Collaboratori Enrico Friselle,
Valentina Lancerin, Michele Roccabruna, Nicolò Reither
e Andrea Zanon

The lagoon that sorrounds Venice changes its volume of water every six hours. The tide represents an indispensable metronome that marks the rhythm of life in Venice. Often, under particular climatic conditions, the tide can be dangerous, provoking an excessively high water level within the basin of the lagoon.
Before the year 2014 moveable walls will be constructed at the mouth of the port to regulate the flow of incoming water. The project for the mouth of the Malamocco includes dams, infrastructural works, pedestrian paths, rest areas, artificial dunes in sand and concrete, sloping wooden planes and platforms and parks and natural reserves, in addition to a series of service buildings. The main- operations buildings assumes the language of the nautical environment: red and green, used to guide ships as they enter the port. Red to the left and green to the right.

La laguna che circonda Venezia, ogni sei ore scambia il proprio volume d'acqua con il mare. La marea è un metronomo indispensabile che scandisce la vita a Venezia. A volte, in particolari condizioni climatiche, la marea può essere pericolosa provocando un innalzamento eccessivo dell'acqua all'interno del bacino lagunare. Entro il 2014 verranno realizzate, alle bocche di porto, paratie mobili per regolare il flusso dell'acqua dal mare. Il progetto per la Bocca di Malamocco prevede un nuovo paesaggio naturale e tecnologico con dighe, infrastrutture, percorsi pedonali, aree di sosta, dune artificiali in sabbia e cemento, piani inclinati e piattaforme in legno, aree a parco e aree naturalistiche, oltre ad alcuni edifici di servizio. Gli edifici di controllo assumono il linguaggio della nautica, utilizzato per guidare le navi nell'entrare in porto: rosso a sinistra e verde a destra.

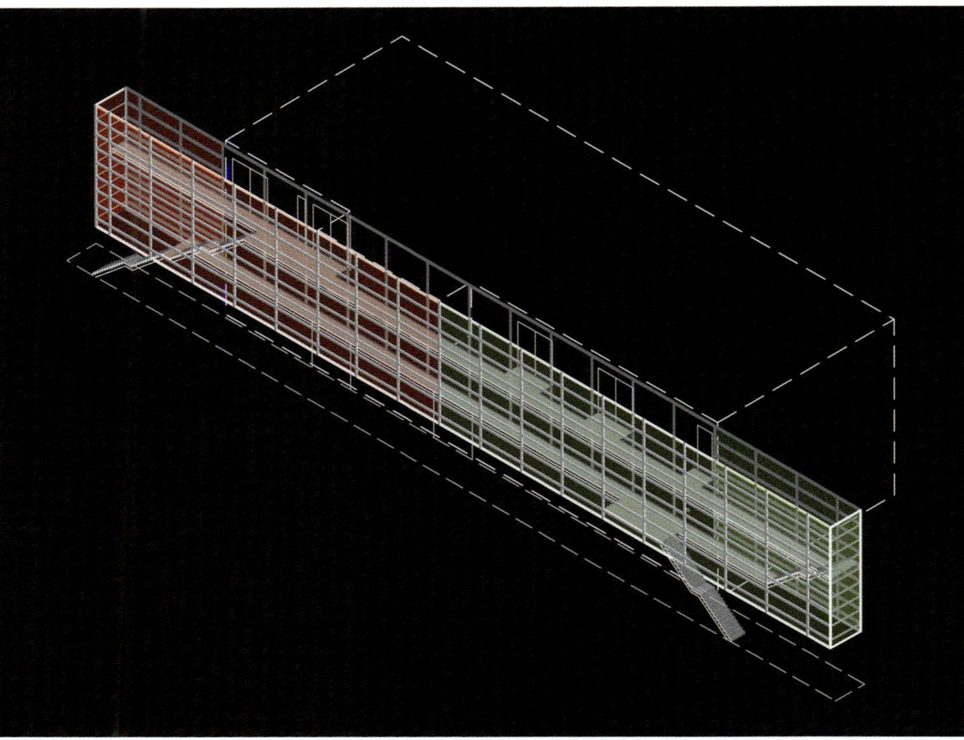

The harbour entrance in Malamocco, situated between the two beaches of Pellestrina and Venice, constitutes the primary point of access to the industrial and commercial port of Marghera. Compared with the other harbour entrances in Chioggia and Lido, the Malamocco entrance is smaller in size, with a more articulated form defined by breakwaters, and a greater diversity between the northern and southern shores. The landscape of the harbour entrance is also highly particular and characterised by sandy beaches running alongside a highly natural dune-covered coastline to the north, and a scarcely urbanised lagoon environment to the south.

This project results from the intention to construct a system of buildings and exterior works capable of reinterpreting the themes and characteristics of the harbour entrance landscape, a space **between** the sea and the lagoon, a space of sand and water; it is an **intermediate space** that permits the coexistence of the two natural entities fundamental to Venice's existence: the sea and the lagoon. It is also a highly **dynamic** and **unstable** area. It is a landscape in which form is generated by movement. Where the rhythmic and shifting flows of the currents model the sandy shores and the isobars along the sea bottom. Where the morphology of the terrain and vegetation changes in only a few meters, in relation to exposure to the sun and winds that, at sea, impede growth and, only a few meters further along the edge of the lagoon create, instead, a luxuriant natural setting.

La bocca di porto di Malamocco, situata tra i due lidi di Pellestrina e di Venezia, costituisce la principale via d'accesso al porto industriale e commerciale di Marghera. A confronto con le altre bocche di porto di Chioggia e Lido, la bocca di Malamocco presenta una dimensione più contenuta, una conformazione più articolata dei moli foranei, una maggiore diversità tra la sponda nord e sud. Il paesaggio della bocca è anch'esso particolare, caratterizzato da lidi sabbiosi che confinano a nord con un litorale dunoso a forte valenza naturalistica e a sud con un ambiente lagunare poco urbanizzato.

Il progetto nasce con l'intenzione di costruire un sistema di manufatti e opere esterne capaci di reinterpretare i temi ed i caratteri del paesaggio della bocca, luogo **infra** di mare e di laguna, spazio di sabbia e d'acqua la cui forza è instabile e dinamica, **luogo intermedio** che permette la convivenza delle due entità naturali fondamentali per la vita di Venezia: il mare e la laguna. Ma è anche un luogo fortemente **dinamico** ed **instabile**. Un paesaggio dove la forma è generata dal movimento. Dove i flussi ritmici e mutevoli delle correnti modellano le sponde sabbiose e le isobare dei fondali. Dove con la morfologia del suolo anche la vegetazione muta in poche decine di metri, in relazione all'esposizione al sole ed ai venti che, a mare, ne impediscono la crescita e, a poche decine di metri lungo il bordo lagunare, creano invece una natura rigogliosa.

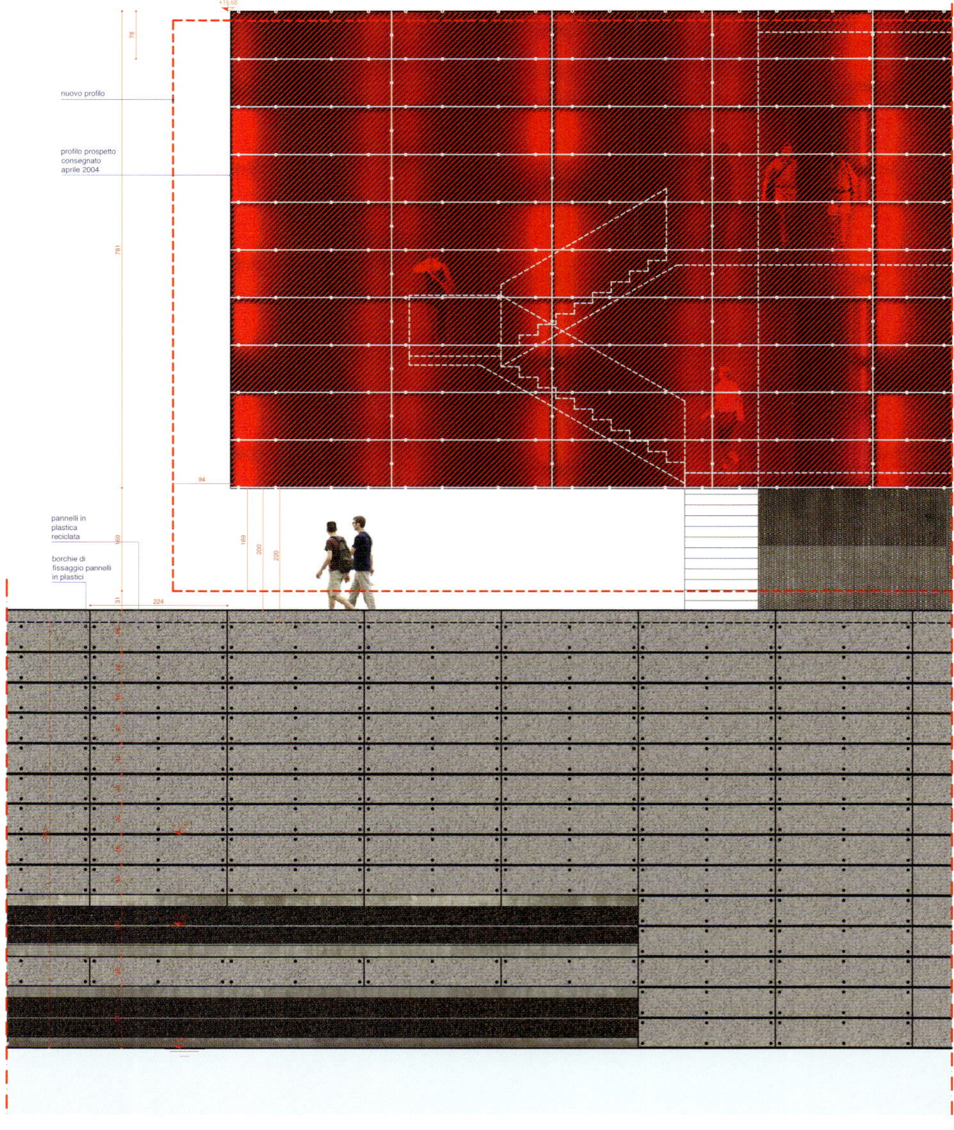

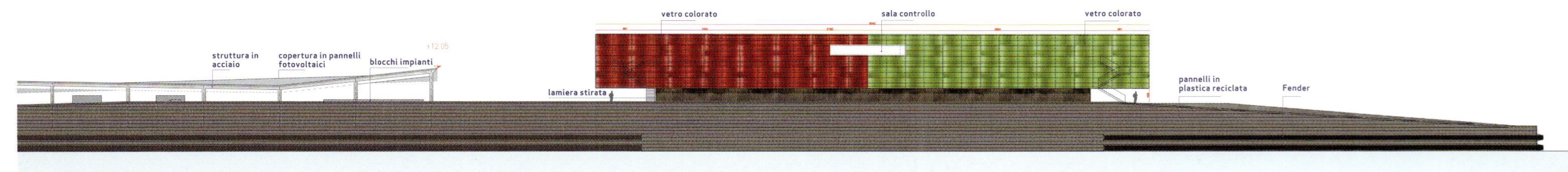

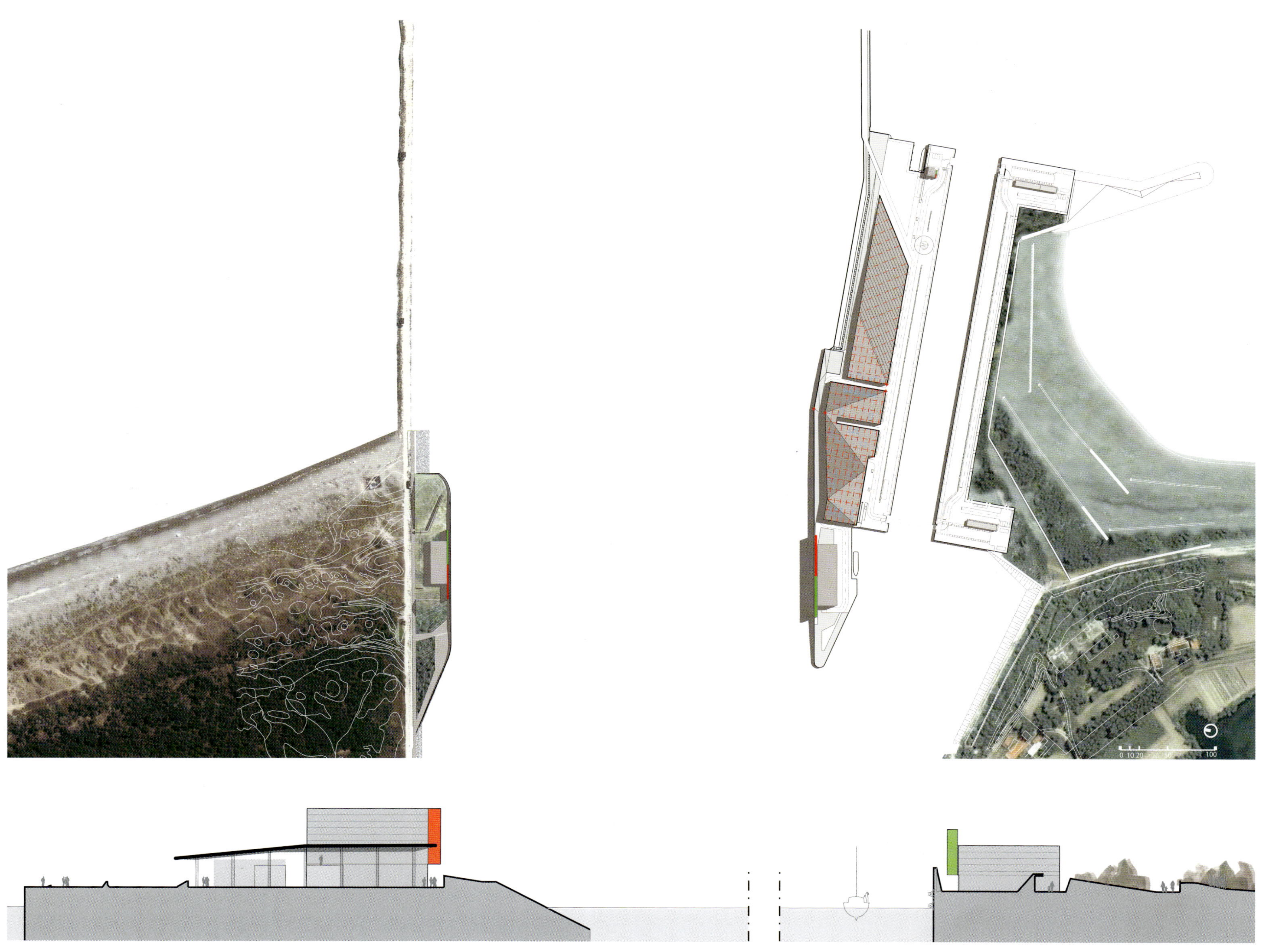

It is a space of **passage** and **transit**. Where marine currents enter and exit in continuation, filing and emptying, flooding and cleaning the cul de sac of the lagoon, once every six hours, and of large ships and vessels that use the deep canal carved out by the currents.

The port entrance is therefore a strategic area for the lagoon environment and for the city of Venice itself. It is thus no accident that since the 5th century its shores have been lined with civil and military structures and coastal defence works of primary importance. Works that define the various phases of "control" over the environmental and military systems that guaranteed the civil and political survival of the Republic of Venice: the S. Piero and degli Alberoni fortresses and the Murazzi offshore maritime defence structures. It is a **dilated** space, which is also **minute** and **domestic**, where we find unmediated representations of the **small** and the **large scale**. The intermediate patterns are erased and no longer recognisable. The long shores, the breakwaters, conclude with the "structures" of the lighthouses, which appear minute, immersed as they are in infinite spaces. It is a space in which horizontal lines and surfaces prevail, their extension rendering almost any architectural work "small" and accessory, though highly visible. The surface of the water that characterises the harbour entrance does not permit screens, hiding places and secondary visions. Everything is on the front line. The design of exterior works, the architectural design of the harbour entrance must, therefore, be fully aware of these conditions. It must be conscious that the whole and the detail will be viewed with equal intensity. There is also a **virtual** and **dual** landscape. A space where the banks, the shores, vegetation, and structures duplicate and present multiple images, according to the angle of refraction on the water's surface, of shadow and light, of the angle of the sun's rays, of the force and intensity of reverberations. A virtual landscape capable of demonstrating its immaterial side, forcing us to imagine surfaces and cladding materials and, based on their capacity to absorb or reflect light, to reveal its dual nature.

A duality, a dialectic between opposites that can be found almost everywhere in the language of the harbour entrance, and which reflects in the codes and regulations of navigation: green to the right, and red to the left.

E' un luogo di **passaggio** e di **transito**. Da dove entrano ed escono in continuazione le correnti marine, che riempiono e svuotano, inondano e ripuliscono ogni sei ore la sacca lagunare, ma anche natanti e navi di grandi dimensioni, che utilizzano il profondo canale scavato dalle correnti.

E' un luogo **dilatato**, ma anche **minuto** e **domestico**, dove si incontrano senza mediazioni la **piccola** e la **grande scala**. I tratti intermedi sono cancellati e non più riconoscibili. Le lunghe sponde, le dighe foranee, si concludono con i "manufatti" dei fari, che appaiono minuti, immersi come sono in spazi infiniti. E' un luogo dove prevalgono le linee e le superfici orizzontali, che per la loro estensione rendono qualsiasi opera a scala architettonica "piccola" e di fatto accessoria, eppure estremamente visibile. La superficie d'acqua che caratterizza la bocca non permette infatti schermi, nascondigli e visioni secondarie. Tutto è in prima fila. Il progetto delle opere esterne, il progetto d'architettura della bocca deve, quindi, avere piena coscienza di ciò. Sapendo che il tutto ed il particolare si vedranno con la stessa intensità.
Ma è anche un paesaggio **virtuale** e **duale**. Un luogo dove le rive, le sponde, la vegetazione, i manufatti si duplicano e mostrano immagini plurime, a seconda dell'angolo di rifrazione sull'acqua, dell'ombra e della luce, dell'inclinazione del sole, della forza ed intensità del riverbero. Paesaggio virtuale capace di mostrare un suo lato immateriale che ci costringe ad immaginare superfici e materiali di rivestimento, in ragione alla loro capacità di assorbire o rifrangere la luce, di mostrare il proprio volto duale.

Una dualità, una dialettica tra opposti che si ritrova un po' ovunque nel linguaggio della bocca e che si riflette nei codici e nelle regole della navigazione: verde a destra e rosso a sinistra.

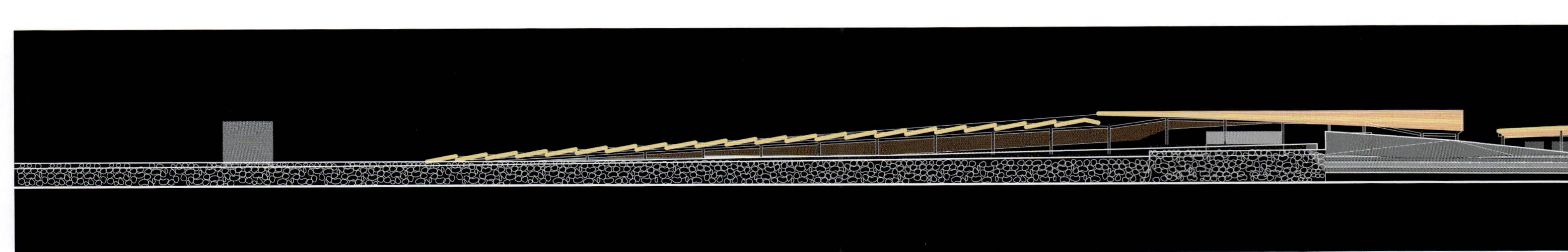

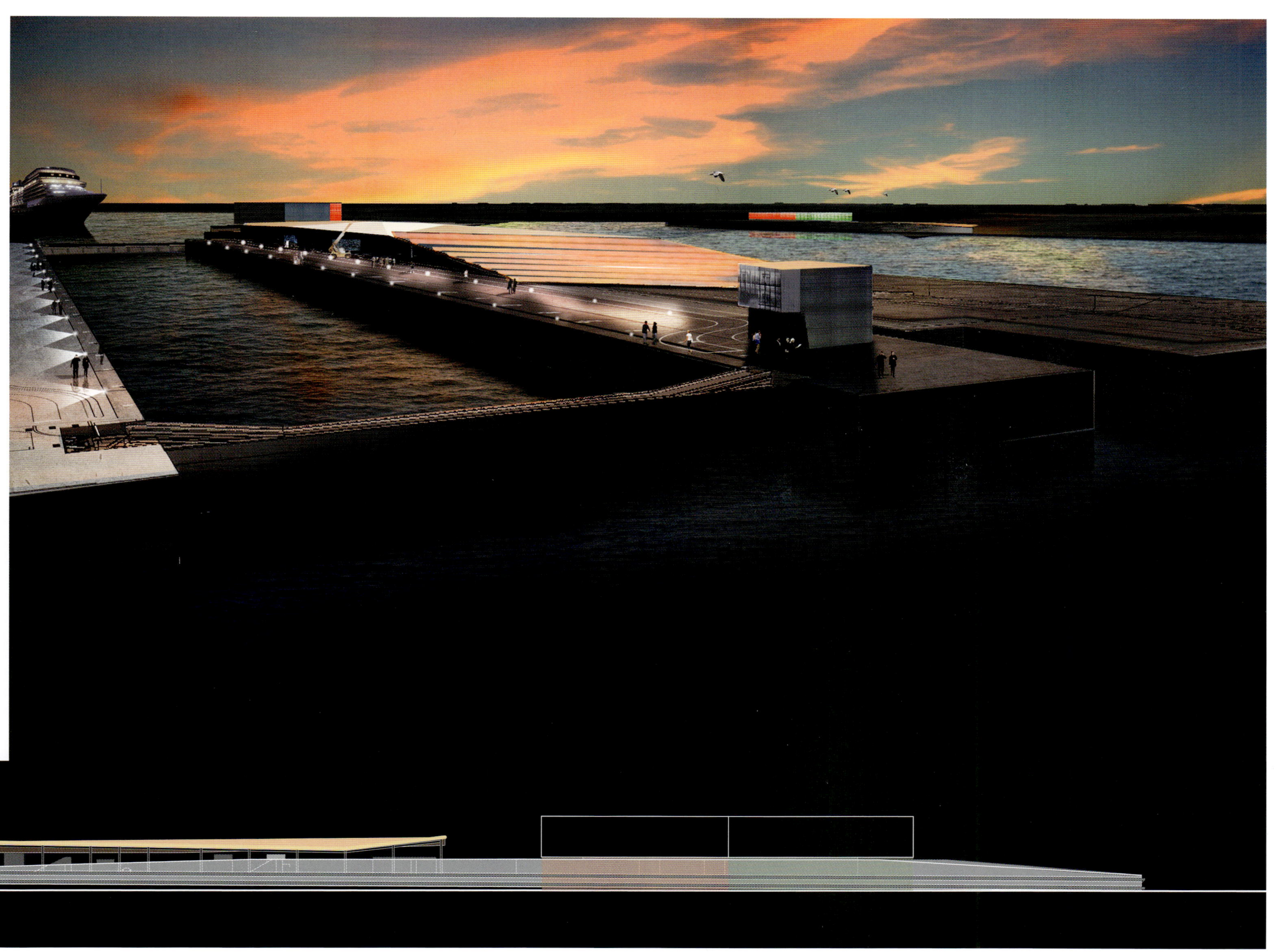

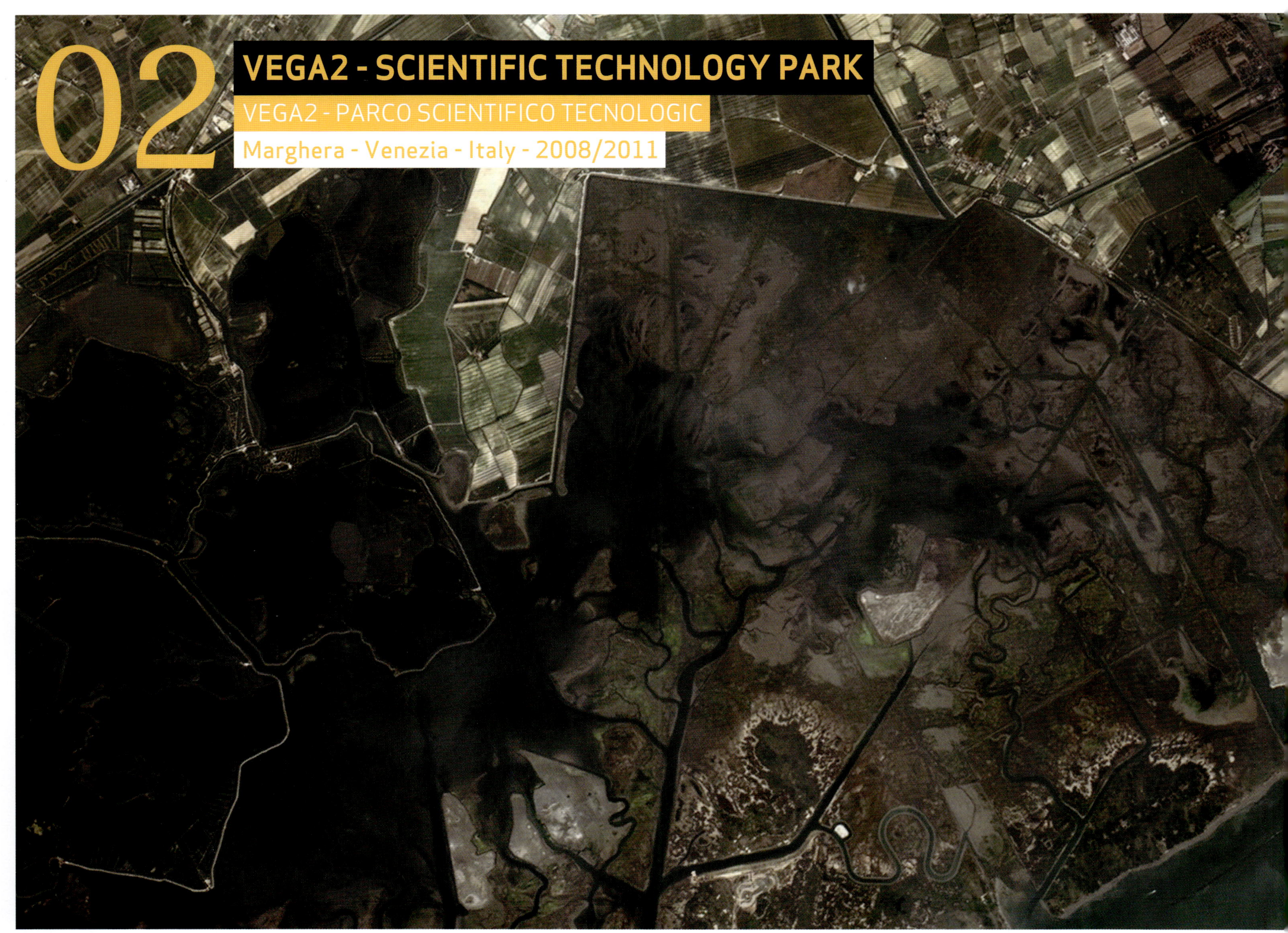
02
VEGA2 - SCIENTIFIC TECHNOLOGY PARK
VEGA2 - PARCO SCIENTIFICO TECNOLOGIC
Marghera - Venezia - Italy - 2008/2011

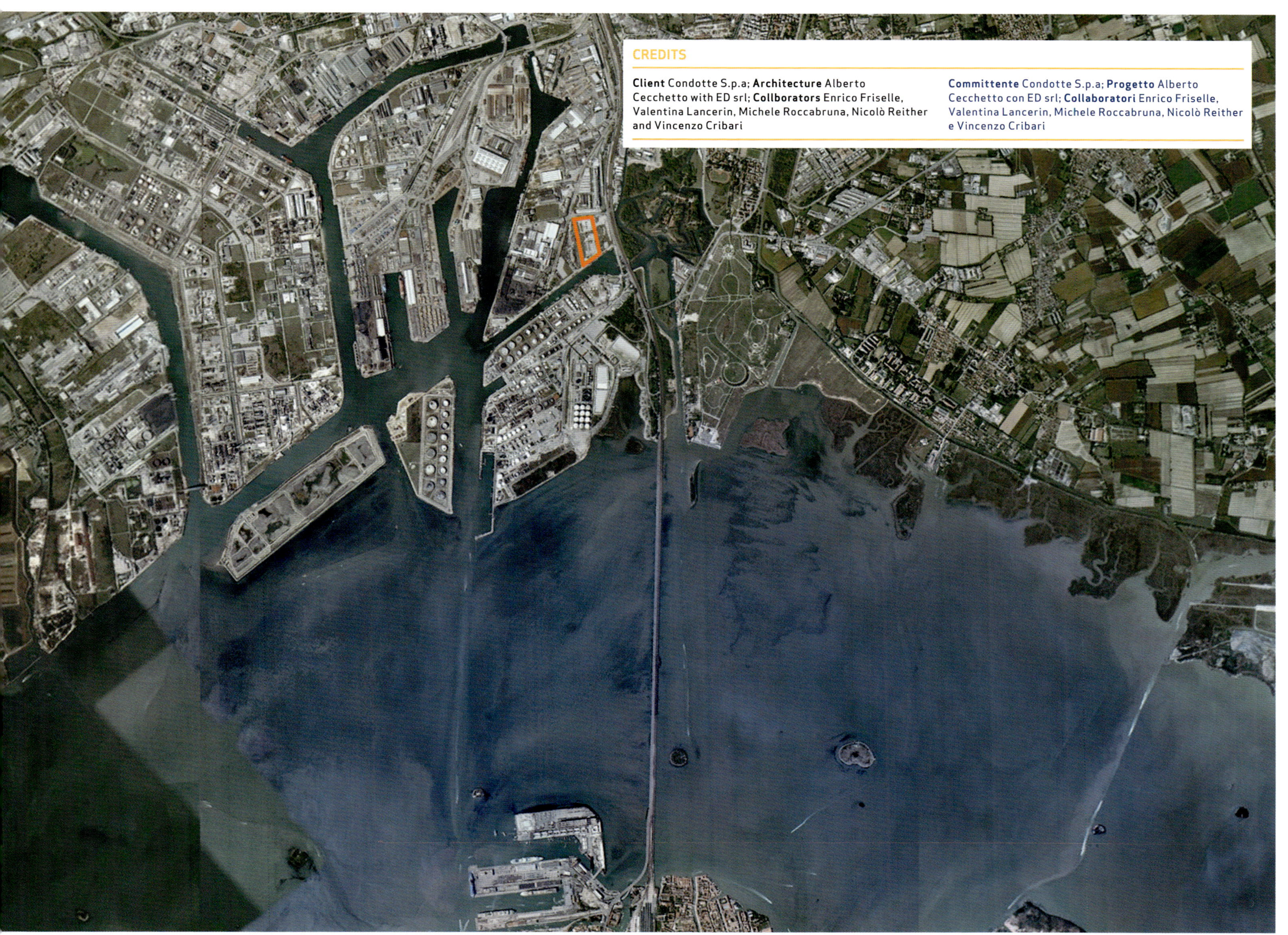

CREDITS

Client Condotte S.p.a; Architecture Alberto Cecchetto with ED srl; Collborators Enrico Friselle, Valentina Lancerin, Michele Roccabruna, Nicolò Reither and Vincenzo Cribari

Committente Condotte S.p.a; Progetto Alberto Cecchetto con ED srl; Collaboratori Enrico Friselle, Valentina Lancerin, Michele Roccabruna, Nicolò Reither e Vincenzo Cribari

The project for the new Vega2 business park is an important first piece of the puzzle in the future landscape of Marghera, only at the beginning of a grandiose process of transformation. The current industrial area, home for over a century to a concentration of labour, social conflict and pollution, is destined to become the new contemporary city on the water, at the heart of the metropolitan system of the Veneto region, with over five million inhabitants. The project calls for the realisation of an area where, without negating the building and stylistic traditions of the industrial structures that codify the current landscape ("poor" materials and large dimensions), is capable of anticipating the future of the new contemporary city of Marghera.

I progetto del nuovo centro direzionale Vega2 è un primo importante tassello del futuro paesaggio di Marghera, che è solo all'inizio di un grandioso processo di trasformazione.
L'attuale area industriale, dove per un secolo si sono concentrati lavoro, conflitti sociali e inquinamento, è destinata a diventare la nuova città d'acqua contemporanea, al centro del sistema metropolitano del veneto con più di cinque milioni di abitanti. Il progetto prevede di realizzare un luogo che, senza negare la tradizione costruttiva e stilistica dei manufatti industriali che codificano l'attuale paesaggio (materiali poveri e grande dimensione), sia capace di anticipare il futuro della nuova città contemporanea di Marghera.

The urban structure of the current industrial complex of Marghera is devoid of any hierarchies, and characterized by continuous conditions that are "out of scale", found in the cross sections and the lengths of roads, and building façades that often measure some hundreds of meters. It is thus fundamental that we create a **human "scale"** for the new urban landscape, capable of organising the flows of automobiles and pedestrians in a simple and functional manner, in order to clearly present to all users the position and role of the programmed activities, simplifying the reading of points of access to and from the area. The distribution of the programmed activities is designed to create a business park capable of hosting not only offices and workshops, but also a **strategic community centre**, with public plazas, spaces of encounter, shops, recreational activities and a **large public park**, all for the vast community of users who regularly work in the area, or those arriving on foot, by car, by train and, in the near future, by water. Commercial activities are located on the ground and first floors, in continuity with the sloping plane of the public park. The building volumes are not located along the perimeter of the site, but perpendicular to the main edge, in order to guarantee easy crossing: from the street or parking structures, to the complex system of public plazas and, finally, to the park and the water's edge. The pedestrian paths and spaces are **ample** and **visible**, closely related to one another, connected by ramps and stairs, with the two raised plazas at +3.98 meters above grade surrounded by shop fronts and halls leading to the offices.

La struttura urbana dell'attuale complesso industriale di Marghera è priva di gerarchie ed è caratterizzata da continui "fuori scala", nelle sezioni stradali e nella lunghezza delle stesse e degli edifici che hanno spesso fronti di centinaia di metri. E' quindi fondamentale creare una **scala "umana"** al nuovo paesaggio urbano, in grado di organizzare i flussi delle auto e dei pedoni in modo semplice e funzionale, così da rendere chiara a tutti gli utenti la posizione ed i ruoli delle diverse attività, e facile la lettura degli accessi e delle uscite all'area. La distribuzione delle attività previste è tale da creare un insediamento direzionale in grado di ospitare non solo uffici e laboratori, ma anche un **polo collettivo strategico** con piazze, luoghi di incontro, negozi, attività ricreative e un **grande parco pubblico**, per l'ampia comunità di utenti che lavorano stabilmente nell'area stessa o che vi convergono a piedi, in auto, in treno, e in un prossimo futuro per via d'acqua. Le attività commerciali sono poste al piano terra ed al piano primo, costruito in continuità con il piano inclinato del parco pubblico. I corpi edilizi non si dispongono lungo il perimetro dell'area, ma perpendicolarmente al lato principale, per garantirne un facile attraversamento: dalla strada o dai parcheggi, al sistema complesso delle piazze, fino al parco e al bordo d'acqua. I percorsi e gli spazi pedonali sono **ampi** e **visibili**, in stretta relazione, mediante rampe e scale, con le due piazze sopraelevate poste a quota +3.98m, dove si affacciano le vetrine commerciali e le hall che portano agli uffici.

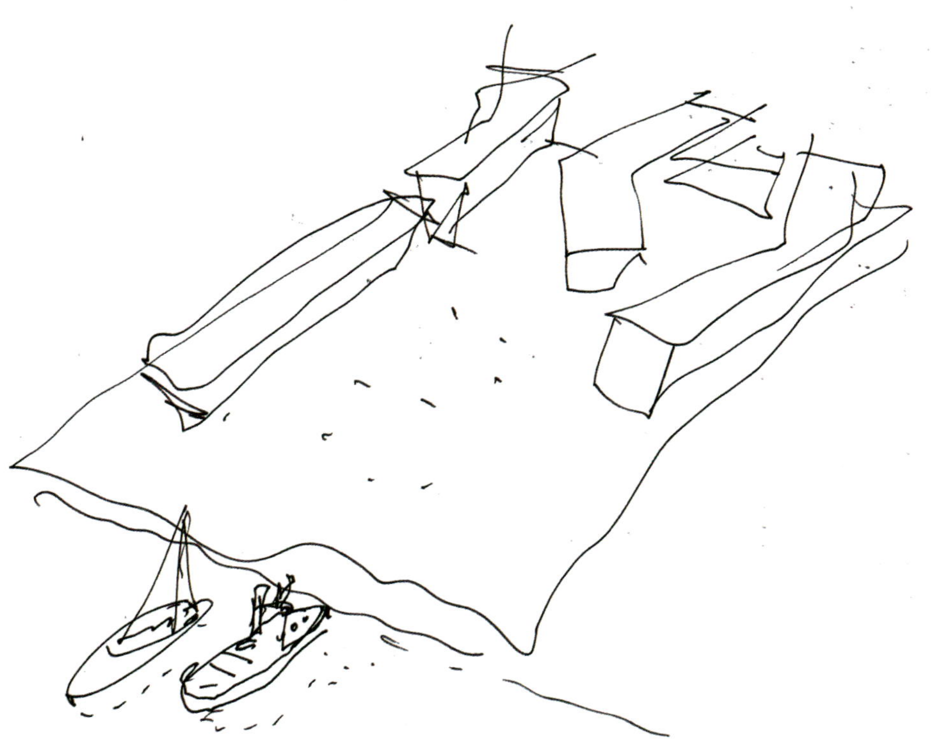

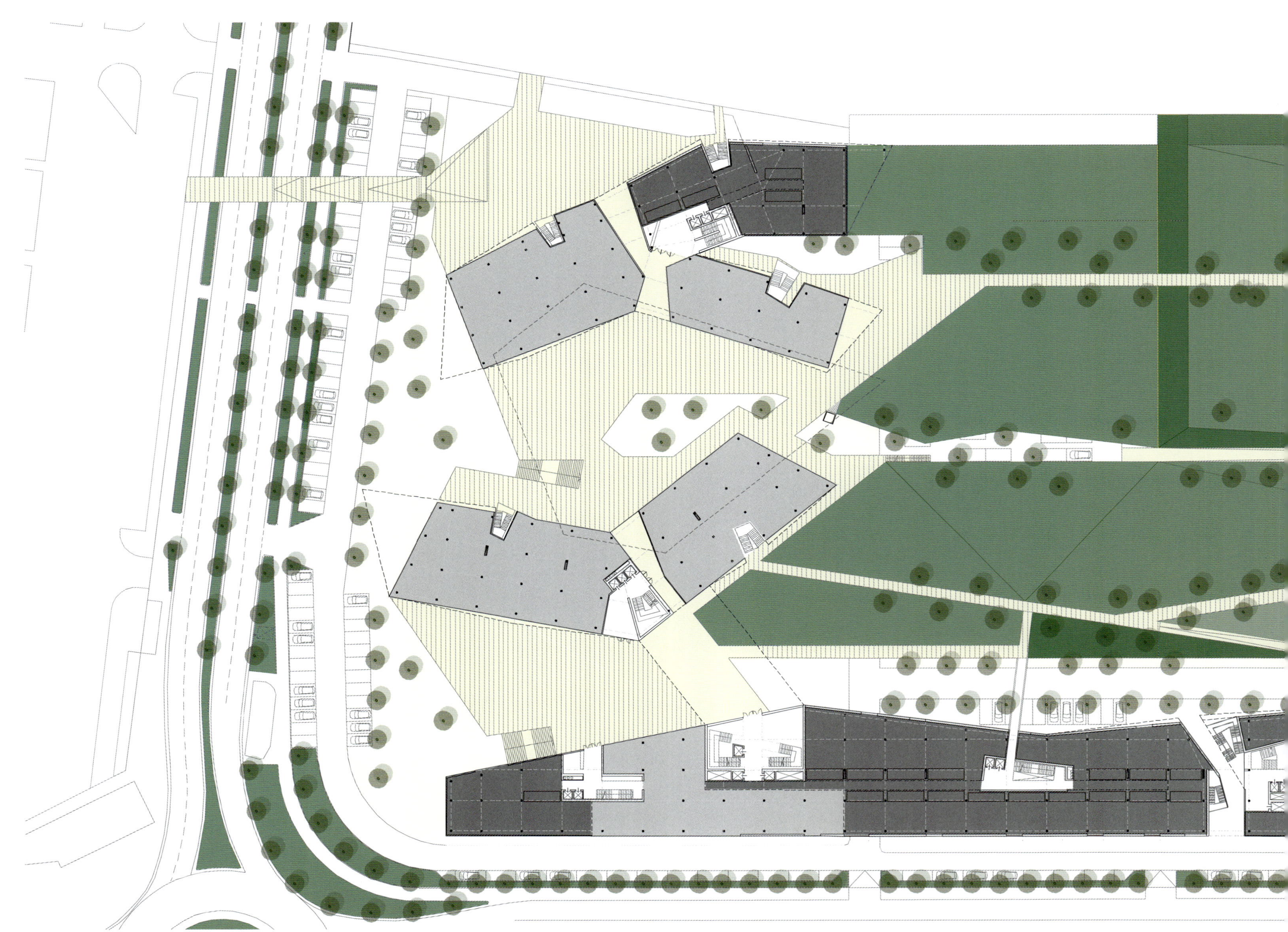

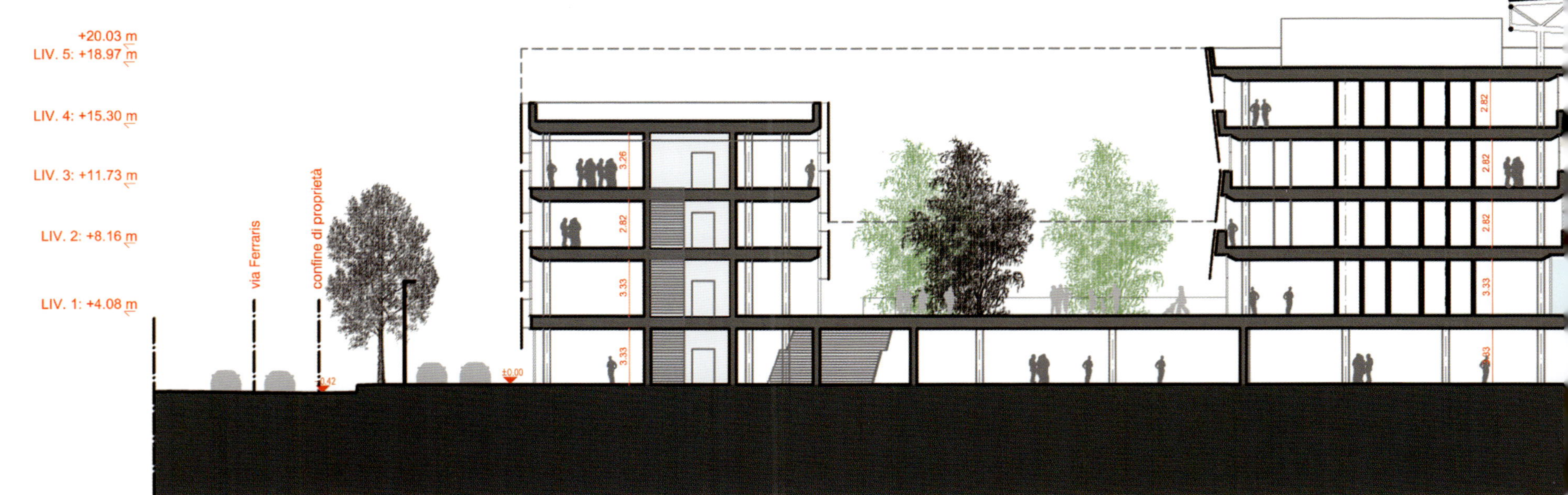

+20.03 m
LIV. 5: +18.97 m
LIV. 4: +15.30 m
LIV. 3: +11.73 m
LIV. 2: +8.16 m
LIV. 1: +4.08 m
via Ferraris
confine di proprietà
3.26
2.82
3.33
3.33
2.82
2.82
2.82
3.33
±0.00

Transforming an industrial area into a new **urban centre** requires an experimental approach to architecture, which renders the intervention capable of attracting a **recognisable** architecture with a strong **visual impact**, able to give identity to this area. This gives rise to the forms of the buildings, and the architectural language adopted (which recalls the industrial traditions of steel and glass, adapted to new uses), the use of appropriate building materials (steel, glass, aluminium), the dimension and articulation of the pedestrian spaces on multiple levels and the treatment of the landscaping in the large public park.

Trasformare un'area industriale in un nuovo **polo urbano** richiede un'architettura sperimentale che renda l'intervento in grado di attrarre, un'architettura **riconoscibile** e di forte **impatto visivo** in grado di dare identità al luogo. Da qui la forma dei volumi edilizi e il linguaggio architettonico adottato (che riprende la tradizione industriale dell'acciaio e del vetro adattandola a nuovi usi), l'uso di materiali edilizi appropriati (acciaio, vetro, alluminio), la dimensione e l'articolazione su più livelli degli spazi pedonali e il trattamento del verde del grande parco pubblico.

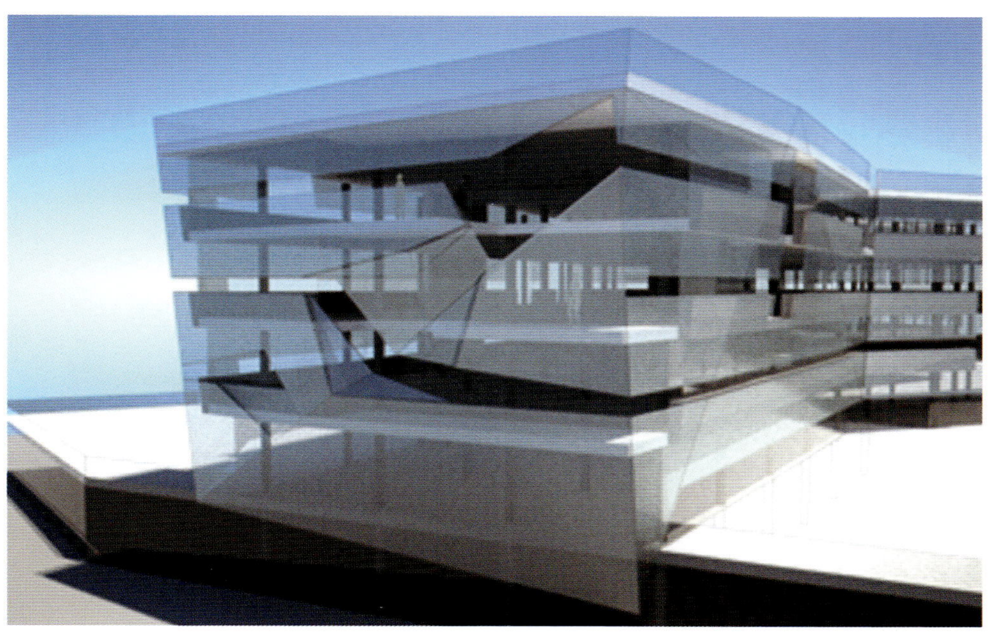

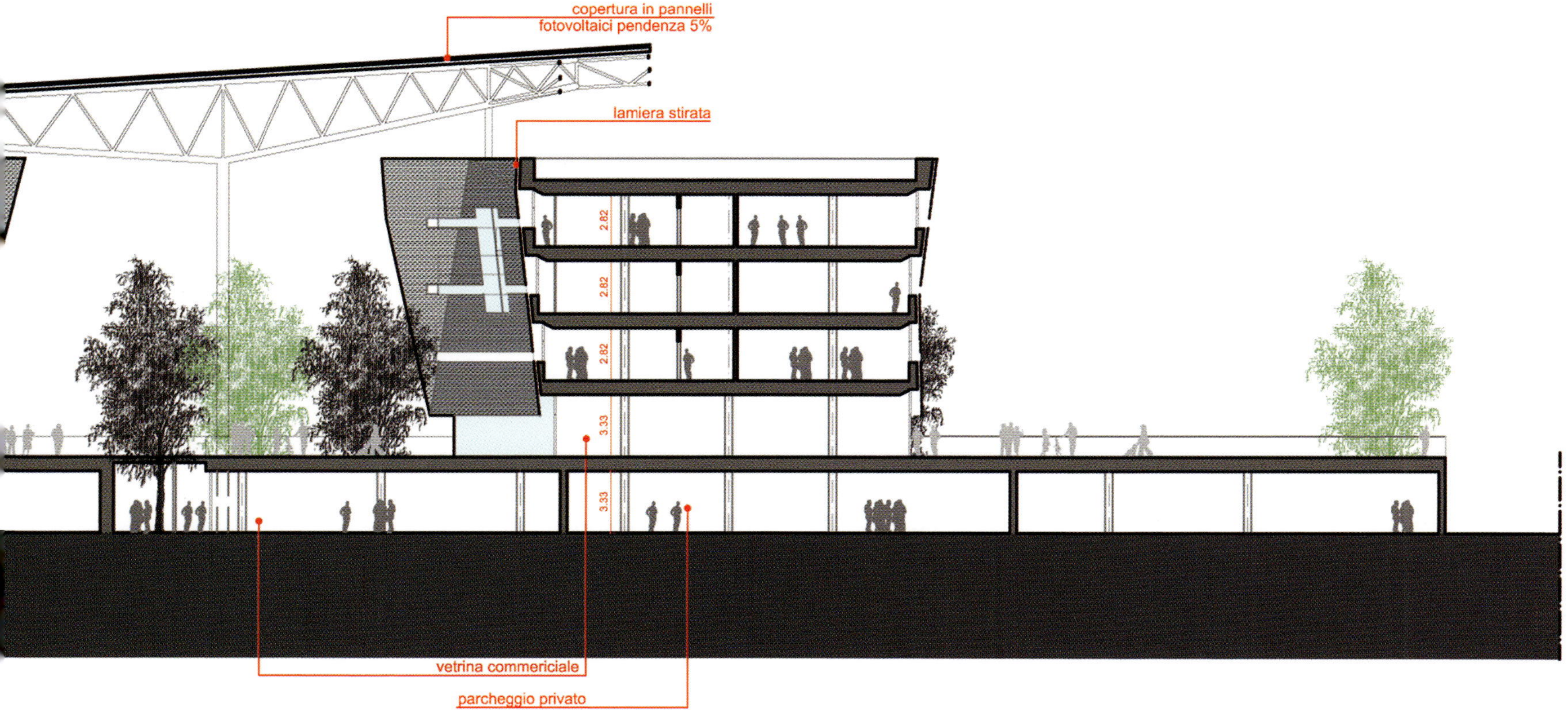

03
BUSINESS PARK
PARCO COMMERCIALE
Camponogara - Venezia - Italy - 2004/2014

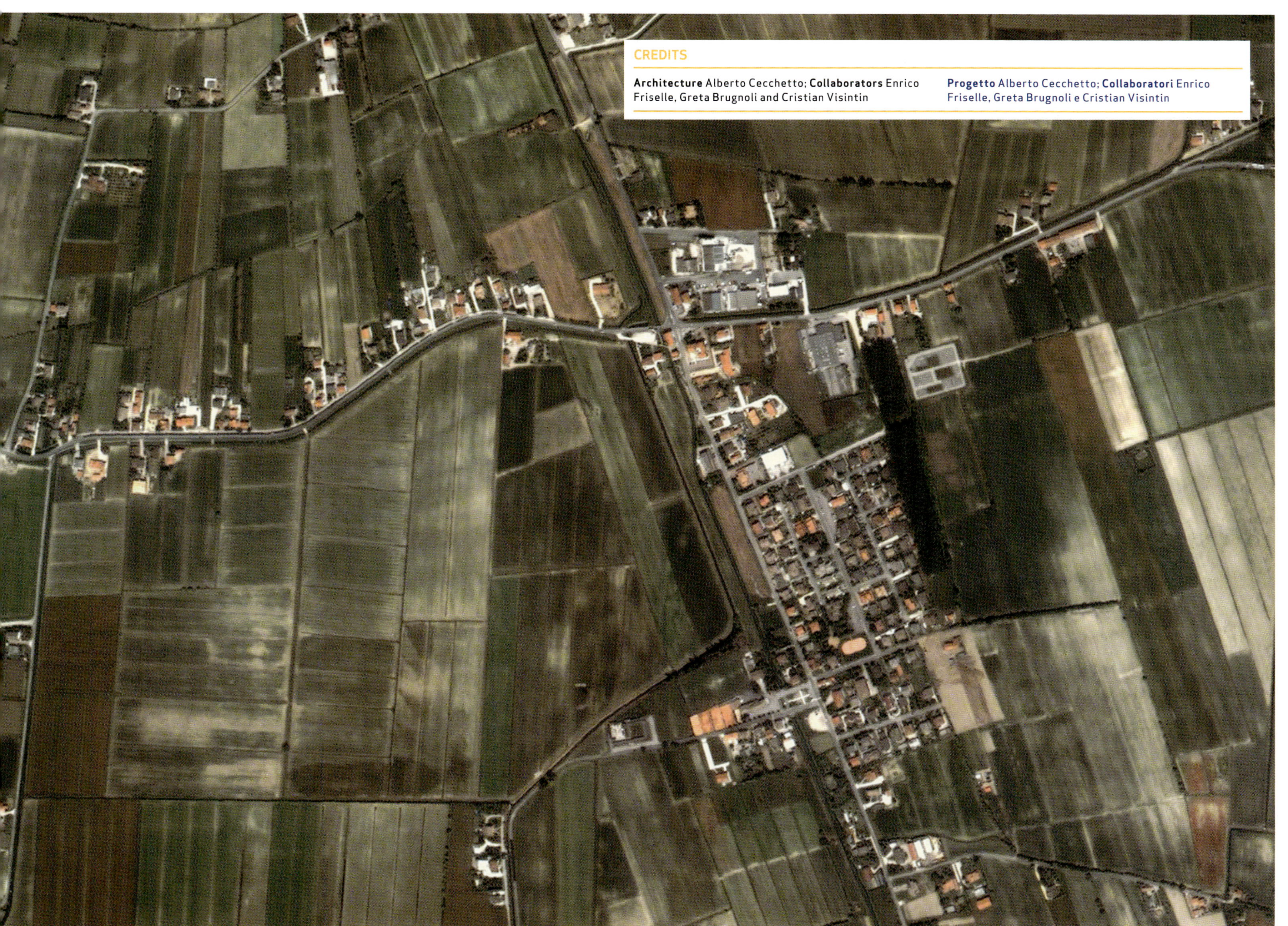
CREDITS
Architecture Alberto Cecchetto; Collaborators Enrico Friselle, Greta Brugnoli and Cristian Visintin
Progetto Alberto Cecchetto; Collaboratori Enrico Friselle, Greta Brugnoli e Cristian Visintin

A gap in the agricultural landscape, a tear in the fabric of the Venetian countryside, trapped between recently constructed buildings. An area easy to access from the Romea State Road, which connects Eastern Veneto with the Adriatic Coast, and from the highway interchanges of Dolo and Mirano, home to the primary flows of north-east traffic. It is therefore a strategic area for the creation of collective facilities, a "commercial park", a centre capable of coagulating the multiple private energies dispersed across the countryside.

The design of the Calcroci "Commercial Park", in the province of Venice, pursues the ambition of experimenting with an **alternative model** to the banal grids with their rigid subdivisions into lots surrounded by fences used up until now.
The project tests a "new landscape", using a model of settlement capable of permitting the coexistence between a three hectare natural park and a lengthy public pedestrian walk.
To create a **complex urban settlement** with a clear internal hierarchy, the service roads (for automobiles and trucks) that surround the area are separated by one-way rings from the vast quantity of **pedestrian paths** and **spaces** that fill the area.

The new settlement is connected to the urban centre of Calcroci by a path that cuts through the "warehouses", a **long central pedestrian spine** of varying width, flanked by shop fronts, commercial and craft facilities and collective services.
It is an **articulated, semi-covered space**, defined by cantilevered canopies and the extension of the roofs of the adjacent buildings.
A pedestrian path measuring some 650 meters, where the members of the community, currently without access to public spaces, can meet, where they can enjoy recreational activities, open-air markets, and temporary exhibitions.

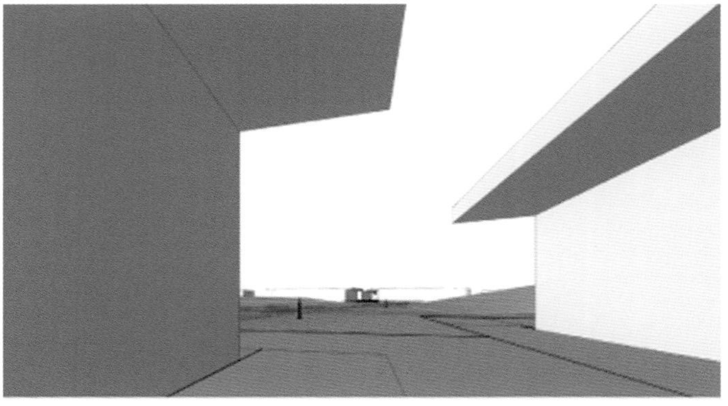

Uno squarcio nel paesaggio agricolo, uno strappo nel tessuto della campagna veneta, racchiuso tra edifici di recente costruzione. Un'area facilmente accessibile dalla Statale Romea, che collega il Veneto orientale ed il cordone litoraneo dell'Adriatico, e dai caselli autostradali di Dolo e Mirano dove scorrono i principali flussi del Nord-est. Un'area quindi strategica per realizzare un'attrezzatura collettiva, un "parco commerciale", un polo capace di coagulare le molteplici energie private disperse nella campagna.

Il progetto per il "Parco Commerciale" di Calcroci, in provincia di Venezia, ha l'ambizione di sperimentare un **modello alternativo** a quello delle banali griglie, con la rigida suddivisione in lotti circondati da recinzioni, finora adottato.
Il progetto sperimenta un "nuovo paesaggio", attraverso un modello insediativo in grado di far convivere un parco a verde di tre ettari e un lungo percorso pedonale pubblico.
Al fine di creare un **insediamento urbano complesso**, dotato di una chiara gerarchia interna, le strade di servizio (per auto e mezzi) che circondano tutta l'area d'intervento sono separate con anelli a senso unico dai **percorsi** e dagli **spazi pedonali** di cui l'area è ampiamente dotata.

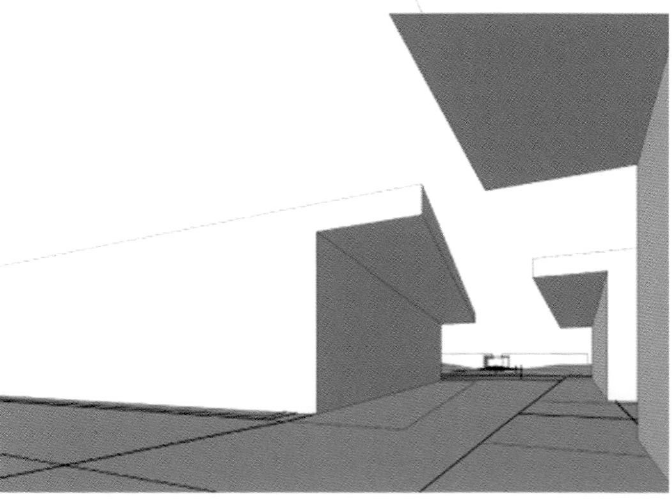

Il nuovo insediamento è collegato con il centro urbano di Calcroci mediante un percorso che squarcia i "capannoni", una **lunga spina centrale pedonale**, di larghezza variabile, dove affacciano i fronti delle vetrine, gli edifici commerciali e artigianali, le attrezzature collettive.
E' un **articolato percorso semicoperto**, ottenuto con mensole a sbalzo, prolungamento delle coperture degli edifici. Un percorso pedonale di circa 650 metri dove la comunità, oggi priva di spazi collettivi, si può incontrare, e dove si possono svolgere attività ricreative, mercati all'aperto, allestimenti temporanei.

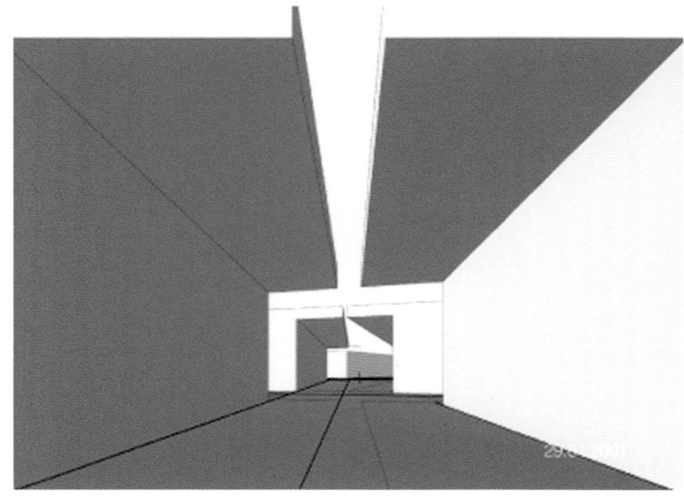

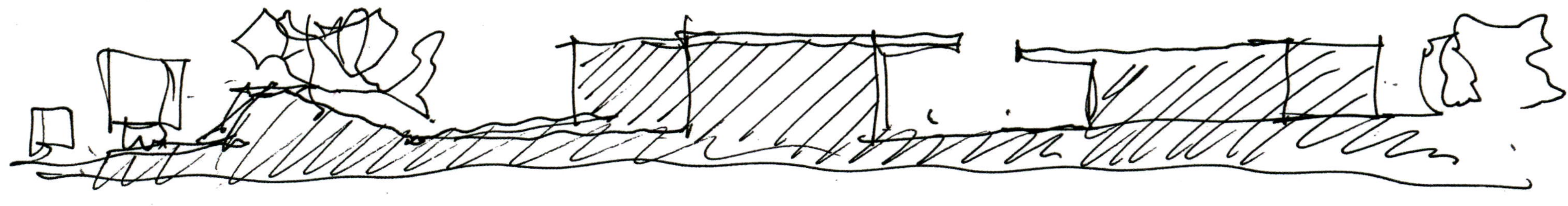

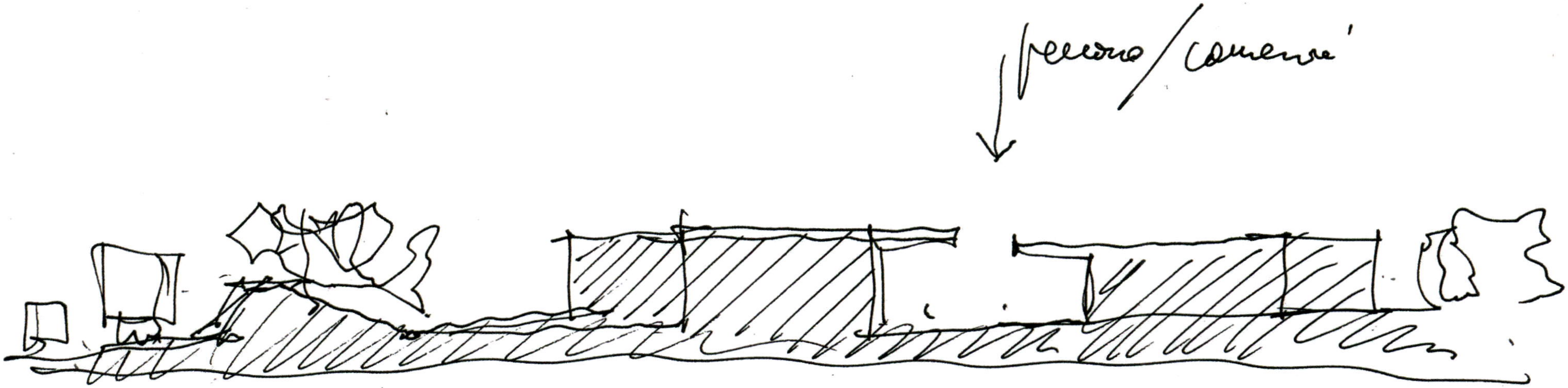

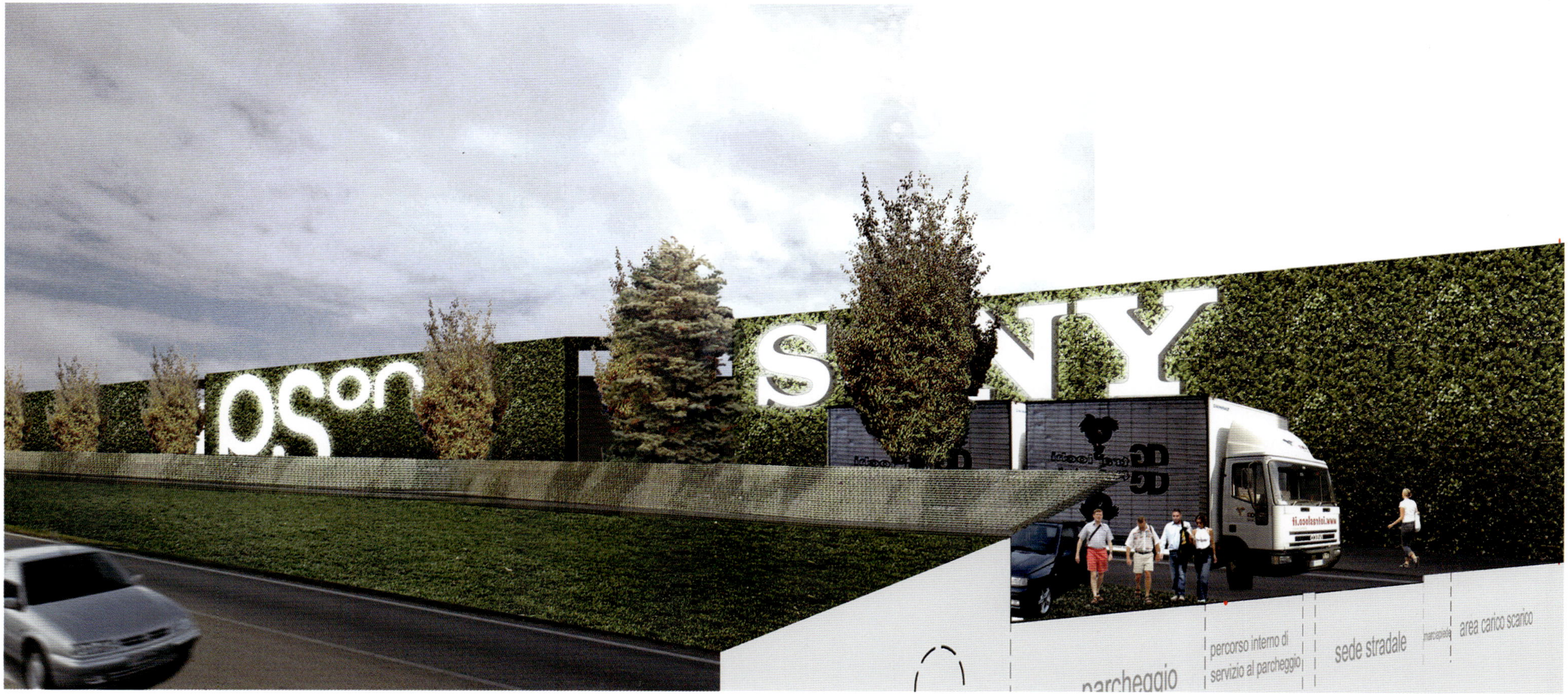
percorso interno di servizio al parcheggio
sede stradale
marciapiede
area carico scarico
parcheggio

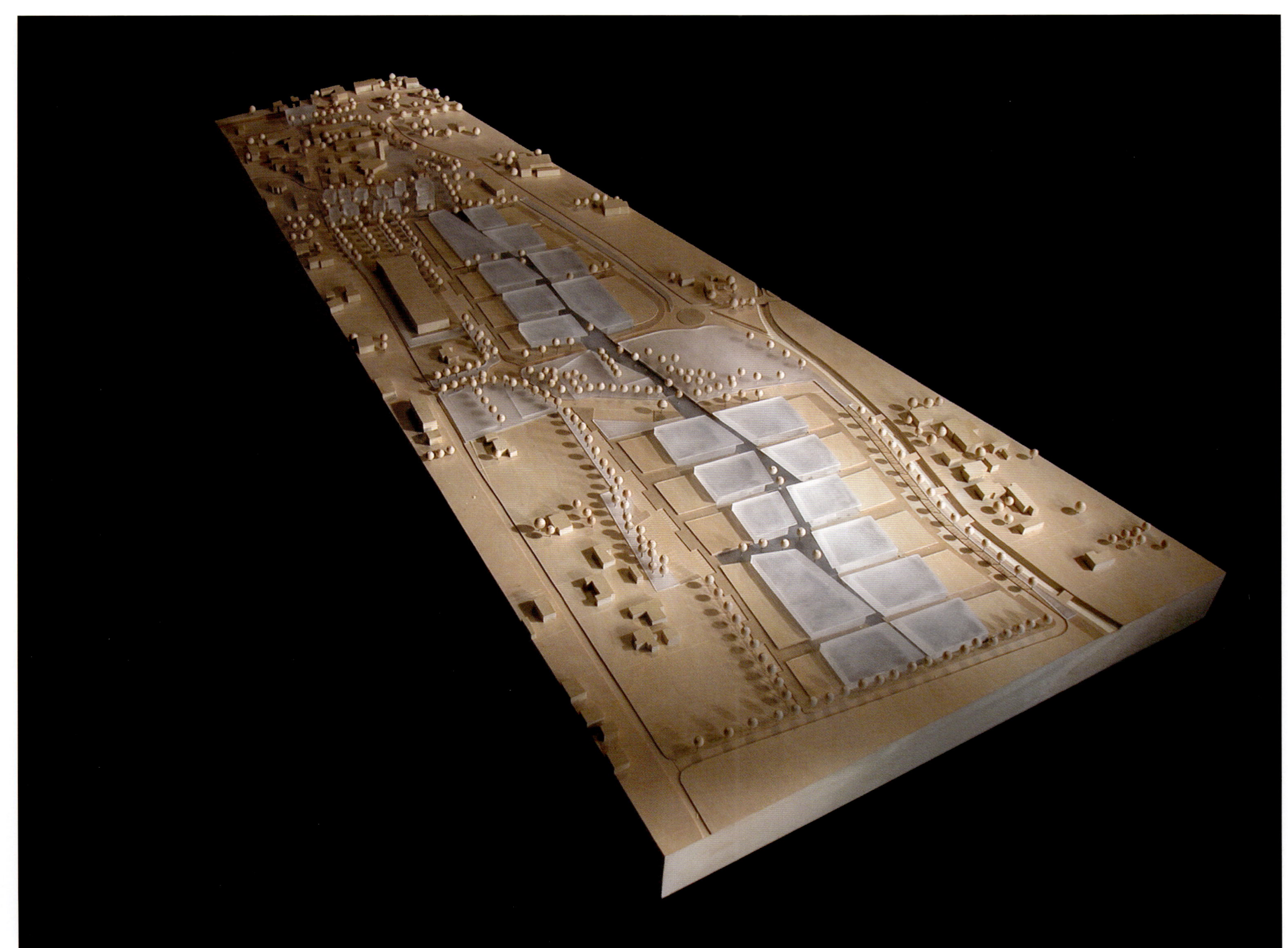

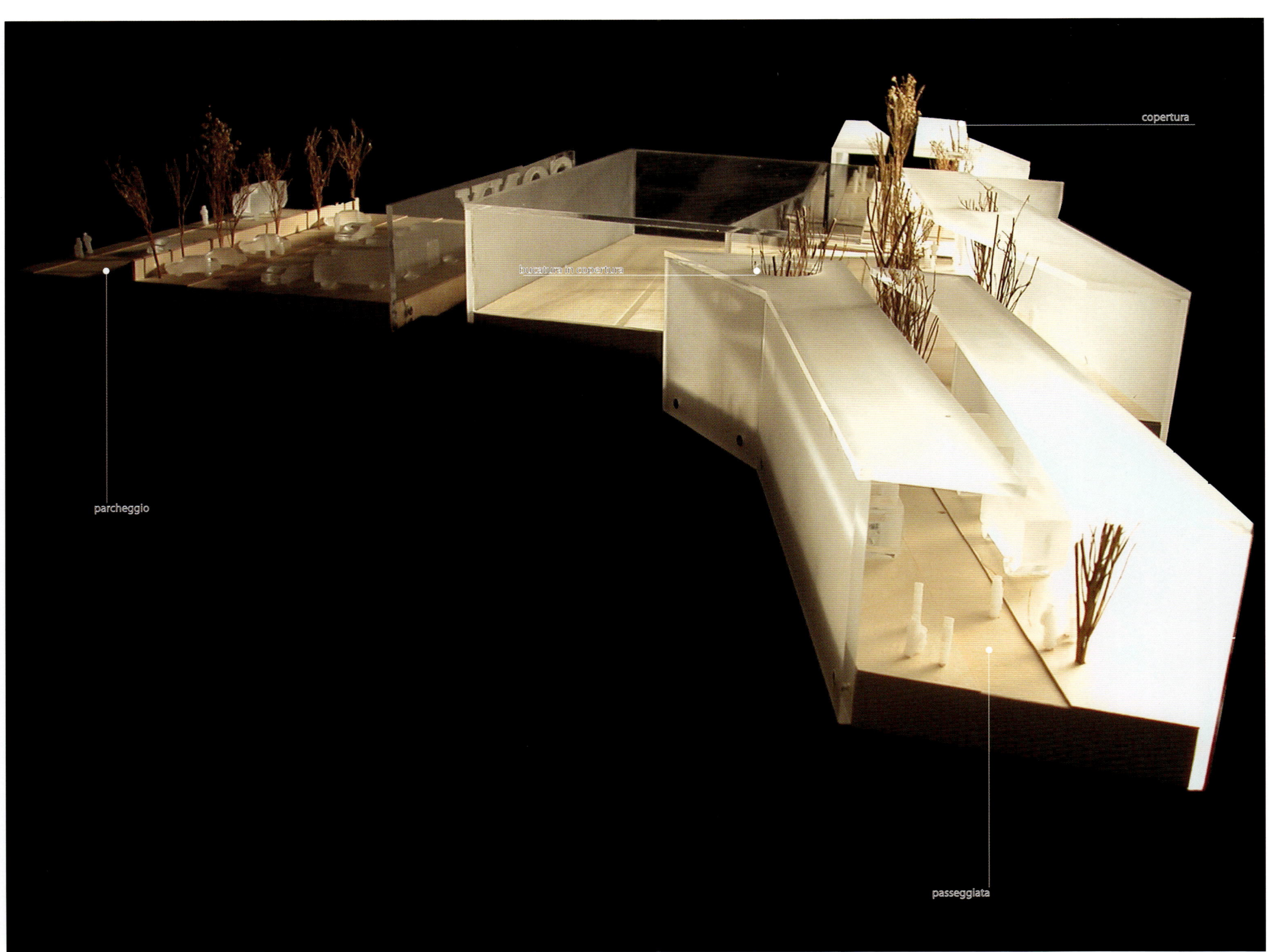

copertura
parcheggio
forucatura in copertura
passeggiata

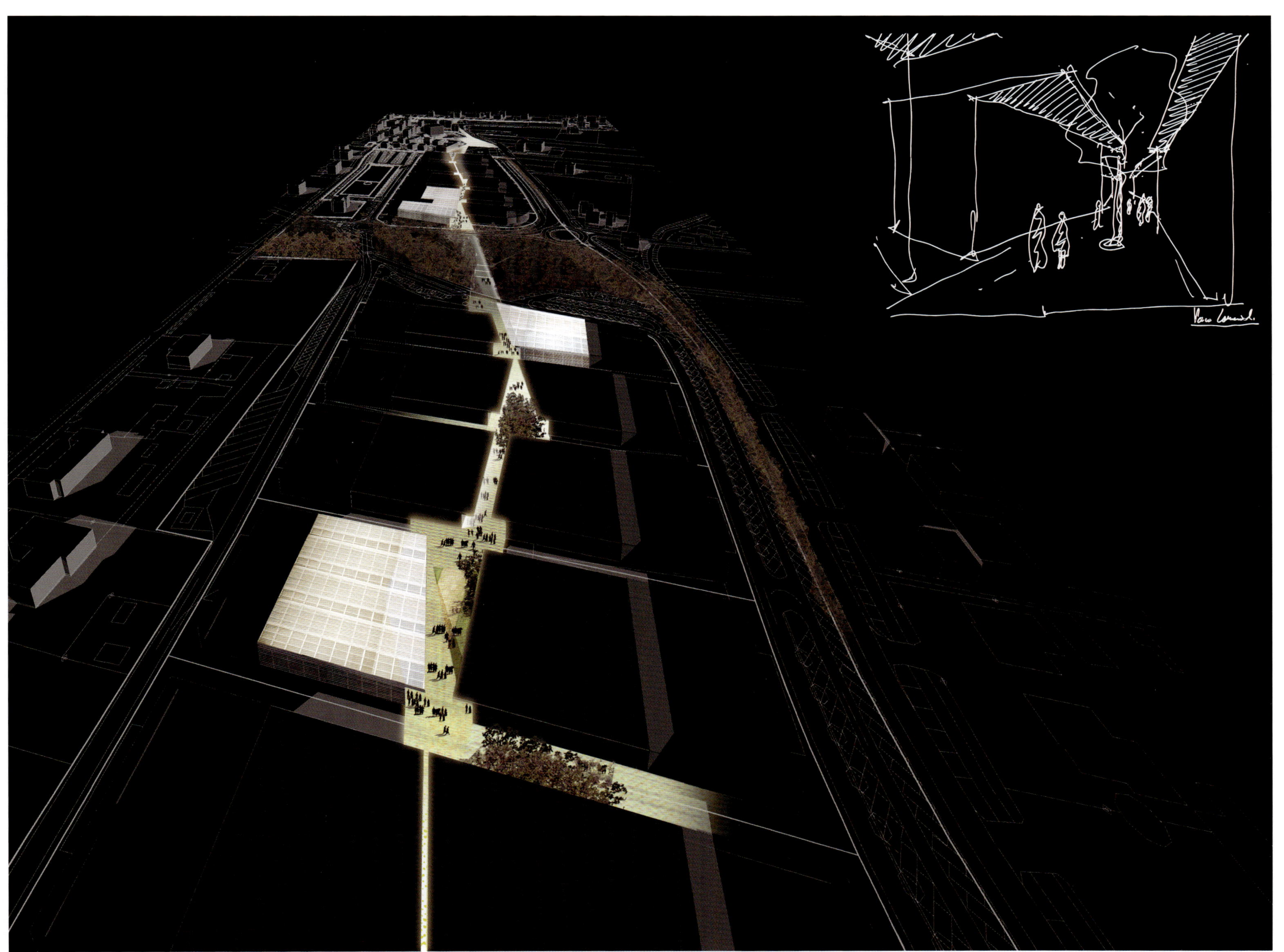

04
LITERATURE PARK & SPORT CENTER
PARCO DELLA LETTERATURA E CENTRO SPORTIVO
Pieve di Soligo - Treviso - Italy - 2008/2011

CREDITS
Client Regione Veneto; Architecture Alberto Cecchetto; Collaborators Enrico Friselle, Nicolò Reither and Andrea Zanon
Committente Regione Veneto; Progetto Alberto Cecchetto; Collaboratori Enrico Friselle, Nicolò Reither e Andrea Zanon

During recent decades the Venetian territory has undergone a profound transformation in the wake of the construction of diffuse settlement: a global village has occupied much of the agricultural landscape, modifying territorial hierarchies and the very form of the landscape. What are we to do? Amongst the possible strategies for the future (the containment of urban growth, the filing of the "void" and building renovations, the improvement of infrastructures) one that appears extremely interesting is the adoption of a general principle for public interventions: ensuring that each project, no matter how small, becomes an occasion to valorise the resources, the urban planning and the environmental opportunities present in urban contexts.

Il territorio veneto, negli ultimi decenni, ha subito una profonda trasformazione con la costruzione di un insediamento diffuso, di un villaggio globale che ha occupato gran parte del territorio agricolo. Modificando le gerarchie territoriali e la forma stessa del paesaggio. Che fare? Tra le strategie possibili per il futuro (contenimento della crescita urbana, riempimento dei "vuoti" e riqualificazione edilizia, miglioramento delle infrastrutture) appare di estremo interesse l'adozione di un principio generale per gli interventi pubblici: fare in modo che ogni progetto, anche se piccolo, diventi un'occasione per valorizzare le risorse, le opportunità urbanistiche e ambientali presenti nel contesto urbano.

The project is born of the desire expressed by the Veneto Regional Government to construct a new multifunctional gymnasium to substitute a previous design that, due to its negative impact on the landscape, was strongly contested by public opinion, the press and the position adopted by various intellectuals, including the poet Andrea Zanzotto. A new project was thus designed, involving the entire **context of settlement** and the landscape of Pieve di Soligo. It serves as an example for any **collective** or **public** building intervention, and as an occasion to reorganise a vast portion of the surrounding urban context.
The design of the gymnasium was therefore preceded by the development of a **master plan** for the peri-urban landscape in Pieve di Soligo, destined to become a guide for future interventions, formulating regulations and suggestions focused on: valorising the existing **level changes** (over five meters in some areas) in the floodplain of the Soligo River, which continue to define the local context, giving it a specific quality and identity; requalifying the **riverbed** and the **riverbanks** of the Soligo River, a process that offers a formidable opportunity to connect the periphery with the historical centre of Pieve di Soligo; creating a new hierarchy of pedestrian and automotive **flows** through the realisation of new parking structures serving the northern area of Pieve and new pedestrian paths that allow for a clear and pleasurable connection between the centre of social life and collective interaction in the city.

The new gymnasium adopts an unusual typology: in fact, it resembles an incision that recalls the paleo-embankments of the Soligo River. The new building must present a **"plural"** and **multi-functional** quality, capable of hosting various types of sporting and public events. In fact, the structure features a 500-seat grandstand, and a **semi-transparent** and **operable** polycarbonate wall, capable of enlarging the space towards the exterior plaza and hosting cultural and recreational events.

Il progetto nasce dalla volontà della Regione Veneto di realizzare una nuova palestra polifunzionale in sostituzione di quella già progettata ma, per il suo impatto negativo sul paesaggio, fortemente avversata dall'opinione pubblica anche attraverso articoli e prese di posizione di vari intellettuali tra i quali il poeta Andrea Zanzotto. Viene perciò elaborato un nuovo progetto che coinvolge l'intero **contesto insediativo** e il paesaggio di Pieve di Soligo, e che assume un ruolo esemplare per qualsiasi intervento edilizio a carattere collettivo e pubblico, come **occasione** per riorganizzare un' ampia porzione del contesto urbano circostante. Preliminarmente al progetto della palestra viene quindi redatto un **progetto d' insieme** del paesaggio periurbano di Pieve di Soligo, che diventa guida per i futuri interventi formulando regole e suggerimenti al fine di: valorizzare i **dislivelli** del terreno (in alcuni punti di più di cinque metri) presenti nell' area golenale del fiume Soligo, che ancora oggi segnano il contesto dandole un carattere e un'identità specifica; riqualificare l'**alveo** e le **rive** del fiume Soligo che offre un' opportunità formidabile di collegare la periferia con il centro storico di Pieve di Soligo; dare una nuova gerarchia ai **flussi** pedonali e automobilistici, attraverso la realizzazione di nuovi parcheggi a servizio dell'area nord di Pieve e di nuovi percorsi pedonali che consentono di raggiungere in modo chiaro e piacevole il centro della vita sociale e collettiva della città.

La nuova palestra adotta una tipologia inconsueta: appare infatti come una **incisione** nel terreno che riprende il paleo-argine del fiume Soligo.
Il nuovo edificio deve avere un carattere **"plurale"** e **polifunzionale**, capace di ospitare manifestazioni sportive e collettive molteplici. E' infatti dotato di una tribuna di 500 posti, e di una parete in policarbonato **semitrasparente** e **apribile**, in grado di ampliare lo spazio anche verso la piazza esterna e poter ospitare eventi culturali e ricreativi.

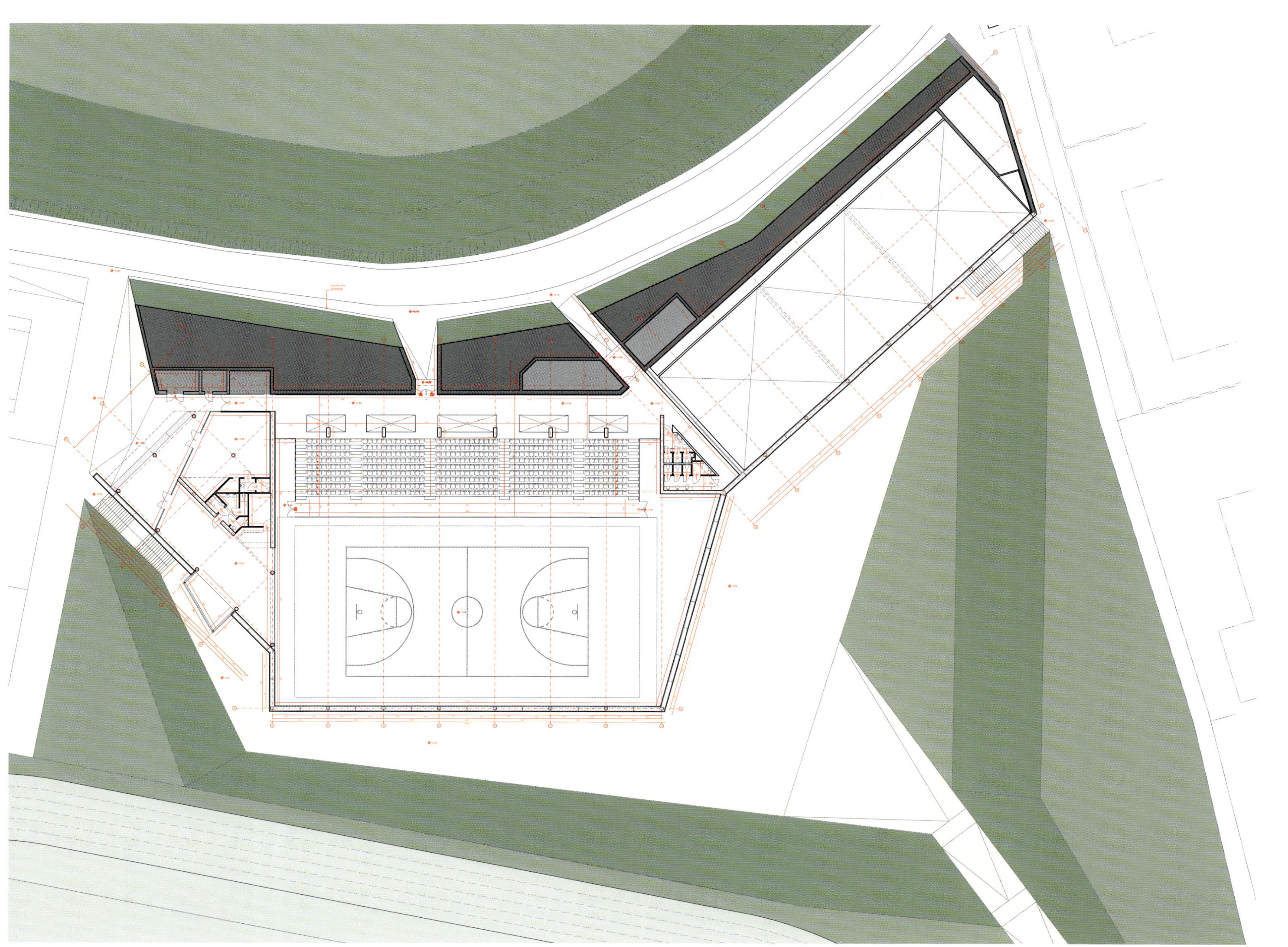

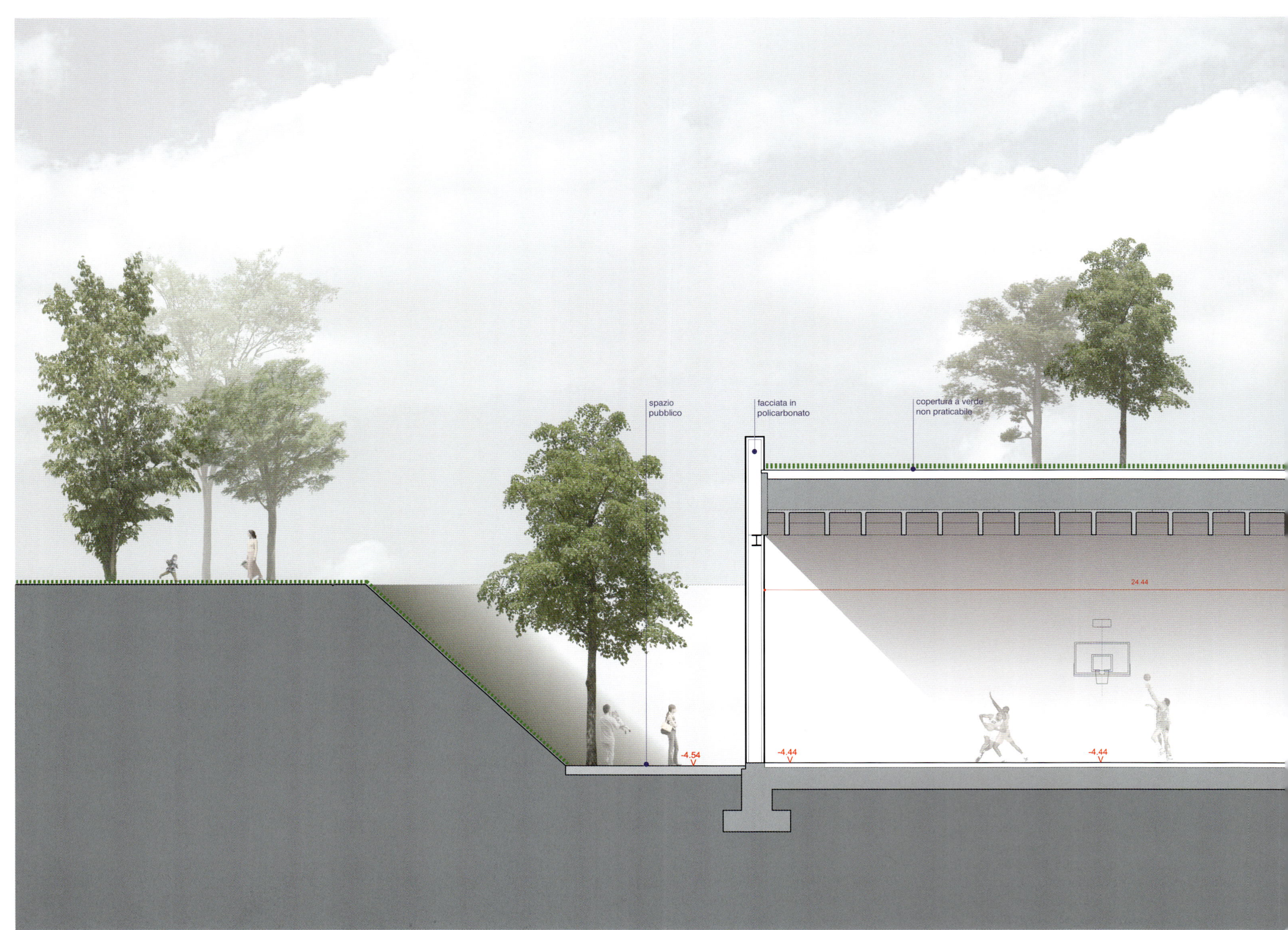

spazio
pubblico
facciata in
policarbonato
copertura a verde
non praticabile
24.44
-4.54
-4.44
-4.44

cavedio in vetro
lucernaio
marciapiede
strada
locale UTA
spazio tecnico di accesso alla UTA
Spogliatoi
Spogliatoi

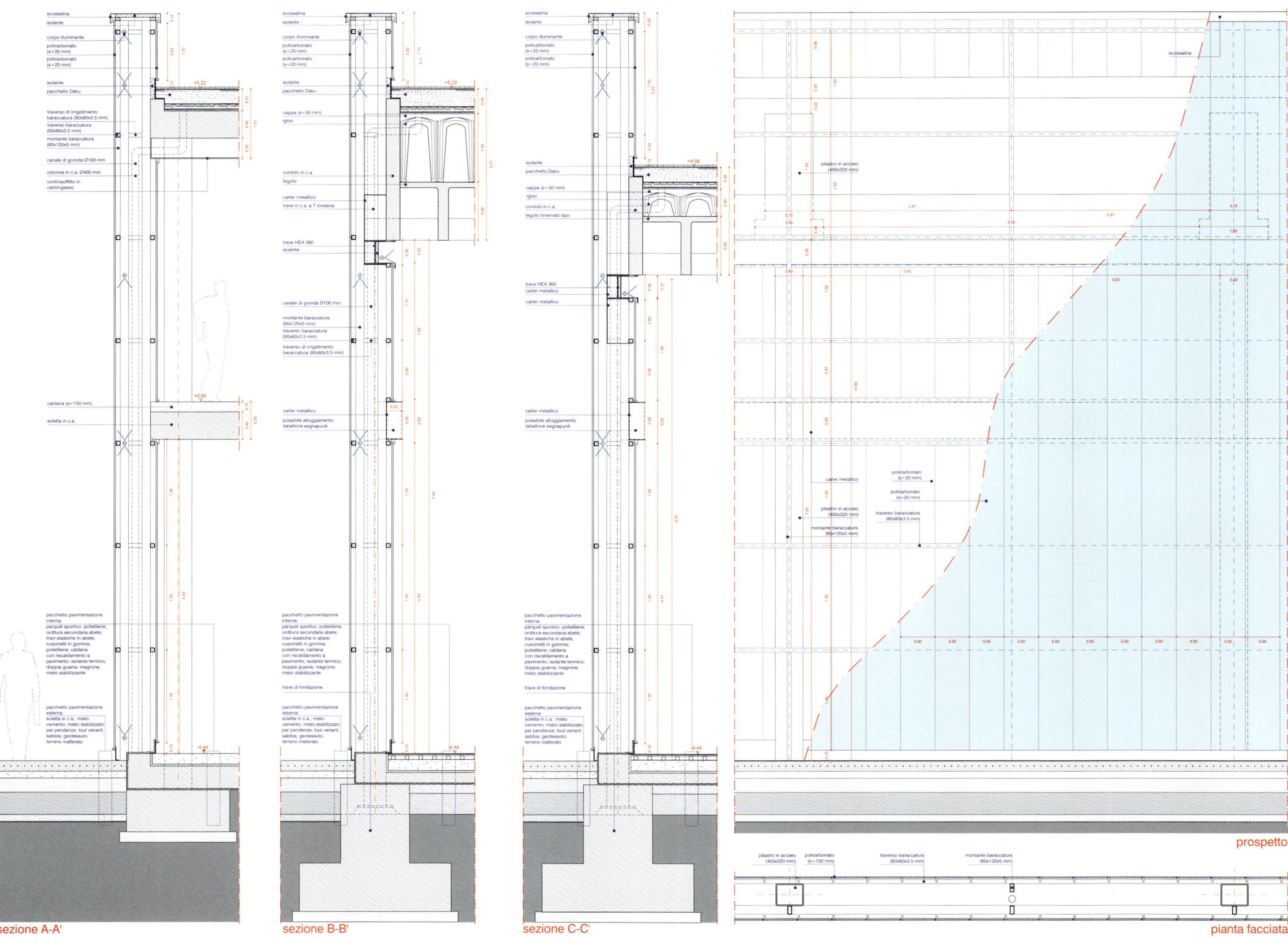

scossalina
isolante
corpo illuminante
policarbonato (s=20 mm)
policarbonato (s=20 mm)
isolante
pacchetto Daku
traverso di irrigidimento baraccatura (60x60x3.5 mm)
traverso baraccatura (60x60x3.5 mm)
montante baraccatura (60x120x5 mm)
canale di gronda Ø100 mm
colonna in c.a. Ø400 mm
controsoffitto in cartongesso
caldana (s=150 mm)
soletta in c.a.
pacchetto pavimentazione interna:
parquet sportivo; polietilene; orditura secondaria abete; travi elastiche in abete; cuscinetti in gomma; polietilene; caldana con riscaldamento a pavimento; isolante termico; doppia guaina; magrone; misto stabilizzante
pacchetto pavimentazione esterna:
soletta in c.a.; misto cemento; misto stabilizzato per pendenze; tout venant; sabbia; geotessuto; terreno inalterato
+5.22
+0.66
-4.44
sezione A-A'

scossalina
isolante
corpo illuminante
policarbonato (s=20 mm)
policarbonato (s=20 mm)
isolante
pacchetto Daku
cappa (s=50 mm)
igloo
cordolo in c.a.
tegolo
carter metallico
trave in c.a. a T rovescia
trave HEA 360
isolante
canale di gronda Ø100 mm
montante baraccatura (60x120x5 mm)
traverso baraccatura (60x60x3.5 mm)
traverso di irrigidimento baraccatura (60x60x3.5 mm)
carter metallico
possibile alloggiamento tabellone segnapunti
pacchetto pavimentazione interna:
parquet sportivo; polietilene; orditura secondaria abete; travi elastiche in abete; cuscinetti in gomma; polietilene; caldana con riscaldamento a pavimento; isolante termico; doppia guaina; magrone; misto stabilizzante
trave di fondazione
pacchetto pavimentazione esterna:
soletta in c.a.; misto cemento; misto stabilizzato per pendenze; tout venant; sabbia; geotessuto; terreno inalterato
+5.22
-4.44
sezione B-B'

scossalina
isolante
corpo illuminante
policarbonato (s=20 mm)
policarbonato (s=20 mm)
isolante
pacchetto Daku
cappa (s=50 mm)
igloo
cordolo in c.a.
tegolo binervato tipo
trave HEA 360
carter metallico
carter metallico
carter metallico
possibile alloggiamento tabellone segnapunti
pacchetto pavimentazione interna:
parquet sportivo; polietilene; orditura secondaria abete; travi elastiche in abete; cuscinetti in gomma; polietilene; caldana con riscaldamento a pavimento; isolante termico; doppia guaina; magrone; misto stabilizzante
trave di fondazione
pacchetto pavimentazione esterna:
soletta in c.a.; misto cemento; misto stabilizzato per pendenze; tout venant; sabbia; geotessuto; terreno inalterato
+4.08
-4.44
sezione C-C'

scossalina
pilastro in acciaio (400x320 mm)
carter metallico
policarbonato (s=20 mm)
policarbonato (s=20 mm)
pilastro in acciaio (400x320 mm)
traverso baraccatura (60x60x3.5 mm)
montante baraccatura (60x120x5 mm)
prospetto
pilastro in acciaio (400x320 mm)
policarbonato (s=150 mm)
traverso baraccatura (60x60x3.5 mm)
montante baraccatura (60x120x5 mm)
pianta facciata

05
CULTURAL CENTRE AND AUDITORIUM
CULTURAL CENTRE E AUDITORIUM
Arco - Trento - Italy - 2008/2011

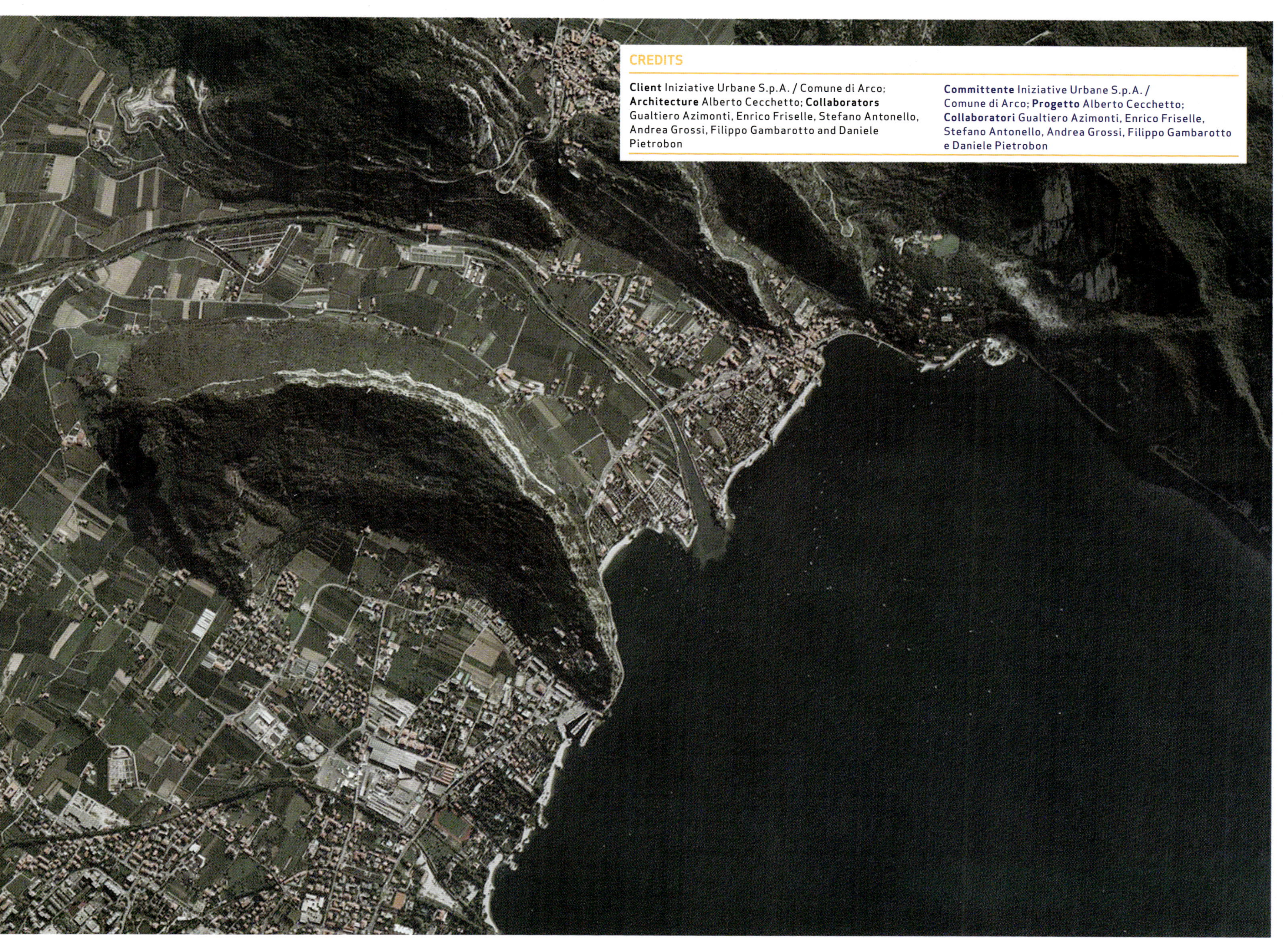

CREDITS

Client Iniziative Urbane S.p.A. / Comune di Arco;
Architecture Alberto Cecchetto; Collaborators
Gualtiero Azimonti, Enrico Friselle, Stefano Antonello,
Andrea Grossi, Filippo Gambarotto and Daniele
Pietrobon

Committente Iniziative Urbane S.p.A. /
Comune di Arco; Progetto Alberto Cecchetto;
Collaboratori Gualtiero Azimonti, Enrico Friselle,
Stefano Antonello, Andrea Grossi, Filippo Gambarotto
e Daniele Pietrobon

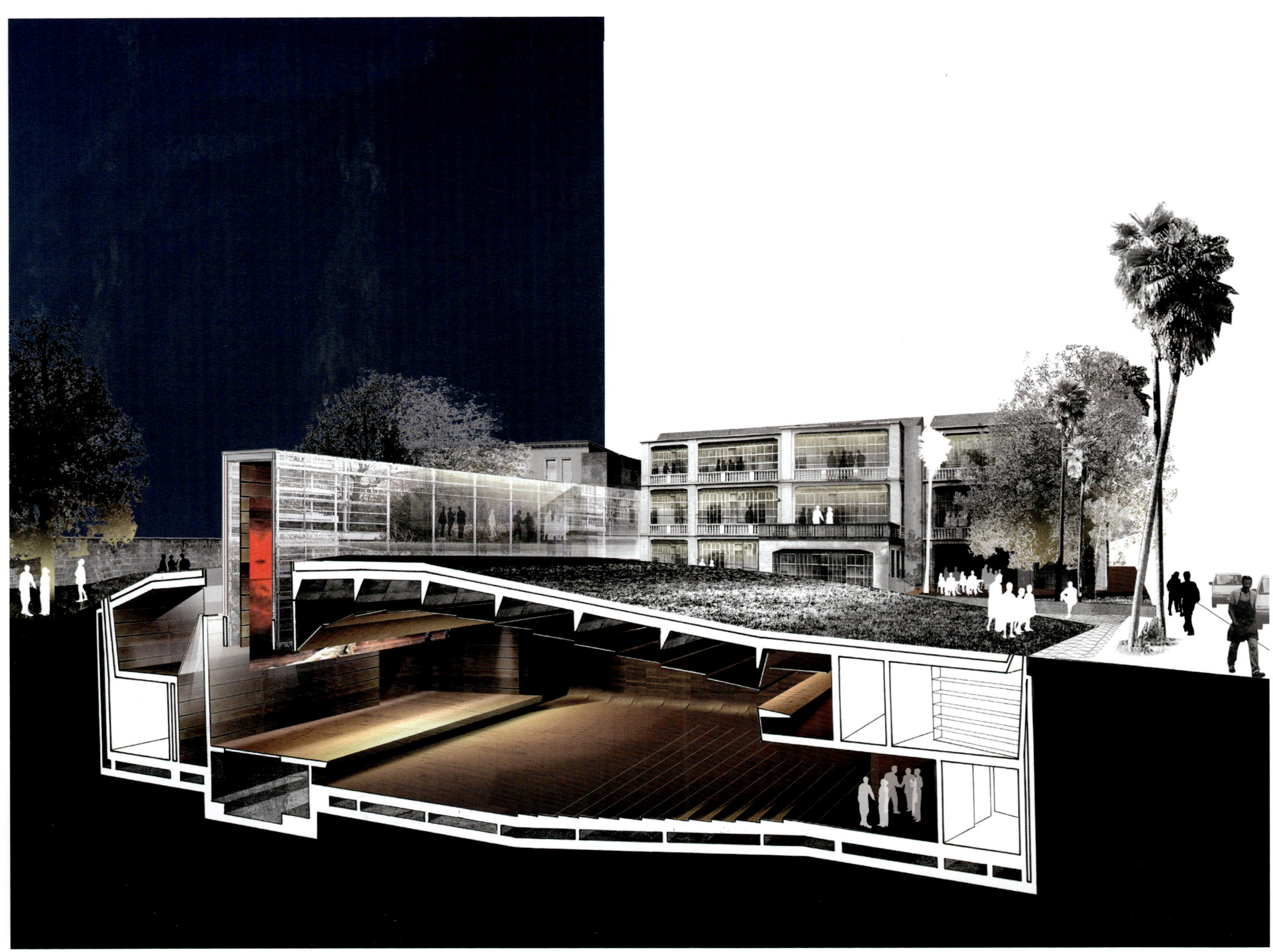

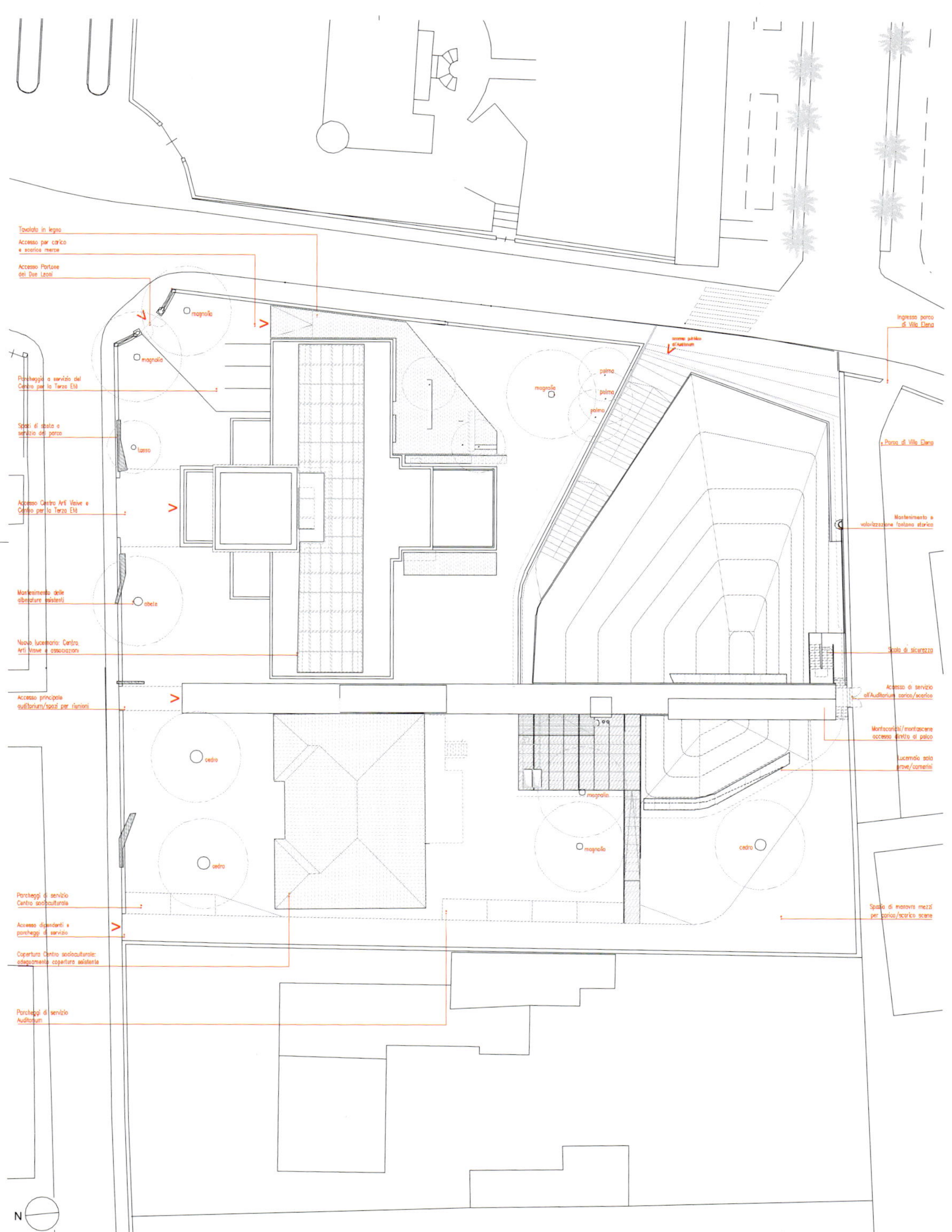

At the edge of the historical centre, parks, public facilities and 19th-century buildings immersed in nature testify to the creation of Arco, the city of well-being. Of particular note are two Liberty style villas, with a beautiful private garden. Abandoned for years, they are now home to the city's new cultural and social centre. The project assumes the natural system as the matrix of the site. The new auditorium is conceived of as part of the park. An artificial hill covers the 500-seat auditorium and is surmounted by a blade of glass, a path through the museum, and a the connections to the new social centre, located in the two villas. Images and films are projected on the glazed surfaces of the blade in order to communicate and dialogue with the citizens who use the park. The new auditorium will become a virtual backdrop that completes and valorises the city's park.

Ai margini del centro storico di Arco, sono ancora riconoscibili i segni della "città del benessere", nata alla fine dell'Ottocento, con ville di preziosa fattura e giardini esotici con palme e ulivi, immersi in una rigogliosa vegetazione mediterranea. Una visione romantica, descritta splendidamente da Goethe, a commento dei suoi viaggi in Italia, che segna l'inizio dell'epopea turistica del Lago di Garda. A questa storia appartengono due ville liberty, abbandonate da anni, destinate ad ospitare il nuovo centro culturale e sociale della città, un tema interessante oggetto d'un concorso d'architettura. Il progetto vincitore assume il sistema del verde come matrice del luogo. Il nuovo auditorium è pensato infatti come parte di un parco diffuso.

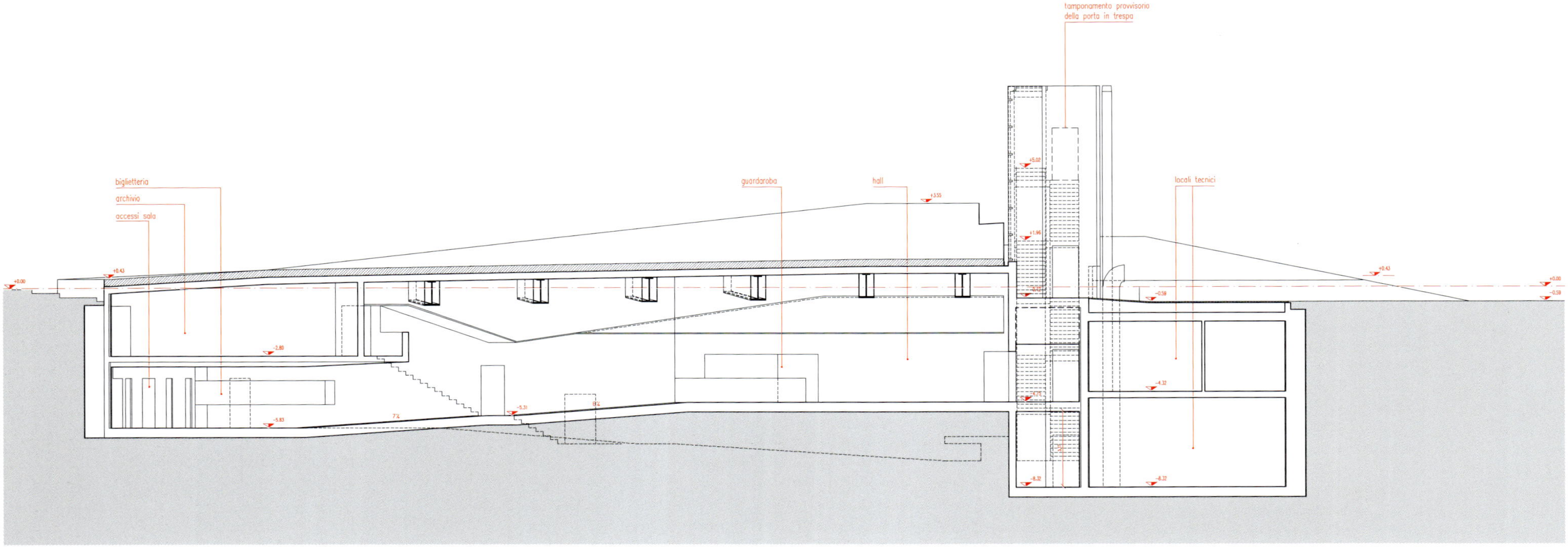

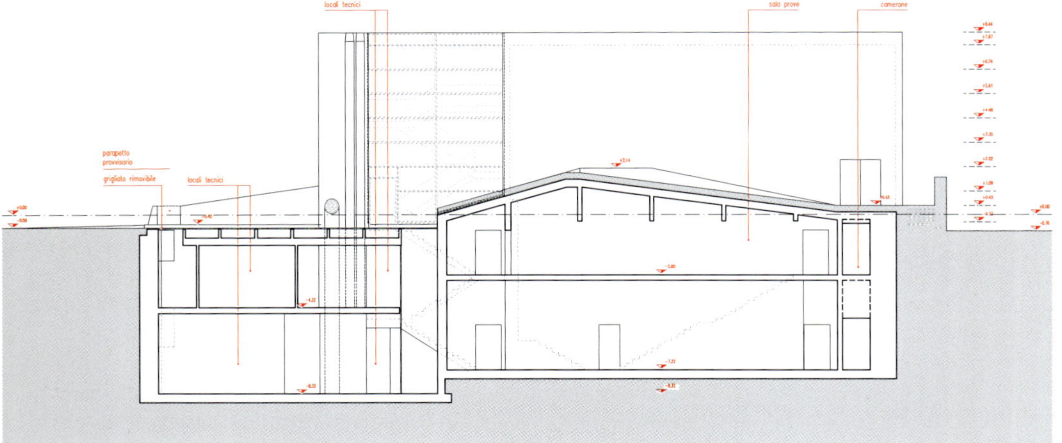

biglietteria
archivio
accessi sala
guardaroba
hall
tamponamento provvisorio
della porta in trespa
locali tecnici
parapetto provvisorio
griglia removibile
locali tecnici
locali tecnici
sala prove
camerino
sezione E-E' / Prospetto OVEST

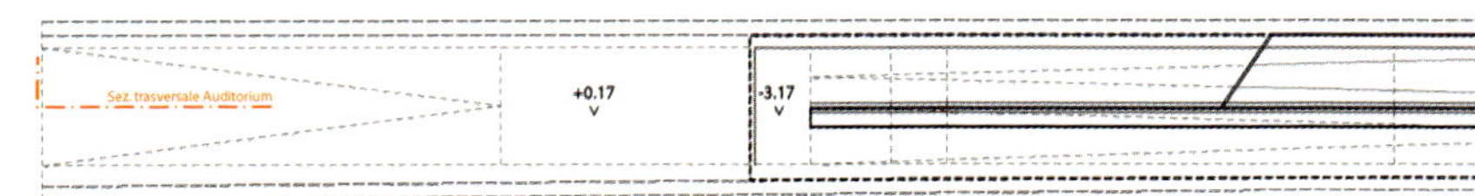

Sez. trasversale Auditorium
+0.17
-3.17
sezione B-B'

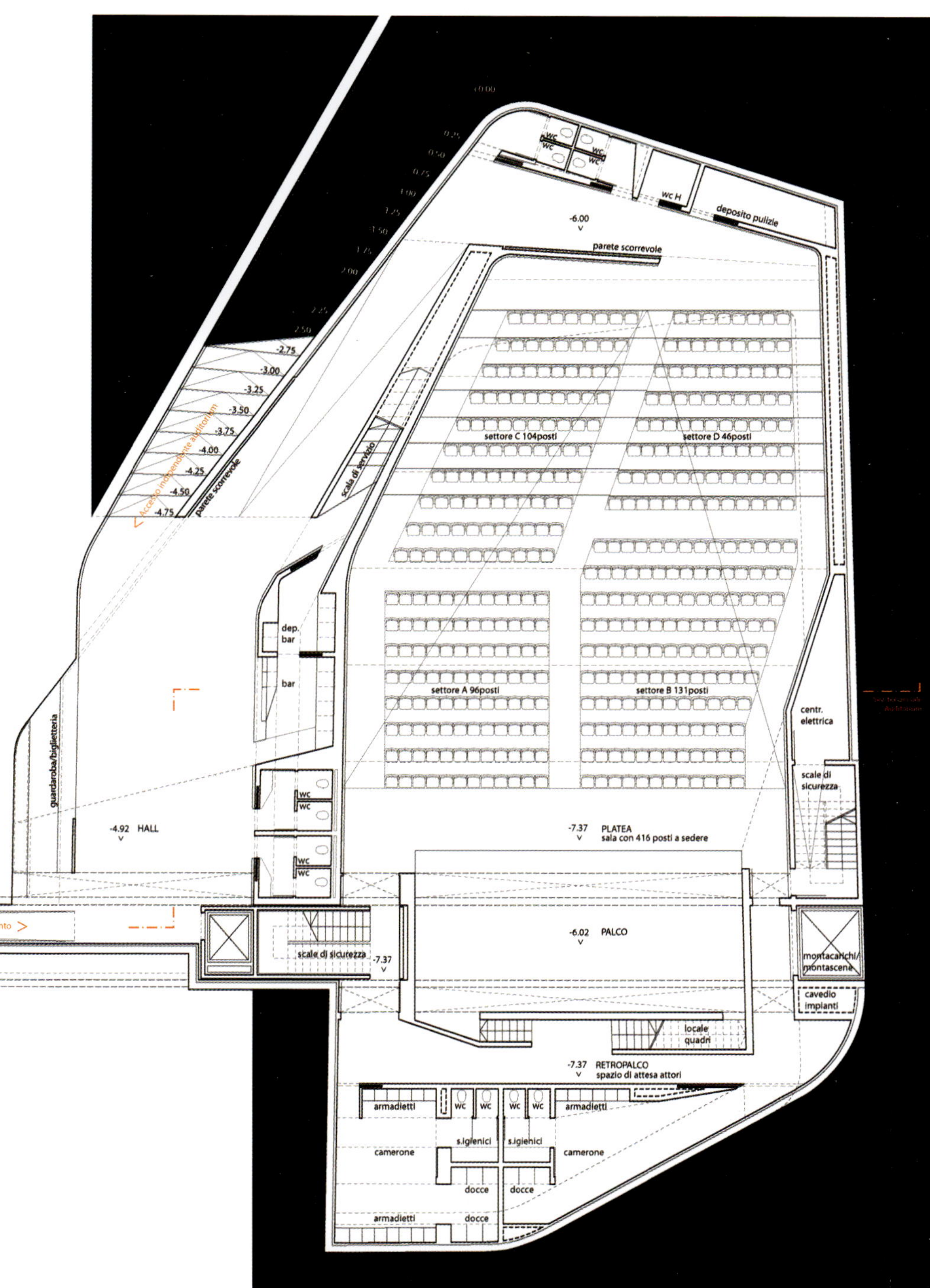

The project's intentions are complex: the philological restoration of the Villa Becker to its original plan and volume, the renovation of the Quisisana pensione and the construction of a semi-underground Auditorium, capable of ensuring the maintenance of all existing trees of any value, and valorising the natural park surrounding the site. An artificial hill covers the 500-seat Auditorium. Above grade, a glass fin defines the **museum path** inserted between the volumes of the Villa Becker and the Quisisana pensione, containing elevators, stairs and ramps that connect the various nuclei and activities listed in the project brief. The **new community centre**, located in the two villas, includes structures for the elderly on the ground floor of the Villa Becker and in the former Quisisana sanatorium; a Socio-Cultural Centre on the first floor of the Villa Becker and on the second and third floors of the former Quisisana pensione; a Visual Arts Centre on the third floor of the Villa Becker, connected to spaces for temporary exhibitions.

The **glass fin**, with its lightweight steel structure, is located above the stage and contains the various equipment for set changes and the lighting rigs. This technical solution allows the structure to host musical and theatre performances, in addition to conferences and assemblies. Immersed in the trees, the glass fin becomes a **multiplier** of the images of the park. A **virtual sleeve** capable also of communicating with the exterior, using jumbo screens, images, texts and film of events in the city. In the future, the glass fin can be extended to reach the garden and the adjacent Villa Elena, which can be absorbed into this new public and community centre.

L'intento del progetto è complesso: recuperare filologicamente villa Becker al suo impianto e volume originario, ristrutturare la pensione Quisisana e costruire un Auditorium seminterrato in grado di mantenere la totalità delle alberature di pregio esistenti e valorizzando il parco a verde che la circonda.
Una collina artificiale ricopre la sala di 500 posti dell'Auditorium. Fuori terra una lama in vetro racchiude un **percorso museale** che si inserisce tra i volumi di villa Becker e della pensione Quisisana e contiene ascensori, scale e rampe che collegano tra loro i diversi nuclei di attività previste dal bando. Il **nuovo centro sociale** ospitato nelle due ville prevede strutture per la terza età al piano terra di villa Becker e dell' ex sanatorio Quisisana; un Centro socio culturale, al primo piano di villa Becker e al secondo e terzo piano della ex pensione Quisisana; un Centro arti visive al terzo piano di villa Becker, collegato a spazi per allestimenti temporanei.

La **lama in vetro** con struttura leggera in acciaio, al di sopra del palcoscenico, ospita i macchinari che movimentano le scenografie e le americane delle luci. Una soluzione tecnica che consente di ospitare, oltre che convegni e assemblee, anche manifestazioni musicali e rappresentazioni teatrali. Racchiusa tra gli alberi, la lama di vetro puo' così diventare un **moltiplicatore** delle immagini del parco. Una **manica virtuale** in grado anche di comunicare all'esterno, su schermi giganti, immagini, scritti e filmati su quanto succede nella città. La lama di vetro potrà in futuro e ssere prolungata e raggiungere il giardino e l'edificio adiacente di villa Elena, che potrà diventare parte di questo nuovo polo pubblico e collettivo.

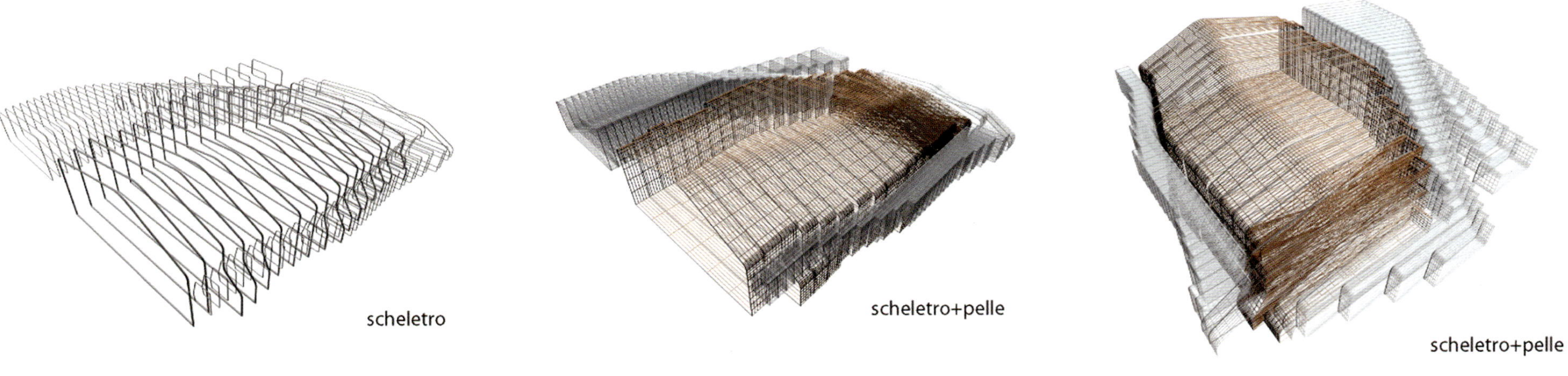

scheletro
scheletro+pelle
scheletro+pelle

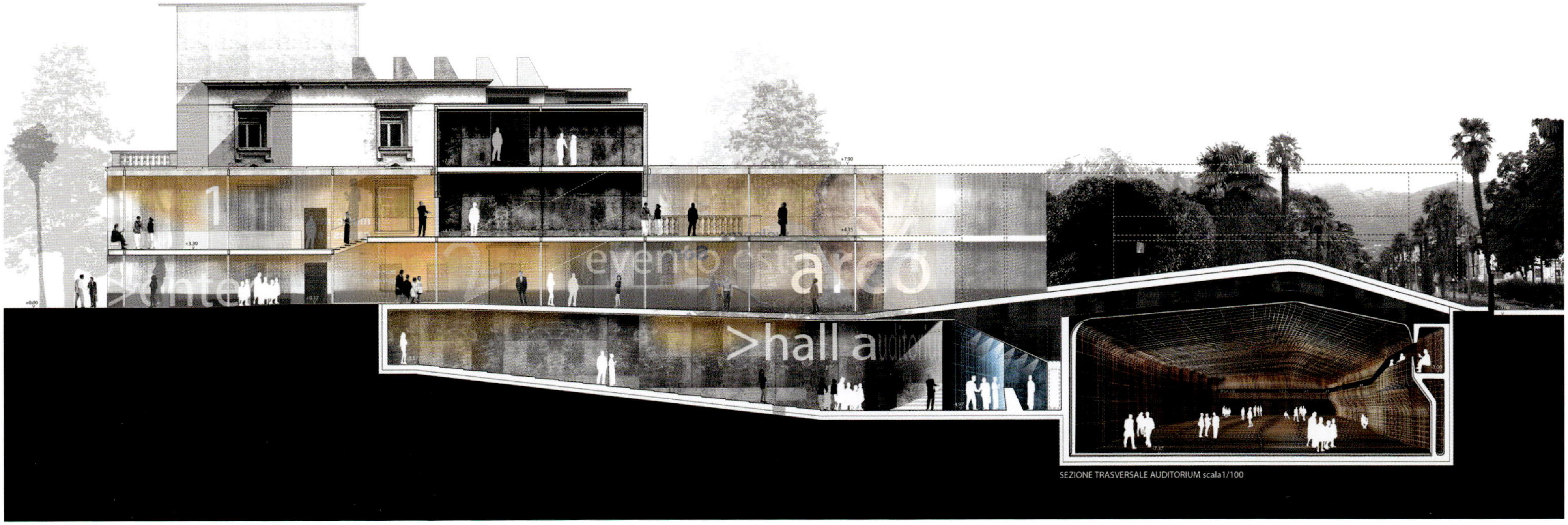

evento arco
>hall auditorium
SEZIONE TRASVERSALE AUDITORIUM scala 1/100

06
GRAND HOTEL LAVARONE
LAVARONE GRAND HOTEL
Lavarone - Trento - Italy - 2009/2012

CREDITS

Client Ecoagrimm srl; Architecture Alberto Cecchetto
Collaborators Enrico Friselle, Nicolò Reither and
Vincenzo Cribari

Committente Ecoagrimm srl; Progetto Alberto
Cecchetto; Collaboratori Enrico Friselle, Nicolò Reither
e Vincenzo Cribari

A mountain landscape, only a few kilometres from the Venetian foothills. Surrounded by dense forests of fir and larch trees supporting the snowy caps that crown the landscape of the Lavarone plateau, midway between Veneto and Trentino. Between the forests lies a large gap, flooded by the sun and offering a captivating view of the surrounding landscape; along the edges of this grassy terrain, between the fir trees, lies a hotel structure with160 rooms, a large fitness centre, a pool and two restaurants.

Un paesaggio di montagna, a pochi chilometri dalla pedemontana veneta. Attorno fitti boschi di abeti e larici, che sorreggono le cime nevose disposte a corona nel paesaggio dell'altipiano di Lavarone, a cavallo tra il veneto e il trentino. Tra i boschi di un grande squarcio inondato di sole e da dove è possibile dominare il paesaggio circostante, lungo i bordi di questo terreno erboso, tra gli abeti, si sviluppa un edificio alberghiero con 160 camere, un grande centro per il fitness, una piscina, due ristoranti, una discoteca, un bar ed una nursery.

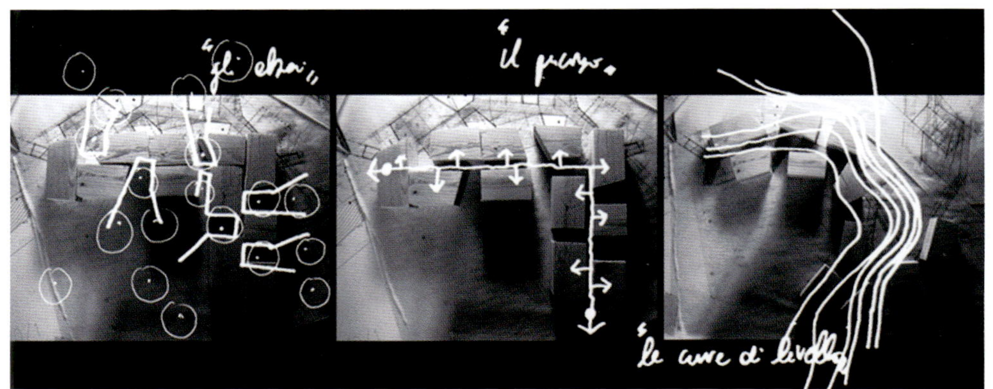

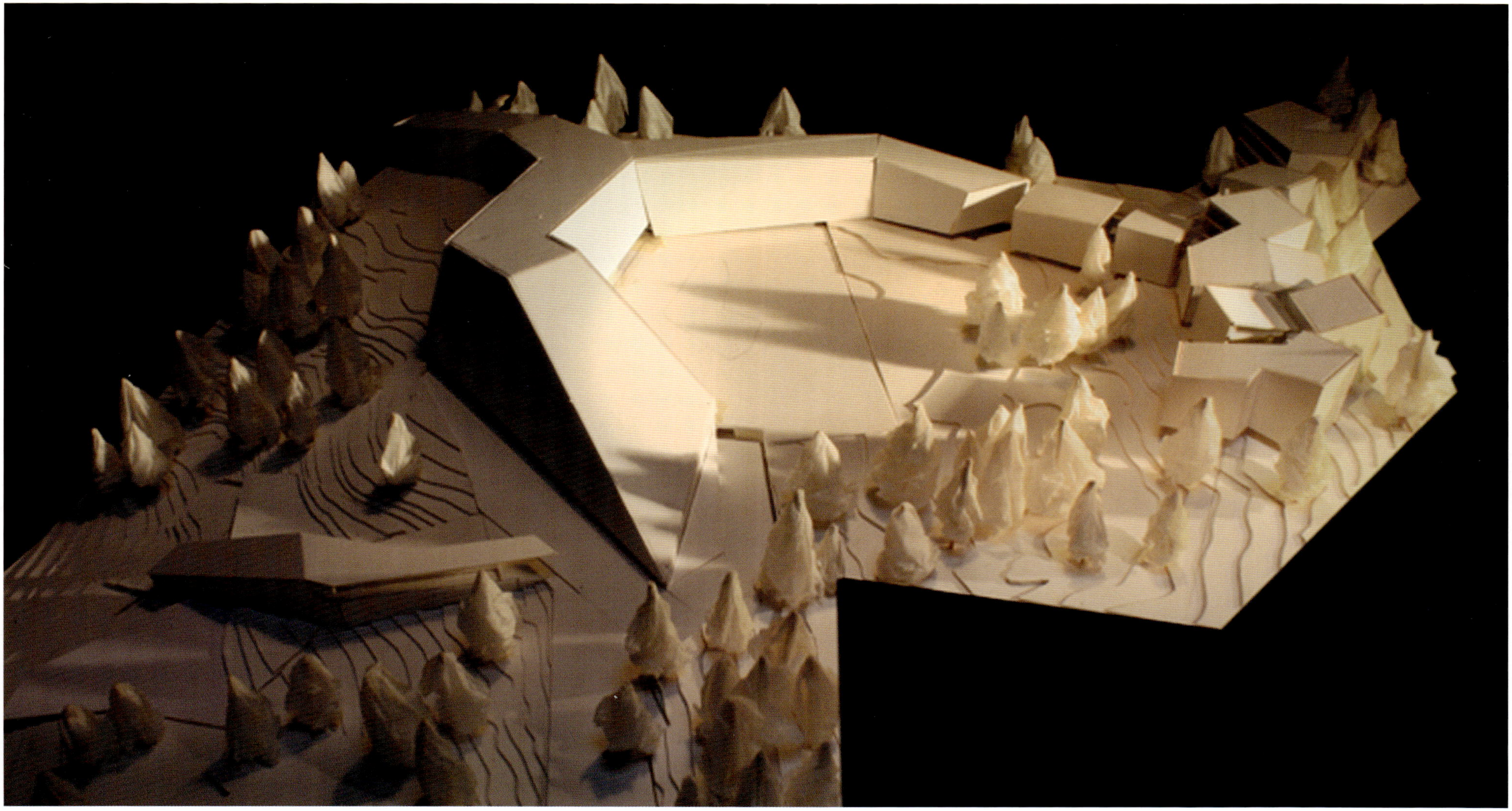

The building is articulated in different volumes that follow the **movement** of the sloping terrain with their pitched roofs, raising or lowering the ridgeline in harmony with the movement of the contour lines. The building thus enters into harmony with the **typical values** of local architecture, inserted within the mountainous landscape, based on the maximum respect for the orientation of the volumes, adapting to the lay of the land and adopting **"poor" materials**, such as stone and wood.

The plan of the new hotel complex occupies the minimum surface area on the lot: the majority of the parking is located below the building, privileging pedestrian over automotive movement. A southern portion of the site is used as a park for residents and visitors to the plateau.

Along the margins of the park, separated from the rest of the hotel complex and overlooking a wooden terrace that dominates the landscape, we find the most important **public facilities**: the pool, the fitness centre, the recreational centre with the games room, discotheque and a small theatre.
Each of the buildings and rooms are oriented to ensure optimum solar exposure, fundamental to this hotel structure, situated 1,000 meters above sea level. The hotel rooms each have their own loggia, guaranteeing an optimum microclimate during both the summer and winter.
All exterior walls are wrapped with an external insulating system finished in artificial wood slats, resulting from the most modern experiments in material **recycling**.

Un edificio articolato in piu' corpi, che inseguono l'andamento del terreno inclinando le falde del tetto, **elevando** o **abbassando** il colmo della copertura, in armonia con i movimenti delle curve di livello. L'edificio entra così in sintonia con i **valori tipici** dell'architettura del luogo che si inseriscono nel paesaggio montano, poichè rispettano sempre il miglior orientamento dei corpi di fabbrica e sono capaci di adattarsi alla conformazione del sito, adottando nella costruzione materiali "poveri" quali pietra e legno.

L'impianto del nuovo complesso alberghiero occupa la minima superficie del lotto: la maggior parte dei parcheggi sono collocati nell'interrato degli edifici, privilegiando i percorsi pedonali rispetto a quelli automobilistici.

Una porzione meridionale dell'area è destinata a **parco**, ad uso dei residenti e dei villeggianti dell'altopiano. Ai margini del parco, separate dal resto del complesso alberghiero e affacciate su un terrazzamento in legno che domina il paesaggio, si trovano le **attrezzature collettive** piu' importanti: la piscina, il centro fitness, un polo ricreativa con sala giochi, discoteca e piccolo teatro.
Tutti gli edifici e le camere sono orientate in modo da avere un'ottima esposizione ai raggi solari, qualità fondamentale per un insediamento alberghiero posto al di sopra dei 1000 metri. Le camere sono dotate di logge che garantiscono, sia d'estate che d'inverno, un microclima ottimale.
Tutte le pareti esterne dell'edificio sono rivestite con un cappotto in doghe in legno artificiale, frutto delle piu' recenti sperimentazioni nel **riciclo** dei materiali.

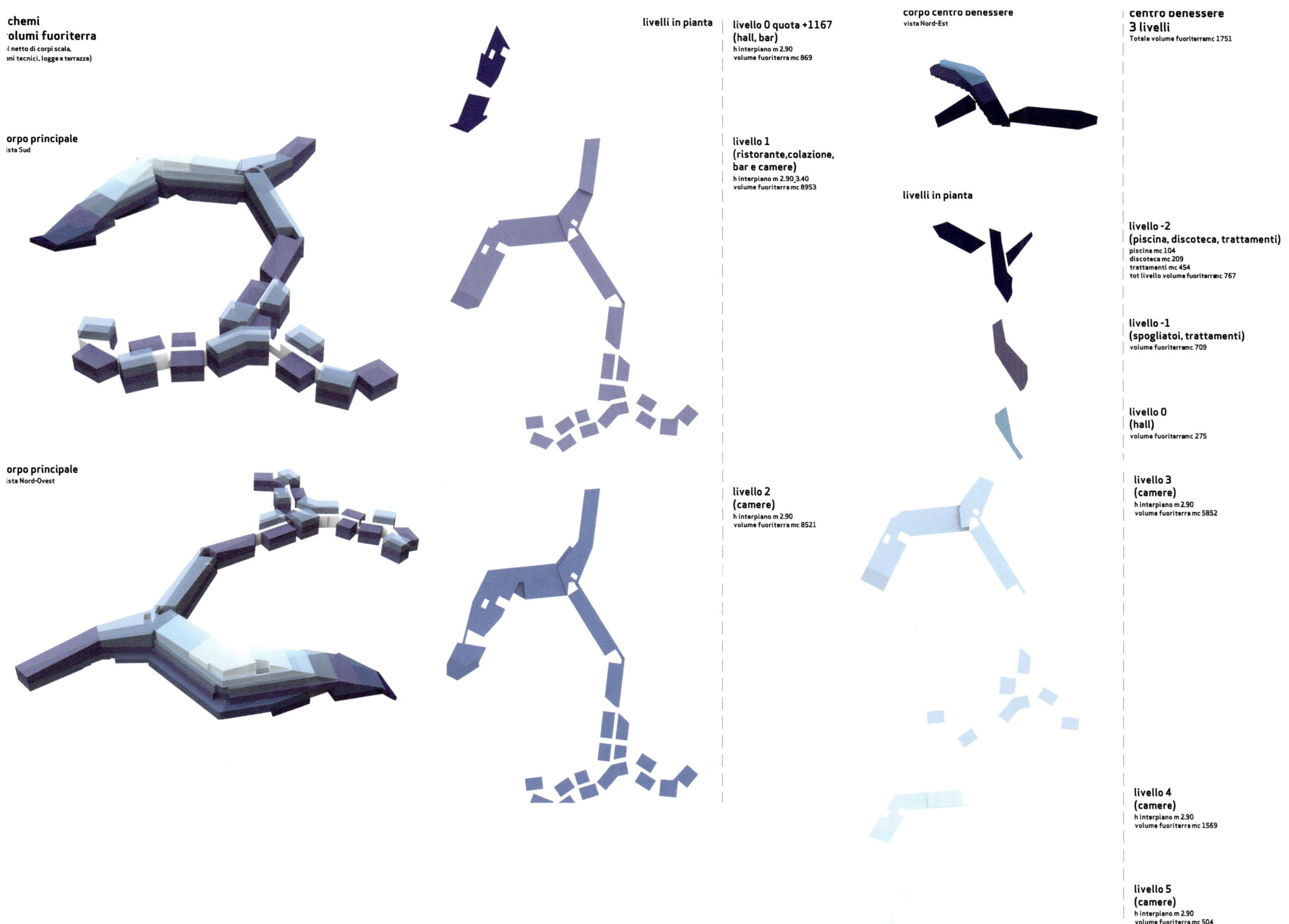
chemi
olumi fuoriterra
l netto di corpi scala,
ni tecnici, logge e terrazze)

orpo principale
ista Sud

orpo principale
ista Nord-Ovest

livelli in pianta

livello 0 quota +1167
(hall, bar)
h interpiano m 2.90
volume fuoriterra mc 869

livello 1
(ristorante, colazione,
bar e camere)
h interpiano m 2.90_3.40
volume fuoriterra mc 8953

livello 2
(camere)
h interpiano m 2.90
volume fuoriterra mc 8521

corpo centro benessere
vista Nord-Est

livelli in pianta

centro benessere
3 livelli
Totale volume fuoriterra mc 1751

livello -2
(piscina, discoteca, trattamenti)
piscina mc 104
discoteca mc 209
trattamenti mc 454
tot livello volume fuoriterra mc 767

livello -1
(spogliatoi, trattamenti)
volume fuoriterra mc 709

livello 0
(hall)
volume fuoriterra mc 275

livello 3
(camere)
h interpiano m 2.90
volume fuoriterra mc 5852

livello 4
(camere)
h interpiano m 2.90
volume fuoriterra mc 1569

livello 5
(camere)
h interpiano m 2.90
volume fuoriterra mc 504

+1185.82
liv.5
+1181.96
liv.4
+1179.07
liv.3
+1176.18
liv.2
+1173.29
liv.1
+1169.89
liv.0
+1167.00

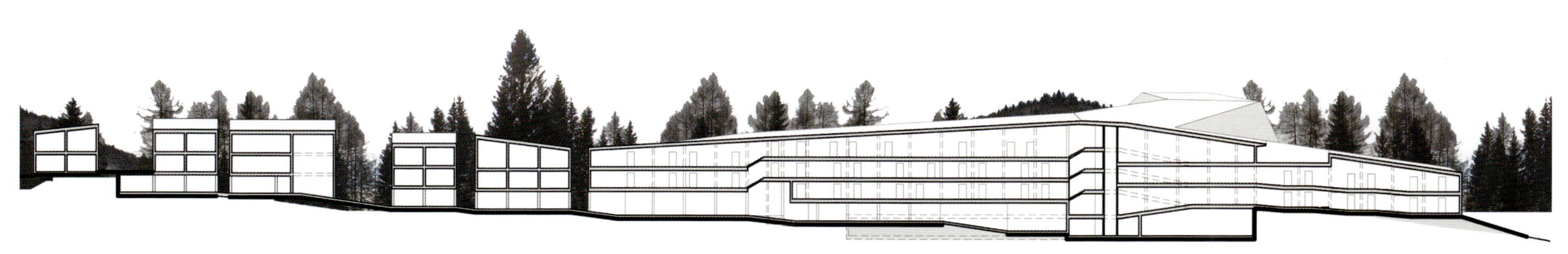

colmo
+1186.96
liv.5
+1181.96
liv.4
+1179.07
liv.3
+1176.18
liv.2
+1173.29
liv.1
+1169.89
liv.0
+1167.00
liv.0 C.B
+1164.96
liv.-1
+1161.73
liv.-2
+1157.14

STUDIO GASPARRINI

Napoli

STUDIO GASPARRINI

INTERVIEW
INTERVISTA

with
CARLO GASPARRINI

by ALESSANDRO FRANCESCHINI

 **How was the Gasparrini Studio conceived and what are the fundamental principles guiding its thinking?**

The Gasparrini Studio was set up as a meeting point for different points of view and professions to interact. I myself was educated as an architect and urban designer. That is, my urban sensitivity does not so much relate to the traditional idea of planning but to the idea of planning the project at different scales in the urban space. With time, we have seen a coming together of experience and areas of expertise of different natures that surround this approach, particularly strongly focus on landscape and architecture. As a result of this we have seen the inception of the theme of urban landscape, from the large park to the small garden. The Studio has had the opportunity to collaborate on this theme with partners such as Peter Latz, Rodolphe Luscher, Andreas Kipar, and various others. Obviously these three main lines of research (the architectural object, the urban project, and city planning and landscape) are not treated separately but as overlapping specialisations that are in constant dialogue with one another. Furthermore, I would like to add that the Studio has been enhanced by

AF Come nasce lo studio Gasparrini e su quali premesse fonda la sua ragione progettuale?

CG Lo studio nasce come un luogo di intersezione tra propensioni e professionalità diverse. La mia stessa formazione di architetto-urbanista non è legata tanto alla tradizione del planning quanto a quella dell'urban design, in cui le competenze tradizionali della pianificazione urbanistica si fondono con quelle del progetto dello spazio della città a scale molto diverse. Nel corso del tempo, attorno a questo approccio, si sono coagulate esperienze ed attenzioni convergenti, in particolare orientate a una crescente attenzione alla progettazione architettonica e del paesaggio. In questo, è stato essenziale il contributo di giovani progettisti che hanno portato nello studio, assieme all'entusiasmo, una mescolanza fertile di sensibilità e capacità. In particolare, direi che il tema del progetto degli spazi aperti, dal grande parco al piccolo giardino, sia diventato centrale nella nostra produzione, anche grazie alla collaborazione con architetti e paesaggisti come Peter Latz, Rodolphe Luscher, Andreas Kipar e altri, da cui abbiamo imparato molto in questi anni. Le linee di ricerca principali dello studio - pianificazione urbanistica, progetto urbano, architettura

the strength of its young architects who have not only brought enthusiasm with them but also the opportunity to rethink approaches and sensitivities set in stone for some time now. Lastly, the Studio has always been characterized by its great desire not to lose sight of the city in which it was born and raised. There has been an intense relationship between Naples and ourselves for many years now, and although we work in other places, we are very attached to this city that for us has become a favorite observatory and living laboratory.

It seems that through your teamwork you manage to deal with various scales by using intelligence and curiosity. What is the relationship between the scale of landscape, urban projects, and architecture?

There is no magic formula, you need to help yourself by using your own planning training and the consolidated transcalar view that I spoke of earlier. It's an approach that must not be forgotten regardless of the type of work being carried out: from the larger scale right down to the detailed. My constant training in working with various scales soon became a behavioral study mechanism. It couldn't be any different as large and small scales are two aspects of the same problem and it is not possible to think of the vast area and forget the objects situated within it. Vice versa, neither is it possible to plan small spaces and minor construction jobs without interacting with the wider aspects of the city within which they stand. This approach also influences the way in which a project is designed and illustrated so that the reasoning behind our choices is represented effectively.

How much has the study and research on urban planning influenced the formation of the profile of a planner who is sensitive to the "context"?

I didn't have a "teacher" but various authorative figures to whom I could refer which allowed me to construct my own value system and plot my own professional and disciplinary course . I have, however, worked with some Italian city planners,

e paesaggio – non sono ovviamente compartimenti stagni ma settori di lavoro in costante dialogo tra loro. Le incursioni verso discipline contigue che questo comporta sono un motivo di arricchimento del nostro mestiere e del nostro modo di guardare la città e il territorio. Dentro questo piccolo laboratorio - che ci porta, come tutti gli studi, a prestare attenzione a tanti luoghi in giro per il mondo - non vogliamo perdere di vista la città nella quale il nostro studio è nato e cresciuto. Tra noi e Napoli c'è, oramai da molti anni, un rapporto intenso e crediamo, anche da un punto di vista etico, alla necessità di rafforzare questo grande attaccamento e radicamento in città che è per noi diventato un osservatorio privilegiato e un laboratorio imprescindibile.

AF Sembra che il vostro sia un lavoro di squadra in cui – dal cucchiaio alla città – riuscite a seguire i "salti di scala" con intelligenza e curiosità. Che rapporto esiste tra la scala del paesaggio, del progetto urbano e dell'oggetto architettonico?

CG Non esistono formule magiche, bisogna farsi aiutare, com'è ovvio, dalla propria formazione progettuale e da quel consolidato sguardo transcalare di cui parlavo prima. Si tratta di un approccio che accompagna costantemente qualsiasi lavoro ci troviamo ad affrontare, dal dettaglio alla larga scala. Questo allenamento a frequentare scale diverse è diventato una procedura comportamentale dello studio, quasi naturale e istintiva. Non potrebbe essere diversamente, perché grande e piccola scala sono declinazioni diverse ma concorrenti dello stesso modo di guardare. Ed è ovvio che non sia possibile lavorare nell'area vasta senza manipolare i materiali del paesaggio che la conformano, anche elementari; né, viceversa, progettare piccoli spazi e manufatti senza interagire con i racconti più ampi della città entro sui si collocheranno e a cui, si spera, daranno un contributo interpretativo. Questo approccio influenza anche il modo di disegnare e illustrare i progetti, di argomentare le scelte e farne capire efficacemente le ragioni, di costruire le visioni che esse sollecitano.

although without having an actual connection. Of all those with whom I have had the honor of working, Bernardo Secchi has been the most important: I have learnt a lot from him and I continue to learn because Secchi is a city planner who bases his actions on the project vision. But I have also had the opportunity to work with Roberto Gambino, Bruno Gabrielli, and Giuseppe Campos Venuti who have made history and more in Italy in this discipline. Another architect to whom I owe much of my education is Giancarlo De Carlo due to his spatial, social, and environmental approach to the project.

You divide yourself between Naples, Rome, and other Italian cities proposing solutions that, however, all seem to have a Mediterranean mesh. How do you conjugate this mesh in your work?

I am convinced that one must work hard on the new forms of open space that make it possible to rethink the city and areas along the coast, reinterpreting the extraordinarily rich grammar that we have inherited and making a multiplicity of planning approaches possible. The construction of a new generation of contemporary parks, the rethinking of wasteland, the richness of the urban countryside, the transformation of the coastal landscape and infrastructure are fundamental opportunities to provide shape and form as well as build a new framework for the dispersed city. From this arises the inexorable need to work on the fabric of Mediterranean urban landscapes, to explore new syntaxes and imagine scenarios as they evolve. This is why we shrink from importing design specifications and it fascinates us that we are sensitized even by sources very distant from this research avenue and are equally animated by a curiosity and desire to experiment.

You received an important mention from the LAE for your work in the eastern area of Naples. Can you tell us about it?

This mention came as a pleasant surprise. It was for a course of research we have been carrying out for years now.

AF Quanto hanno influito gli studi e le ricerche dell'urbanistica nella formazione di un profilo di progettista attento e sensibile al "contesto"?

CG Rispetto a molti colleghi, non ho avuto un "maestro" nel senso tradizionale che questa parola assume nella scuola e nel mestiere, ma diverse e autorevoli figure di riferimento che mi hanno consentito di costruire una mia scala valoriale e un mio percorso disciplinare e professionale. In questo senso, mi considero molto fortunato per le possibilità avute nel tempo di lavorare con urbanisti italiani, appartenenti a generazioni precedenti alla mia, che hanno fatto la storia di questa disciplina in Italia e non solo. A partire da Bernardo Secchi a cui mi lega una stima e un affetto profondi, soprattutto perché gli riconosco il grande merito di aver innovato, sin dagli anni '80, il modo di fare piani e di aver spinto sulla centralità di una visione progettuale nella costruzione degli strumenti urbanistici. Devo molto anche ad urbanisti come Giuseppe Campos Venuti e Federico Oliva con cui ho avuto occasione di lavorare per il nuovo Piano di Roma, Roberto Gambino con cui ho costruito l'esperienza del Piano del Parco Nazionale del Vesuvio e Bruno Gabrielli con cui condivido da vent'anni l'esperienza dell'Associazione Nazionale Centri Storici. Tutti colleghi con cui continuo ad avere uno scambio proficuo e da cui continuo ad imparare. Se vado indietro nel tempo, ad una figura che sintetizzi le diverse sfaccettature di un mestiere complesso come il nostro, è l'approccio al progetto di Giancarlo De Carlo, a cavallo tra urbanistica e architettura, che ha costituito per me un riferimento importante circa il modo di lavorare nella città, non solo sula qualità del suo spazio fisico ma anche sul rapporto con le comunità locali e sulla ricerca di una forte condivisione delle scelte.

AF Lei si divide tra Napoli, Roma e altre città italiane, proponendo soluzioni e proposte che però sembrano avere una matrice mediterranea. Come coniugate questa matrice nel vostro lavoro?

CG Sono convinto che si debba lavorare molto sulle nuove forme dello spazio aperto che

This is an urban project that trusts the open spaces with the responsibility of constructing an urban space with a strong identity, developed progressively in parallel with the process of redeveloping former industrial areas. We worked on the sculptural design of a large park (150 hectares) built using a series of deformations in the ground, linked to the peculiarities of the city of Naples that is noted for not being a flat city but articulated in terms of high and low, over and under, inside and out. This expressive idea formed the pretext for the remodeling and rehabilitation of the former swamp land on which the industrial area in the east of the city was built. It was a question of reinventing a space traditionally bound to water, and highlighting the relationship between the new narrowing and its new uses. All of this was accompanied by new space constructed with new functions: the narrowing became an element strongly subordinate to the quality of the open space. The form of the ground must provide the flat areas with shape so a strategy of street-landscapes was used. This has all happened through a slow but dynamic metamorphosis

consentono di ripensare le città e i territori che si affacciano sul mare, reinterpretando una grammatica straordinariamente ricca che abbiamo ereditato e che lascia intravvedere una molteplicità di approdi progettuali. La costruzione di una nuova generazione di parchi contemporanei, il ripensamento dei luoghi del rifiuto e dello scarto che si infiltrano nelle parti molli, la ricchezza delle campagne urbane e delle sue forme, la riconquista e trasformazione dei paesaggi costieri e di quelli infrastrutturali sono occasioni fondamentali, anche da un punto di vista simbolico, per costruire un nuovo telaio della città dispersa e dare forma ad un territorio cresciuto senza una consapevolezza di sé. Dentro questo telaio – che assume connotati e consente racconti molto diversi – è possibile riposizionare le nuove densificazioni, costruire nuovi palinsesti, misurare le distanze e costruire relazioni tra le parti, compresi i nuovi recinti della specializzazione e del metabolismo urbano. Di qui la necessità imprescindibile di lavorare sulla grana e sulle trame dei paesaggi urbani mediterranei, di esplorare nuove sintassi, di immaginare

that has become the engine driving the building processes forward. This prize also constitutes a small victory for Landscape Urbanism, that is, it is possible to transform small portions of a city through time by modeling the ground in these open spaces and taking both the traditional and contemporary urban material into consideration.

Can you describe the current activities of the Studio and your future prospects?
The most important project that we are working on is precisely in this area of Naples. We received the task of managing the executive project of a compact part of the eastern area of Naples (about 100 hectares) from the Q8 petroleum company who own the former refinery. Making a great vision involving 420 hectares of a disused former industrial area doable is a tough and intriguing challenge. It is a project that needs to work as a catalyst for the improvement and recovery of the whole area.

scenari evolutivi. Ecco perché rifuggiamo dall'importazione di stilemi e ci affascina contaminare e farci contaminare da sensibilità anche molto distanti da questo percorso di ricerca e tuttavia animate da un'analoga curiosità e voglia di sperimentazione, com'è accaduto felicemente con Peter Latz nel progetto del parco di Bagnoli a Napoli.

AF Avete avuto una importante segnalazione dal LAE (la Fondazione Landscape Architect Europe) per il vostro progetto per l'area orientale di Napoli. Ce ne può parlare?
CG Questo riconoscimento è stata una piacevole sorpresa e ha premiato un percorso di ricerca che stiamo perseguendo da anni. Ovvero quello di un progetto urbano che affida agli spazi aperti, alla loro qualità e pervasività e alla definizione di guidelines molto semplici per la riedificazione e la mixité funzionale, il compito di costruire progressivamente uno spazio urbano fortemente identitario in funzione del processo asimmetrico di dismissione. Nel nostro progetto abbiamo lavorato molto sul tema del parco come un grande "cretto verde"

di oltre 150 ettari: un disegno urbano che introduce una serie di deformazioni del suolo, che lavora su piccole differenze di quota e su una erosione scultorea delle grandi placche edificabili. In questo senso, è come se si evocasse, nel territorio piatto delle ex paludi, l'esigenza di una modellazione che attinga alla specificità di Napoli e alla sua ricchezza morfologica, alla costante interferenza tra un sopra e un sotto, tra un dentro e un fuori. Il parco è il nuovo grande spazio dello stare insieme per la collettività alla scala urbana e, allo stesso tempo, è anche una rete di spazi pubblici fortemente connotanti la scala locale delle singole parti urbane in cui è possibile scomporre il progetto. In questa ricerca formale e contestualità di scale, un ruolo determinante è affidato alle strade e all'acqua che svolgono la funzione di nuova infrastrutturazione dell'area, sia dal punto di vista funzionale che paesaggistico. Abbiamo cioè codificato una strategia di street-landscape in cui la rete di strade e canali guida la rigenerazione progressiva per parti e nel tempo, senza pretese di irrigidire il disegno in un planovolumetrico bloccato. Questa lenta ma dinamica metamorfosi diventa il motore dei processi di nuova edificazione, sollecitando una ricerca che consenta di andare aldilà della città compatta come anche di quella "aperta".

AF Ci descrive la vostra attività di studio oggi e una prospettiva futura?

CG Il progetto più rilevante a cui stiamo lavorando è proprio quello per l'area orientale di Napoli, in particolare il suo approfondimento attuativo per l'area Q8 della ex raffineria e dei depositi petroliferi che impegna quasi 100 degli oltre 400 ettari dell'intero ambito progettato a livello urbanistico, di cui ho appena parlato. Questo ulteriore incarico è una sfida intrigante e impegnativa: rendere fattibile e seducente il primo importante stralcio di un progetto urbano strategico per la città di Napoli dimostrando, contemporaneamente, che le visioni e le regole individuate a livello complessivo consentono di giungere ad approdi architettonici molto diversi, com'è giusto nella costruzione della città. In questo senso, l'ambizione è che il progetto possa avere una funzione di traino per intrecciare in modo virtuoso la bonifica delle aree inquinate con la trasformazione urbana di un'area oggi vissuta come un grande "buco nero" della città. Serve un ottimistico azzardo assieme ad un elevato controllo delle tante variabili in gioco, a partire dal "tempo" che deve giocare un ruolo centrale nella costruzione del progetto. Ci stiamo provando.

STUDIO GASPARRINI

Team

Carlo Gasparrini, Paola D'Onofrio, Mirella Fiore, Massimo Lanzi, Eduardo Mignone and Cinzia Panneri; with: Rosalba Giannoccaro, Luigi Innammorato, Daniela Mello, Danilo Nappo, Alessia Sannolo and Anna Terracciano

Temporary project assistants

Benedetto Annunziata, Elena Arcopinto, Leonardo Baglioni, Daniele Cannatella, Vito Cappiello, Armando Carravetta, Maria Cerreta, Ettore Cinque, Rodolfo Cipriani, Marika Cirigliano, Antonello De Leo, Paolo De Stefano, Antonio Di Gennaro, Massimo Greco, Pasquale Inglese, Fiorella Izzo, Corrado Lentini, Giovanni Longobardi, Marilena Lucivero, Andrea Mandara, Virna Mastrangelo, Michele Moffa, Riccardo Motti, Antonio Negrini, Federica Nobili, Agostino Nuzzolo, Roberto Pagnano, Antonino Pardo, Marcello Parlati, Marcello Peluso, Pasquale Pisano, Simona Penza, Paolo Pineschi, Patrizia Pulcini, Francesco Reale, Andreina Ricci, Vincenzo Rizzi, Jolanda Romano, Massimo Romano Cusatis, Vincenzo Russo, Paolo Sacco, Mauro Smith, Valeria Sassanelli, Giovanna Togo, Rosella Turchi, Rosanna Veneziano and Chiara Villoresi

Regular partners

CDS Ingegneria snc, D'Appolonia spa and Edin srl

01
ZONE 13 ("EX-REFINERY")
AMBITO 13 (EX RAFFINERIA)
Napoli - Italy - 2006/2009

CREDITS

Scale of planning initiative Urban Implementation Plan; **Clients** Società Consortile Napoli Orientale; **Design director and project manager** Carlo Gasparrini (scientific and planning coordinator), Gloria Cerliani-company Ecosfera (strategic coordinator)

Scala di progettazione Piano Urbanistico Attuativo; **Committente** Società Consortile Napoli Orientale; **Responsabili della progettazione** Carlo Gasparrini (coordinatore scientifico e progettuale), Gloria Cerliani-società Ecosfera (coordinatore strategico)

The plan covers an area of more than 400 hectares in the lee, that is, the eastern area of the city coinciding with Enhancement Area 13 for the ex-refinery identified in the New Urban Plan for Naples in which a large park of over 150 hectares, an integrated residential complex, tertiary and production activities, as well as public and private infrastructure and equipment are planned.

In an area in which oil and gas storage tanks, industries that have closed down or are still active, residential and shopping areas are located, the Plan defines a progressive strategy of environmental, landscape, and settlement transformation centered on several structural choices: rethinking of the road and rail access system inspired by principles of sustainability; construction of a dense road system that has become the main motor behind the street-landscape strategy driving the construction of the park; the decomposition and recomposition of settlement in the industrial lots based on interaction between the new reticular park ("green corridor") and the modeling of the land in the built parts ("polder"); the central role of water and its recycling that is also connected with controlling and replenishing groundwater level; the impulse given to the massive amount of renewable energy used in both managing the open spaces and construction of new buildings; the reformulation of procedures implemented on the basis of introducing urban equalization and according to defined and progressively implemented scenarios.

Il Piano è relativo ad un'area di oltre 400 ettari a ridosso della città compatta nell'area orientale, coincidente con l'"'Ambito 13" della "Ex Raffineria" individuato dal nuovo Piano Urbanistico della Città di Napoli in cui è previsto un grande parco di oltre 150 ettari e un complesso integrato di residenze, attività terziarie e produttive, attrezzature pubbliche e private.

In un'area in cui coesistono depositi petroliferi e del gas, industrie dismesse o ancora attive, tessuti residenziali e centri commerciali, il Piano definisce una strategia progressiva di trasformazione insediativa, paesaggistica e ambientale centrata su alcune scelte strutturanti: il ripensamento del sistema dell'accessibilità su ferro e gomma ispirato a principi di sostenibilità; la realizzazione di un sistema stradale denso che diviene il motore principale per la costruzione del parco sulla base di una strategia di street-landscape; la scomposizione e ricomposizione insediativa dei lotti industriali basata sull'interazione tra il nuovo parco reticolare ("cretto verde") e la modellazione del suolo nelle parti edificabili ("polder"); il ruolo centrale dell'acqua e del suo riciclaggio legato anche al controllo del livello di falda e alla sua bonifica; l'impulso dato all'impiego massiccio di energia rinnovabile sia nella gestione degli spazi aperti che nella costruzione dei nuovi edifici; la riformulazione delle procedure attuative basate sull'introduzione della perequazione urbanistica e sulla definizione di scenari attuativi progressivi.

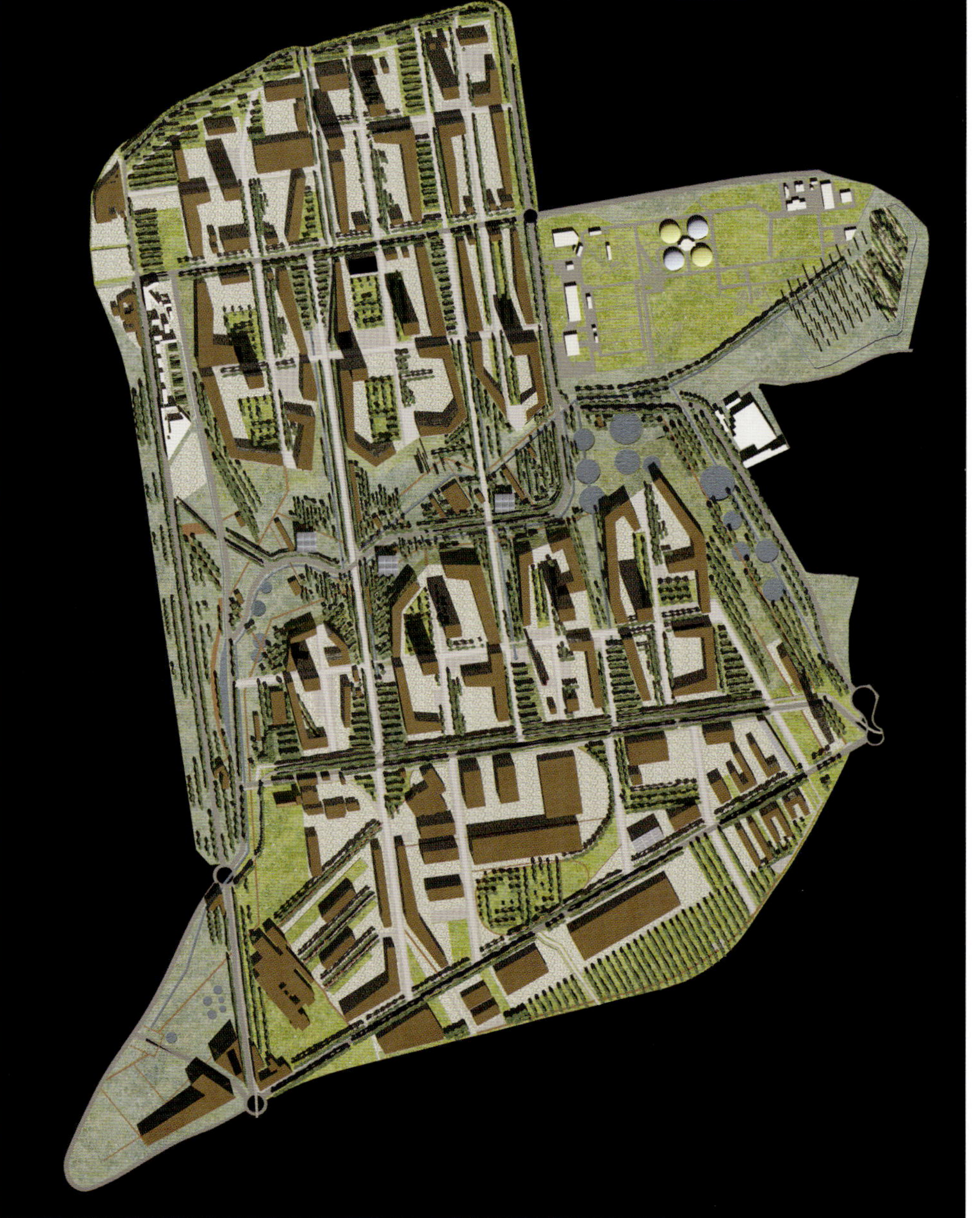

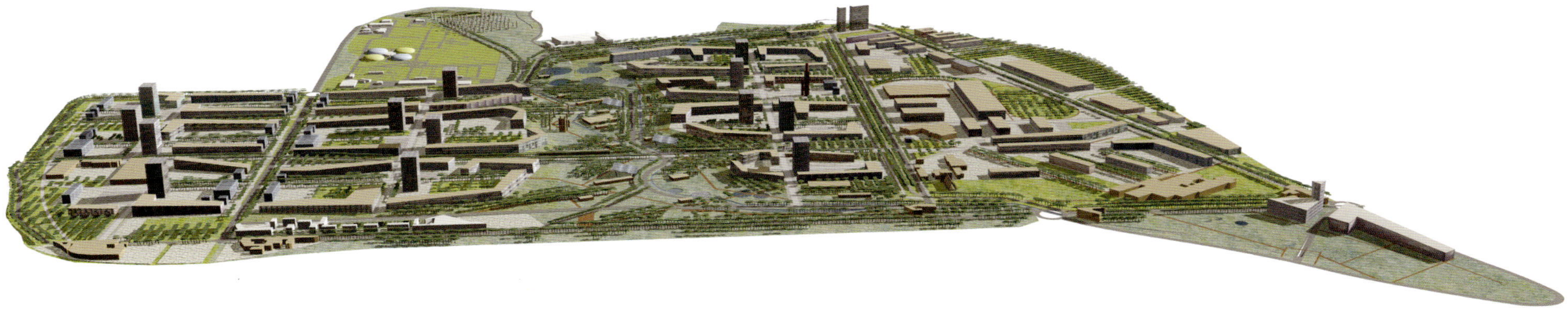

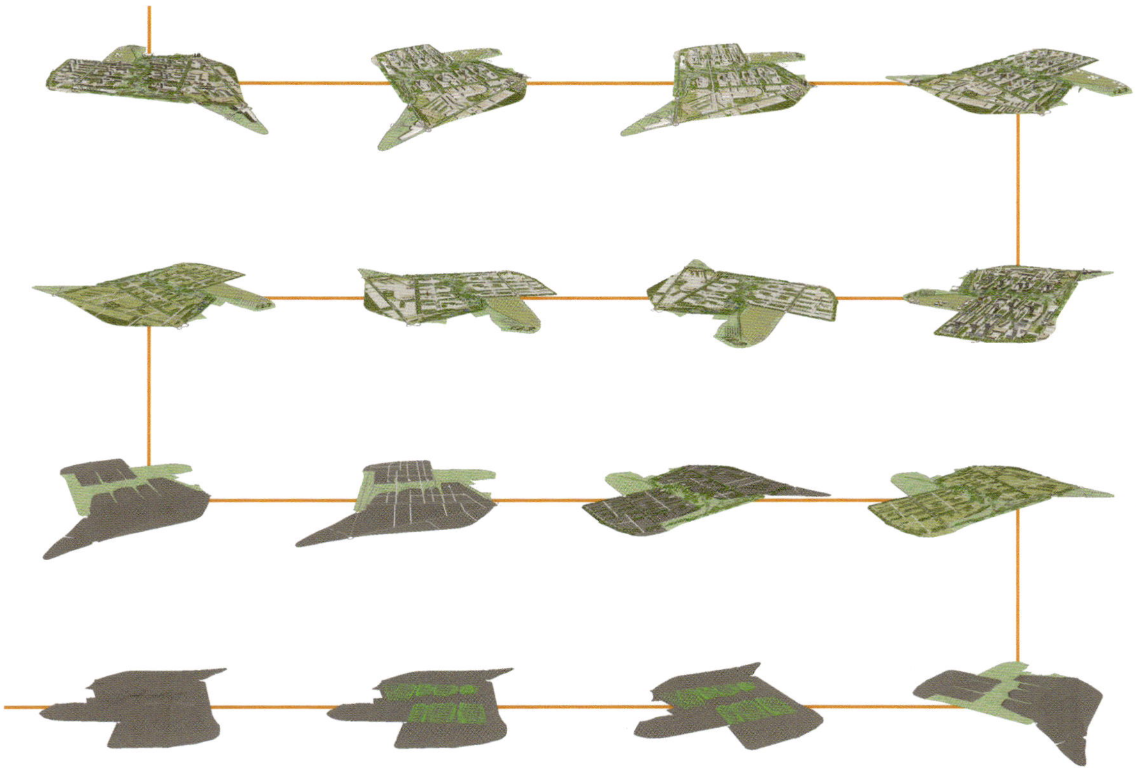

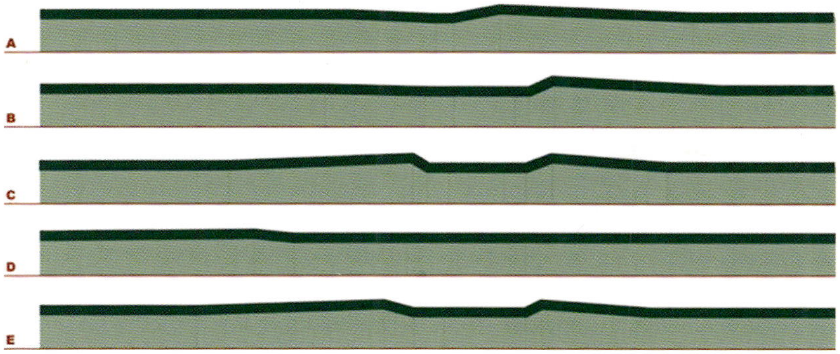

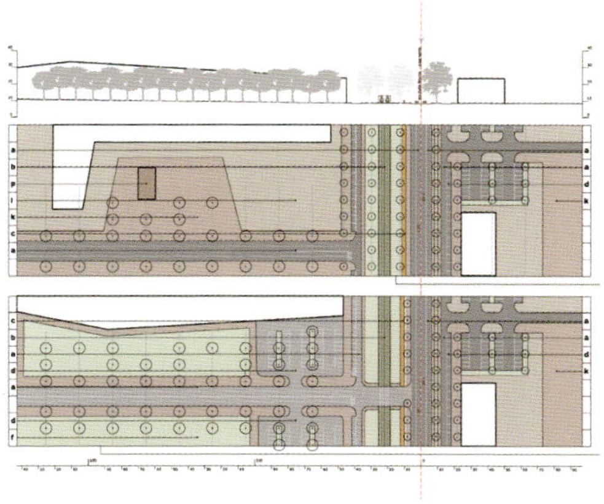

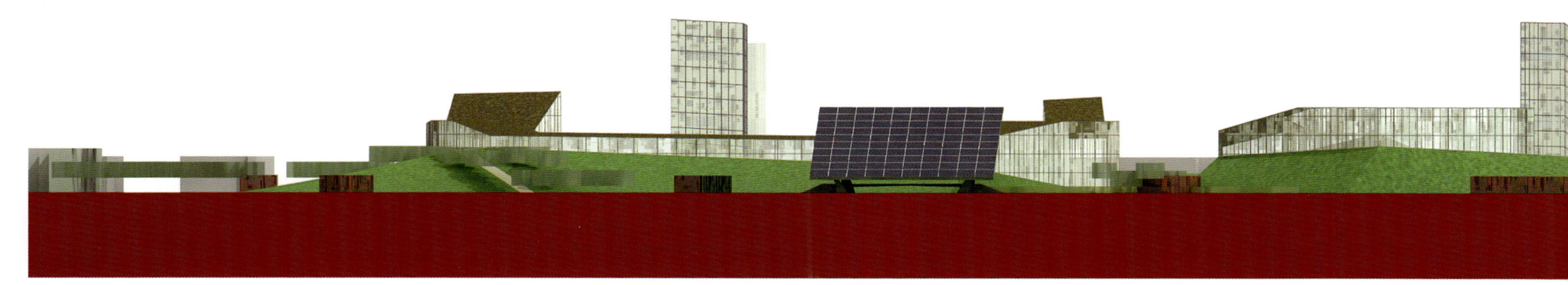

Acer campestre
sottobosco
Phoenix canariensis
Fraxinus ornus
sottobosco
roseto
18.36
24.30
29.90

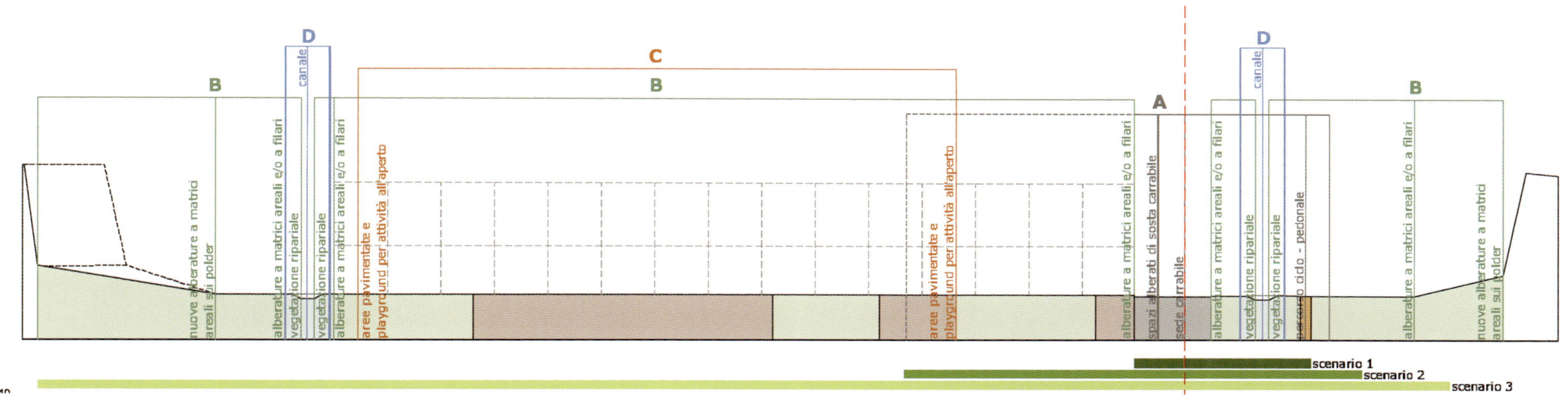

B
D
canale
C
B
D
canale
A
B
nuove alberature a matrici areali sui polder
alberature a matrici areali e/o a filari
vegetazione ripariale
alberature a matrici areali e/o a filari
aree pavimentate e playground per attività all'aperto
aree pavimentate e playground per attività all'aperto
alberature a matrici areali e/o a filari
spazi alberati di sosta carrabile
sede carrabile
alberature a matrici areali e/o a filari
vegetazione ripariale
vegetazione ripariale
percorso ciclo - pedonale
alberature a matrici areali e/o a filari
nuove alberature a matrici areali sui polder
scenario 1
scenario 2
scenario 3

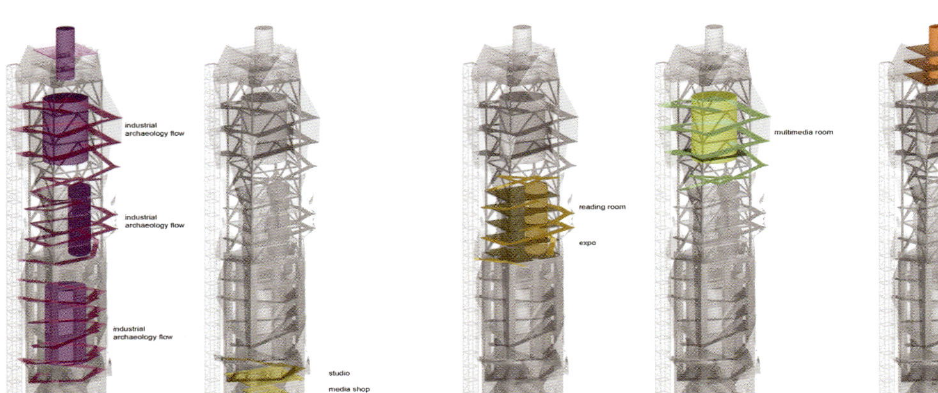

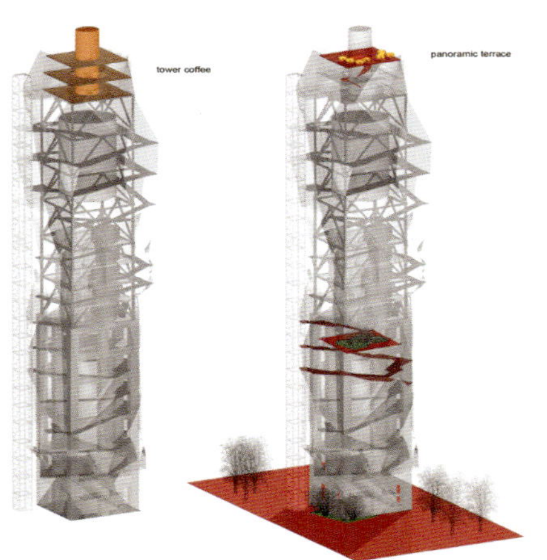

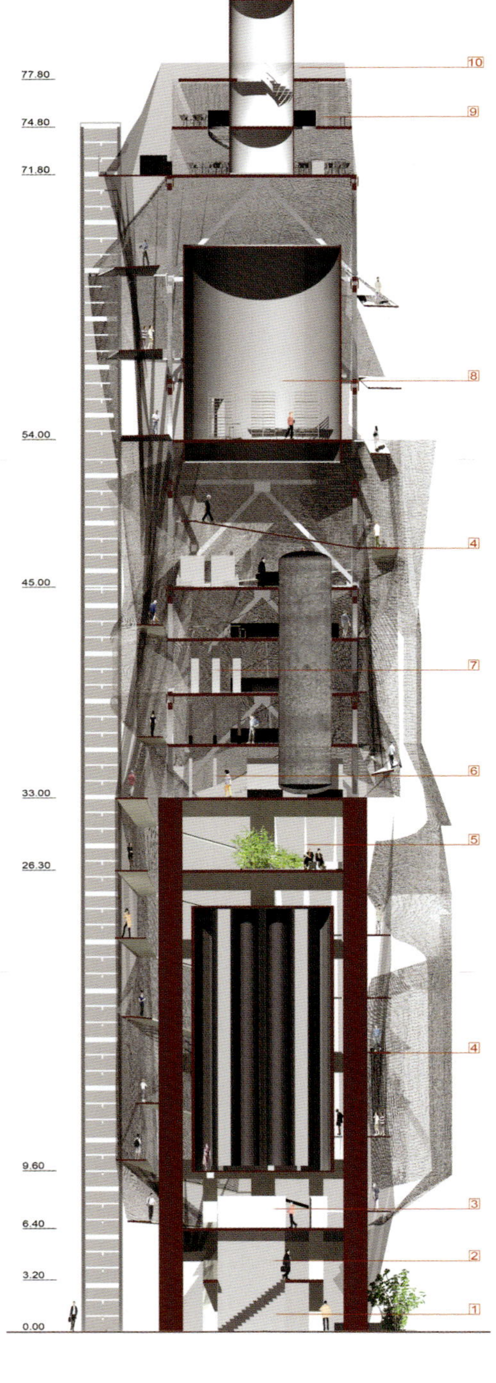

1 foyer
2 media shop
3 studio
4 industrial archaeology flow
5 middle tower garden
6 expo
7 reading room
8 multimedia room
9 tower coffee
10 panoramic terrace

TRAM IN THE NORTHERN AREA OF THE CITY

TRAM NELL'AREA NORD DELLA CITTA

Piscinola/Villaricca - Napoli - Italy - 2005/2006

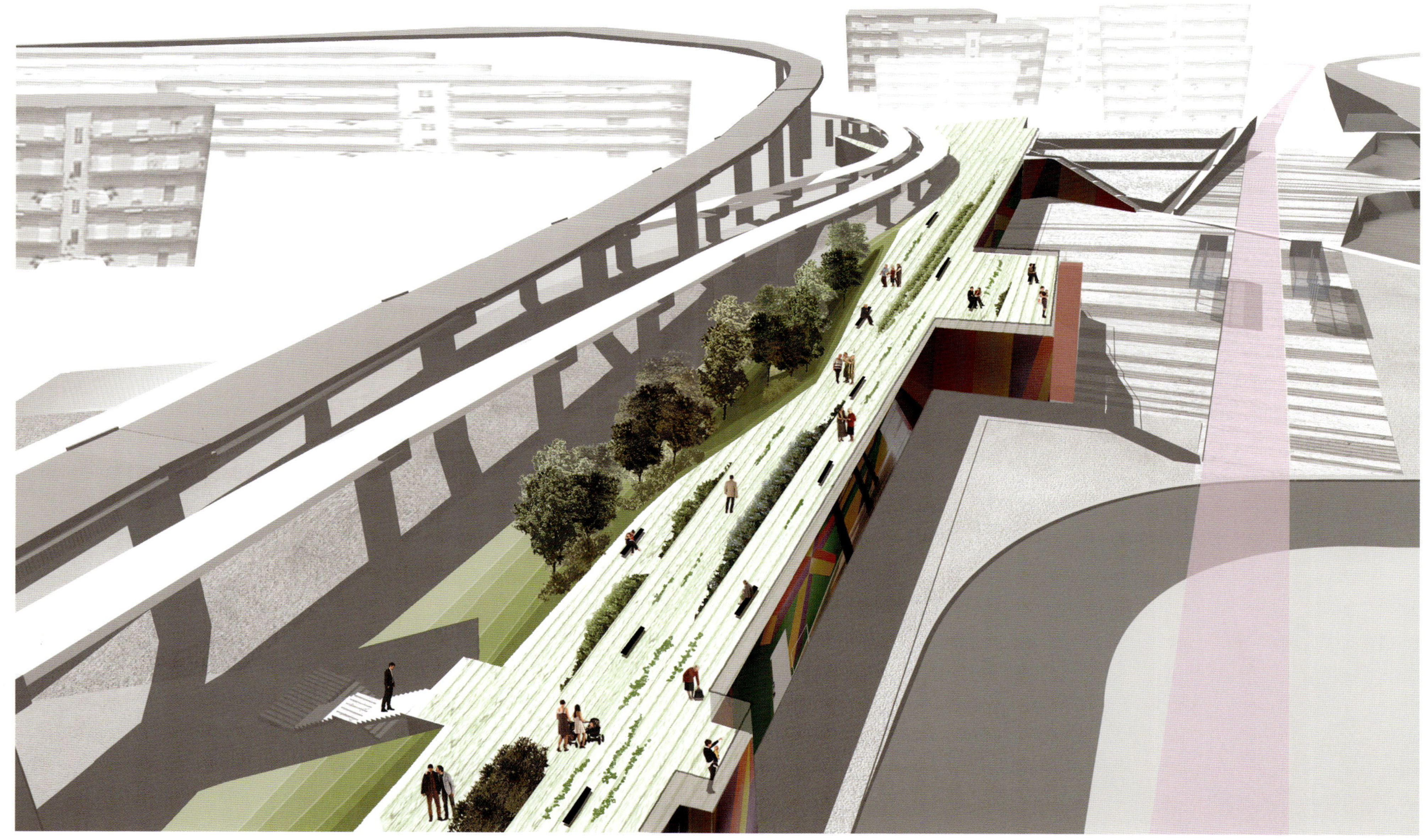

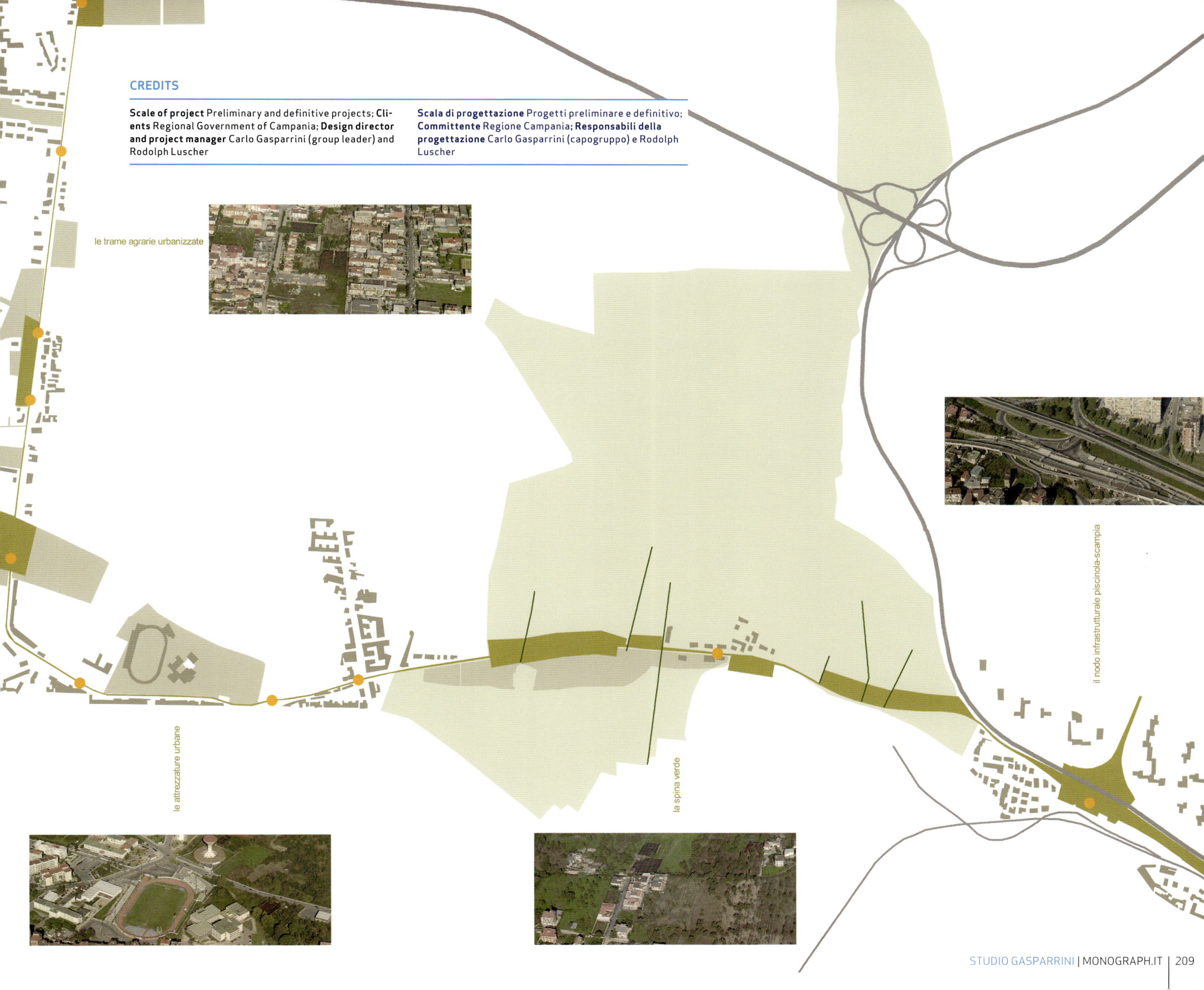

CREDITS

Scale of project Preliminary and definitive projects; **Clients** Regional Government of Campania; **Design director and project manager** Carlo Gasparrini (group leader) and Rodolph Luscher

Scala di progettazione Progetti preliminare e definitivo; **Committente** Regione Campania; **Responsabili della progettazione** Carlo Gasparrini (capogruppo) e Rodolph Luscher

1 sede linea tranviaria
2 attestamento linea tranviaria
3 boulevard
4 scala mobile
5 ascensore
6 nuova hall d'ingresso alla stazione di Piscinola
7 promenade
8 scala
9 terrazza attrezzata
10 testata promenade
11 rampa pedonale
12 orti urbani
13 skate park
14 art wall
15 area attrezzata per la sosta
16 fermata tram
17 area gioco
18 percorso di connessione trasversale
19 percorso ciclopedonale
20 percorso pedonale
21 area attrezzata per lo sport
22 ingresso parco urbano
23 attraversamento pedonale a raso

The project concerns the construction of a new tram line connecting the intermodal node of Piscinola on the northern outskirts of the city with the Commune of Villaricca, traveling through 5 Municipalities in the northern hinterland of Naples. It is not only a technical infrastructure project with two terminus stations and a series of intermediate stops but it is also an urban and landscape redevelopment project, linear and focused, capable of soliciting the most effective processes of urban transformation in highly degraded suburban areas of this sprawling city and also integrating with outlying urban developments in the surrounding countryside.

The central place in the transformation is the intermodal node of Piscinola where the plan is to reconfigure the spaces connected with the road and rail infrastructure, to reconnect pedestrians with surrounding areas, and reuse the interstitial and abandoned spaces beneath the viaducts and above the underground and semi-underground infrastructure in order to create a park equipped for sport and leisure. The node is formed by an ample skate-park behind the largest public housing estate in Italy built in the post war period, which is marked by social deprivation as well as a lack of services and amenities, a node that acts as a space where the urban youth can congregate.

Il progetto è relativo alla realizzazione di una nuova linea tranviaria che collega il nodo intermodale di Piscinola nella periferia nord della città con il Comune di Villaricca attraversando 5 comuni dell'hinterland settentrionale di Napoli. Si configura non solo come progetto dell'infrastruttura tecnica con due stazioni di testa e una serie di fermate intermedie, ma anche come progetto di riqualificazione urbanistica e paesaggistica, lineare e puntuale, in grado di sollecitare più ampi processi di trasformazione urbana di aree periferiche altamente degradate della città diffusa e di interagire anche con la campagna urbana residua.

Luogo centrale della trasformazione è il nodo intermodale di Piscinola dove il progetto propone la riconfigurazione degli spazi connessi all'infrastrutturazione ferroviaria e stradale, sollecitando una riconnessione pedonale con le aree contigue e il riuso degli spazi interstiziali e abbandonati, sottostanti i viadotti e sovrastanti le grandi infrastrutture interrate e seminterrate, per la creazione di un parco attrezzato da destinare al tempo libero e allo sport. Luogo nodale è un ampio skate-park inteso come spazio di aggregazione delle fasce giovanili in un territorio urbano, a ridosso del più grande insediamento pubblico realizzato nel dopoguerra, fortemente connotato dal degrado sociale e dall'assenza di attrezzature e servizi

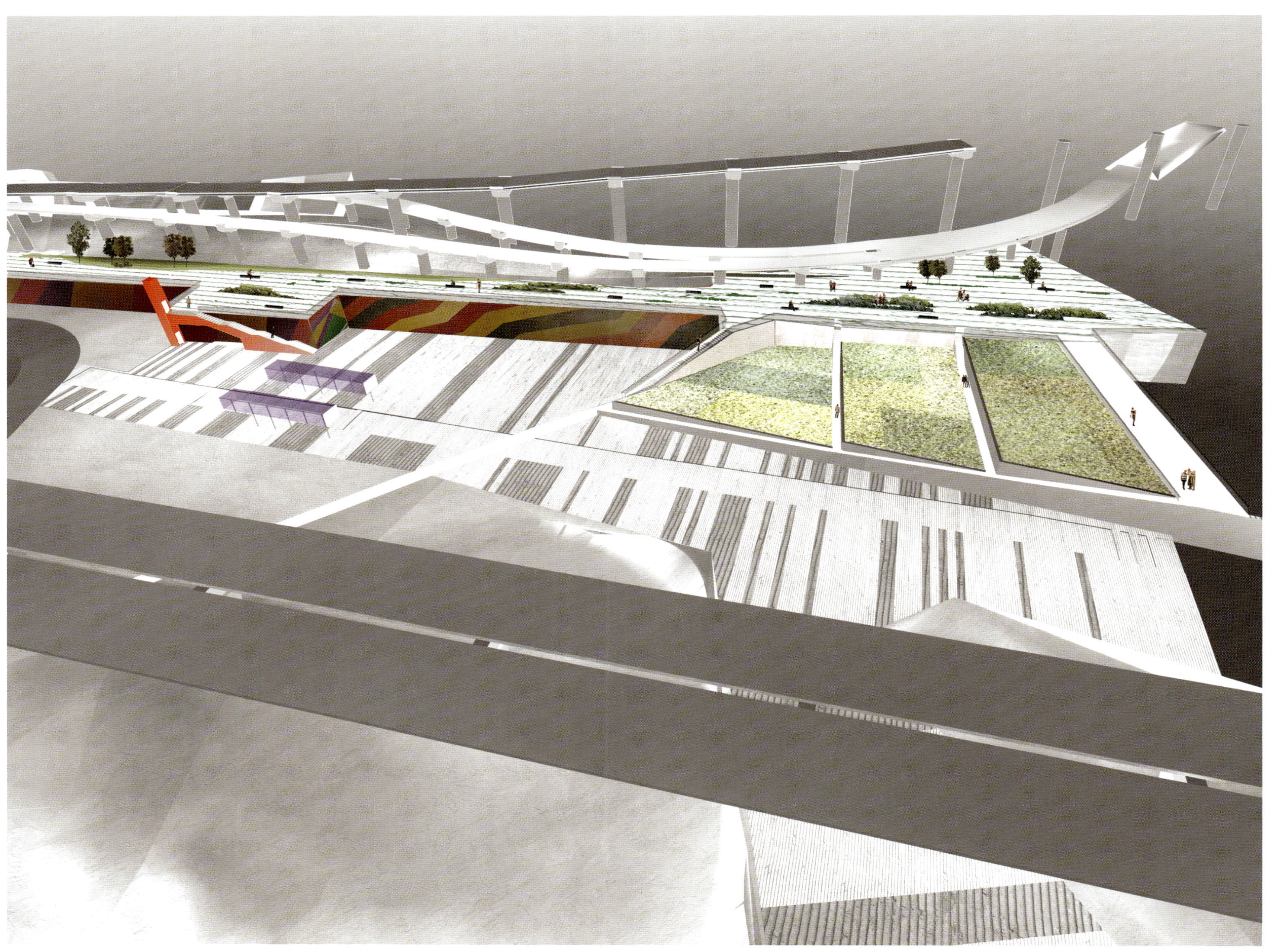

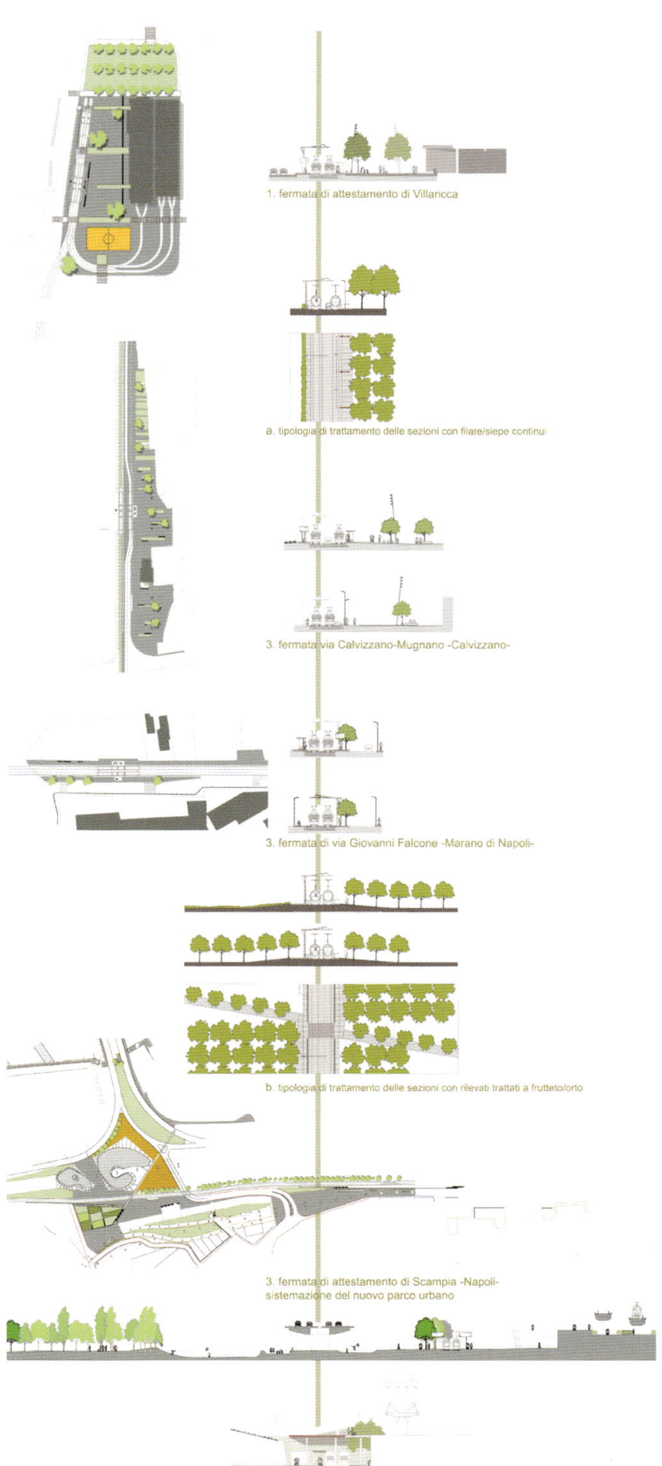

1. fermata di attestamento di Villaricca
a. tipologia di trattamento delle sezioni con filare/siepe continui
3. fermata via Calvizzano-Mugnano -Calvizzano-
3. fermata di via Giovanni Falcone -Marano di Napoli-
b. tipologia di trattamento delle sezioni con rilevati trattati a frutteto/orto
3. fermata di attestamento di Scampia -Napoli-
sistemazione del nuovo parco urbano

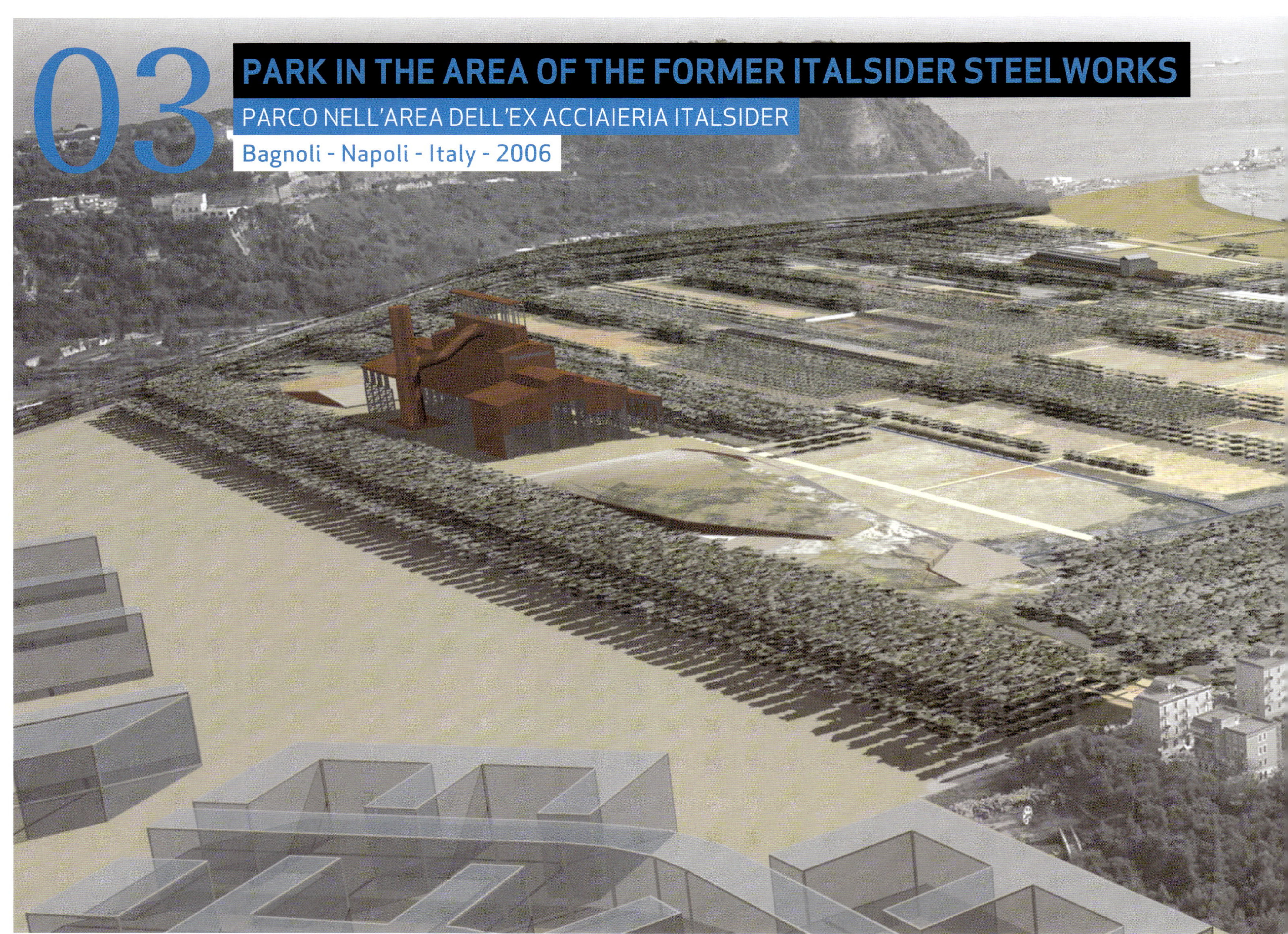

03
PARK IN THE AREA OF THE FORMER ITALSIDER STEELWORKS
PARCO NELL'AREA DELL'EX ACCIAIERIA ITALSIDER
Bagnoli - Napoli - Italy - 2006

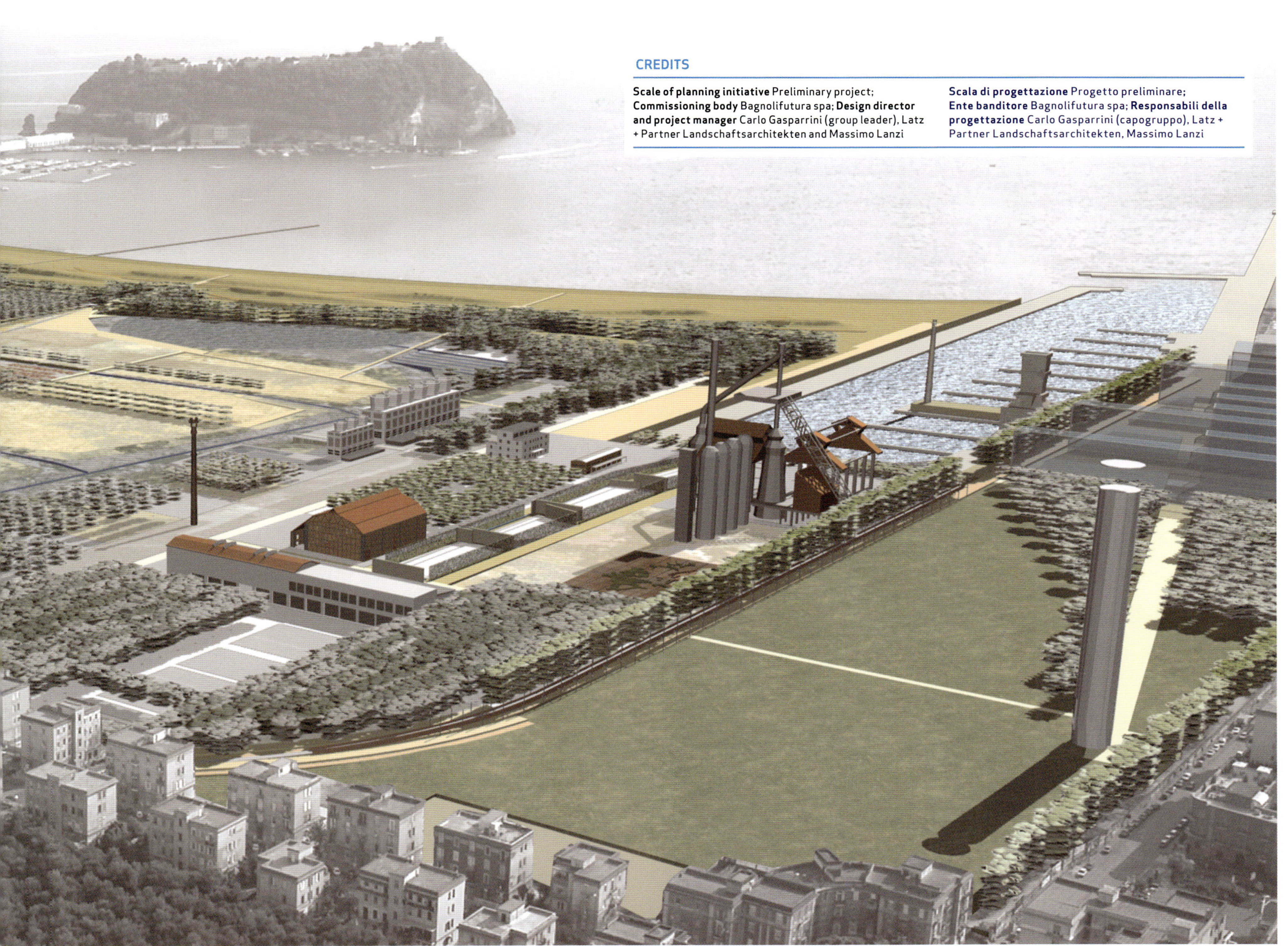
CREDITS

Scale of planning initiative Preliminary project;
Commissioning body Bagnolifutura spa; Design director
and project manager Carlo Gasparrini (group leader), Latz
+ Partner Landschaftsarchitekten and Massimo Lanzi

Scala di progettazione Progetto preliminare;
Ente banditore Bagnolifutura spa; Responsabili della
progettazione Carlo Gasparrini (capogruppo), Latz +
Partner Landschaftsarchitekten, Massimo Lanzi

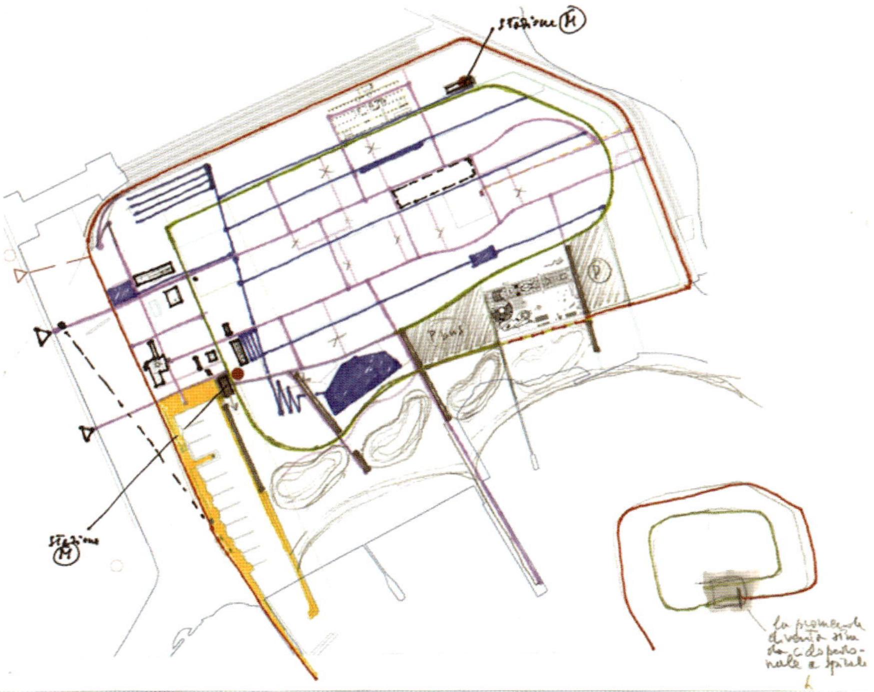

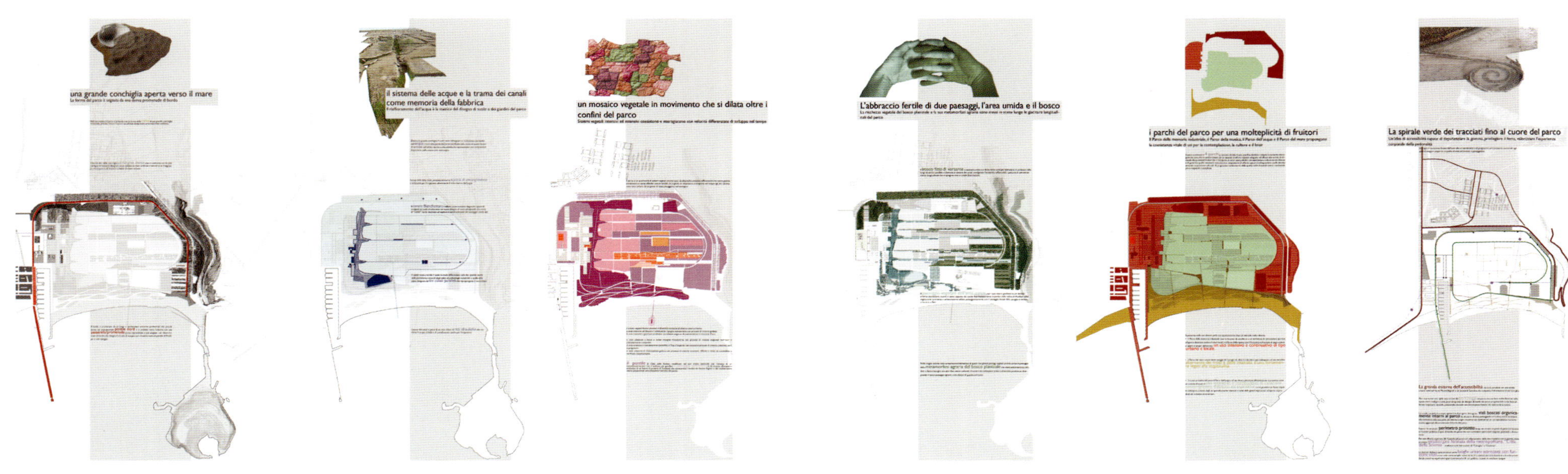

una grande conchiglia aperta verso il mare
il sistema delle acque e la trama dei canali come memoria della fabbrica
un mosaico vegetale in movimento che si dilata oltre i confini del parco
L'abbraccio fertile di due paesaggi, l'area umida e il bosco
i parchi del parco per una molteplicità di fruitori
La spirale verde dei tracciati fino al cuore del parco

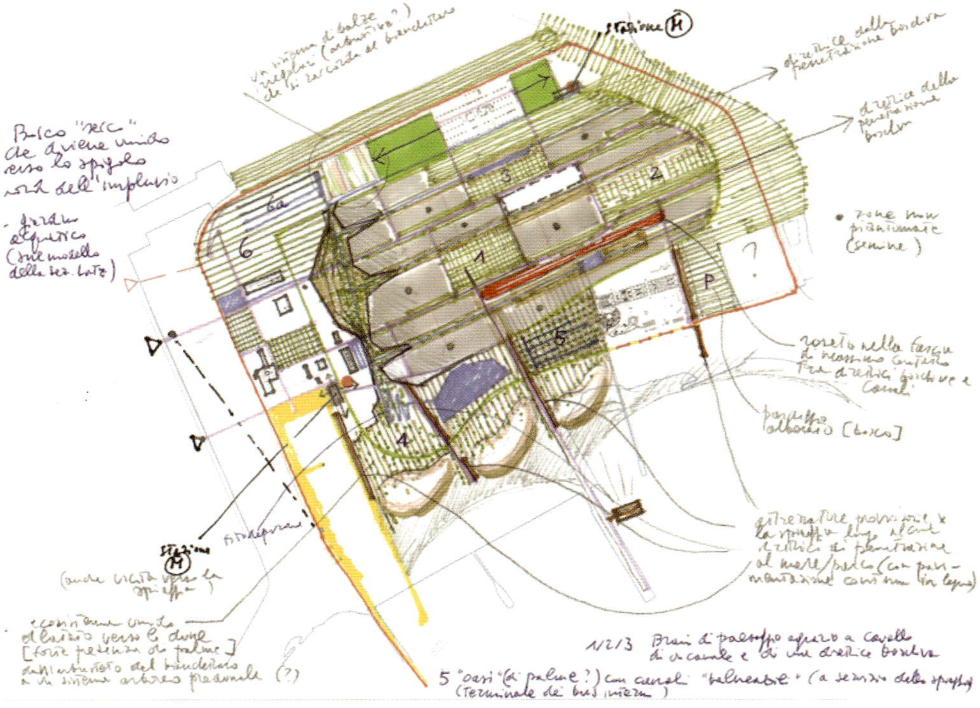

The park project can be understood through the interaction of six different relationships:

1 A large conch opening seaward. The shape of the park is bordered by a well-used promenade that also forms the linear attractor providing great centrality to two of the four sectors around which the project is articulated: the Park of industrial heritage facing the canal port, and the Park of music containing the cathedral like former steel works and associated plant and equipment. The other two sectors of the park are enclosed within the conch, they too have a particular identity in both function and landscape but are characterized by greater vegetal complexity accompanied by a more delicate ecology: the Park of water with its network of canals, and the Park of the sea with its beach nourishing sand dunes.

2 The canal network and water system as reminders of the factory. Re-emergence of water provides the design matrix for the grounds and gardens in the park. The ground within the large conch has been redesigned and recolonized from the water that was particularly sacrificed in this section of territory in the last century, and that was also an important component in the iron and steel making process.

3 The fertile embrace of two landscapes, woodland and waterways. The rich vegetation of the woodlands in the plain and its agricultural transformation are evident in the scenery along the longitudinal axis of the park. Above all, the vegetation project for the park is constructed around the idea of integrating two great ecosystems and landscapes along directions parallel with the coastline designated by the canal system. The thick mesophyll wood on the northern slope of Posillipo hill extends downstream with a belt of renaturation and thins out towards the north with the widely-spaced trees in the wood in the Park becoming wedged between waters flowing in a parallel direction alternating with the canal system that envelop the steel-works and run alongside the tracks and paths that cross the Park longitudinally.

4 A mosaic of vegetation in movement that thins out beyond the boundaries of the park. Intensive and extensive systems of vegetation have coexisted and interacted with differing rates of development through time. The park can be imagined as a patchwork of vegetation systems characterized by differentiated evolutionary dynamics that are managed, monitored, and treated so that each wedge is able to interact and integrate in terms of ecology and landscape with the others through time in a unitary network.

Il progetto di parco può essere compreso attraverso l'interazione di sei diversi racconti:

1 Una grande conchiglia aperta verso il mare. La forma del parco è segnata da una densa promenade di bordo che è anche l'attrattore lineare delle grandi centralità di due dei quattro settori in cui è articolato il progetto: il Parco della memoria industriale affacciato sul porto canale e il Parco della musica con l'acciaieria-cattedrale e le attrezzature connesse. Racchiusi nella conchiglia trovano posto gli altri due settori del parco, anch'essi dotati di una peculiare identità paesaggistica e funzionale ma caratterizzati da una maggiore complessità vegetale e, allo stesso tempo, da una maggiore delicatezza ecologica: il Parco dell'acqua con la trama dei canali e il Parco del mare con la spiaggia dunale di ripascimento.

2 Il sistema delle acque e la trama dei canali come memoria della fabbrica. Il riaffioramento dell'acqua è la matrice del disegno di suolo e dei giardini del parco. Dentro la grande conchiglia, il suolo viene ridisegnato e ricolonizzato partendo dall'acqua che è stata particolarmente sacrificata nella storia di questo brano di territorio nell'ultimo secolo e che, inoltre, ha rappresentato una componente importante dello stesso ciclo siderurgico

3 L'abbraccio fertile di due paesaggi, il bosco e l'area umida. La ricchezza vegetale del bosco planiziale e la sua metamorfosi agraria sono messi in scena lungo le giaciture longitudinali del parco. Il progetto vegetale del parco è costruito innanzitutto attorno all'idea di far interagire due grandi paesaggi ed ecosistemi lungo le direttrici parallele alla linea di costa disegnate dal sistema di canali. Il bosco mesofilo fitto del versante settentrionale della collina di Posillipo si estende nell'attacco a valle con una fascia di rinaturazione e si dilata verso nord per tramutarsi in un bosco rado che si incunea nel Parco dell'acqua lungo direttrici parallele e alternate al sistema dei canali, avvolgendo l'acciaieria e affiancando i percorsi di attraversamento longitudinale.

4 Un mosaico vegetale in movimento che si dilata oltre i confini del parco. Sistemi vegetali intensivi ed estensivi coesistono e interagiscono con velocità differenziate di sviluppo nel tempo. Si immagina il parco come un patchwork di sistemi vegetali caratterizzati da dinamiche evolutive differenziate che vanno gestite, monitorate e curate affinché ciascun tassello sia in grado di relazionarsi e integrarsi nel tempo agli altri dentro una trama unitaria da un punto di vista paesaggistico ed ecologico.

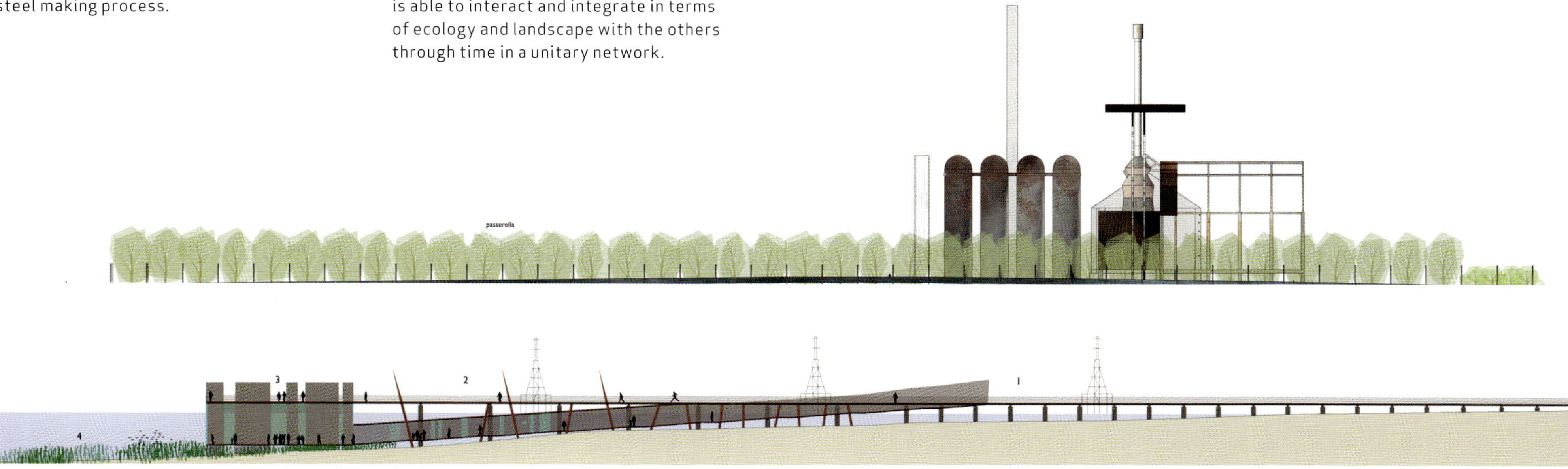

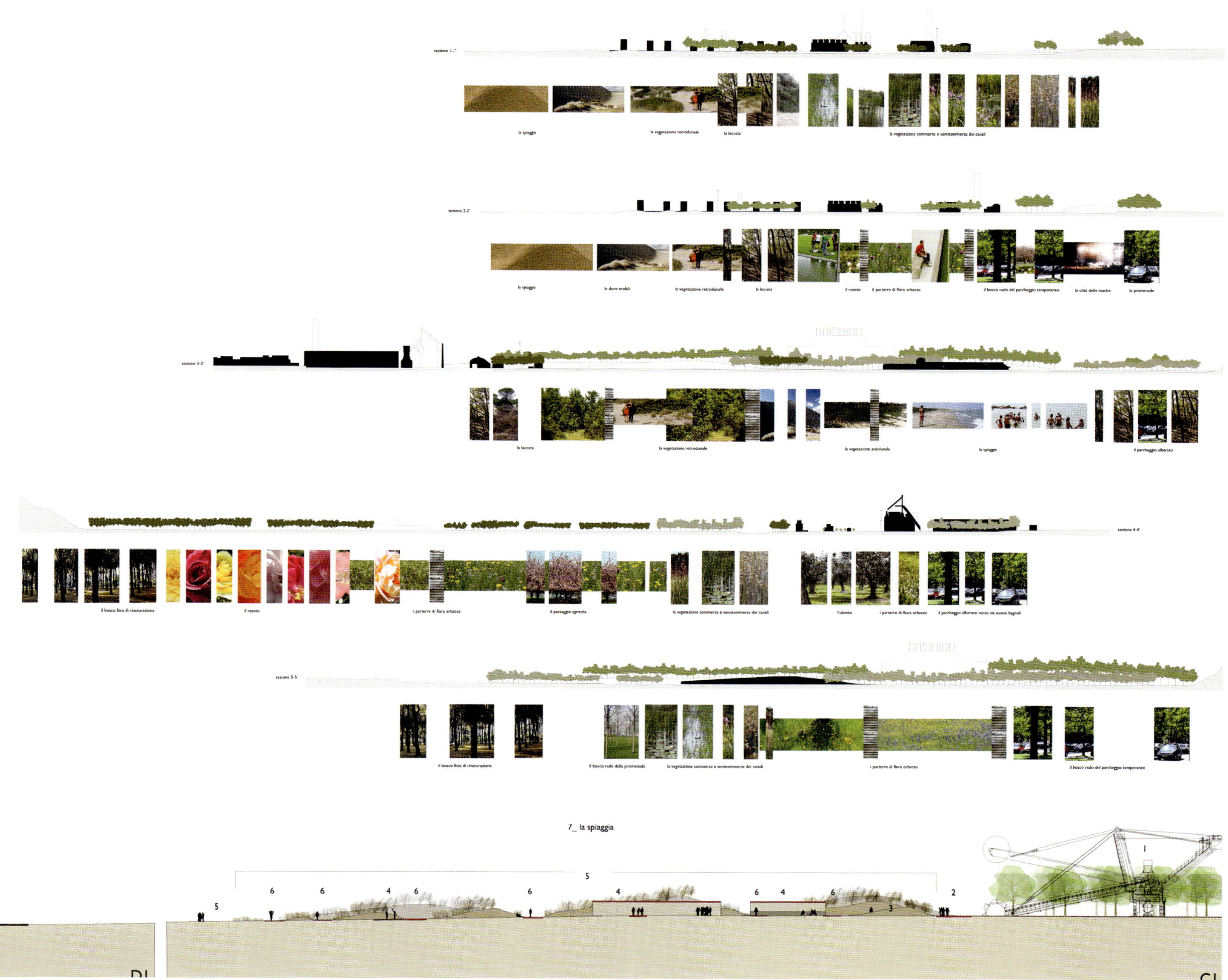

sezione 1-1'
la spiaggia
la vegetazione retrodunale
la lecceta
la vegetazione sommersa e semisommersa dei canali
sezione 2-2'
la spiaggia
le dune mobili
la vegetazione retrodunale
la lecceta
il roseto
il parterre di flora erbacea
il bosco rado del parcheggio temporaneo
la città della musica
la promenade
sezione 3-3'
la lecceta
la vegetazione retrodunale
la vegetazione antidunale
la spiaggia
il parcheggio alberato
sezione 4-4'
il bosco fitto di rinaturazione
il roseto
i parterre di flora erbacea
il paesaggio agricolo
la vegetazione sommersa e semisommersa dei canali
l'oliveto
i parterre di flora erbacea
il parcheggio alberato verso via nuova bagnoli
sezione 5-5'
il bosco fitto di rinaturazione
il bosco rado della promenade
la vegetazione sommersa e semisommersa dei canali
i parterre di flora erbacea
il bosco rado del parcheggio temporaneo
7_ la spiaggia

5 Parks in the park for a variety of users. Users who come for contemplation, for culture, and for leisure enjoy a viable coexistence in the Industrial Heritage Park, the Music Park, the Water Park, and the Sea Park. The four parks in which the project area is articulated are very well interconnected, characterized by the ability to offer appropriate and efficient responses to the variety of demands placed on them by potential users from very different cultures who have very different expectations when visiting the new public spaces.

6 The green spiral of the sections up to the heart of the park. The Park was founded on the idea of accessibility by being able to restrict the car, favor the train, and improve the benefits the body of the pedestrian experiences. The project develops the provisions of the Urban Implementation Plan that involves the radical reorganization of accessibility into the area of the former steel-works and the beach based on the combined double choice of eliminating Coroglio street so that the park and the sea could be joined together, and facilitating a new section of the Metro underground railway able to cope with the flows expected.

5 I parchi del parco per una molteplicità di fruitori. Il Parco della memoria industriale, il Parco della musica, il Parco dell'acqua e il Parco del mare propongono la coesistenza vitale di usi per la contemplazione, la cultura e il loisir. I quattro parchi in cui è possibile articolare l'area di progetto, fortemente connessi tra loro, si caratterizzano per la capacità di offrire risposte adeguate ed efficaci alla varietà di domande dei potenziali fruitori che si rivolgono ai nuovi spazi pubblici con aspettative e culture molto diverse.

6 La spirale verde dei tracciati fino al cuore del parco. Il Parco è fondato su un'idea di accessibilità capace di depotenziare la gomma, privilegiare il ferro, valorizzare l'esperienza corporale della pedonalità. Il progetto sviluppa le previsioni del Piano urbanistico attuativo di riorganizzazione radicale dell'accessibilità all'area della ex acciaieria e della spiaggia, basata sulla doppia scelta combinata di eliminare via Coroglio per congiungere il parco al mare e di prevedere un nuovo tracciato della Metropolitana in grado di assorbire quote consistenti dei flussi previsti.

sequenza dei giardini della memoria industriale

04
DEVELOPMENT PLAN IN AREA OF THE RIVER TIBER
PROGETTO-GUIDA DELL'AMBITO STRATEGICO DEL TEVERE
Roma - Italy - 1998/2008

CREDITS

Scale of planning initiative Municipal development plan, Model project for the historical urban River Tiber section, and Master Plan of the Aventino and Gianicolo "corridors" included in the Strategic Program for the River Tiber, Preliminary projects defined and carried out in conjunction with the Aventino "corridor", and Preliminary project for the Gianicolo "corridor"; **Clients** Municipality of Rome, Historic City Office of Rome City Council; **Design director and project manager:** Carlo Gasparrini and Mario Manieri Elia (planning and scientific coordinators), Paolo Pineschi, Patrizia Pulcini

Scala di progettazione Piano urbanistico comunale, Progetto-guida del tratto urbano storico del Tevere e Master Plan delle "trasversali" dell'Aventino e del Gianicolo comprese nell'Ambito Strategico del Tevere; Progetti preliminare, definitivo ed esecutivo delle opere connesse alla "trasversale" dell'Aventino; Progetto preliminare delle opere connesse alla "trasversale" del Gianicolo; **Committente** Comune di Roma; **Responsabili della progettazione** Carlo Gasparrini e Mario Manieri Elia (coordinatori progettuali e scientifici), Paolo Pineschi, Patrizia Pulcini

The model project for the Tiber defines the implementation of the Strategic Program for the River Tiber in the central area of the city between the neighborhoods of Flaminio to the north and Ostiense to the south within the framework of the new Rome urban master plan for which Carlo Gasparrini was the consultant responsible for the study and development of the project for the Historical City. The aim of the model project is to identify planning rules, strategic actions, prefigurations, and an operational program for important work to redevelop the area influenced by the river, linking work aimed at improving the linearity of the River Tiber, strengthening the transversal relationships the corridor has with the areas it crosses, and reconfiguring the banks with a significant increase in public transport.

The master plan and the projects for the Aventino "corridor" from Villa Sciarra to the gardens on the slopes of the Aventine hill on the opposite bank of the River Tiber identify a series of operations that concentrate on reconfiguration and reconstruction of the relationship between river and city by restoring the monumental hillside of Vincenzo Fasolo, a terrace on the embankment walls built along the River Tiber in the nineteenth century to prevent flooding, a new pedestrian bridge on the site of the destroyed Sublicio bridge, the redevelopment of an archaeological area used for the Antiquarium, the museum of the Forum Romanum, a public lift connecting the

Il Progetto-guida del Tevere definisce il livello programmatico-attuativo dell'Ambito di Programmazione Strategica del Tevere relativamente all'area centrale della città compresa tra il quartiere Flaminio a nord e Ostiense a sud, all'interno del nuovo Piano urbanistico di Roma di cui Carlo Gasparrini è stato il consulente responsabile degli studi e delle elaborazioni progettuali relative alla Città Storica. L'obiettivo del Progetto-guida è quello di individuare regole di comportamento progettuale, azioni strategiche, prefigurazioni e un programma operativo di opere significative per la riqualificazione dell'area gravitante sul fiume, coniugando interventi volti a valorizzare la linearità del Tevere, a potenziare le relazioni trasversali con i contesti attraversati e a riconfigurare le sponde con un significativo incremento del trasporto pubblico.

Il master plan e i progetti della "trasversale" dell'Aventino, da Villa Sciarra ai giardini delle pendici dell'Aventino sulla sponda opposta del Tevere, individuano una serie di opere che puntano alla ricostruzione e riconfigurazione del rapporto tra il fiume e la città: il restauro della calata monumentale di Vincenzo Fasolo, una terrazza sui muraglioni sabaudi, un nuovo ponte pedonale sul sito del distrutto ponte Sublicio, la riqualificazione di un'area archeologica destinata ad Antiquarium, un ascensore di collegamento tra il lungotevere e il Giardino degli Aranci, il restauro e il consolidamento del perimetro della Rocca Savella, il recupero e la valorizzazione del giardino delle pendici da destinare ad orto botanico delle specie mediterranee.

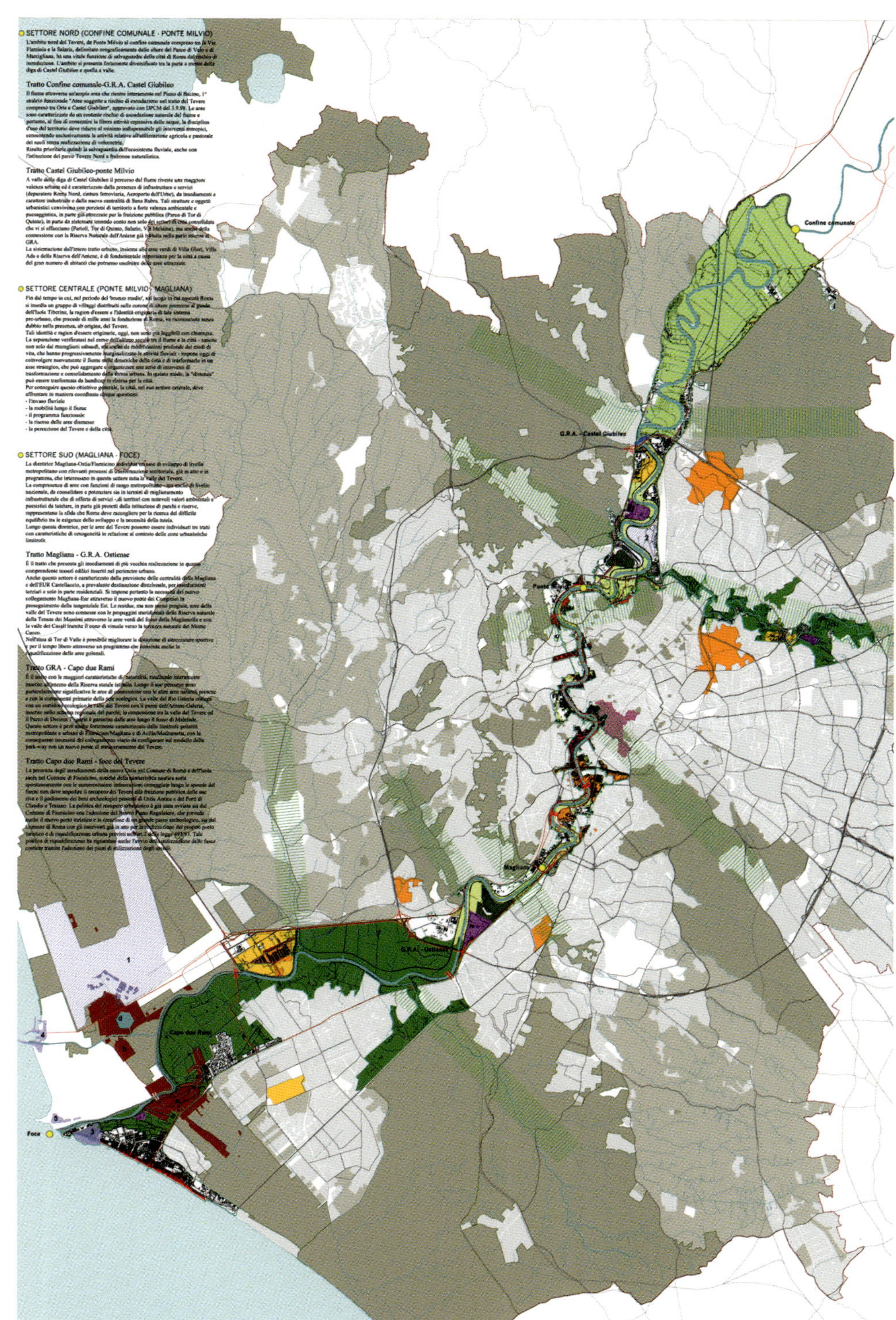

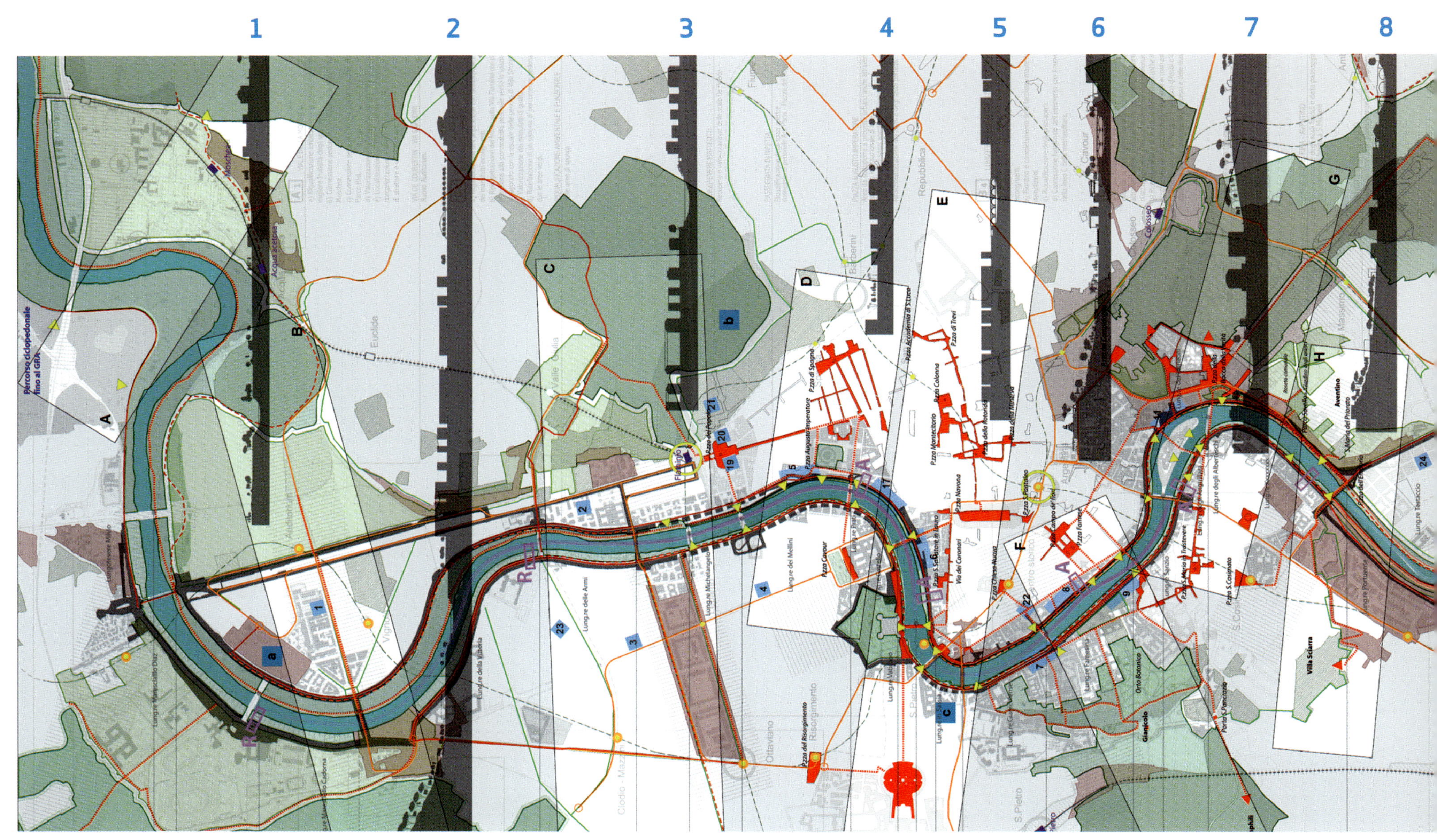

1
2
3
4
5
6
7
8
Percorso ciclopedonale fino al GRA
Acqua acetosa
A
B
C
D
E
F
G
H
a
b
c
Euclide
Valle Giulia
Flaminio
Repubblica
Cavour
Colosseo
Barberini
Pzza del Popolo
Pzza di Spagna
Pzza Accademia di S.Luca
Pzza di Trevi
Pzza Colonna
Pzza Montecitorio
Pzza della Rotonda
Pzza Navona
Pzza S.Agostino
Pzza Campo de' Fiori
Pzza Farnese
Pzza S.Salvatore in Lauro
Via dei Coronari
Pzza Chiesa Nuova
Lung.re della Vittoria
Lung.re Michelangelo
Lung.re delle Armi
Lung.re della Vittoria
Lung.re dei Mellini
Lung.re Prati
Lung.re in Augusta
Pzza Cavour
Pzza Augusto Imperatore
Lung.re Maresciallo Diaz
Lung.re Maresciallo Cadorna
Vigna Clara
Clodio Mazzini
Ottaviano
Pzza del Risorgimento
S.Pietro
Lung.re Vaticano
Gianicolo
Orto Botanico
Trastevere
Pzza S.Maria in Trastevere
Pzza S.Cosimato
S.Cosimato
Lung.re degli Anguillara
Lung.re Raffaello Sanzio
Lung.re Ripa
Porta S.Pancrazio
Villa Sciarra
Aventino
S.Maria del Priorato
Lung.re Testaccio
Lung.re Portuense
Fiume Tevere

1 — La trasversale dell'Acqua Acetosa

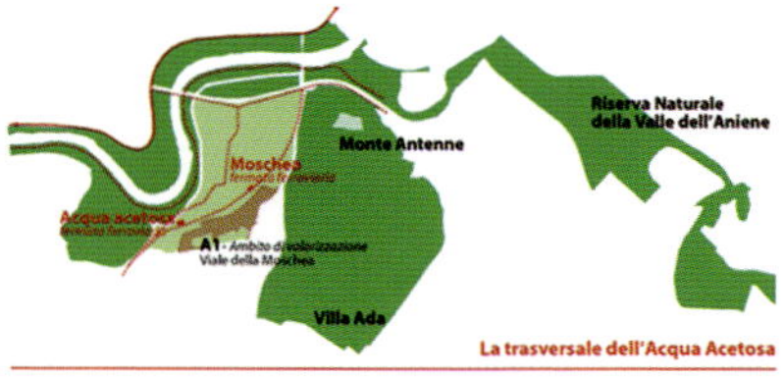

2 — La trasversale di Monte Mario/Via Guido Reni/Villa Ada

3 — La trasversale di Monte Mario/V.le Mazzini/Villa Borghese

4 — La trasversale di Piazza Augusto Imperatore

5 — La trasversale di Castel S.Angelo

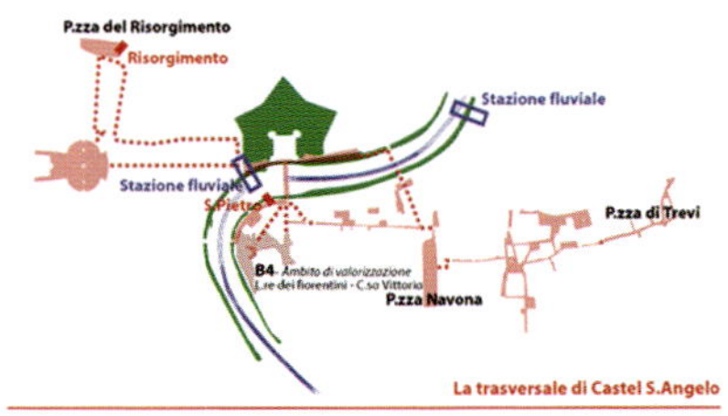

6 — La trasversale del Rione Regola/Gianicolo

7 — La trasversale del Velabro/Circo Massimo/Passeggiata Archeologica

8 — La trasversale dell'Aventino/Villa Sciarra

9 — La trasversale Ostiense/Marconi

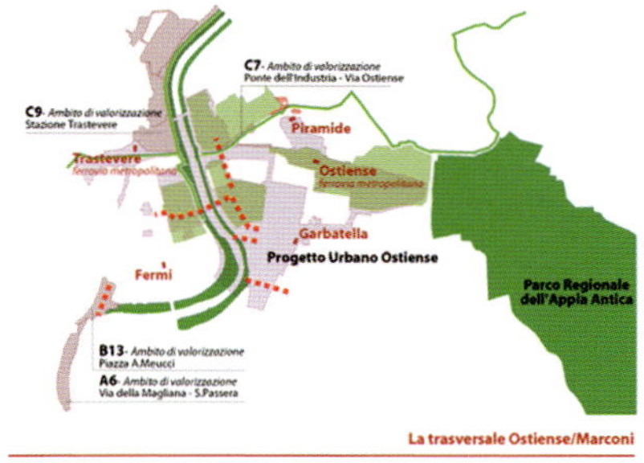

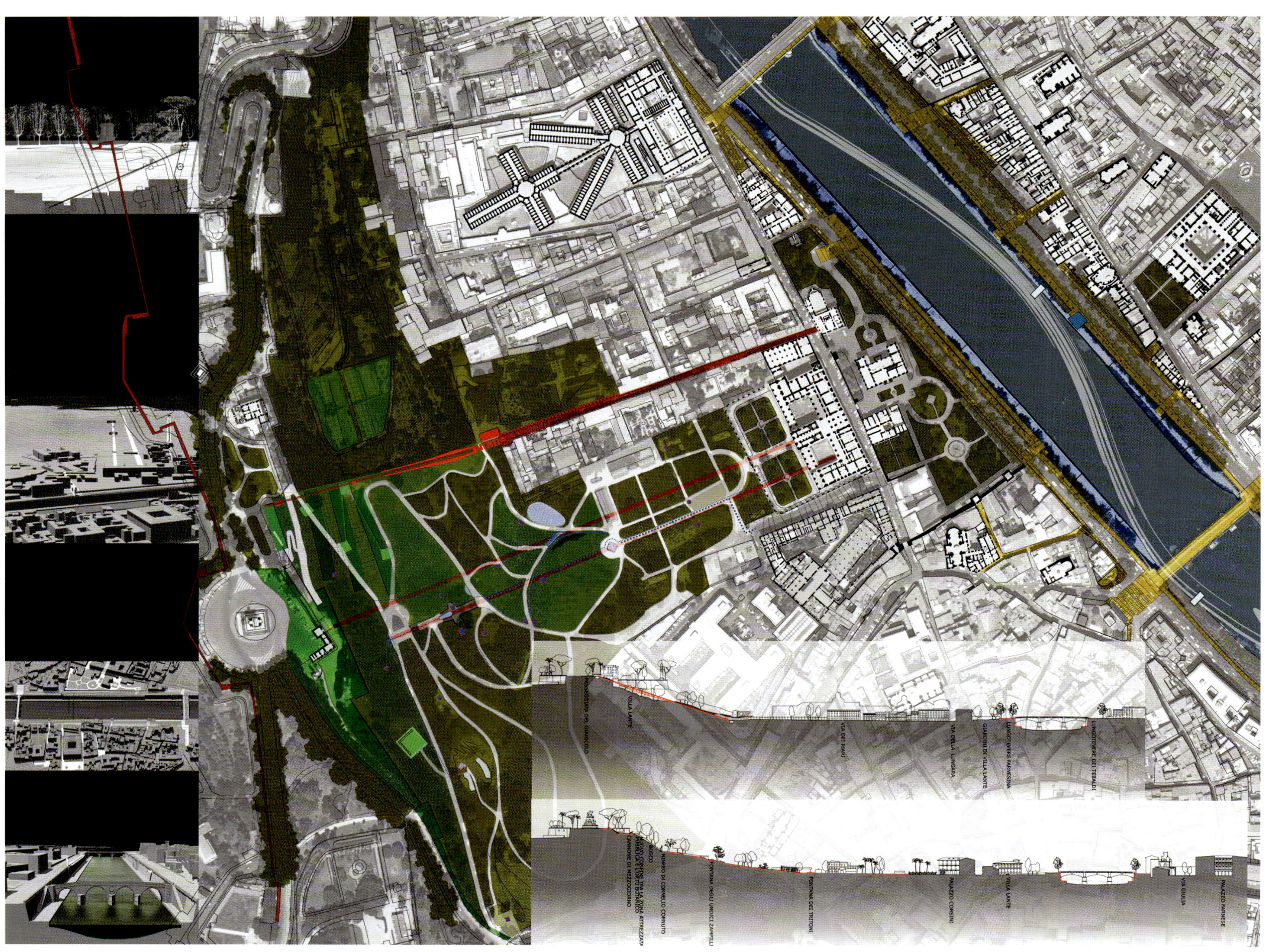

Tiber embankment and the Giardino degli Aranci (Garden of Oranges), restoration and consolidation of the perimeter of the Rocca Savella, and the recovery and enhancement of the hillside gardens by using them as a botanical orchard for Mediterranean species.

The master plan and the projects for the other "corridor" of Gianicolo from the "promenade" on the ridge to Via Giulia on the opposite bank of the River Tiber, identifying a series of operations that concentrate on reconfiguration and reconstruction of the relationship between river and city by remodeling the embankment walls and the equipment to deal with flooding, provide venues for group events and leisure spaces, the restoration of a section of the Aurelian Wall near the Porta Settimiana, recovery of the Renaissance line of Palazzo Corsini by restoring the monumental staircase, the nicchione (big niche) of the fountain, and recovery of a very large abandoned area by integrating it into the design of the Botanical Garden, and lastly, the provision of a funicular connecting via della Lungara and the large square in upper Gianicolo (the Janiculum Hill).

Il master plan e i progetti dell'altra "trasversale", quella del Gianicolo, dalla "passeggiata" di crinale a via Giulia sulla sponda opposta del Tevere, individuano una serie di opere che puntano anch'esse alla ricostruzione e riconfigurazione del rapporto tra il fiume e la città: la rimodellazione dei muraglioni e l'attrezzaggio dell'invaso fluviale per eventi collettivi e spazi del tempo libero, il restauro di un tratto delle Mura Aureliane in prossimità della Porta Settimiana, il recupero della direttrice rinascimentale di Palazzo Corsini con il restauro della scalinata monumentale, del nicchione della fontana e di una vasta area abbandonata da reintegrare nel disegno dell'Orto Botanico, la previsione di una risalita meccanizzata di collegamento tra via della Lungara e il piazzale superiore del Gianicolo.

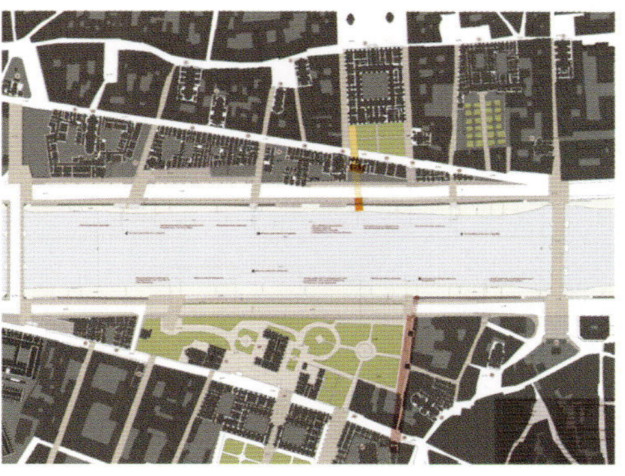

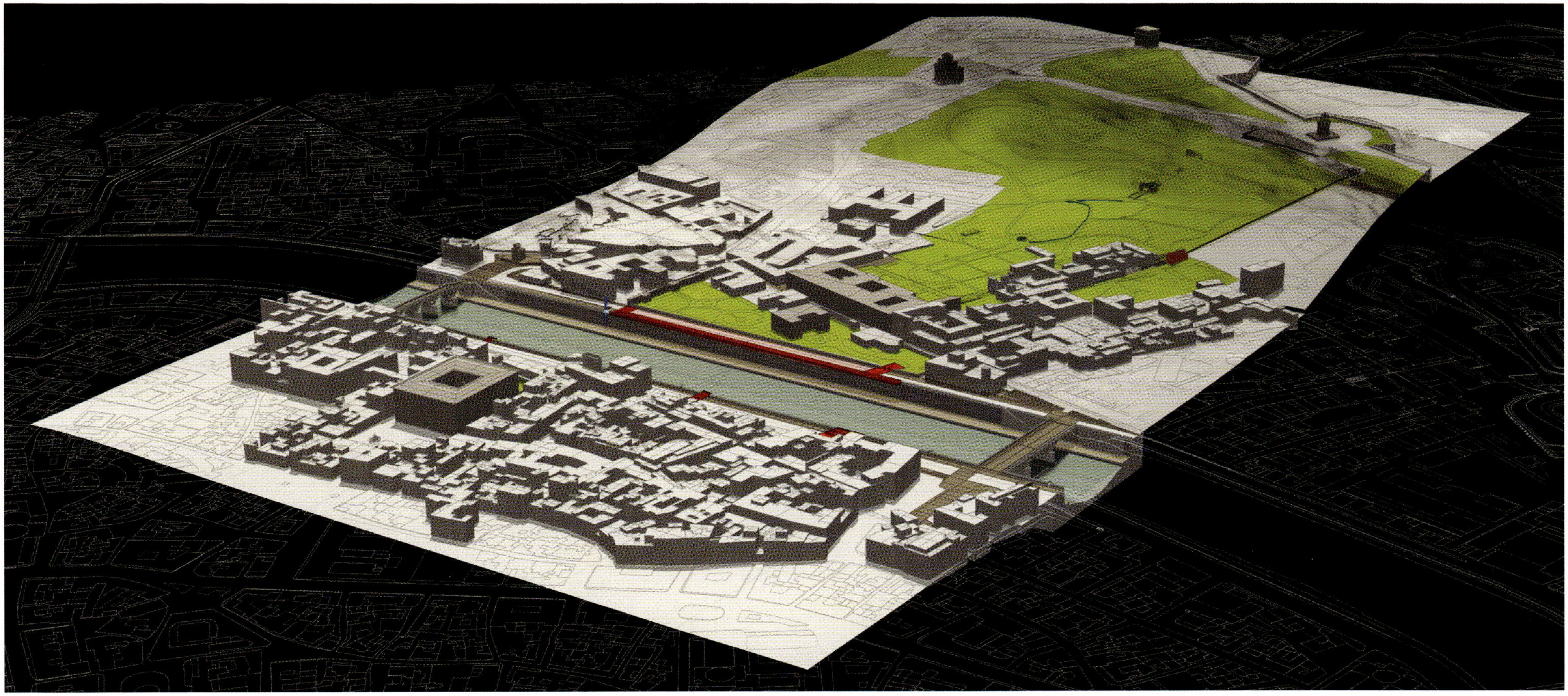

ASCENSORE DI RISALITA DAL FIUME

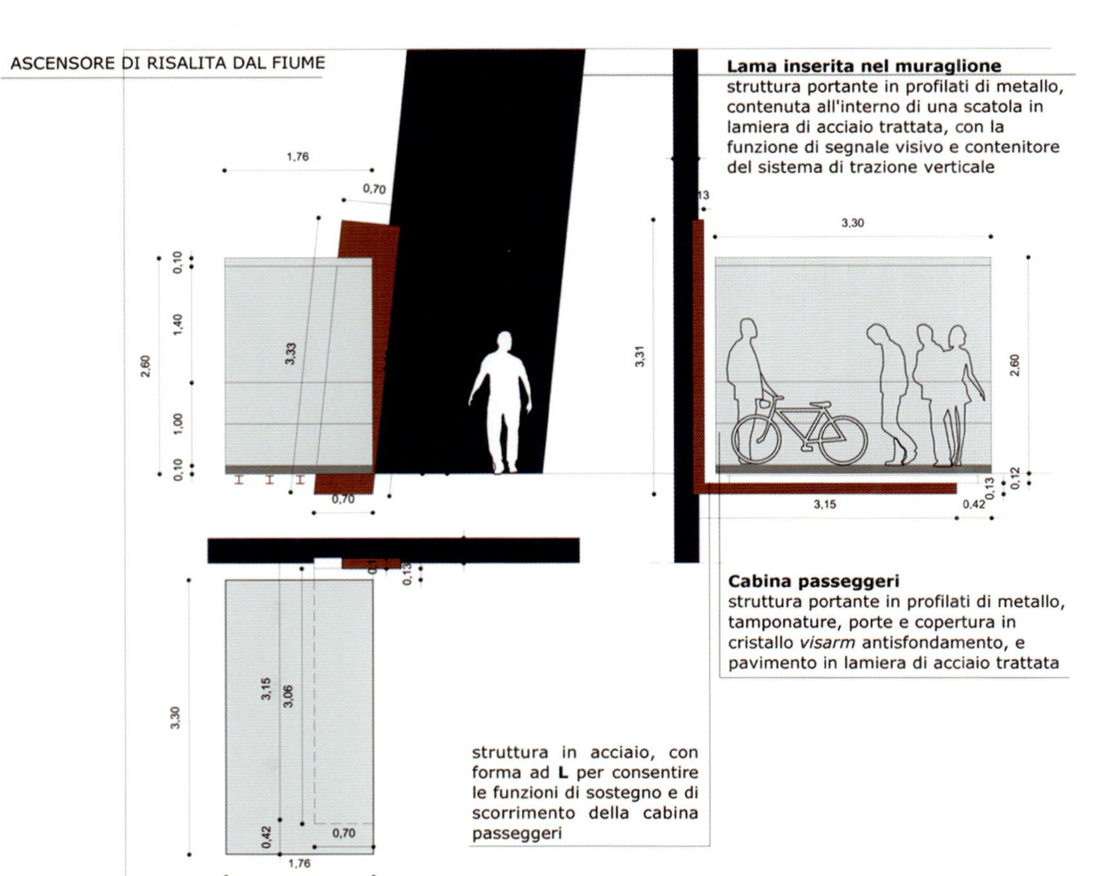

Lama inserita nel muraglione
struttura portante in profilati di metallo,
contenuta all'interno di una scatola in
lamiera di acciaio trattata, con la
funzione di segnale visivo e contenitore
del sistema di trazione verticale

Cabina passeggeri
struttura portante in profilati di metallo,
tamponature, porte e copertura in
cristallo *visarm* antisfondamento, e
pavimento in lamiera di acciaio trattata

struttura in acciaio, con
forma ad **L** per consentire
le funzioni di sostegno e di
scorrimento della cabina
passeggeri

Sistema delle sedute sulla banchina di magra
· *le isole.* modificazione della banchina di magra
per accogliere nuove sedute che si configurano
come conformazioni rocciose, che emergono dalla
pavimentazione (massima resistenza e pulibilità)
plasmate per sedersi, sdraiarsi, appoggiarsi lungo
il fiume e che diventano isole per i gabbiani
durante le piene, con la finalità di potenziare le
qualità formali e la fruibilità dello spazio pubblico;
· *la seduta lineare.*
modificazione del profilo del muraglione mediante
l'inserimento alla sua base di un elemento in pietra
sollevato dalla quota della banchina di magra (max
resistenza e pulibità)

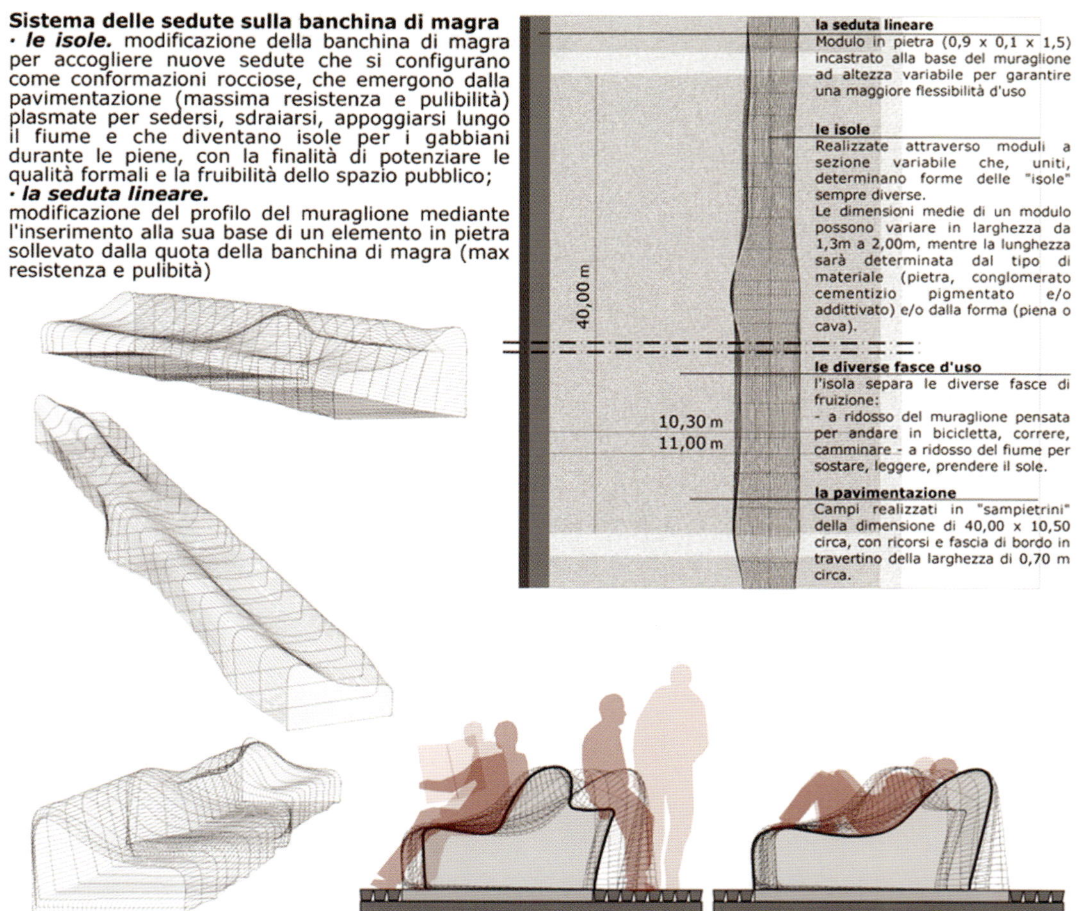

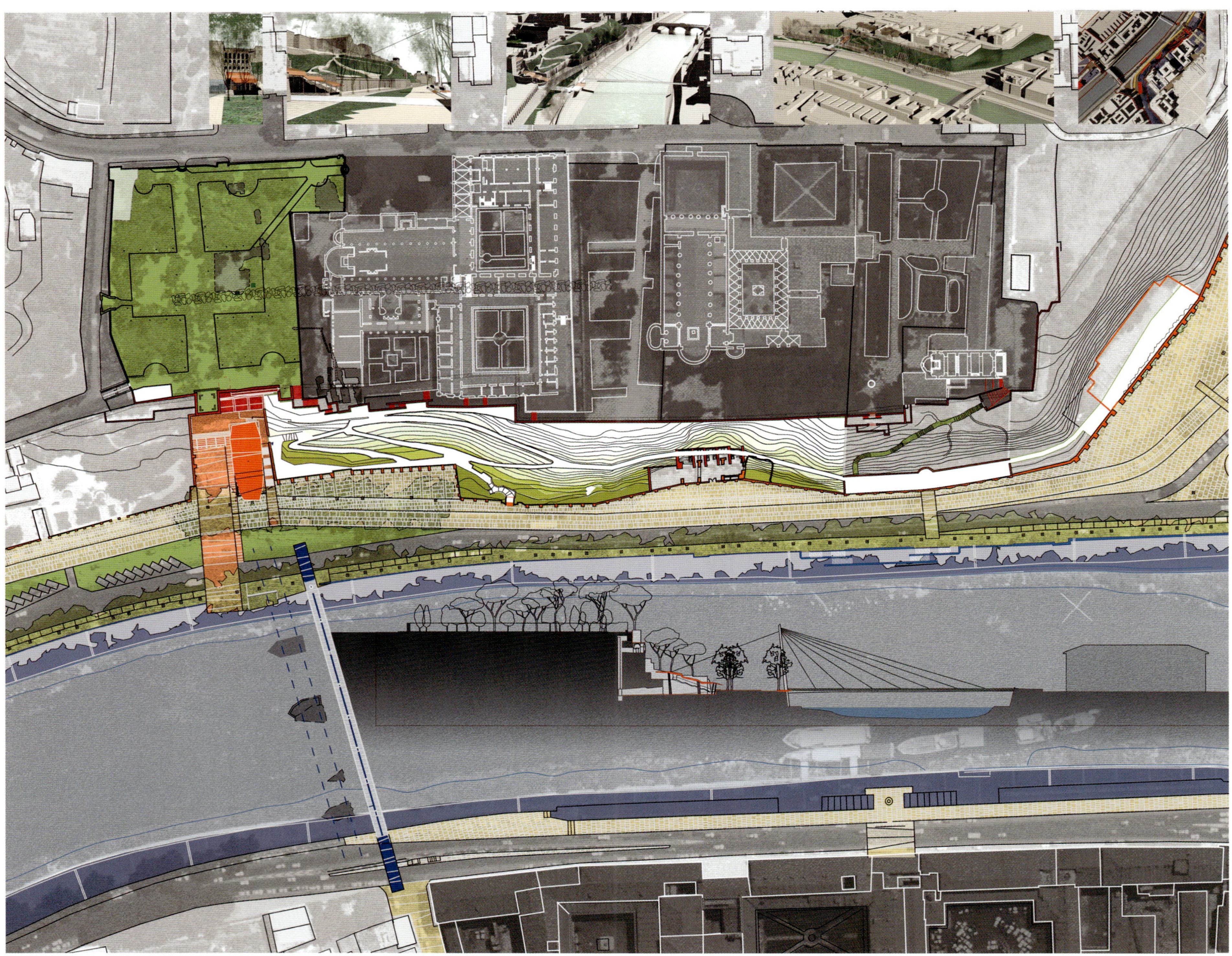

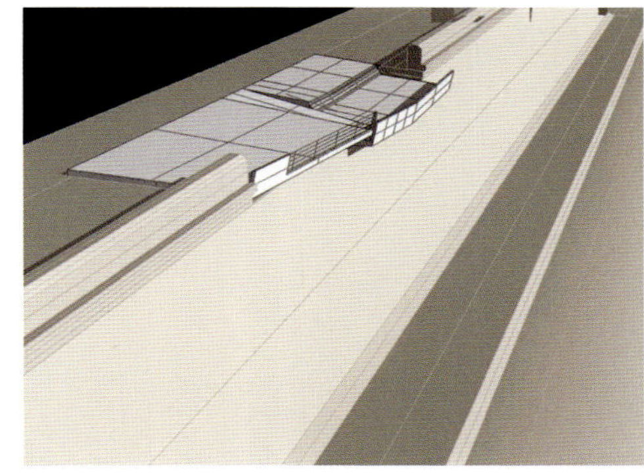

Copertura metallica dello scavo archeologico
· Travatura principale realizzata mediante sezioni scatolari metalliche intradossate
· Nervatura trasversale metallica con sezioni variabili (orditura secondaria)
· Elementi di raccordo tra la struttura di copertura e la struttura verticale a pilastri
· Pilastri in acciaio posizionati con orientamenti e sezioni compatibili con le giaciture dei reperti all'interno dell'area di scavo
· Fondazione dei pilastri mediante plinti metallici agganciati a piattaforme in c.a.
· Rivestimento in fogli di acciaio corten piegati e saldati, montati su idonea intelaiatura in metallo.
· Predisposizione dell'illuminazione finalizzata alla fruizione dei ritrovamenti archeologici e del percorso di visita. I corpi illuminanti saranno collocati in modo da ottenere una luce diffusa all'interno della copertura segnalando contemporaneamente con diverse intensità i percorsi pedonali ed i reperti

Edificio di servizio e supporto all'area musealizzata
· Realizzazione di una "scatola" strutturale in c.a. di contenimento dello scavo e definizione dei diversi livelli di calpestio;
· Realizzazione di una doppia parete controterra con intercapedine per la ventilazione e la protezione dall'umidità;
· Solai realizzati mediante elementi prefabbricati completati in opera compresa la predisposizione dei dispositivi di impermeabilizzazione, isolamento termico e passaggio di impianti
· Pavimentazione in tavolato di legno compreso di elementi di fissaggio e finitura
· Trattamenti di finitura delle pareti e superfici interne in cemento a faccia vista mediante impregnanti e lucidatura
· Chiusura verticale realizzata mediante una parete vetrata montata su struttura portante principale in acciaio ed intelaiatura secondaria ancorata alle strutture orizzontali e verticali con guide sagomate per l'alloggiamento delle lastre di cristallo fisse, infissi mobili e parapetti
· Realizzazione di una scala di servizio metallica e montacarichi
· Realizzazione di due locali per servizi igienici
· Predisposizione dell'illuminazione finalizzata alla svolgimento delle attività previste mediante il posizionamento di corpi illuminanti a soffitto e a parete

Rampa di accesso al giardino di risalita al parco Savello
· Struttura portante costituita da travi in acciaio sagomate;
· Travatura trasversale di ancoraggio con la muratura perimetrale in acciaio, compreso dei dispositivi di incastro;
· Travetti reticolari a sezione triangolare con funzione di supporto per il piano di salita
· Pavimentazione in tavolato di legno ancorato sulla struttura reticolare costituente il piano di salita: pedate e soste
· Parapetto realizzato mediante struttura in rete metallica ancorata alla travatura principale e terminante con un mancorrente tubolare metallico
· Predisposizione dell'illuminazione finalizzata alla fruizione notturna, i corpi illuminanti saranno collocati in da modo da ottenere una luce radente sulla rampa di salita

Ponte pedonale:
· Il ponte pedonale connette il percorso di risalita all'Aventino con la sponda opposta del Tevere, traguardando l'antica giacitura del ponte Sublicio. Sulla riva destra, il fronte del complesso monumentale del S.Michele con il salto di quota sul lungotevere, rappresentano l'accesso al quartiere di Trastevere attraverso un sistema di rampe e sistemazioni pedonali che dirigono i percorsi secondo le direttrici del lungotevere e del tessuto medioevale.
· Il ponte è costituito da:
Impalcato in acciaio che realizza la campata strutturale tra gli argini con uno sviluppo lineare di mt.110,00;
Antenna in acciaio inox di mt.32,00 di altezza con la funzione di ancoraggio del ponte sulla banchina e di aggancio per gli stralli. L'antenna di sezione ellittica variabile, raggiunge le dimensioni di mt.1,40x1,00, alla quota della banchina di piena, di mt.0,80 in sommità, e attraversa lo spessore del muraglione incastonandosi all'interno di questo.
Stralli in acciaio di lunghezze variabili ancorate in elementi di fissaggio posizionati in corrispondenza della mezzeria del ponte con un passo di mt.13,70.
Opere di fondazione ed ancoraggio, previa indagine sullo stato e consistenza del muraglione, realizzando una adeguata struttura di incastro verticale.
Finiture consistenti in tavolato di legno di pavimentazione, seduta continua in legno posizionata in corrispondenza della mezzeria del ponte e parapetti metallici.

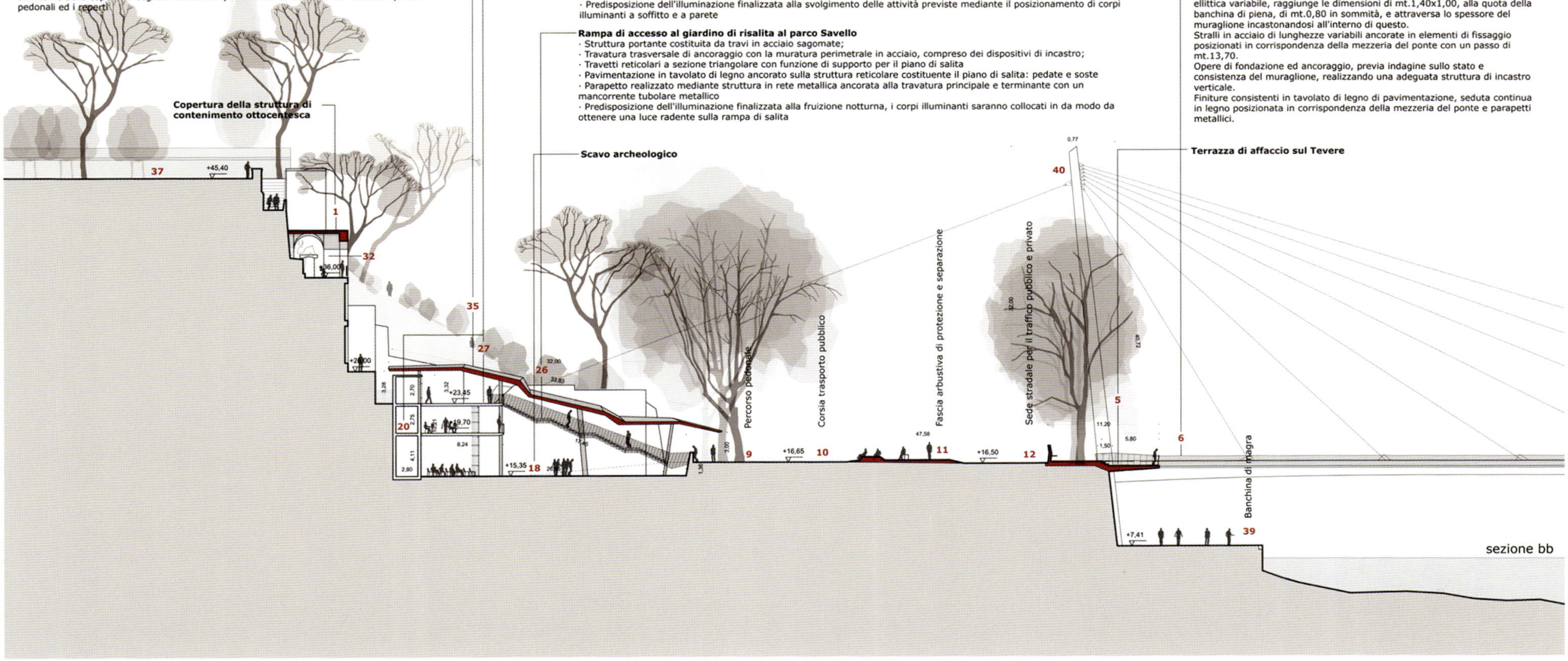

Copertura della struttura di contenimento ottocentesca

Scavo archeologico

Terrazza di affaccio sul Tevere

sezione bb

05
VESUVIUS
VESUVIO
Parco del Vesuvio - Napoli - Italy 1999/2008

CREDITS

Scale of planning initiative Vesuvius National Park Plan; "Red Zone" strategic operating Plan; Feasibility study for reconversion of the Vesuvius section of the coastal railway line; **Clients** Vesuvius National Park Authority, Regional Government of Campania /TESS (Torre Stabia Sviluppo spa), Province of Naples; **Design director and project manager:** Carlo Gasparrini (with Roberto Gambino for the Vesuvius National Park Plan)

Scala di progettazione Piano del Parco Nazionale del Vesuvio; Piano strategico-operativo della "Zona Rossa"; Studio di fattibilità per la riconversione della linea ferroviaria costiera nel tratto vesuviano; **Committenti** Ente Parco Nazionale del Vesuvio, Regione Campania/TESS, Provincia di Napoli; **Responsabile della progettazione** Carlo Gasparrini (assieme a Roberto Gambino per il Piano del Parco Nazionale del Vesuvio)

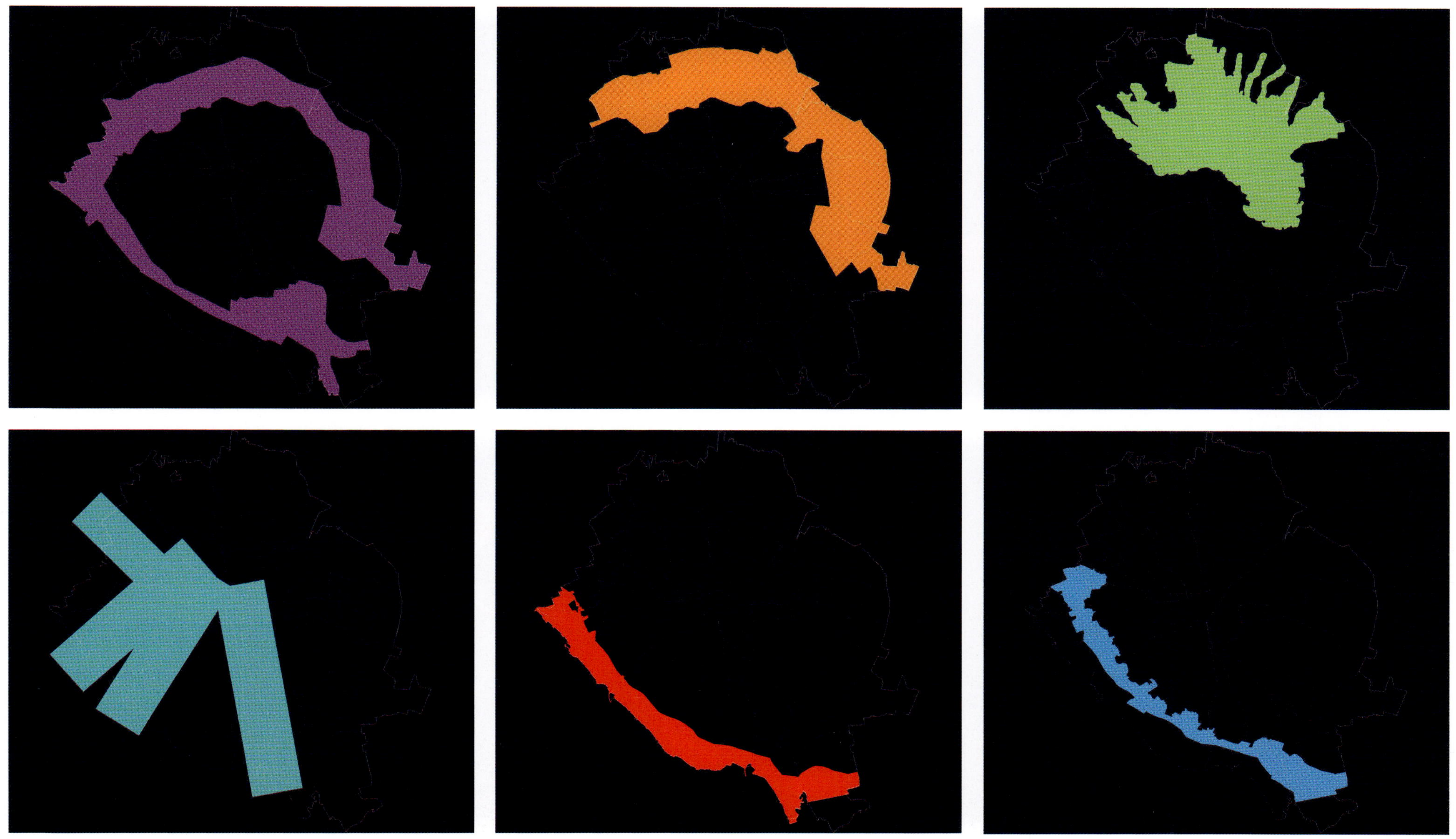

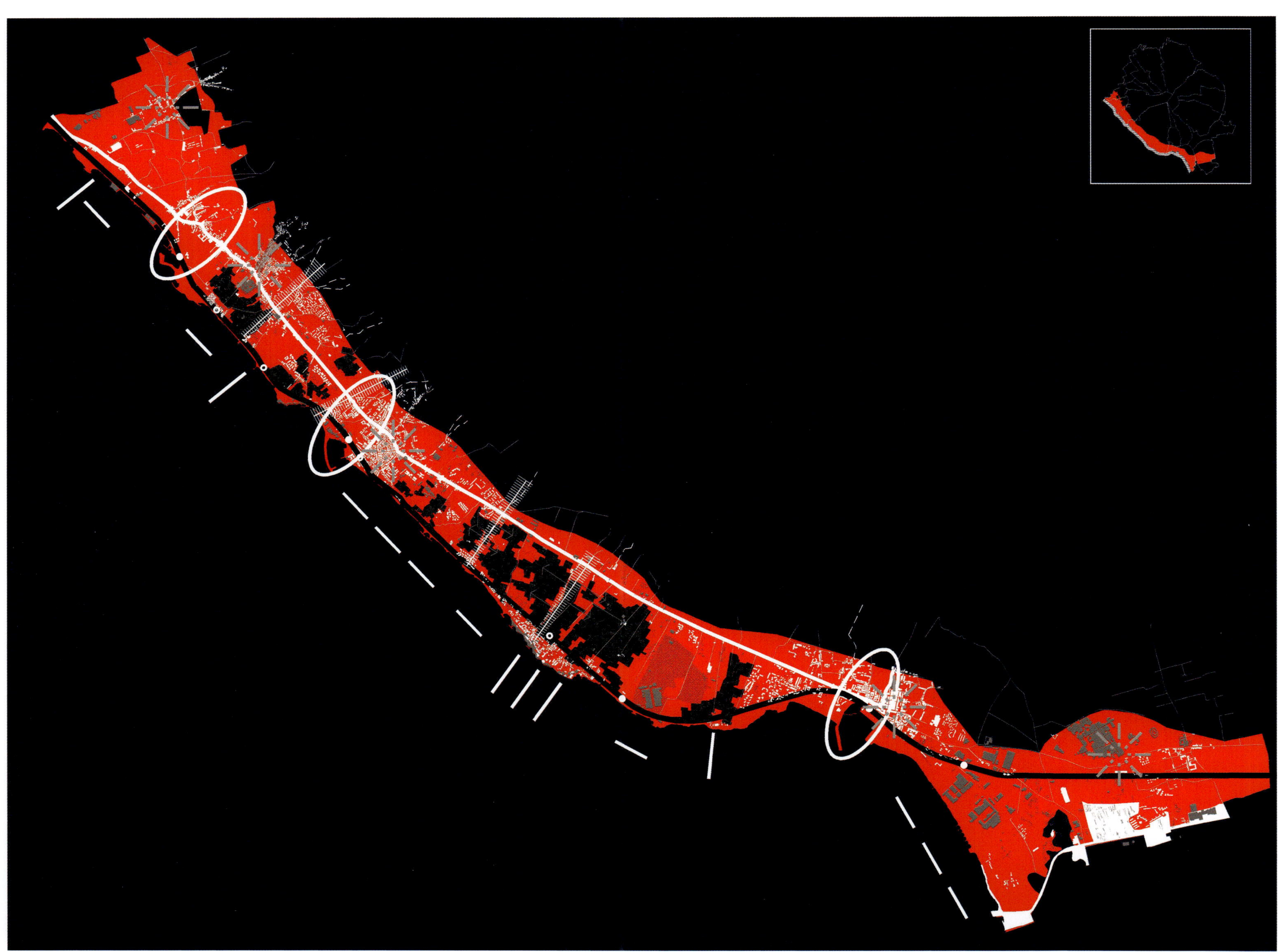

This is a multi-scale project for 17 Municipalities with over 500,000 inhabitants using a complex of planning, program, and project instruments. The instruments in the plan have a strategic component (supported by an overview), a regulatory component (mainly governing a mosaic of landscape areas), and a practical component of planning and implementation organized in model projects. Two of the latter ("The historic route, transverse to the coast, of the former cable driven funicular railway of Vesuvius" and "The redevelopment along the coastal strip of the Naples regional and metropolitan railway system") were subject to specific feasibility studies, an international planning competition, and detailed planning simulation. In particular, the ideas for the redevelopment of the coastal strip are aimed at interpreting the strategic guidelines that define the conditions and objectives of the redevelopment of the area next to the FS (Ferrovie dello Stato – Italian nationalized railways) line along the section between Portici and Torre Annunziata from the point of view of building the new Metropolitana Regionale, that is the new Naples regional and metropolitan railway system.

The aim is to create a linear coastal park, articulated in parts that are strongly interconnected with the system of open spaces of the city spread out along the "Golden Mile" creating the required functional and spatial relationships by using the main transversal mountain-sea system that had previously been sacrificed and fragmented by the dense modern infrastructure.

Si tratta di un progetto multi scalare che attraversa un complesso di strumenti di carattere pianificatorio, programmatorio e progettuale relativi ad un'area di 17 Comuni e di oltre 500mila abitanti. Gli strumenti di piano sono articolati in una componente strategica (supportata da una visione d'assieme), una componente regolativa (affidata principalmente ad un mosaico di ambiti di paesaggio) e una progettuale e attuativa organizzata in progetti-guida. Due di questi ultimi ("La trasversale storica di risalita meccanizzata al Vesuvio" e "La riqualificazione della fascia costiera lungo la Metropolitana Regionale") sono stati oggetto di specifici studi di fattibilità, di un concorso internazionale di progettazione e di simulazioni progettuali di dettaglio. In particolare, le immagini si riferiscono al progetto di riqualificazione della fascia costiera finalizzato a costruire un sistema di descrizioni interpretative e di linee-guida di carattere strategico che definiscono le condizioni e gli obiettivi per la riqualificazione delle aree contigue alla linea FS, nel tratto compreso tra Portici e Torre Annunziata, nella prospettiva della realizzazione della Metropolitana Regionale.

L'obiettivo è la creazione di un parco lineare costiero, articolato in parti, fortemente interconnesso con il sistema degli spazi aperti della città diffusa lungo il "Miglio d'Oro", capace di creare le necessarie relazioni spaziali e funzionali con il sistema delle direttrici trasversali monte-mare storicamente sacrificate e frammentate dalla compressione infrastrutturale moderna.

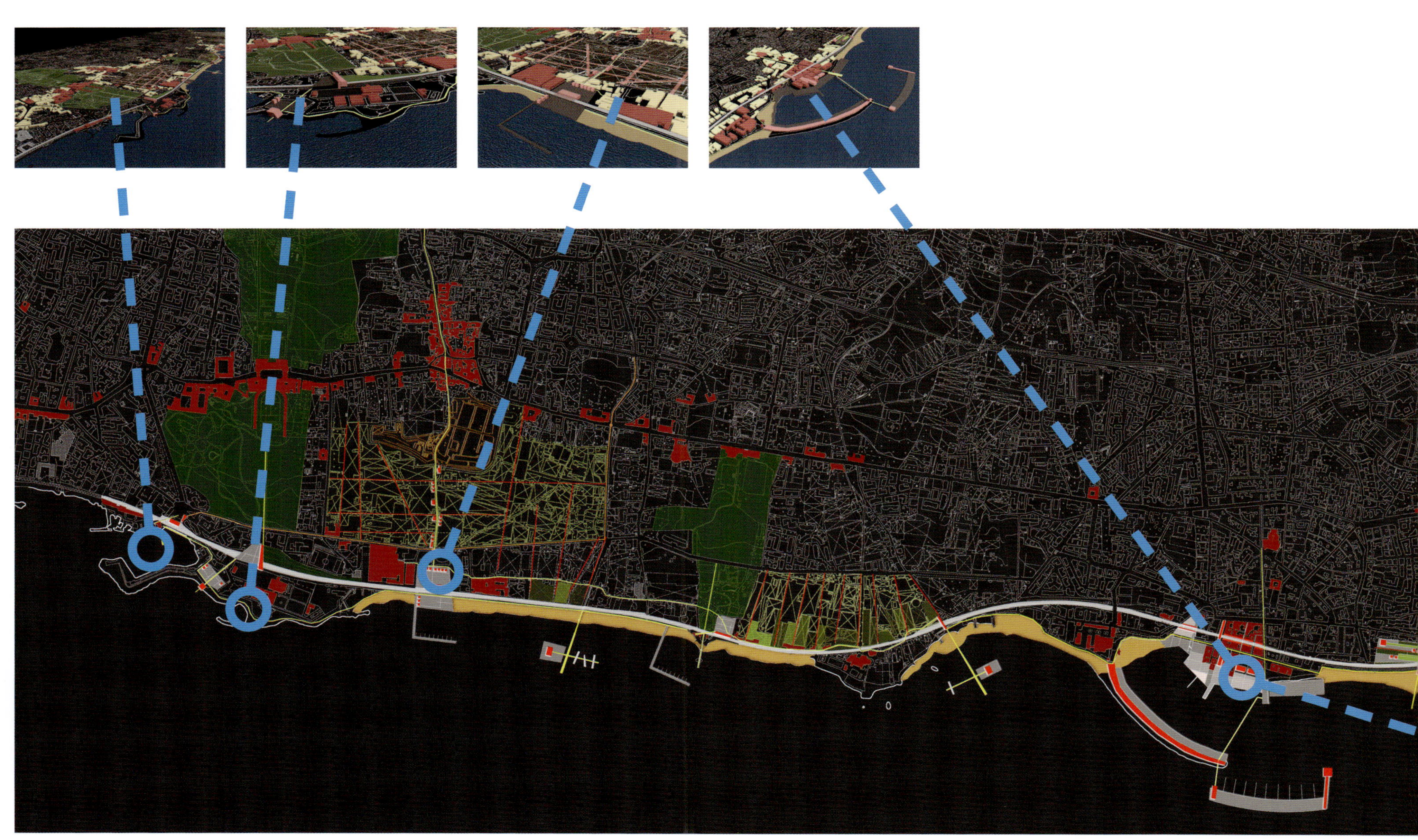

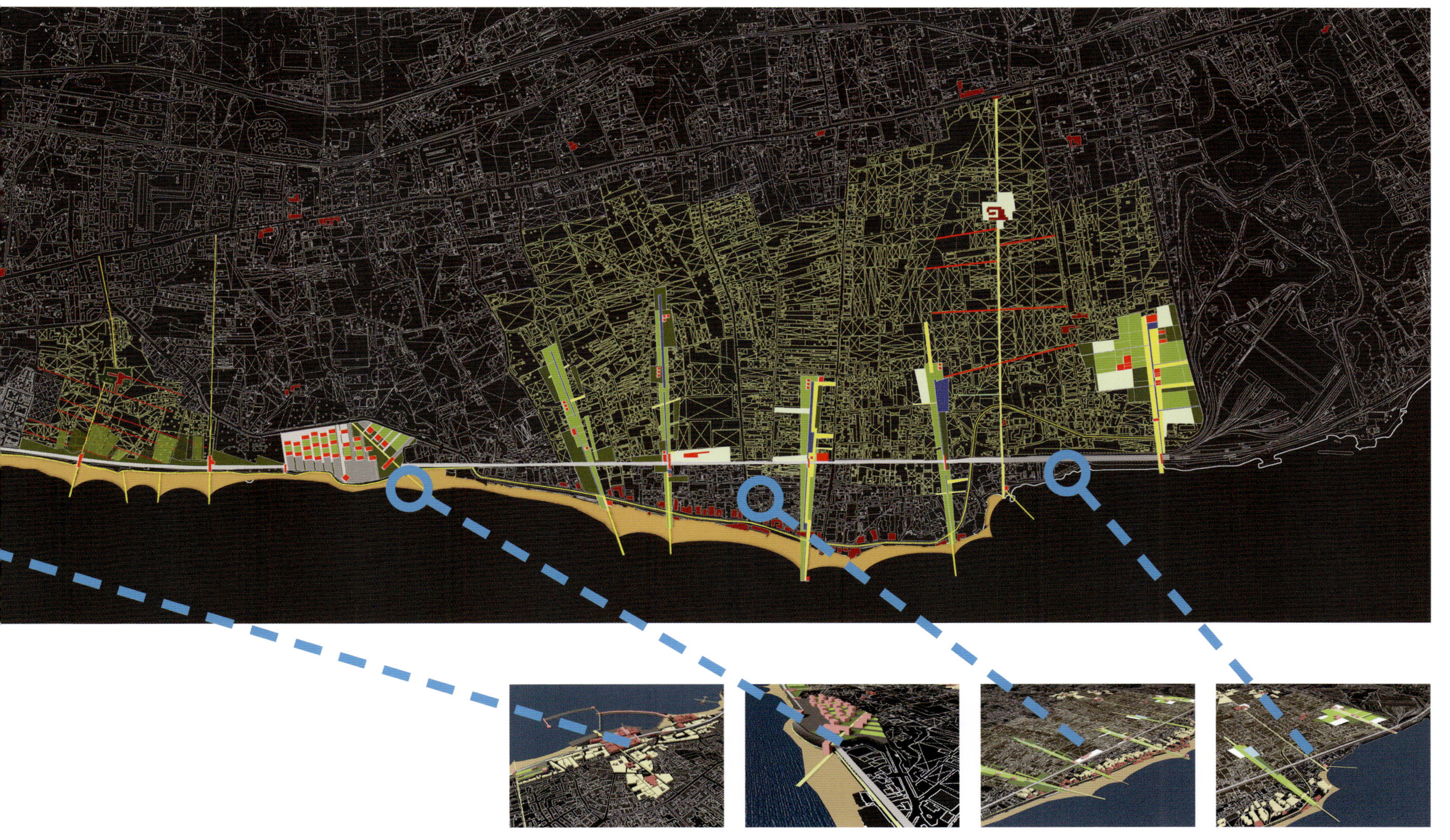

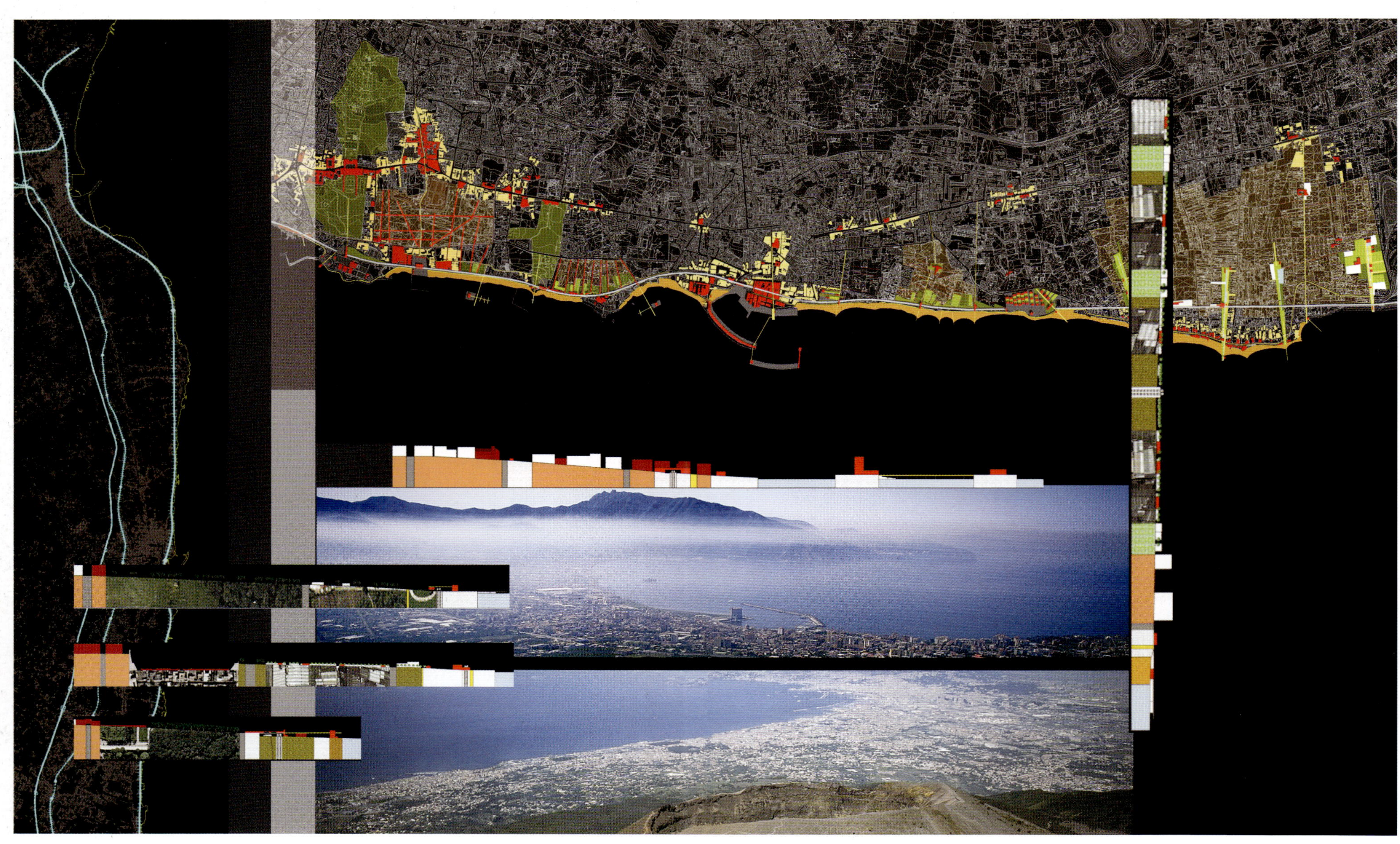

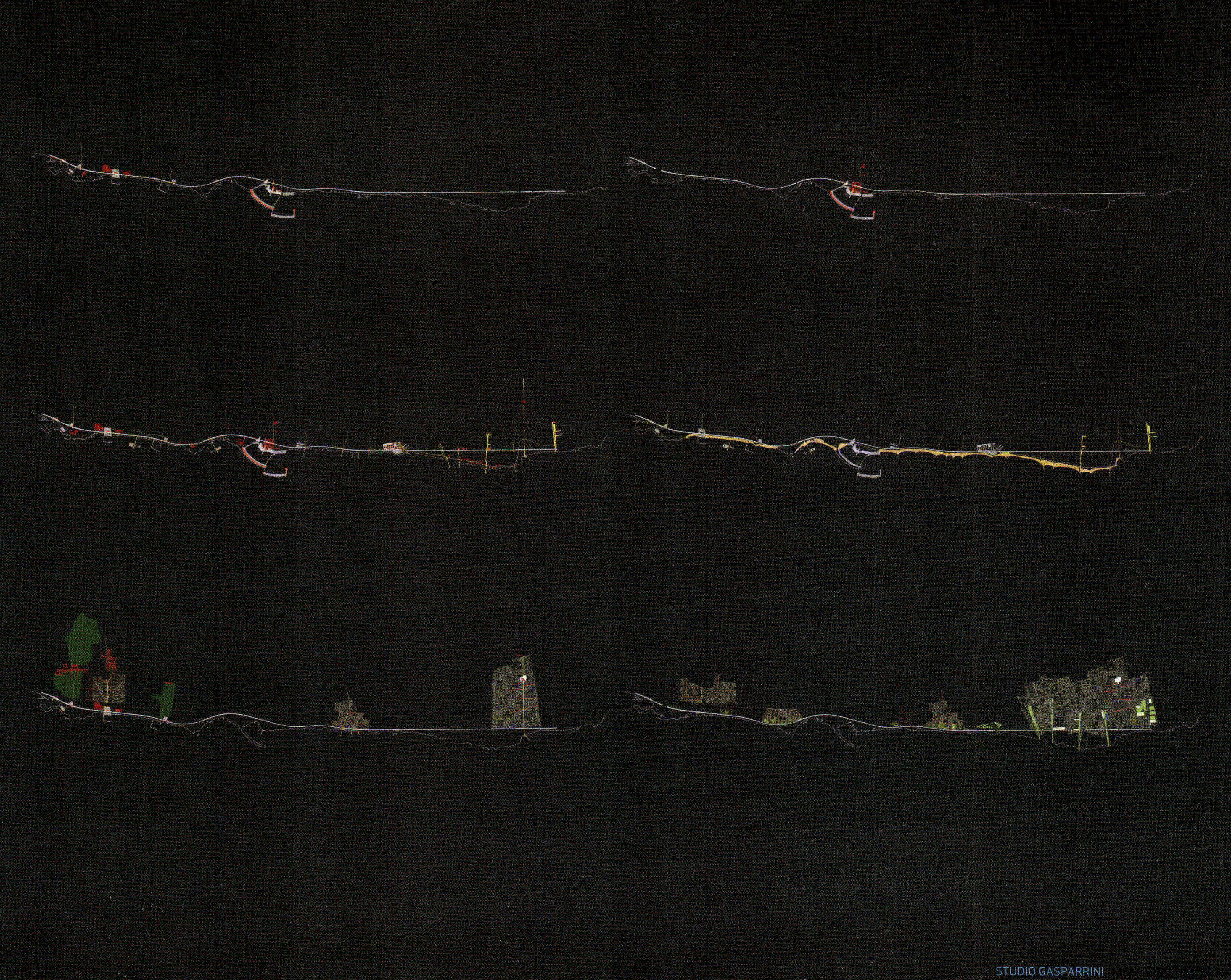
STUDIO GASPARRINI

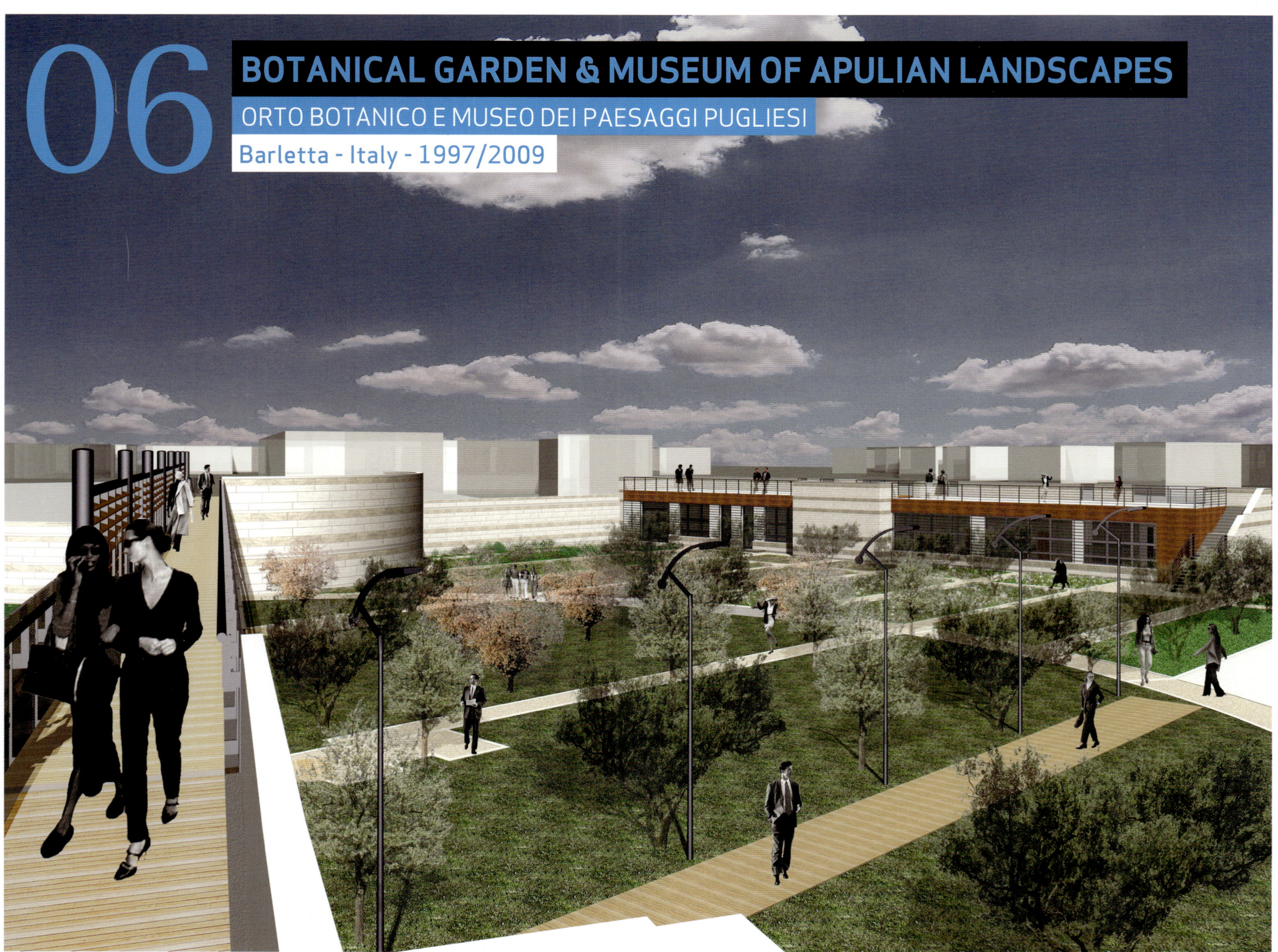

06
BOTANICAL GARDEN & MUSEUM OF APULIAN LANDSCAPES
ORTO BOTANICO E MUSEO DEI PAESAGGI PUGLIESI
Barletta - Italy - 1997/2009

CREDITS

Scale of planning initiative Rehabilitation project, Preliminary, definitive, and executive projects; Artistic works department; **Clients** Municipality of Barletta; **Design director and project manager** Carlo Gasparrini

Scala di progettazione Piano di recupero; Progetti preliminare, definitivo ed esecutivo; Direzione artistica delle opere; **Committente** Comune di Barletta; **Responsabile della progettazione:** Carlo Gasparrini

The project is composed of the initial implementation of the Urban Recovery Program to redevelop the disused historic Distillery, a former industrial complex covering about 5 hectares, whose construction began at the end of the nineteenth century, a redevelopment that is partially obligatory because it is valuable cultural heritage.

The Orchard extends for about a hectare, has the form of an alternative organizational and spatial model to the traditional typology that took root in Italian botanical displays, and has a selective collection from Mediterranean landscapes – and especially from the region of Apulia – the beds being arranged in a plurality of spatial, didactic, and sensorial paths rather than the traditional catalogue of fragrances used for purely scientific-didactic purposes.

In particular, the design of the orchard has been structured on a regular mesh of olives, crossed and "scraped" by a wide curvilinear path that is transformed into a labyrinth and takes a walk through all of the landscapes present (orchards, oak forests, scrubland, dunes, inshore overwash mud flats, etc.) over which runs a watercourse and an east-west foot-bridge that provides an elevated view, and the urban relationship between parts that are separated today. Inside the Botanical Garden and by the foot-bridge is a museum showing virtual exhibitions of the Mediterranean and Apulian landscapes strictly connected with the open air didactic displays lining the footpaths.

Il progetto costituisce il primo stralcio attuativo del Programma di Recupero Urbano per la riqualificazione della storica Distilleria dismessa, un complesso ex industriale di circa 5 ettari, costruito nel tempo a partire dalla fine dell'Ottocento, parzialmente vincolato come bene culturale di pregio.

'Orto, esteso per circa un ettaro, configura un modello spaziale e organizzativo alternativo alle tradizionali tipologie invalse nell'esperienza delle esposizioni botaniche italiane, proponendo una rassegna selettiva dei paesaggi mediterranei - e di quelli pugliesi all'interno di questi - letti attraverso una pluralità di percorsi spaziali, didattici e sensoriali anziché il tradizionale catalogo di essenze con intento puramente didattico-scientifico.

In particolare, il disegno dell'Orto è strutturato su una maglia regolare degli ulivi, attraversata e "raschiata" da un ampio percorso curvilineo che si trasforma in labirinto e che costeggia tutti i paesaggi presenti (dai querceti ai frutteti, dalla gariga ai paesaggi dunali e retrodunali) a cui si sovrappone una "via dell'acqua" e una passerella est-ovest che consente anche uno sguardo dall'alto e la relazione urbana tra parti oggi separate. All'interno dell'Orto, agganciato alla passerella, è localizzato anche un museo destinato ad ospitare un'esposizione virtuale dei paesaggi mediterranei e pugliesi strettamente collegato ai percorsi espositivi e didattici all'aperto.

07
STUDENT ACCOMMODATION
RESIDENZE PER STUDENTI NEL POLO UNIVERSITARIO DI MONTE S. ANGELO
Napoli - Italy - 2004/2005

CREDITS

Scale of planning initiative Implementation plan and Preliminary plan; **Clients** Temporary consortium of construction companies; **Design director and project manager** Carlo Gasparrini (planner appointed) and Valeria Sassanelli

Scala di progettazione Piano particolareggiato e Progetto preliminare; **Committente** ATI di imprese di costruzione; **Responsabili della progettazione** Carlo Gasparrini (progettista incaricato) e Valeria Sassanelli

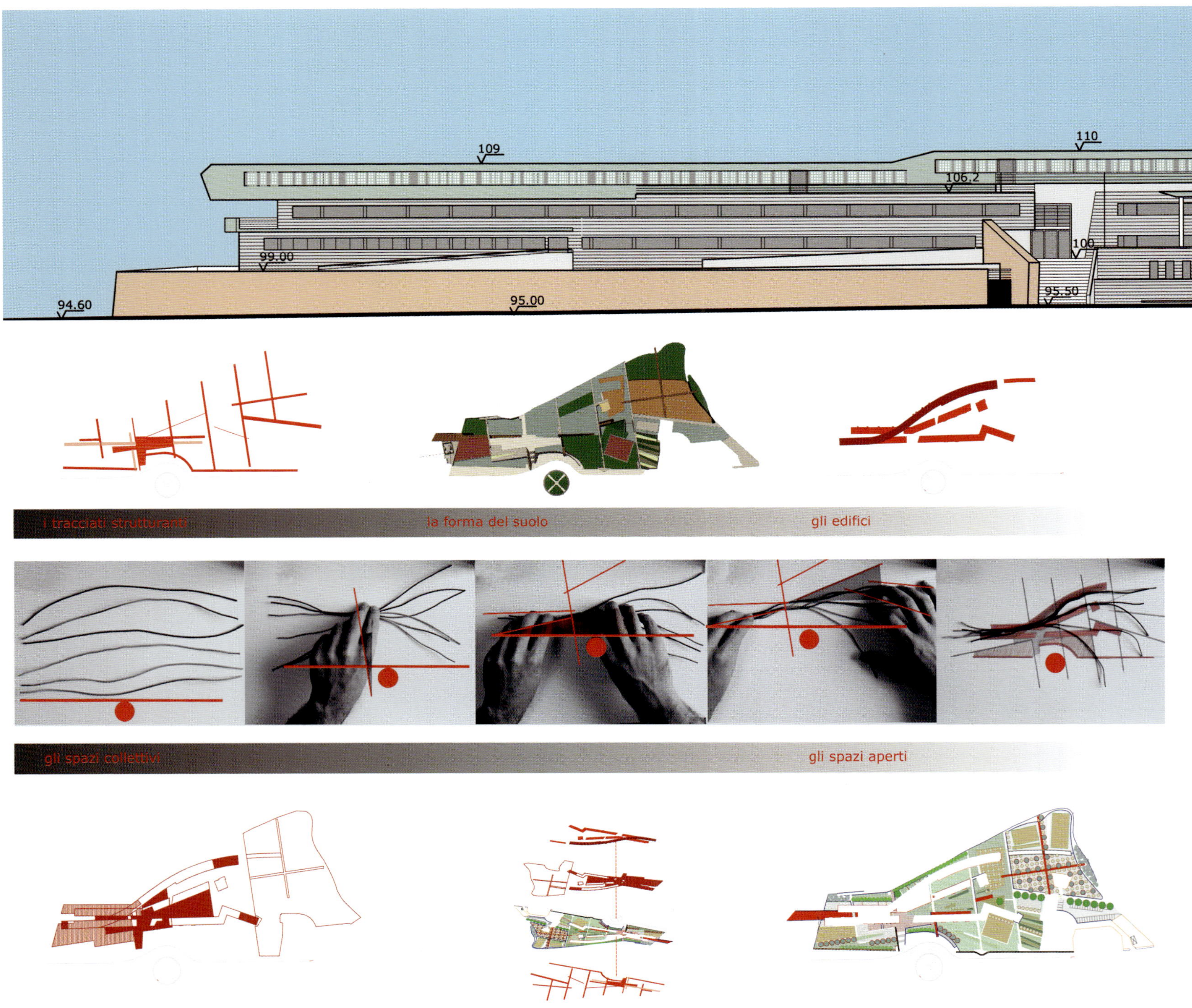

109
110
106.2
107
99.00
100
94.60
95.00
95.50
i tracciati strutturanti
la forma del suolo
gli edifici
gli spazi collettivi
gli spazi aperti

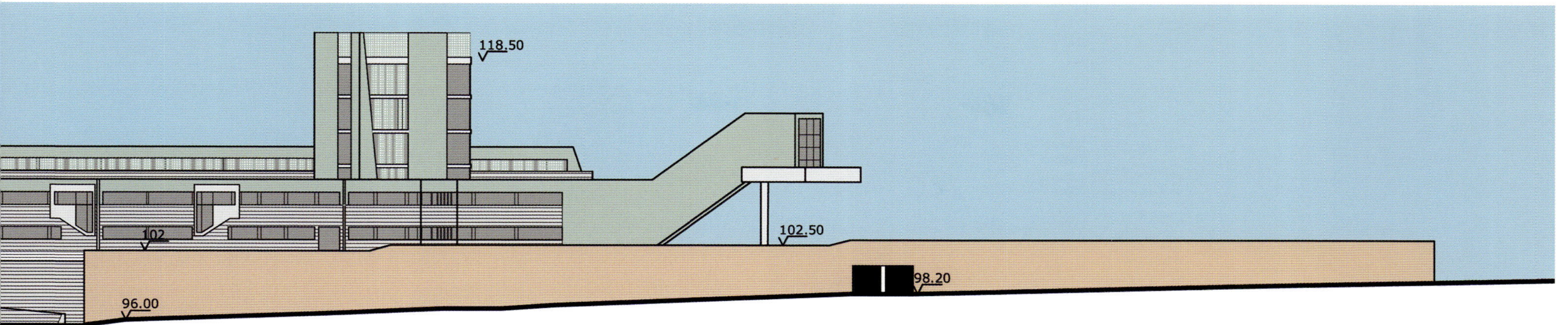

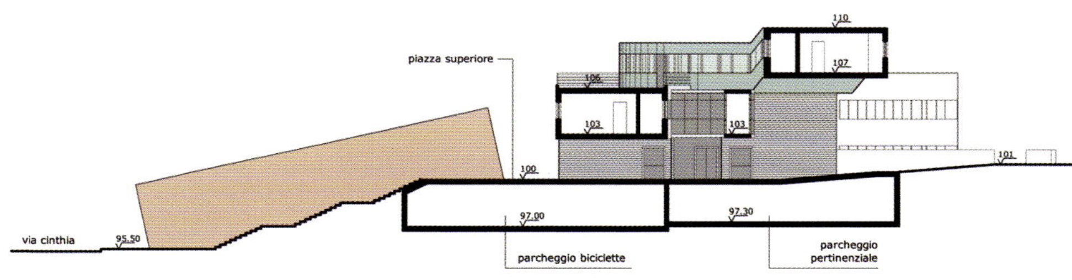

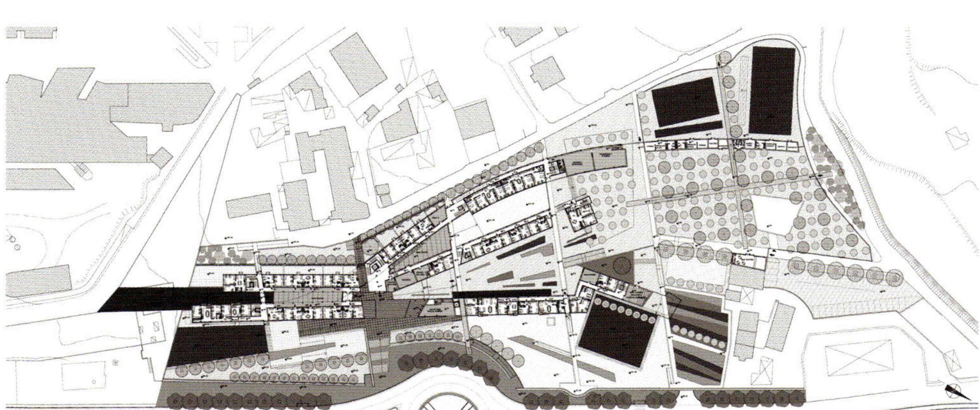

The plan and the project for a student housing complex with approximately 250 bed spaces connected with the stop on the new Metro underground railway line 7 dedicated to providing access to the University of Monte S. Angelo close to the residential complex that is to be built and will be connected with it. The project solves the need for an important morphological and environmental node in the western urban area where viale Traiano, planned by Marcello Canino, the southern slopes of the Camaldoli Park, and the large campus of the new University.

The residences are designed as a dynamic meshing of a series of tapes arranged along the ground sloping slightly and in parallel with the road that is to be remodeled in a sequence of longitudinal and transversal terracings. The arrangement of the buildings on the ground, their prevalently horizontal trend, and their deformation and verticalization at particular points are strictly related to the design of the open spaces and the progressive vegetable/mineral passage of the hill behind and downstream from the university complex. Together with rethinking the form of the land without imitation, the aim is to create a system rich in internal and external space, recognizable and livable for the students and their group activities, strongly planned to capture the most relevant landscape components in the context.

Il piano e il progetto sono relativi alla realizzazione di un complesso di residenze per studenti di circa 250 posti-letto collocato in corrispondenza della fermata della nuova linea metropolitana 7 dedicata all'accessibilità all'Università di Monte S. Angelo, adiacente al complesso residenziale da realizzare e a cui questo afferisce. Il progetto risolve un nodo morfologico e ambientale importante dell'area occidentale urbana dove convergono il viale Traiano progettato da Marcello Canino, le pendici meridionali del Parco dei Camaldoli e il grande campus della nuova Università.

Il disegno delle residenze si configura come intreccio dinamico di una serie di nastri disposti lungo un suolo in leggero declivio parallelo alla strada che viene rimodellato attraverso una sequenza di terrazzamenti longitudinali e trasversali. La disposizione al suolo degli edifici, il loro prevalente andamento orizzontale e la loro deformazione e verticalizzazione in punti singolari, sono strettamente legati al disegno degli spazi aperti e al progressivo passaggio vegetale/minerale dalla collina retrostante al complesso universitario a valle. L'obiettivo, assieme a quello di ripensare senza mimetismi la forma del suolo, è quello di creare un sistema ricco di spazi interni ed esterni, riconoscibile e vivibile per gli studenti e le loro attività collettive, fortemente proiettato verso la cattura delle componenti paesaggistiche più rilevanti del contesto.

RICCISPAINI
Roma

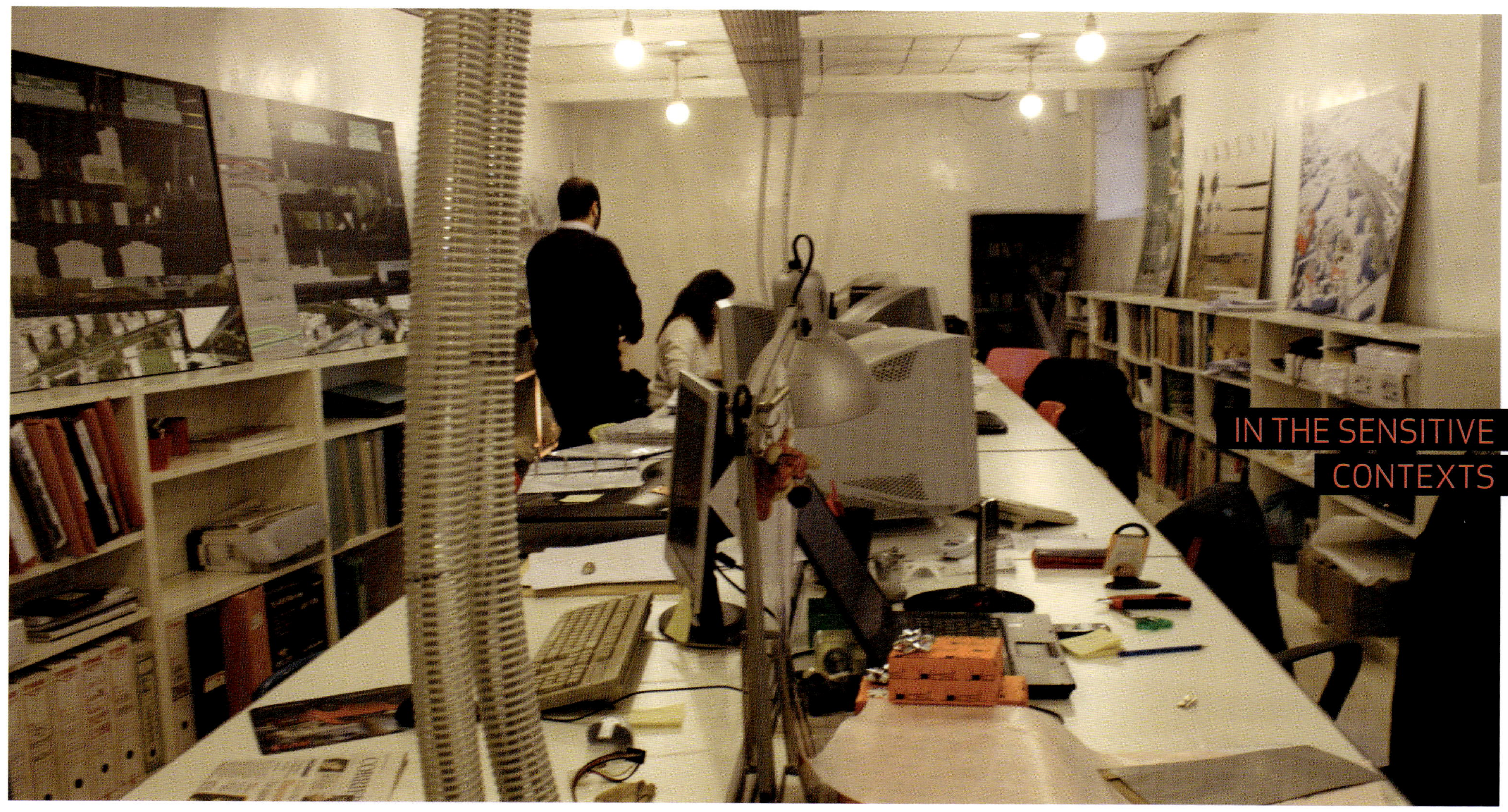

RICCISPAINI

INTERVIEW
INTERVISTA

with
MOSÉ RICCI

by Sabrina Leone

Is it correct to say that the subject of landscape – as a new focus on the relationship between project and contest – constitutes one of the main characters of your conceived production, in fact like a synthesis between landscape and architecture, or does it rather recover the character of the landscape within a project?

The geographer Franco Farinelli writes in his latest book that the territory is complete, that there is no need to measure the space in which we live to understand of what it consists. In July 1969

SL È esatto dire che il tema del paesaggio - inteso come nuova attenzione alle relazioni tra progetto e contesto - costituisce uno dei principali caratteri della vostra produzione concepita, nei fatti, come sintesi tra paesaggio e architettura, ovvero volta al recupero del carattere paesaggistico nel progetto?

MR Il geografo Franco Farinelli scrive nel suo ultimo libro che il territorio è finito. Che non c'è più bisogno di misurare lo spazio che abitiamo per capire come è fatto. Nel luglio del 1969, il giorno dello sbarco sulla luna,

on the day of the landing on the moon, while everybody was looking at the sky, the most important thing happened on Earth where two computers started to talk to each other and share information in real time between Cape Canaveral and San Francisco. From that day on our lives have changed. With the development of instant, artificial vicinity means and abstract networks, which allow different realities for instant communication or create new realities, the virtual worlds influence our ways of living, working, conducting business. Towns tend to lose a precise physical connotation and become ever more fields for relationships. Perhaps we no longer need territory to move around and to communicate, like Franco Farinelli tells us, but we'd rather need landscape and places to live and get to know ourselves. All this changes decisively our ways we think about the future and its form. And I think it should also change the way we make projects. The idea of territory required stability and persistence in time from the architecture – architecture struggles against time - and requested projects as an authorial decision that would have measured the competitiveness between places by the signature of the author. The idea of landscape, however, asks for indefinite timescales from the architecture, asks to be able to get old together, to change continuously in the same way the landscapes are changing. It asks from the project to be democratic, decided by many, divided by many, in order to contribute to the construction of that landscape-painting of the beautiful picture by João Nunes, which is a painting of a society and not of an author. The landscape, from a system of measurements (the territory) to a system of values (the landscape), representing the conceptual background and the general objective of our research. In the landscape we recognise ourselves, and by describing it we describe ourselves. We identify ourselves. We add value and purpose to the things we do. In this way we interpret the landscape in our projects. The landscape is, in some way, the inner descriptive category from which our architectures take shape and find significance.

mentre tutti guardavamo il cielo, la cosa più importante stava succedendo sulla terra dove due computer cominciavano a parlarsi e a condividere le informazioni in tempo reale tra Cape Canaveral e San Francisco. Da quel giorno la nostra vita è diversa. Con lo sviluppo dei mezzi di istantanea adiacenza artificiale e delle reti immateriali, che mettono realtà differenti in comunicazione immediata o che creano nuove realtà, i mondi virtuali condizionano il nostro modo di vivere, di lavorare, di fare economia. Le città tendono a perdere una precisa connotazione fisica e diventano sempre più campi di relazioni. Forse non abbiamo più bisogno del territorio per muoverci e comunicare, come dice Franco Farinelli, ma abbiamo sempre più bisogno dei paesaggi e dei luoghi per vivere e riconoscerci. Tutto questo cambia in maniera decisiva il nostro modo di pensare il futuro e le sue forme. E credo che debba cambiare anche la nostra maniera di fare i progetti. L'idea di territorio chiedeva all'architettura stabilità e persistenza nel tempo - l'architettura in fondo lotta contro il tempo - e chiedeva progetti come decisione autoriale, che misurassero la competitività tra i luoghi attraverso la firma d'autore. L'idea di paesaggio invece chiede all'architettura tempi non definiti, chiede di poter invecchiare insieme, di cambiare continuamente come continuamente i paesaggi cambiano. E chiede al progetto di essere poliarchico, deciso da molti, condiviso da tanti, di contribuire alla costruzione di quel *paesaggio-ritratto* della bellissima immagine di João Nunes, che è il ritratto di una società e non di un autore. Il passaggio da un sistema di misure (il territorio) a un sistema di valori (il paesaggio), rappresenta lo sfondo concettuale e l'obiettivo generale delle nostre ricerche. Nel paesaggio ci riconosciamo, descrivendolo raccontiamo noi stessi. Ci identifichiamo. Diamo valore e senso alle cose che facciamo. In questo senso interpretiamo il paesaggio nei nostri progetti. Il paesaggio è, in qualche maniera, la categoria descrittiva all'interno della quale le nostre architetture prendono forma e trovano significato.

 **Throughout the years, how has this approach in your work evolved and deviated in a recognisable way? How did the relationships between architectural and urban projects and natural context (or landscape) change or modify?**

In our interpretation the landscape isn't a natural context but a cultural one. It is a point of view about its transformation. If a territory doesn't function anymore to describe reality, then, to interpret our imposed condition, remains the landscape. This is what I manage to observe about an inhabited, physical or natural space, and also what I see inside my eyes: my culture, my point of view, the way I watch it. At the same time, territory is a physical space and environment is living space. Well, the landscape joins these two categories together and through accomplished projects our society and our time tells the story. There is a precise moment when we, basically, have understood that we were always working with the landscape and that the landscape idea is perhaps substituting the town idea. This happened around 2000, when we worked on the project of the train station of Florence (honourable mention at the international competition). This project of the train station of Florence was very complex because the announcement did not stipulate a completely new proposal from the architects, but the construction of the 'cover for a finished box'. The station – in the programme – was an underground structure of 500 x 50 metres at a depth of about 25 metres below ground. The announcement took for granted the project of a large 'concrete box', built by a system of wall posts which was the inner shell, and on the roof of which one needed to construct the new architecture. We have learnt by working with Frei Otto and the others from the group (Aldo Aymonino, Pippo Ciorra, Studio Eu, Stefan Tischer, …) that the real problem was that this "concrete box" functioned as a dam to the underground layer of the river Mungone, which had already caused a great flood in the sixties. What was most important was not to build a dam, which could have had

SL Negli anni come si è evoluto e declinato in chiave riconoscibile, questo approccio nei vostri lavori? Come sono cambiati, o si sono modificati, i rapporti tra progetto architettonico, urbano e contesto naturale o … paesaggio?

MR Nella nostra interpretazione il paesaggio non è un contesto naturale, ma culturale. E' un punto di vista sul cambiamento. Se il territorio non serve più a descrivere la realtà, per interpretare la nostra condizione insediativa resta il paesaggio. Che è quello che io riesco a osservare di uno spazio fisico abitato, o naturale, ed anche quello che ho dentro i miei occhi: la mia cultura, il mio punto di vista, il modo in cui lo guardo. E' allo stesso tempo territorio come spazio fisico e ambiente come spazio della vita. Ecco, il paesaggio mette insieme queste due categorie e attraverso i progetti che si realizzano racconta la nostra società e il nostro tempo.
C'è stato un momento preciso in cui abbiamo capito che, in fondo, stavamo lavorando sempre con il paesaggio e che, forse, l'idea di paesaggio un po' sostituiva anche l'idea di città. Questo è successo intorno al 2000, quando abbiamo lavorato al progetto per la stazione di Firenze (menzione d'onore al concorso internazionale). Quello della stazione di Firenze era un progetto molto complesso perché il bando richiedeva agli architetti non una proposta completa, ma la costruzione del Ðcoperchio di una scatola già fatta'. La stazione - nel programma - era una struttura sotterranea di 500 metri per 50 metri, alla profondità di circa 25 metri sotto terra. Il bando dava per scontato il progetto di un grande Ðscatolone di cemento' costruito da un sistema di paratie a pali che era l'involucro all'interno del quale, e a copertura del quale, bisognava costruire la nuova architettura. Abbiamo capito lavorando con Frei Otto e gli altri del gruppo (Aldo Aymonino, Pippo Ciorra, Studio Eu, Stefan Tischer, …) che il vero problema era invece che questa 'scatola di cemento' faceva da diga alla falda sotterranea del torrente Mugnone, che aveva già provocato la grande alluvione degli anni Sessanta. La cosa più importante era quella

incredible effects. Discussing the project, we also discovered that the historical town, amongst the most famous in the world, didn't call for new architecture that was taller than the dome of Brunelleschi, as the value of Florence is in the existing monuments. So, don't block the underlying layer and don't design a building but a landscape. A station in an arcade which would let the water run freely, with a park above, and a little hill from which one can see the city. This was our project for Florence. We all know what happened afterwards. The winning project of Foster and Arup was finalised and then, today, the station was abandoned because the risks or the underground layer, both for an economic reason and a hydro geological and social reason, were too high to face the costs of the construction. Nobody is doing anything about it anymore. This story has been useful to us to conceptualise the aims of our project research, to understand better what we are already doing and to define better everything that we will do in the future. In reality, even unknowingly, we have always planned/constructed architecture that is

di non costruire una diga, che avrebbe potuto provocare effetti incredibili. Discutendo di quel progetto, abbiamo anche capito che una città storica, tra le più famose del mondo, non aveva bisogno di nuove architetture più alte della cupola di Brunelleschi, perché il valore di Firenze sono i monumenti che ha già. Non fermare la falda. Non costruire un edificio, ma fare un paesaggio. Una stazione in galleria che facesse scorrere libera la falda, con sopra un parco, una collina dalla quale poter guardare la città. Questo è stato il nostro progetto per Firenze. La storia poi la sapete tutti, il progetto vincitore di Foster e Arup è stato sviluppato fino a livello di progetto definitivo e poi, oggi, a quella stazione si è rinunciato perché i rischi provocati dalla falda, sia di natura economica sia di natura idrogeologica e sociale, sono troppo elevati per affrontare i costi di costruzione. Non se ne fa più nulla. A noi questa storia è servita per concettualizzare il fine della nostra ricerca progettuale, per capire quello che stavamo già facendo e definire meglio tutto quello che avremmo fatto in futuro. In realtà, sia pur con minore consapevolezza, progettavamo/

sensitive to the landscape. Examples are the museum Michetti di Francavilla al Mare with a large catacomb that fixes the shaping of the reconstruction of the town, or the spa hotel La Reserve of Caramanico Terme with its stone walls that has the shape of the rocky underground. Our concern has always been directed towards creating architecture which shows the meaning of belonging to the time and adequacy of place. With the Florence project we have acquired the courage to be radical our proposals. From then on the planning, oriented towards landscape sensitivity and environmental sustainability, has clearly become the objective of our work. And today our cultural and professional proposal focuses on an ecological architecture instead on a metropolitan one, which is sustainable and not just formalist, sensitive to the landscape instead of generic.

... Well then, you were talking about the hotel whose façade becomes a square and about the station in Florence thought to be a hill from which one can see the city. I'm connecting exactly to this one.

costruivamo da sempre architetture sensibili al paesaggio. Il museo Michetti di Francavilla al Mare per esempio, con l'ampliamento ipogeo che fissa la figura della ricostruzione della città, o l'albergo termale *La Reserve* di Caramanico Terme con le pareti di pietra che prendono forma dallo sfondo roccioso. La nostra preoccupazione è sempre stata quella di fare architetture che raccontano il senso di appartenenza al tempo e di adeguatezza al luogo. Con il progetto di Firenze abbiamo acquistato più coraggio nel radicalismo delle proposte. Da allora la progettazione, orientata alla sensibilità paesaggistica e alla sostenibilità ambientale, è diventata con tutta chiarezza l'oggetto del nostro lavoro. E oggi la nostra proposta culturale e professionale è per un'architettura ecologica invece che metropolitana, sostenibile invece che formalista, sensibile al paesaggio invece che generica.

SL ... Dunque, parlavi dell'albergo la cui copertura diventa piazza e dell'edificio della stazione di Firenze pensato come una collina da cui si può vedere la città. Mi collego proprio

I imagine that another interesting aspect of your work is the development of the theme 'the relationship between the sections' as a central element of the project. This implies attributing an urban value to every architectonic artefact and considering the town in its complexity – and relationships – in a particular way regarding the surrounding natural/artificial spaces as well as the public ones. Can your project be broadly defined as a 'project of relationships'? And in which way is this aspect developing given that it can have various interpretations?

If by 'relationship' you mean the fact that our projects never count as a standalone project, but as a catalyser of a system of relationships and tensions which is already present in our context, then this is exactly the purpose of our work. We are trying to propose projects that act like mechanisms which interpret and represent the spaces. Like narrative structures which tell their contexts through crystallization that obviously have to be descriptive and fascinating, but essentially bringing together a system of existing relationships and values in one architectonic figure. We never think to construct 'gems' which define the places in which we intervene. We think that the contexts already contain all the potential. We are left with the task of investigating, digging, adding value. The projects can reveal architectonic figures and spaces which are already present in the landscape and often they already contain the perception of change.

...this can also mean creating new occasions for interaction by means of these architectures, or also simply new public spaces or the use of some spaces for possible public spaces for interaction which lend themselves to be used creatively and/or in a hybrid way.....

The ecological project, which is sustainable and sensitive to the landscape, questions the roles and the types. It doesn't express the architectural form in itself, but the processes and the purpose – not only the physical elements and materials but also the ways of using them,

a questo. Mi sembra che un altro aspetto interessante nel vostro lavoro sia lo sviluppo del tema della 'relazione fra le parti' come elemento centrale del progetto. Questo implica attribuire un valore urbano ad ogni manufatto architettonico e considerare la città nella sua complessità di rapporti - e relazioni - in modo particolare rispetto sia all'intorno naturale/artificiale, sia allo spazio pubblico. Il vostro, in generale, può definirsi un - progetto relazionale'? E in che modo sviluppa questo aspetto, dato che se ne possono dare varie interpretazioni?

MR Se per 'relazionale' intendi il fatto che i nostri progetti non valgono mai come segno in sé, ma come catalizzatori di un sistema di relazioni e di tensioni che nel contesto è già presente, allora questo è proprio il senso del nostro lavoro. Noi cerchiamo di proporre sul luogo progetti come dispositivi che lo interpretino e lo ripresentino. Come strutture narrative che raccontino i contesti attraverso la cristallizzazione in forme che ovviamente devono essere caratterizzate e affascinanti, ma che nella sostanza fissano in una figura architettonica un sistema di relazioni e di valori che già esiste. Non pensiamo mai di costruire Ðgemme' che qualifichino i luoghi nei quali interveniamo. Pensiamo che i contesti contengano già tutte le potenzialità. A noi resta il lavoro di investigazione, di scavo, di messa in valore. Il progetto può svelare le figure architettoniche, e spaziali, che già sono presenti nei paesaggi e che spesso contengono già il senso del cambiamento.

SL ...può anche significare creare delle nuove occasioni di scambio attraverso queste architetture, oppure anche semplicemente nuovi spazi pubblici o l'utilizzo di alcuni spazi come possibili spazi pubblici di interazione, che si prestano ad un uso creativo e/o ibrido...

MR Il progetto ecologico, sostenibile e sensibile al paesaggio mette in discussione i ruoli e i tipi. Non esprime la forma architettonica in sé, ma mette in forma i processi e il senso - non solo gli elementi fisici e materiali, ma anche i modi d'uso, le economie, i significati, le storie, ecc - e i materiali dell'architettura possono cambiare o

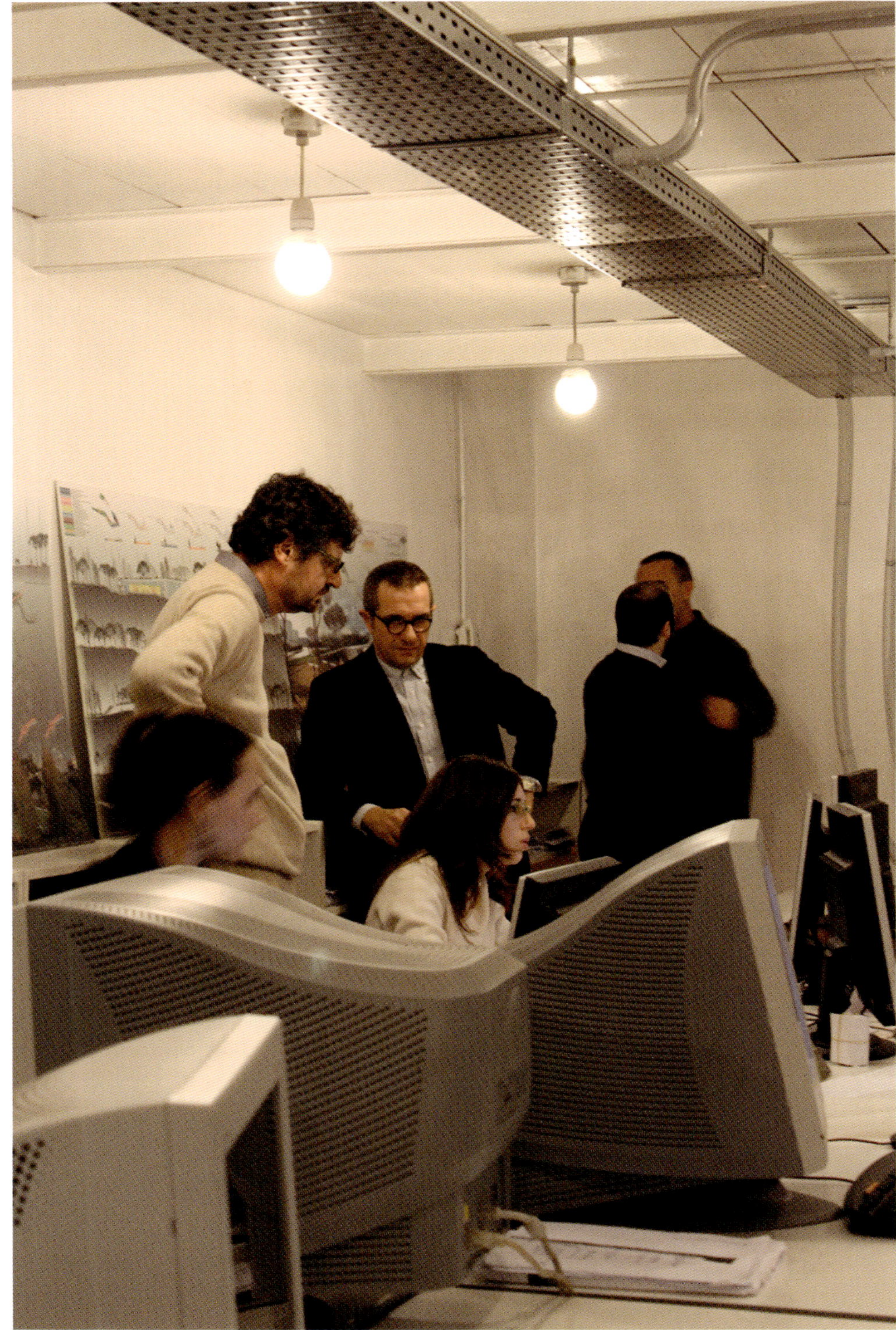

the finances, the meanings, the history, etc…
- and the materials of the architecture can
change or take on different meanings.
The project for Campus Automotive of the
Sangro Valley, for example, works on the
picture of the Campus like an ecosite or
ecopark. A big environmental and landscape
catalyser which uses renewable energy
sources points towards the optimisation of
consumption and the reduction of the impact
on the environment. A productive park that
considers maintenance and management
requirements which are included in an
integrated project logic, and turns them into
indicators for the definition of the quality of
an intervention in the landscape scale and not
as operative phases of a post-project process.
In this project the Campus is most of all a
structure for relationships which takes shape
from its empty spaces. The materials of the
landscape of Sangro-Aventino – the trees, the
soil, the panorama and the water – create the
structure of the Campus with the laboratories
as badlands, the square like a river and the
circuit track turns into a topography which
filters the pollutants.
I believe that we have managed to
demonstrate that it is possible to insert
also an element of risk which is important in
a complete landscape, by using a conscious
planning operation. WWF Abruzzo and other
environmental organisations, whose task was
to make observations and comments about
the project, have not produced anything. And
this already seems to be a good result.
Now we are working on a project for a
residential complex at Fontana Candida on the
Eastern outskirts of Rome. In short, it's about
a system of apartment blocks – where we are
trying to separate the inhabited element on
the inside of the apartment from that what
belongs more to the landscape, and that what
belongs to public spaces and from that what
belongs more to the private environment
and to the living space. The project Living
Landscapes and Terrace Homes tries to
construct topographies which combine the
ground floors of the inhabited structures
with the spaces that belong, also in their
configuration, to the landscape. Or rather,

assumere significati diversi.
Il progetto per il *Campus Automotive*
della Val di Sangro, per esempio, lavora
sull'immagine del *Campus* come *ecosite* o
ecoparco. Un grande catalizzatore ambientale
e di paesaggio, che usa fonti energetiche
rinnovabili, punta alla ottimizzazione dei
consumi e all'abbattimento degli impatti
ambientali. Un parco produttivo che considera
i caratteri di manutenzione e gestione inclusi
in una logica di progettazione integrata,
rendendoli indicatori per la definizione
delle qualità dell'intervento alla scala
paesaggistica e non come fasi operative di un
processo post-progettuale.
In questo progetto il *Campus* è soprattutto
una figura di relazione, che prende forma dai
suoi spazi vuoti. I materiali del paesaggio
del Sangro-Aventino Ð gli alberi, la terra, i
panorami e l'acqua - realizzano la figura del
Campus con i laboratori come calanchi, la
piazza come un fiume e il circuito che diventa
una topografia che filtra gli agenti inquinanti.
Credo che siamo riusciti a dimostrare che
è possibile inserire anche un elemento di
rischio così importante in un paesaggio tutto
sommato integro, attraverso un'operazione
progettuale consapevole. Il WWF Abruzzo
e le altre organizzazioni ambientaliste che
avevano il compito di fare le osservazioni e
i rilievi al progetto non ne hanno prodotta
nessuna. E questo ci sembra già un buon
risultato. Adesso stiamo lavorando a un
progetto per un complesso residenziale a
Fontana Candida nella periferia orientale
di Roma. In sostanza si tratta di un sistema
di palazzine – dove stiamo provando a
separare all'interno dell'elemento abitativo
della palazzina quello che appartiene più al
paesaggio, e allo spazio pubblico, e quello
che appartiene più alla sfera del privato, e
dell'abitazione. Il progetto *Living Landscapes
and Terrace Homes* cerca di costruire delle
topografie che inglobano i piani terra delle
strutture abitative con spazi che, anche
nella loro configurazione, appartengono al
paesaggio. Ovvero tentiamo di costruire il
paesaggio con elementi dell'architettura
e lasciare i corpi degli appartamenti come
flottanti al di sopra. Si potrebbe dire, in

we are trying to construct the landscape with
architectural elements and let the structures
of the apartments appear like floats above
it. One can say, in short, a reorganisation – so
to say – of the system of united living space,
reconsidered, transfigured and distorted by
the landscape option.

One of the main struggles of the 21st
century is sustainable growth, the
relationship between sustainability
and projects of various scales, whereby
sustainability is meant as the capacity to
make natural and inhabited territory to
interact with each other and to merge in
harmony. Your work appears to have adopted
this element as a point of references and
basic ingredient. But how does this become
architecture?

Exactly. In the last years our work
has taken on a range of very precise
objectives. We operate in Europe
where no city has ever managed to turn
into a metropolis. And perhaps nowadays,
the horizon of values which represents the
metropolis (or which has represented it for
all of us in the 20th century) has been put
into doubt by the economic and energy crisis,
by the climate changes, etc… The European
society has perhaps already renounced the
metropolitan horizon as a quality objective.
It is about a time transformation that starts
at the bottom. It proceeds through life
styles, self regulated practices and survival
strategies. The protagonists in this cultural
enterprise are we citizens, consumers, savers.
With simple philosophically-oriented actions
and a good portion of pragmatism, we are
causing a global economic system to fold.
We eat organic farm produce and separate
the waste. We prefer the outlet shops to the
boutiques. We choose public transport and
the bicycle. We are attracted by cars that have
zero emissions and no longer by those big
and luxurious ones which consume loads. We
like bioclimatic housing and not the buildings
which have an elevated energy consumption.
We want public constructions that are
sustainable and sensitive to the landscape.
We are looking at the urban political brands

sostanza, una riproposizione - se vogliamo
- del sistema delle *unité d'habitation*,
ripensato trasfigurato e distorto dall'opzione
paesaggistica.

SL Una delle principali sfide del XXI secolo
è la crescita sostenibile, il rapporto fra
sostenibilità e progetto alle varie scale,
dove la sostenibilità è intesa come capacità
di far interagire ed entrare in sintonia
territorio naturale e abitato. Il vostro lavoro
sembra aver assunto questo elemento come
riferimento e ingrediente base. Ma come
diventa architettura?
MR Esatto. Il nostro lavoro negli ultimi
anni ha assunto un sistema di obiettivi
molto preciso. Operiamo in Europa dove
nessuna città è mai riuscita a diventare
metropoli. E forse oggi l'orizzonte di valori
che la metropoli rappresenta (o che ha
rappresentato, per tutti noi nel Novecento)
è messo in discussione dalla crisi economica,
energetica, dai cambiamenti climatici, ecc
La società europea forse ha già rinunciato
all'orizzonte metropolitano come obiettivo
di qualità. Si tratta di una trasformazione
epocale che parte dal basso. Procede per
stili di vita, pratiche auto organizzate e
strategie di sopravvivenza. I protagonisti di
questa impresa culturale siamo noi cittadini,
consumatori, risparmiatori. Con azioni
semplici filosoficamente orientate, e una
buona dose di pragmatismo, stiamo facendo
collassare un sistema economico globale.
Mangiamo prodotti dell'agricoltura biologica e
facciamo la raccolta differenziata. Preferiamo
gli *outlet* alle *boutique*. Scegliamo i mezzi
di trasporto pubblico e la bicicletta. Siamo
attratti dalle auto a emissioni zero e non più
da quelle grandi e lussuose che consumano
tanto. Ci piacciono le case bioclimatiche e
non gli edifici ad elevati consumi energetici.
Vogliamo opere pubbliche sostenibili e
sensibili al paesaggio. Guardiamo con
crescente diffidenza alle politiche urbane
griffate dallo *star system* che generano
maggiori costi e hanno spesso facilitato,
e coperto, i fenomeni di corruzione nella
pubblica amministrazione.
Da architetti questo significa proporre temi

of the star system with growing distrust as they generate higher costs and have often facilitated, and covered up, the phenomenon of corruption in public administration. This means for architects that they need to propose different themes for their projects and radical conceptions which belong to ecological paradigms, sustainability and landscape sensitivity for every decision, every material and every planning action. Clearly, at the end one always designs forms and spaces. In the real construction all this takes shape, a shape that, however, can express new functions and meanings.

 **What is the nature of 'sustainable landscaping' or 'new landscapes' which RICCISPAINI represent?**

 Don't know, we are fascinated by many architects. We have always liked James Stirling, an architect who you always recognise, even if you can't identify him from a formal clichè. Between Stirling and Frank O. Gehry we have always been interested more in Stirling. Even when certain architectures of his seemed unpleasant, we always like the reasoning, the meanings which are behind those architectures. We would like to imitate him in this. The nature of sustainable landscapes or new landscapes that RICCISPAINI tries to construct, reside in an approach essentially conceptual to the project which follow the paradigm of the functional quality (ecological, sustainable, sensitive to the landscape) and in the operational value of the interpretation of the context. Projects like devices, architecture like processing shapes, environmental values and landscape quality as paradigm. I think that these are the qualities that describe better our work.

 **Going back over your recent experiences, which of the projects are most representative in this direction?**
The projects that are best planned are generally the last ones: the project, by now almost finished, for the Eco-office of the business Ghella in Rome which interprets the restoration of an brutalist building of the seventies in a contemporary

differenti per il progetto e una concezione radicale che fa appartenere ai paradigmi dell'ecologia, della sostenibilità e della sensibilità paesaggistica ogni decisione, ogni materiale e ogni azione progettuale. Chiaramente alla fine si disegnano sempre forme e spazi. Nella realtà della costruzione tutto questo diventa forma, una forma che però può esprimere prestazioni e significati nuovi.

SL Quali sono i caratteri dei 'paesaggi sostenibili' o dei 'nuovi paesaggi' che RICCISPAINI prefigurano?
MR Non so, siamo affascinati da tanti architetti. Ci è sempre piaciuto tanto James Stirling, un architetto che riconosci sempre, anche se non lo puoi identificare attraverso un *cliché* formale. Tra Stirling e Frank O. Gehry, ci ha sempre interessato di più Stirling. Anche quando certe sue architetture ci sembrano sgradevoli, ci piacciono sempre i ragionamenti, i significati che stanno dietro quelle architetture, la loro capacità narrativa e il modo in cui la sua architettura mette in forma tutto questo. Vorremmo saperlo imitare in questo. I caratteri dei paesaggi sostenibili o dei nuovi paesaggi che RICCISPAINI cercano di costruire, risiedono in un approccio essenzialmente concettuale al progetto, che segue i paradigmi della qualità prestazionale (ecologico, sostenibile, sensibile al paesaggio) e nel valore operante dell'interpretazione di contesto. Progetti come dispositivi, architetture come forme di processo, valori ambientali e qualità di paesaggio come paradigma. Credo che siano questi i caratteri che meglio descrivono il nostro lavoro.

SL Provando a ripercorrere le vostre recenti esperienze quale progetto vi rappresenta maggiormente in questa direzione?
MR I progetti più meditati in genere sono sempre gli ultimi: il progetto, ormai quasi tutto realizzato, per l'*Eco-office* dell'impresa Ghella a Roma, che interpreta il restauro di un edificio brutalista degli anni '70 in chiave tutta contemporanea e, appunto, ecologica senza però rinunciare

and ecological way without renouncing an attractive exterior; the noise reducing railway barriers at Pelle Sensibile, which can be changed by the user according to the contexts that they pass through; the Istituto Zooprofilattico Sperimentale di Teramo which denounces its belonging to the rural system causing a geological landslide in the landscape of the badlands; the new metropolitan line of Sassari and the new cable car of the Vesuvius conceived in relation to the landscapes which they structure, where the roofs have solar panels and the benches are made from stone. It's the projects, we think, that explain better our experimental analysis of the landscape which range from measurement systems to systems of value for an architecture that is ecological, sustainable and sensitive to the landscape.

a una visibilità seducente; le barriere ferroviarie antirumore a *Pelle Sensibile*, che possono essere cambiate dagli utenti a seconda dei contesti attraversati; l'Istituto Zooprofilattico Sperimentale di Teramo che denuncia la sua appartenenza al sistema rurale operando uno smottamento tellurico nel paesaggio dei calanchi; la nuova linea metropolitana di Sassari e la nuova funicolare del Vesuvio concepite in relazione ai paesaggi che strutturano, dove le pensiline sono fotovoltaiche e le panchine sono sassi. Sono i progetti che, crediamo, spieghino meglio la nostra ricerca sperimentale nel passaggio da sistemi di misura a sistemi di valore per un'architettura ecologica, sostenibile e

Studio RICCISPAINI

Team
Mosé Ricci, Filippo Spaini, Elisabetta Piccione con Alberto Raimondi, Rossana Lamanna, Luana Prunesti, Maddalena Ferretti, Massimo Tiberi, Alberto Birindelli, Marina Lattanzio and Valeria Penna.

Temporary project assistants
Mabel Aguerre, Debora Cazarini, Marina Fantozzi, Simona Poddighe, Valentina Zappatore; and with Emanuela Andrini, Ines Antunes, Nicola Bartoccelli, Fabiana Canistrà, Elena D'Angelo, Veselina Filipova, Francesca Funaro, Martina Giolitti, Katharina Kienow, Fedele Marino, Simone Maurer, Raffaella Panella, Alessandra Pasqua, Valeria Pellacani, Lian Pellicanò, Cesare Rivera, Chiara Rizzi, Elena Smiglak, Simona Stortone, Chiara Terranova, Martina Testa, Alessandro Tursi and Donatella Vardè

Regular partners
TI PROGETTI, COOPROGETTI soc. cop., ARUP Italia, PROAP ltd and arch. Consuelo Nava

01
RED TRAIN OF VESUVIO
TRENO ROSSO DEL VESUVIO
Parco del Vesuvio - Napoli - Italy - 2008

The new Vesuvio red train comes down from the mountain like a burning lava describing a path which explores all the meanings of the park.

Our project wants to interpret the Vesuvio context and to transform it in a volcano thematic park. It's a place where science and myth design the landscape and establish the new cultural and economic value for the realization of the infrastructure. The project is developed inside the Vesuvio Park, in a constantly changing territory. The climb gives value to the existing landscapes and create new attractions.

The funicular describes a new ecosustainable mean of transport which is made with a cable technology developed on a 3752 mt length.
Five stations are planned. Line and stations are characterized by essential architecture and structure. The stations are opened and protected by a simple red glass canopy, with strips of amorphous silicon to integrate photovoltaic cells. By night the canopy is enlightened through the energy cumulated during the day and, with its glow, it shows the new train from far beyond.
Beside the shining roof, all the stations are functionally autonomous, equipped with stairs and lifts for disabled persons accessibility, control systems and a small facility for the ticket office.

Il nuovo treno rosso del Vesuvio scende dal monte come un lapillo di lava incandescente e descrive un itinerario che esplora i significati del Parco.

Il nostro progetto intende interpretare il contesto vesuviano come parco tematico del vulcano; come luogo dove la scienza e il mito disegnano il paesaggio, stabiliscono il valore culturale ed economico della realizzazione della nuova infrastruttura. Il progetto è all'interno del Parco del Vesuvio, territorio in costante modificazione; la risalita dà valore ai paesaggi esistenti e crea altre attrazioni.

La funicolare descrive un nuovo sistema di trasporto ecosostenibile che si sviluppa tecnicamente con una tecnologia di impianto a fune (funicolare terrestre) su una lunghezza complessiva di 3725 metri. Le stazioni in totale sono 5. Sia la linea che le stazioni sono caratterizzate da strutture architettoniche essenziali. Sono stazioni aperte protette solo da una pensilina in vetro rosso, con strisce di silicio amorfo con cellule fotovoltaiche integrate, che di notte si illumina restituendo l'energia accumulata durante il giorno e rivela con il bagliore la linea della nuova ferrovia da lontano. Oltre alla copertura luminosa, tutte le stazioni sono funzionalmente autonome, dotate di scale e ascensore per l'accessibilità dei disabili, tornelli di controllo e piccolo volume per biglietteria o biglietteria automatica con deposito.

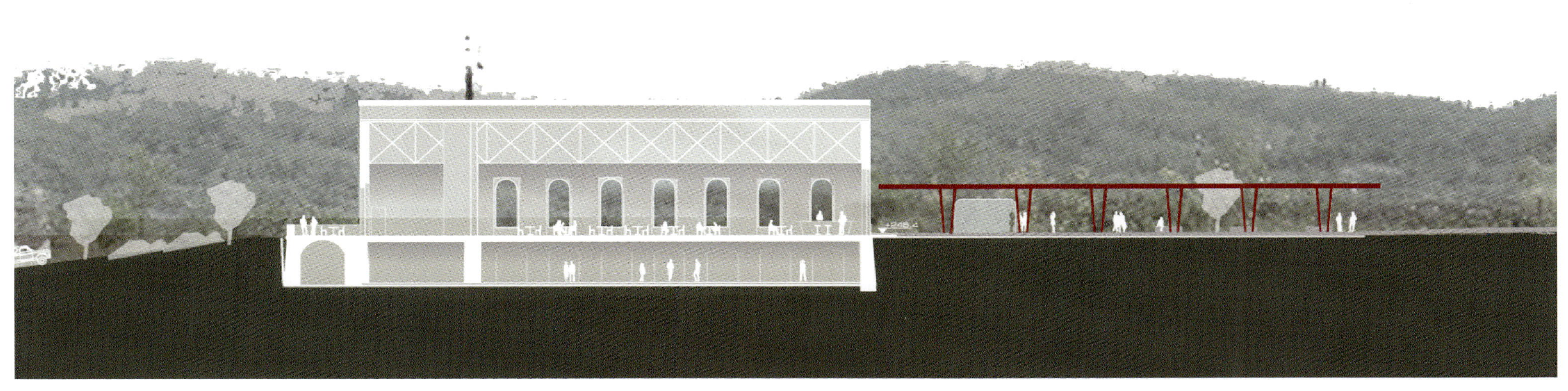

TRENO ROSSO DEL VESUVIO
COOK

DUE VULCANI

The first station, with the Cook building already restored, is designed for the museum and a restaurant-bar with panoramic terrace on the gulf. Nearby a big parking for touristic buses is realized. The near mine is restored to host a new hotel which reshapes the landscape inside the mountain. Canteroni station, the second station that we meet climbing the mountain, is realized with a low impact structure that links paths, panoramic viewpoints and a pic-nic area. The parking is realized with terraces. Osservatorio station, the central one, is suspended on the landscape below, to avoid any excavations. Tirone station is the next to last before the top. Here begins the Canopy path that links to the sport building. Due Vulcani station is the last one, where a restaurant and a parking for electric vehicles is designed.

A series of paths starting from the different stations bring to different park destinations.

Per la stazione di partenza con l'edificio della Cook, già restaurato, è previsto museo e un ristorante-bar con terrazza panoramica sul golfo. In adiacenza viene localizzato un grande parcheggio, con il terminal dei bus turistici. Nella cava vicino viene realizzato un albergo inserito nello scavo che viene modellato da una nuova sistemazione paesaggistica.La Stazione di Canteroni, la seconda salendo, è realizzata con una struttura a minimo impatto, una serie di percorsi la collegano a un belvedere, un'area picnic. Il parcheggio è realizzato sistemando dei terrazzamenti.La Stazione dell'Osservatorio, quella centrale della linea, sbalza sul paesaggio sottostante, per evitare qualsiasi sbancamento. La Stazione di Tirone è la penultima verso l'alto. Da qui ha inizio il percorso di discesa in Canopy (Sky Trekking), un sentiero porta al piazzale su cui si affaccia la struttura di accoglienza degli sportivi.Due Vulcani è la stazione più alta. Qui è previsto un bar-ristorante panoramico e un punto di parcheggio per mezzi elettrici.

Dalle stazioni si diramano una serie di sentieri che conducono alle diverse mete del parco.

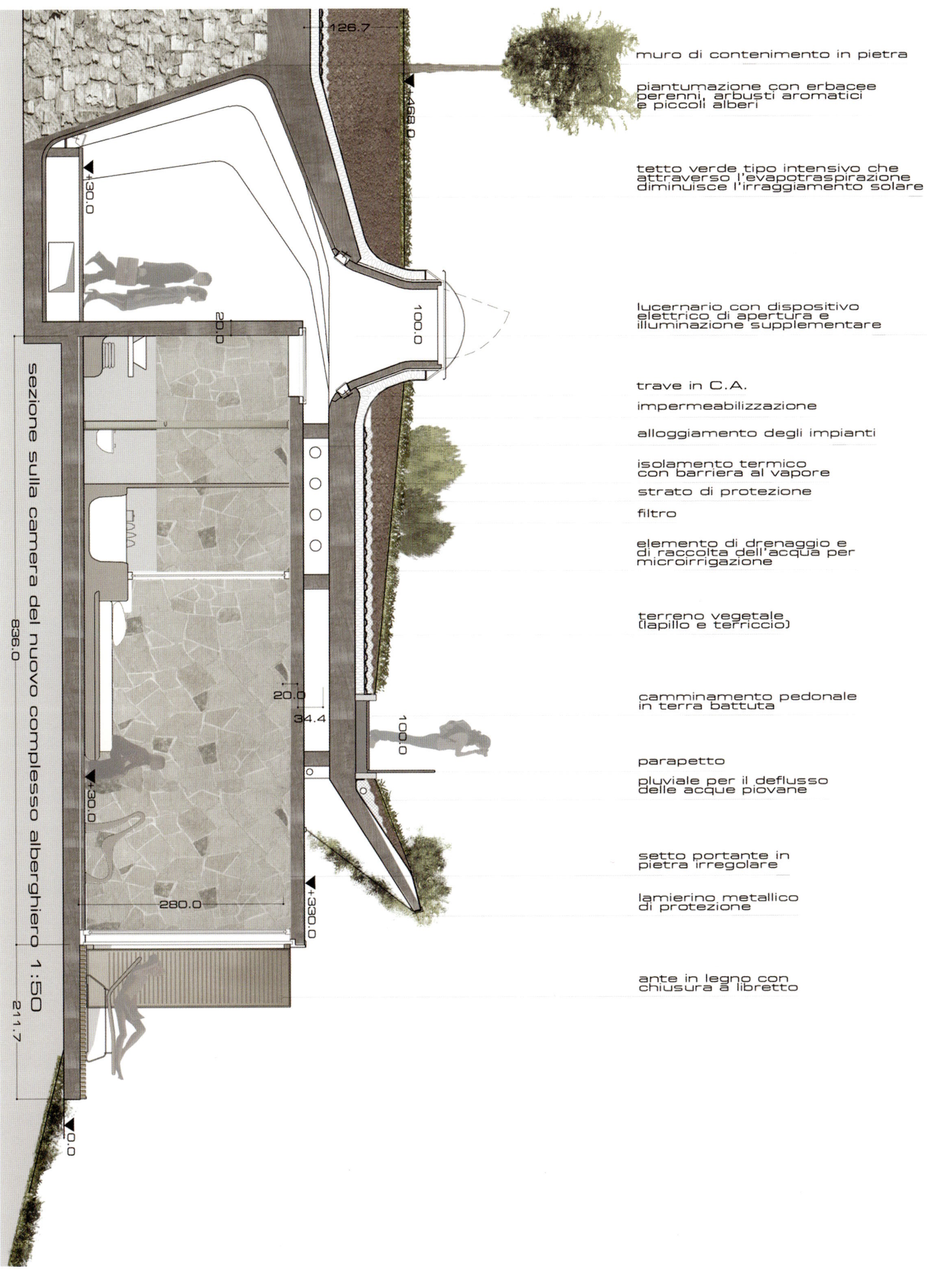

muro di contenimento in pietra
piantumazione con erbacee perenni, arbusti aromatici e piccoli alberi
tetto verde tipo intensivo che attraverso l'evapotraspirazione diminuisce l'irraggiamento solare
lucernario con dispositivo elettrico di apertura e illuminazione supplementare
trave in C.A.
impermeabilizzazione
alloggiamento degli impianti
isolamento termico con barriera al vapore
strato di protezione
filtro
elemento di drenaggio e di raccolta dell'acqua per microirrigazione
terreno vegetale (lapillo e terriccio)
camminamento pedonale in terra battuta
parapetto
pluviale per il deflusso delle acque piovane
setto portante in pietra irregolare
lamierino metallico di protezione
ante in legno con chiusura a libretto
126.7
+468.0
+30.0
100.0
20.0
20.0
34.4
100.0
+30.0
+330.0
280.0
836.0
211.7
+0.0
sezione sulla camera del nuovo complesso alberghiero 1:50

02
GHELLA ECO OFFICE
NUOVA SEDE DEGLI UFFICI GHELLA
Roma - Italy - 2007/2009

CREDITS

Client Ghella s.p.a., competition, fist prize;
Architecture Mosè Ricci, Filippo Spaini con Alberto Raimondi, Luana Prunesti, Roberto Musto, Nicola Bartoccelli, Fedele Marino, Valeria Pellacani, Massimo Tiberi, Marina Lattanzio, Fabiana Canistrà

Client Ghella s.p.a., concorso ad inviti, primopremio;
Architecture Mosè Ricci, Filippo Spaini con Alberto Raimondi, Luana Prunesti, Roberto Musto, Nicola Bartoccelli, Fedele Marino, Valeria Pellacani, Massimo Tiberi, Marina Lattanzio, Fabiana Canistrà

This project provides the refurbishment of "Ghella" building, the headquarters of a leader group in the construction sector. The project respects the original architectural character of the existing building, basing on high quality standards for workers internal comfort and on energy saving and low consumption principles. Assuming that work methods are changed and that they do generate the space, the typology is a combination between open spaces (for team work), and operative cells (for individual work).

The cells are disposed along the perimeter of the building, and are connected to the inner space with glasses: these glass walls allow the sunlight to pass through the internal spaces and to see and be seen, keeping a visual contact among people, providing acoustic comfort to assure privacy and concentration. Each operative cell has a meeting space available. They also have direct contact with the exterior and the possibility to manage individually their own room environmental conditions.

The layout proposal follows the existing building geometry, gathering the work spaces from the façade perimeter and creating a distribution corridor around the central core, where the mechanical shafts (cavedi) are transformed in lighting elements. In the center support facilities and tables for staff meetings are situated. To solve the illumination problem there are a lot of bright bubbles bringing artificial and natural light inside open spaces.

Il progetto consiste nella riqualificazione di un edificio esistente, per accogliere la sede di un gruppo imprenditoriale leader nel suo settore. Si interviene con standard di qualità nel rispetto del forte carattere architettonico originario, della qualità dell'ambiente di lavoro e del rispetto dei principi di contenimento dei costi energetici. Assumendo che la modalità di lavoro è cambiata e che essa stessa genera lo spazio, si fa riferimento al modello tipologico di ufficio combinato, le celle (per il lavoro singolo) e l'open space (per il lavoro di team).

Le celle sono poste tutte lungo le facciate e si relazionano con lo spazio centrale tramite pareti vetrate a tutta altezza: tali pareti consentono il passaggio della luce agli spazi interni e di *vedere ed essere visti* mantenendo un contatto visivo tra i singoli ed il gruppo, assicurando il confort acustico per favorire la privacy e la concentrazione. Ogni postazione di lavoro dispone di una possibilità di riunione, di una vista diretta verso l'esterno, di capacità individuali di regolazione delle condizioni ambientali.

La proposta di distribuzione degli spazi interni segue la geometria planimetrica esistente, ricavando gli ambienti di lavoro lungo il perimetro esterno e creando una ciambella distributiva attorno al 'core' centrale, che accoglie i cavedi esistenti (trasformati in elementi illuminanti). Nel 'core' sono poste le funzioni di supporto al funzionamento, e tavoli per riunioni di staff. Per far fronte al problema dell'illuminamento insufficiente si interviene, nell'ottica di un'integrazione dei sistemi di illuminamento artificiali e delle fonti di luce naturale.

1 Pergola di copertura impianti con pannelli fotovoltaici
2 Tenda Sevigliana per la schermatura dei tubi per solare termico
3 Collettori solari in tubi sottovuoto
4 Captatori per luce solare
5 Balaustre in vetro stratificato con intercalare colorato
6 Facciata continua ad alto ad alto isolamento termico con vetri selettivi e basso emissivi e frangisole con miclo lamelle regolari

7 Illuminazione artificiale di base con regolazione dell'intensità in funzione del livello di illuminazione naturale
8 Rivestimento interno con isolanti riflettenti e pannelli in rovere delle pareti perimetrali opache
9 Pavimento radiante
10 Pavimento in c.a. a vista
11 Tubi solari per portare luce naturale all'interno
12 Lanterne di metacrilato retro illuminante con luce naturale/artificiale

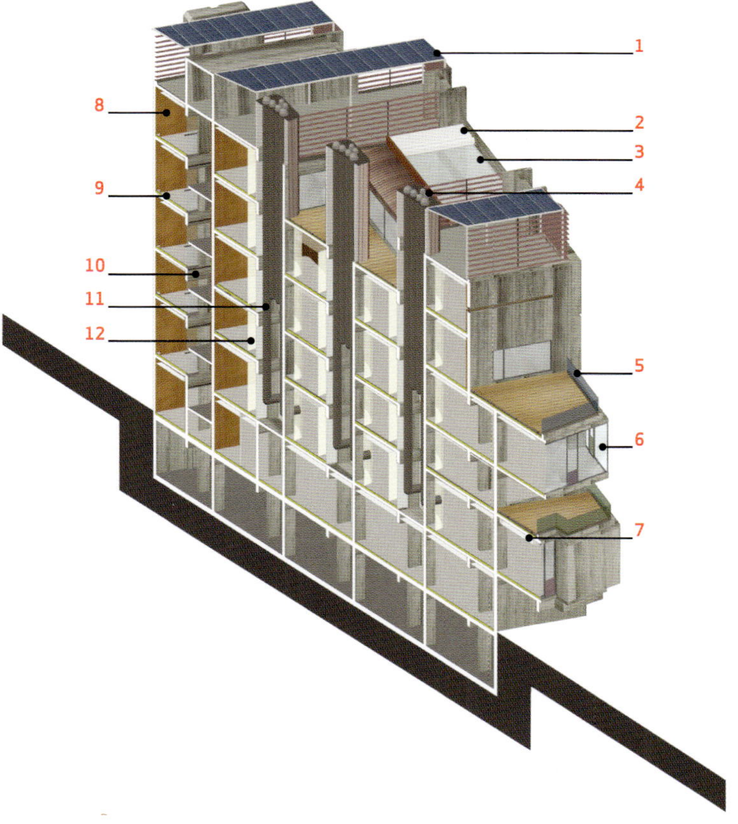

The open space is scanned by these enlightening bubbles that bring natural and artificial light inside the offices. The target is to enlarge the operative space, involving the central part of the floor/level. Beside maximizing the transparency of internal divisions, some light chimneys have been included inside the existing shafts. They are also partially used for mechanical systems. They capture the light coming from the roof and they bring it inside the pipes covered/clad with reflecting materials.

The façade renewal consists in shading systems equipped with environmental sensors. Also the top roof is involved in the illumination system: it is a captive roof, consisting of several enlightening tubes going down through different floors.

Lo spazio dell'open space è scandito da delle bolle luminose che portano luce naturale/ artificiale agli spazi interni. L'obiettivo è di ampliare lo spazio adibito ad attività operative includendo la parte centrale del piano. Oltre a massimizzare la trasparenza delle partizioni interne sono stati pensati dei camini di luce nello spazio degli attuali cavedi, parzialmente utilizzati per le canalizzazioni degli impianti; essi captano la luce in copertura e la trasportano all'interno di condotti opachi con superficie interna riflettente.

La riqualificazione della facciata prevede sistemi di ombreggiamento con dei sensori d'ambiente. La copertura diventa "captante" tramite l'istallazione di una pergola ombreggiante con pannelli per solare termico e per pannelli fotovoltaici.

INTESA SANPAOLO
INTESA SANPAOLO

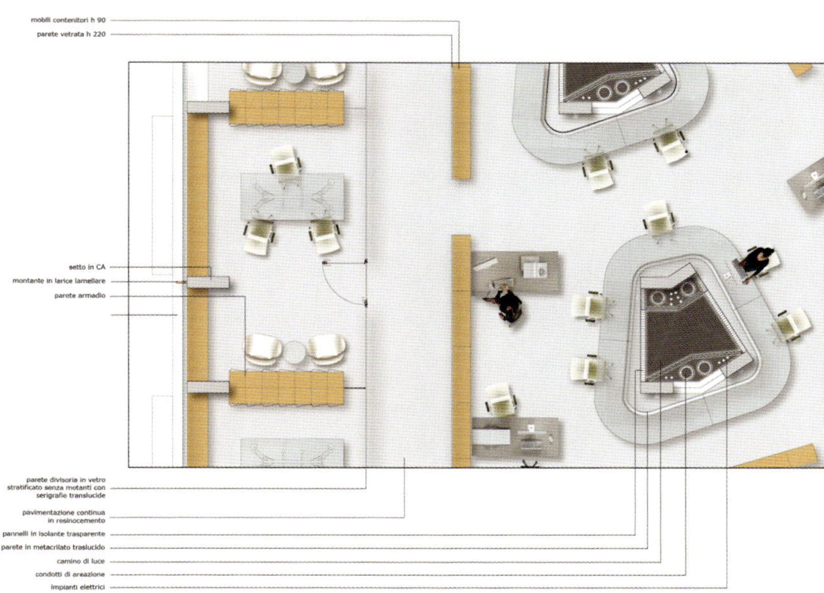

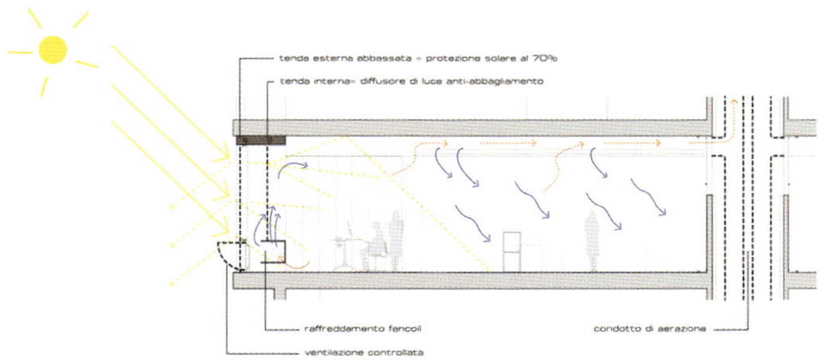

ESTATE

adaptive skin = maximum sunscreen

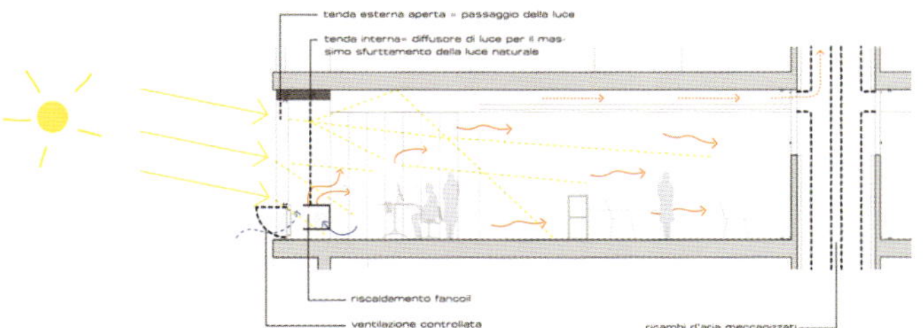

INVERNO

adaptive skin = maximum daylight factor

03
INNOVATION CAMPUS
CAMPUS DELL'INNOVAZIONE AUTOMOTIVE E METATALMECCANICA
Val di Sangro - Chieti - Italy - 2009

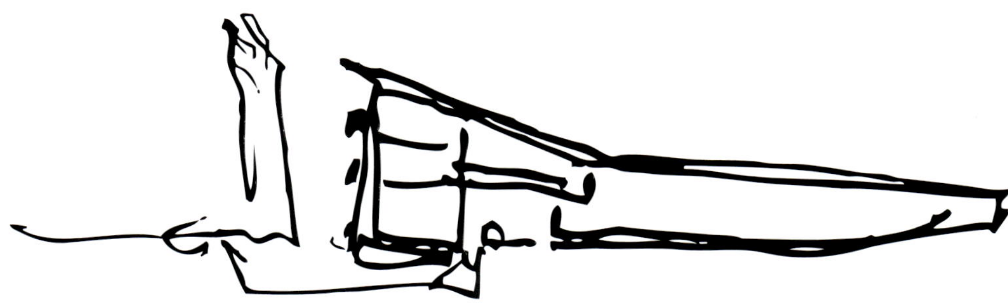

CREDITS

International competition, firts prize;
Client Società consortile Sangro Aventino a r.l.;
Architecture Mosè Ricci, Filippo Spaini and Luana Prunesti (project manager) with Nicola Bartoccelli, Alberto Birindelli, Fedele Marino, Raffaella Panella, Chiara Terranova and Deborah Cazarini e; **Envairoment project** Cooprogetti società cooperativa; **Sustainability** Arch. Consuelo Nava con Raffaele Astorino, Gregorio Schipilliti e Giuseppe Pratticò; **Structural** Università degli studi de L'Aquila; **System** Consorzio Mario Negri Sud

Concorso internazionale di progettazione, primo premio Cliente Società consortile Sangro Aventino a r.l.; **Progetto** Mosè Ricci, Filippo Spaini e Luana Prunesti con Nicola Bartoccelli, Alberto Birindelli, Fedele Marino, Raffaella Panella, Chiara Terranova e Deborah Cazarini e; **Progetto ambientale** Cooprogetti società cooperativa; **Sostenibilità** Arch. Consuelo Nava con Raffaele Astorino, Gregorio Schipilliti e Giuseppe Pratticò; **Ingegneria strutturale** Università degli studi de L'Aquila; **Ingegneria Impiantistica** Consorzio Mario Negri Sud

Environmental crisis, global warming, CO2 emissions, oil cost, renewable energies, the defence of landscape values. All the world is worried and works on these emergencies. Architectural and planning culture cannot pretend that these issues don't concern it, forcing it to deep changes. It has to do with transformations that pull us to conceive architectures strictly linked with the context. Sustainable is good. It's the ecological task of who, as we, architects, is exploring and designing the change.

The Campus area of intervention has a unique landscape. Situated on a plateau with the sea to the north-east side and the *Majella Madre* to the west side that defines a natural pond of pure water. The project takes this view as a starting point and works on the image of the Campus as an Eco-park. A big catalyst of environment and landscape, which uses renewable energetic sources and aspires to the optimizations of consumptions.

La crisi, Kyoto, il surriscaldamento globale, le emissioni di CO2, il costo del petrolio, le energie rinnovabili, la difesa dei valori di paesaggio. Tutto il mondo si preoccupa e lavora su queste urgenze. La cultura architettonica e urbanistica non può far finta che questi problemi non la travolgano costringendola a cambiamenti profondi. Si tratta di trasformazioni che ci spingono a concepire architetture profondamente legate al contesto. Sostenibile è' bello! E' il ruolo ecologico di chi, come noi architetti, esplora e progetta il cambiamento.

L'area del Campus ha un paesaggio unico, su un altopiano con a nord est il mare e ad ovest la *Majella Madre* che definisce un invaso naturale d'acqua purissima. Il progetto prende a riferimento questa visione e lavora sull'immagine del *Campus* come *ecoparco*.
Un grande catalizzatore ambientale e di paesaggio, che usa fonti energetiche rinnovabili e punta alla ottimizzazione dei consumi.

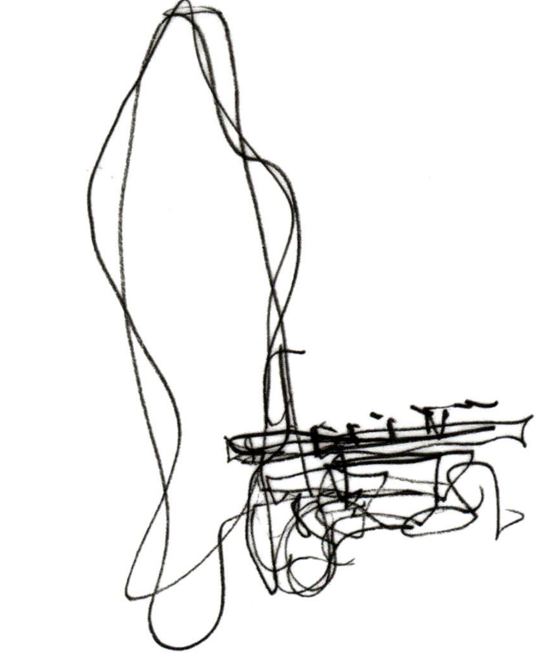

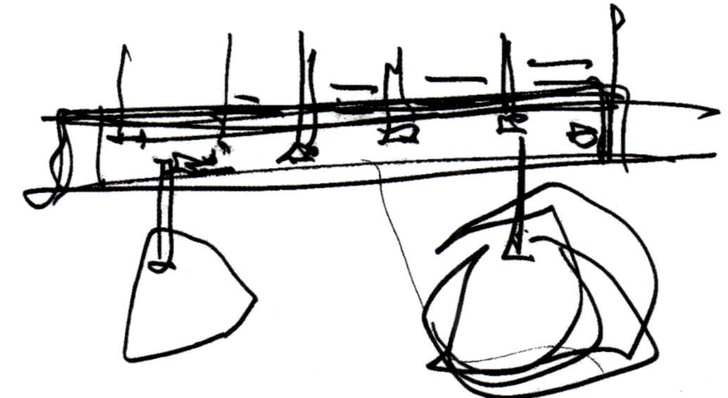

B
D'
D

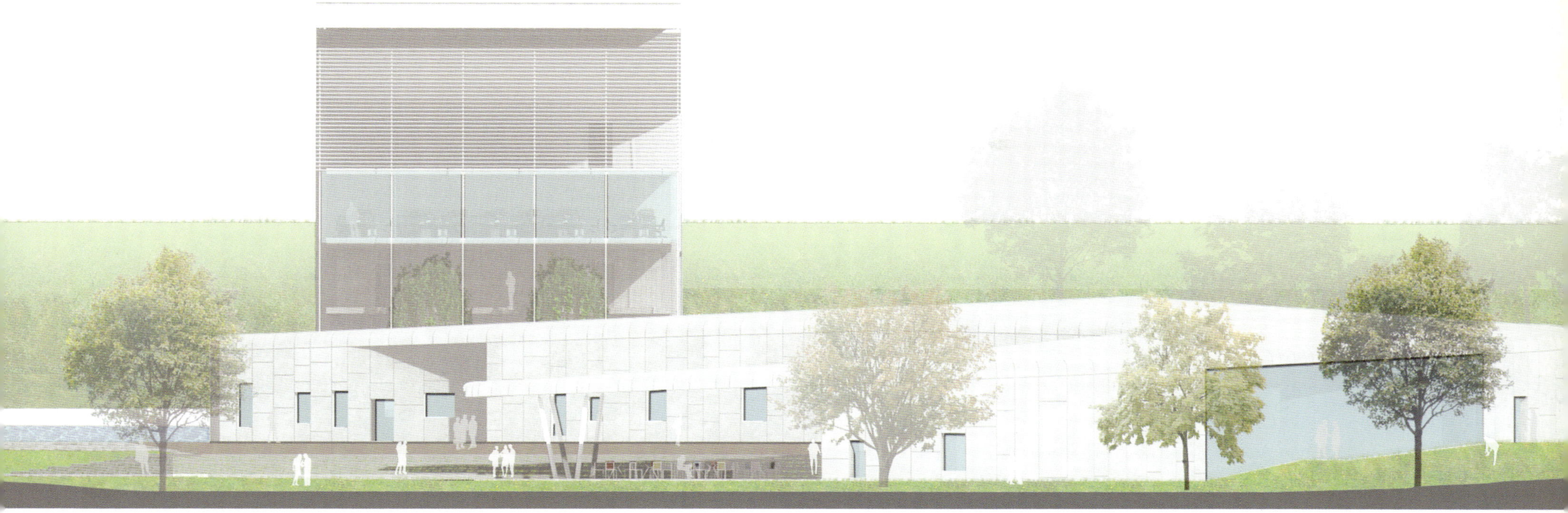

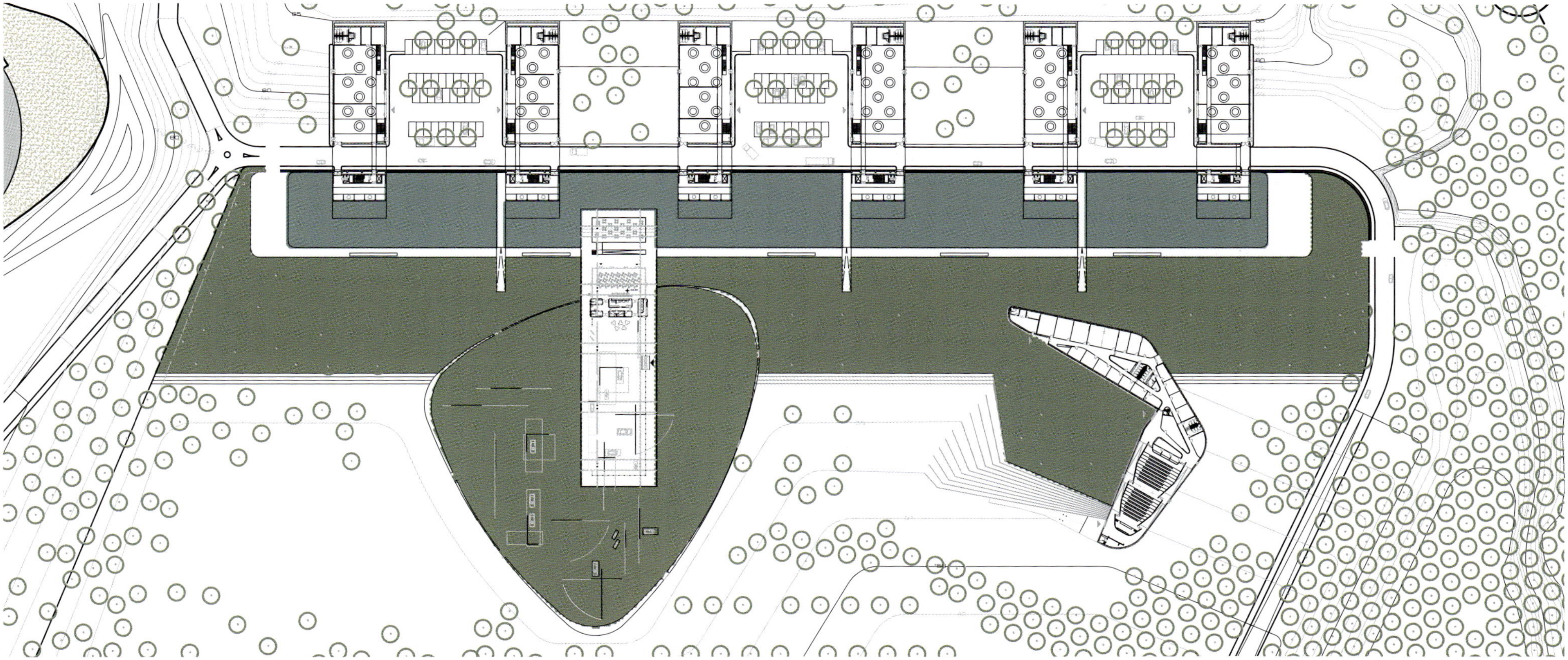

The masterplan is defined by three different functional areas to which different levels of fruition and accessibility correspond. The west area, with the car circuit, is the less accessible. The Campus buildings, instead, are divided by a water pond that links all the activities: the laboratories, the innovation centre and the spin off located at the north side of the area; the conference hall/training facility and the exhibition center to the south, near the entrance, in the most permeable area.
The three different functional areas are divided in the longitudinal sense by a system of natural systems (the dunes/hills between the car circuit and the innovation centre, the lake that separates the park area) which assume a strategic role and qualify the Campus environmental performances.

Il masterplan è definito sulla base di una divisione dell'area del Campus in tre aree funzionali a cui corrispondono diversi livelli di fruizione e di accessibilità. L'area a ovest, la meno accessibile, è quella del circuito di prova. Gli edifici del campus invece sono divisi da una vasca d'acqua che mette in contatto tutte le attività, i laboratori, il centro di innovazione e lo spin off, a nord, il centro conferenze/formazione e il centro espositivo a sud, verso l'ingresso, nell'area più permeabile.
I tre ambiti funzionali sono divisi longitudinalmente da un sistema di apparati naturali (le dune tra il circuito e il centro per l'innovazione, il lago che separa l'ambito del parco), che assumono un ruolo funzionale strategico e qualificano le prestazioni ambientali del Campus.

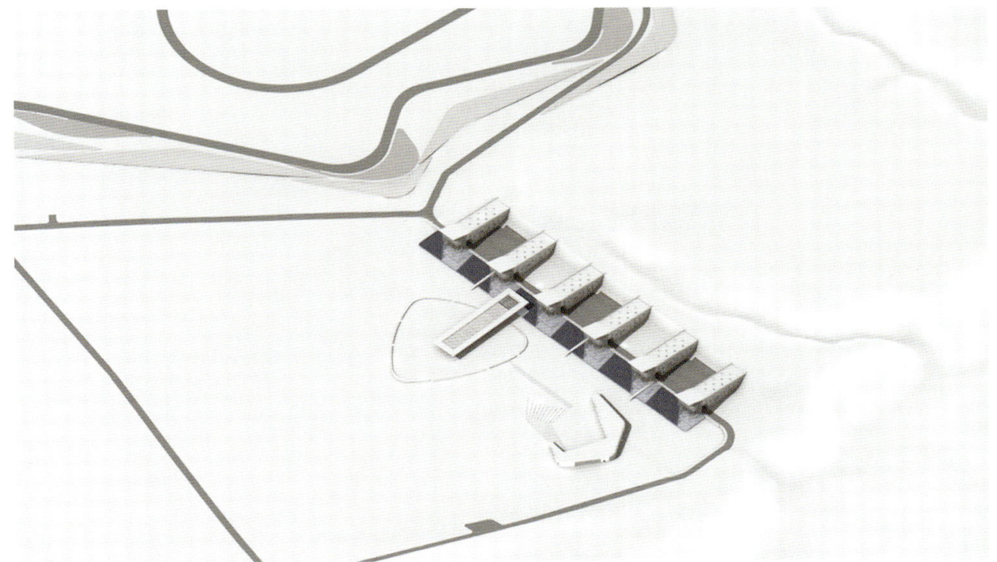

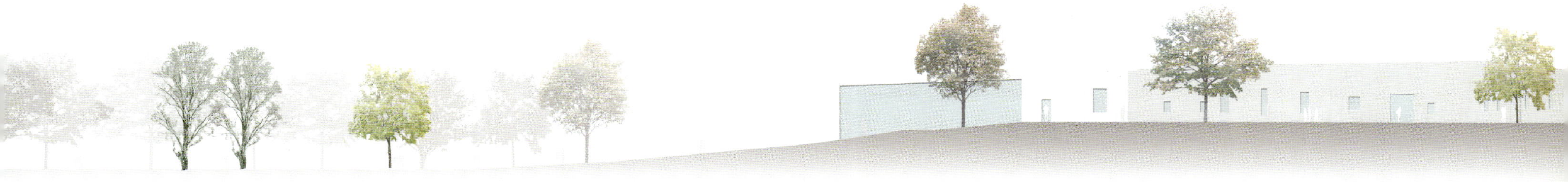

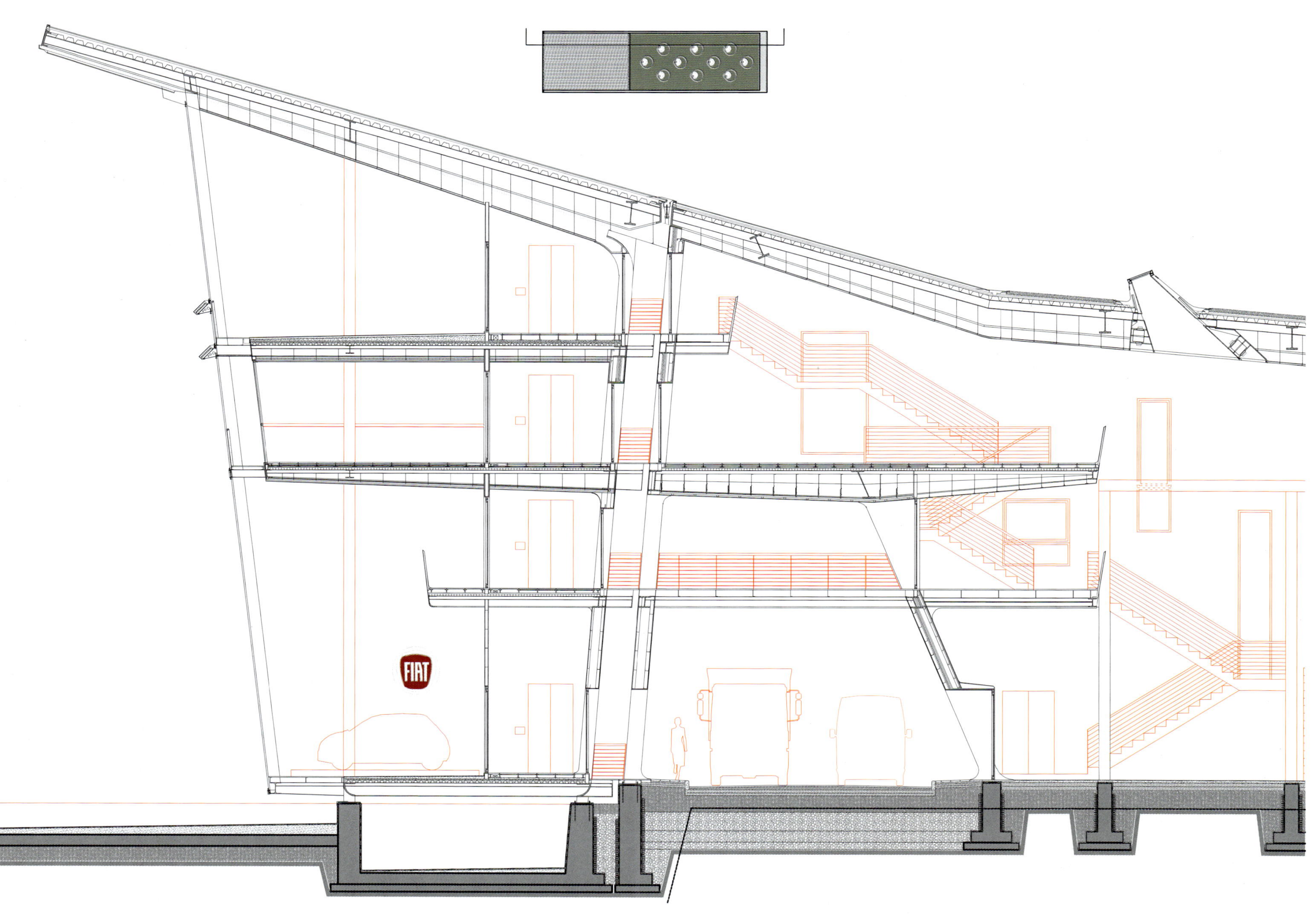

FIAT

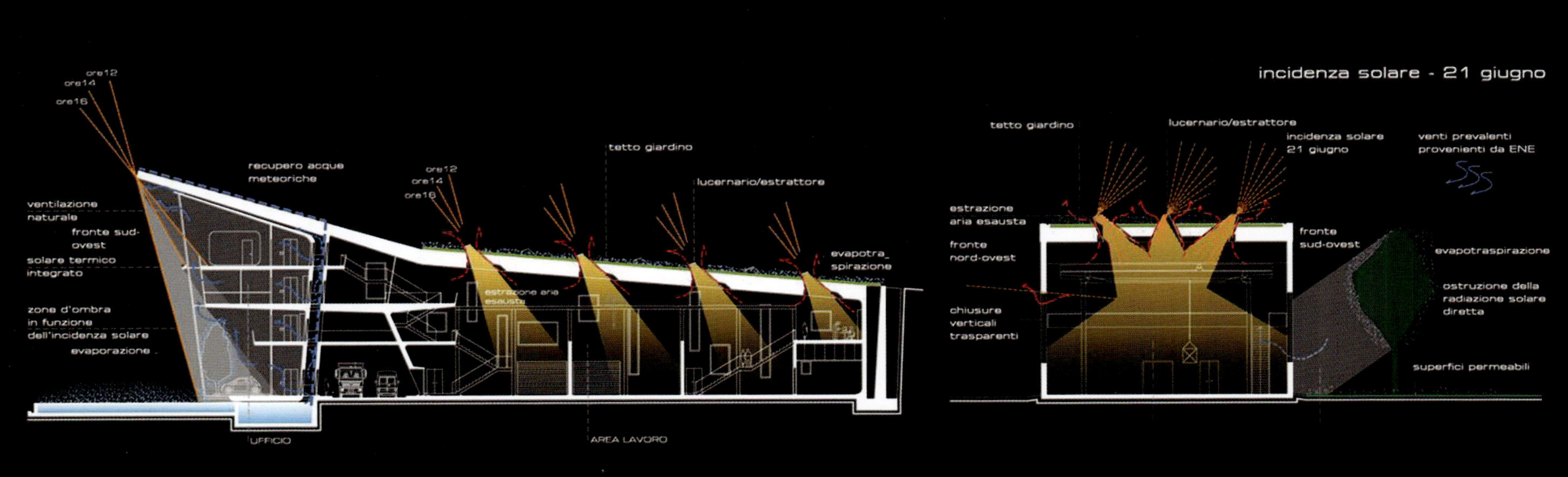

ore12
ore14
ore16
incidenza solare - 21 giugno
ventilazione naturale
fronte sud-ovest
solare termico integrato
zone d'ombra in funzione dell'incidenza solare
evaporazione
recupero acque meteoriche
ore12
ore14
ore16
tetto giardino
estrazione aria esausta
lucernario/estrattore
evapotra_spirazione
UFFICIO
AREA LAVORO
tetto giardino
lucernario/estrattore
incidenza solare 21 giugno
venti prevalenti provenienti da ENE
estrazione aria esausta
fronte nord-ovest
chiusure verticali trasparenti
fronte sud-ovest
evapotraspirazione
ostruzione della radiazione solare diretta
superfici permeabili

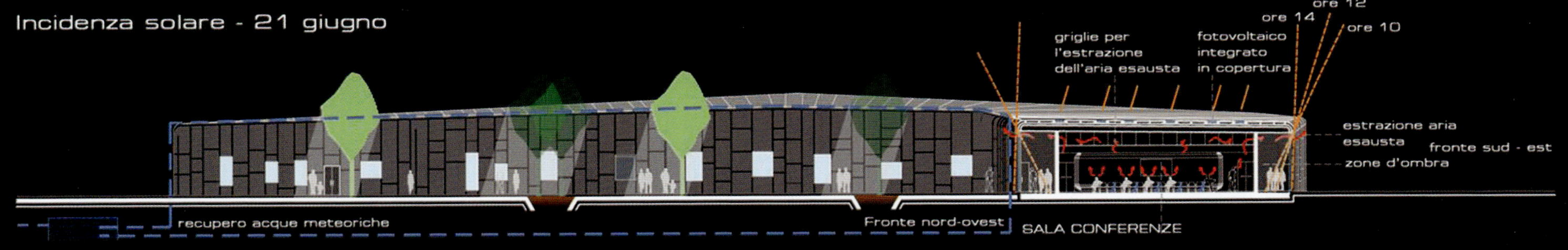

Incidenza solare - 21 giugno
griglie per l'estrazione dell'aria esausta
fotovoltaico integrato in copertura
ore 12
ore 14
ore 10
estrazione aria esausta
fronte sud - est
zone d'ombra
recupero acque meteoriche
Fronte nord-ovest
SALA CONFERENZE

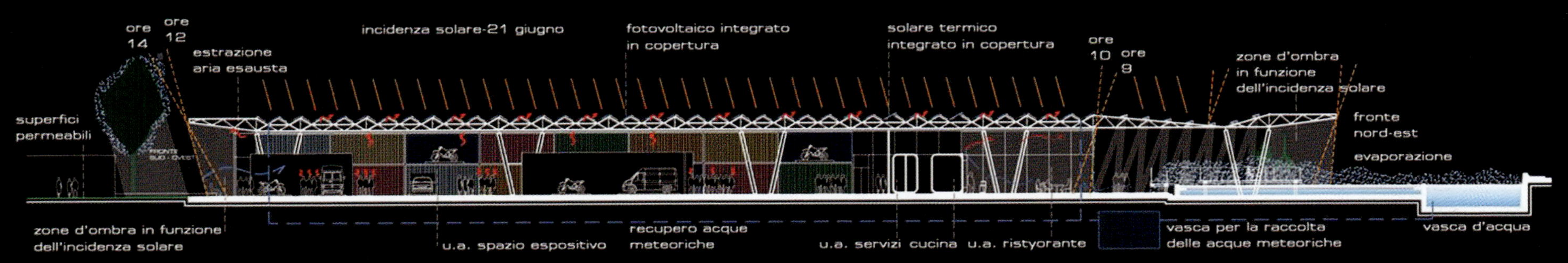

ore 14
ore 12
estrazione aria esausta
incidenza solare-21 giugno
fotovoltaico integrato in copertura
solare termico integrato in copertura
ore 10
ore 8
zone d'ombra in funzione dell'incidenza solare
fronte nord-est
superfici permeabili
FRONTE SUD - OVEST
evaporazione
zone d'ombra in funzione dell'incidenza solare
u.a. spazio espositivo
recupero acque meteoriche
u.a. servizi cucina
u.a. ristyorante
vasca per la raccolta delle acque meteoriche
vasca d'acqua

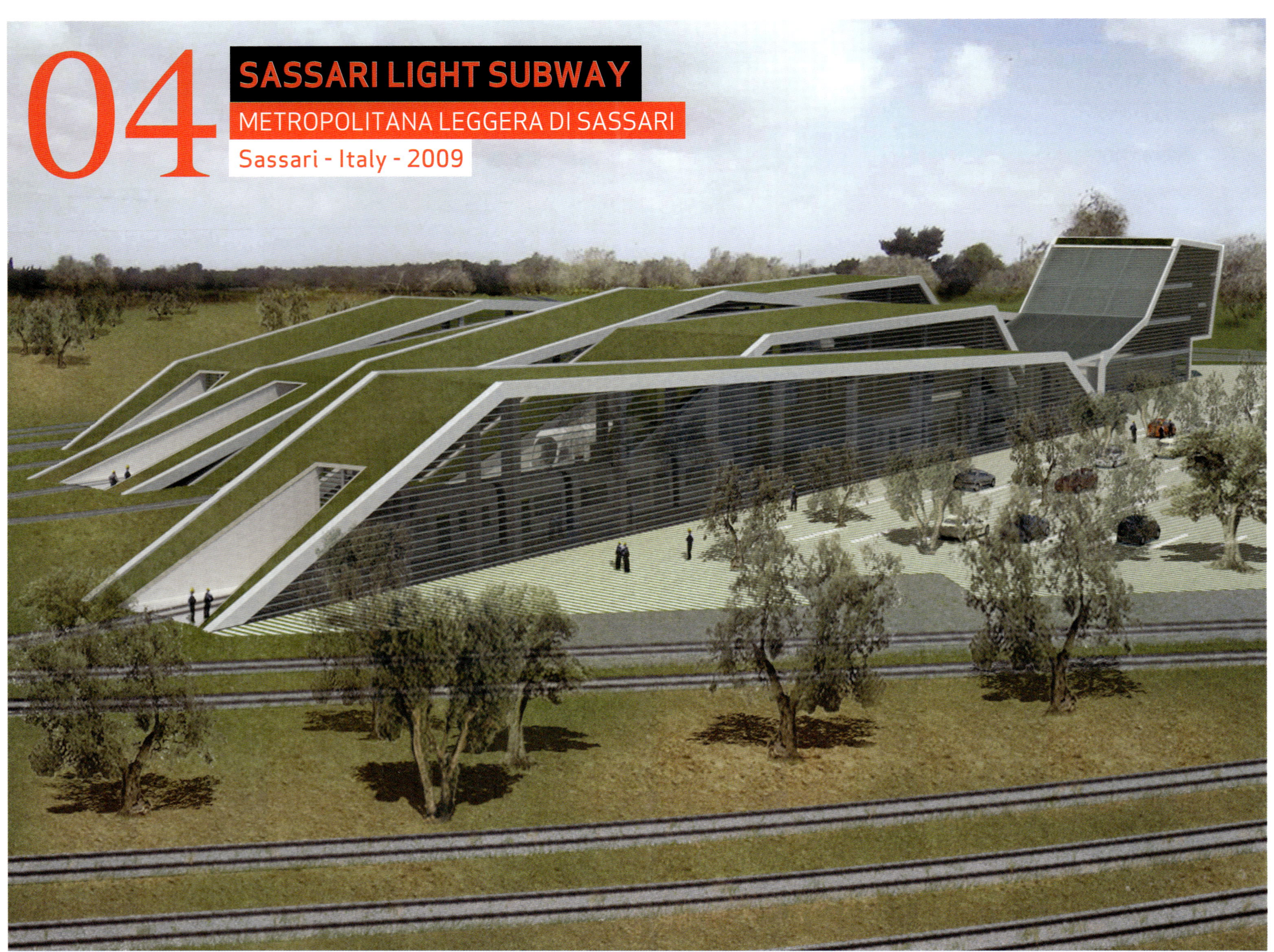

04
SASSARI LIGHT SUBWAY
METROPOLITANA LEGGERA DI SASSARI
Sassari - Italy - 2009

CREDITS

Client A-r-s-t Gestione FDS srl, progetto cofinanziato dall'Unione Europea; **Architecture** Mosè Ricci, Filippo Spaini **With** Rossana Lamanna, e con Rossana Lamanna, Alberto Birindelli, Marina Lattanzio, Valeria Penna, Massimo Tiberi, Emanuela Andrini, Francesca Funaro, Chiara Terranova, Martina Testa; **Structural** TECNOLAV ENGINEERING(team leader)

Cliente Società A-r-s-t Gestione FDS srl, progetto cofinanziato dall'Unione Europea; **Progetto** Mosè Ricci, Filippo Spaini con Rossana Lamanna, Alberto Birindelli, Marina Lattanzio, Valeria Penna, Massimo Tiberi, Emanuela Andrini, Francesca Funaro, Chiara Terranova, Martina Testa; **Ingegneria** TECNOLAV ENGINEERING(capogruppo)

The project for this new line of the light rail in Sassari is the expansion of the Emiciclo Garibaldi – Stazione FS – S. Maria di Pisa line, towards the city outlying/peripheral neighborhoods: Sant'Orsola, Li Punti e Baldinca. The project is about the creation of 8 new stops, a viaduct and a laying up center for trains maintenance.

STOPS: even if there are different landscape features, the stops are characterized by standard elements in steel, glass and stone which strongly identify the image of the new line.

Il tratto in progetto della metropolitana leggera costituisce l'estensione della linea Emiciclo Garibaldi – Stazione FS – S. Maria di Pisa, ai quartieri periferici della città di Sassari: Sant'Orsola, Li Punti e Baldinca. Il progetto prevede la realizzazione di 8 fermate, un viadotto e un centro rimessaggio per la manutenzione dei treni.

FERMATE: nonostante peculiarità paesaggistiche differenti, le fermate sono caratterizzate da elementi standardizzati in acciaio, vetro e pietra che identificano fortemente l'immagine della nuova Linea.

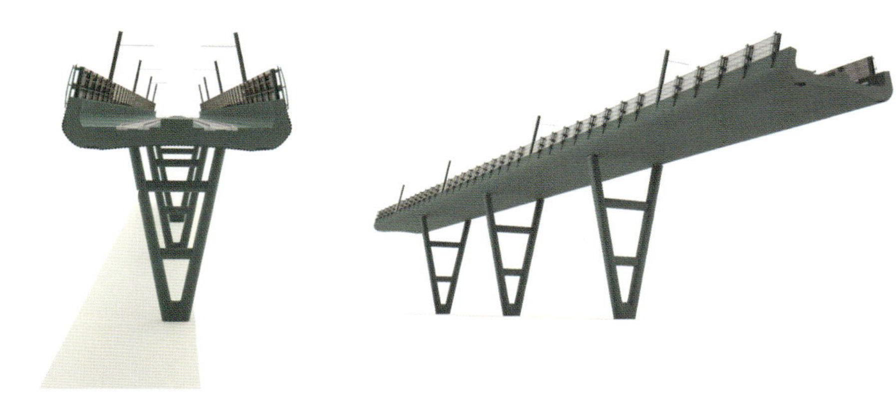

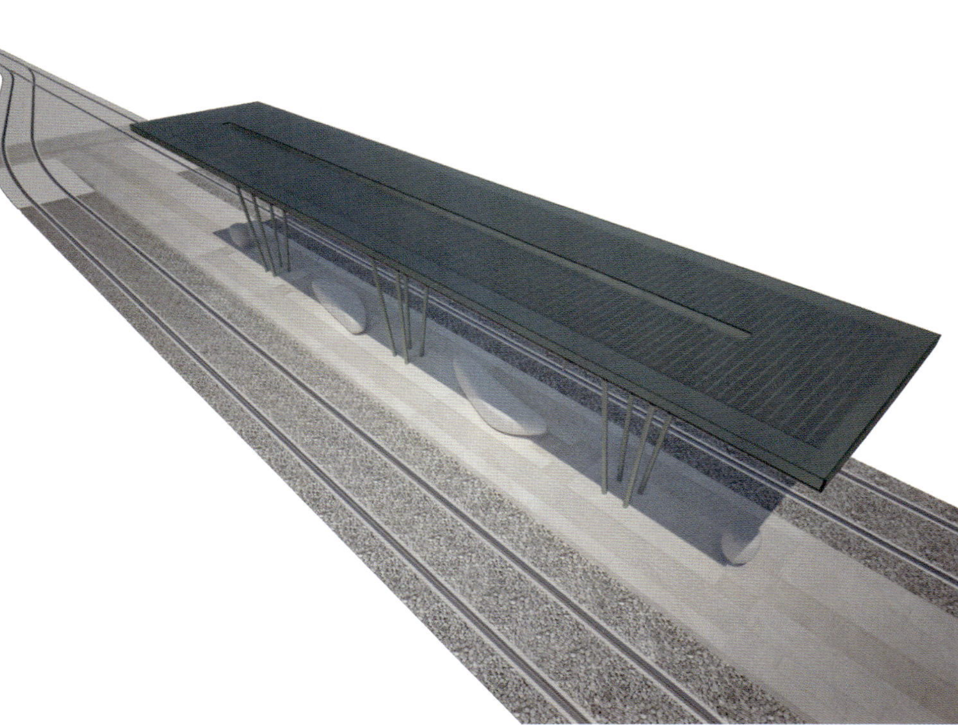

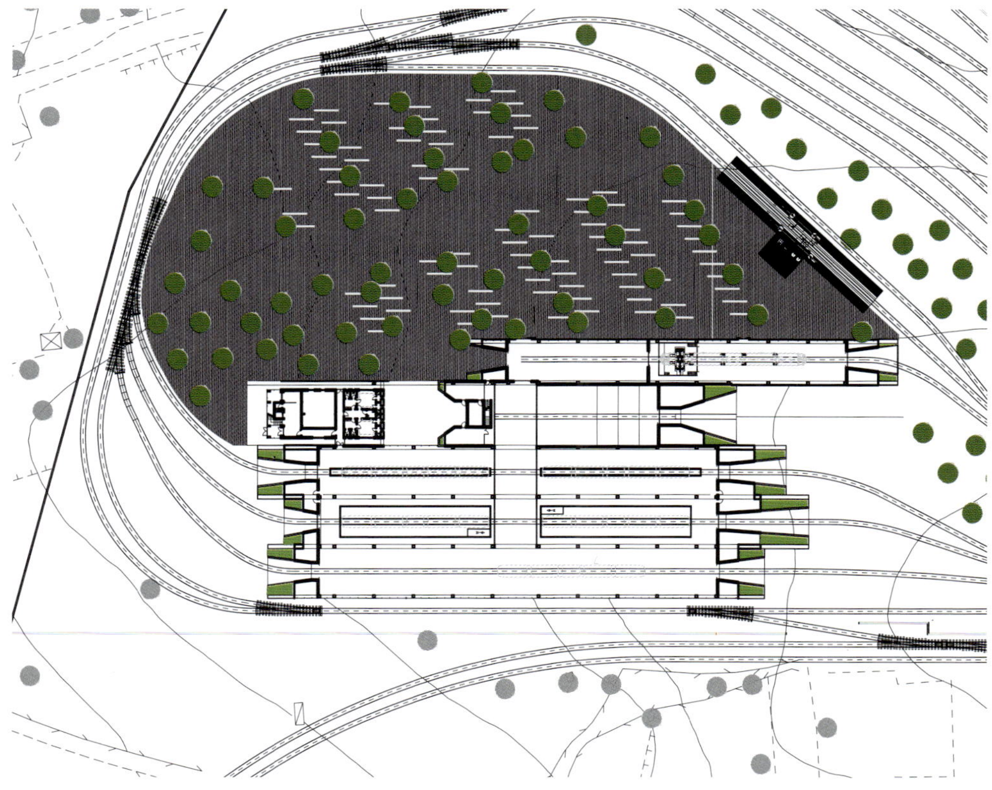

VIADUCT: the structural design chose technologies that allow to reduce the structure to the thinnest dimensions of height and encumbrance. Constructive materials and coverings propose a simple and elegant structure. The design presents a shell profile with metal elements presented in their technological essence.

CRM (center for trains maintenance): the building is conceived as an element integrated in the area topography; the five pavilions redraw the hill profile of the zone. The complex topography of the roof is cut in longitudinal strips where the different heights allow natural light and ventilation.

VIADOTTO: Nella progettazione della struttura sono state scelte tecnologie che permettono di ridurre alle dimensioni minime possibili l'altezza complessiva e gli ingombri. I materiali costruttivi e di finitura propongono una struttura ad un tempo semplice e raffinata. Il disegno presenta un profilo a guscio con elementi metallici presentati nella loro essenza tecnologica.

CRM (centro rimessaggio manutenzione): L'edificio è concepito come un elemento integrato nella topografia dell'area; i cinque padiglioni ridisegnano il profilo collinare della zona. La topografia complessa del parco di copertura è come ritagliata, infatti, in strisce longitudinali in cui le diverse altezze garantiscono l'illuminazione e l'areazione naturale.

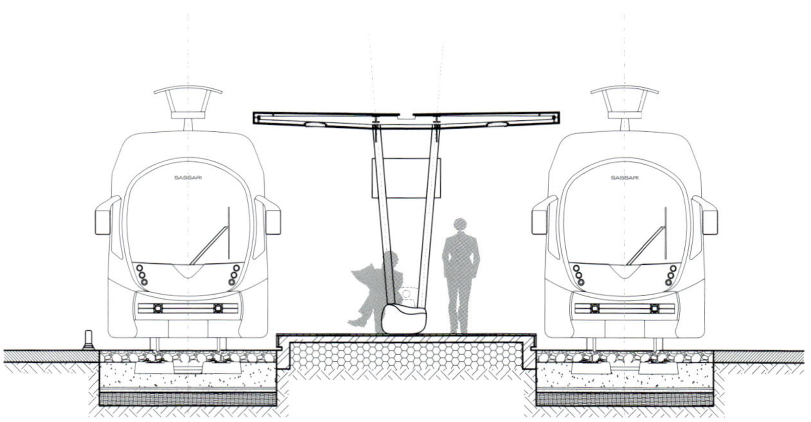

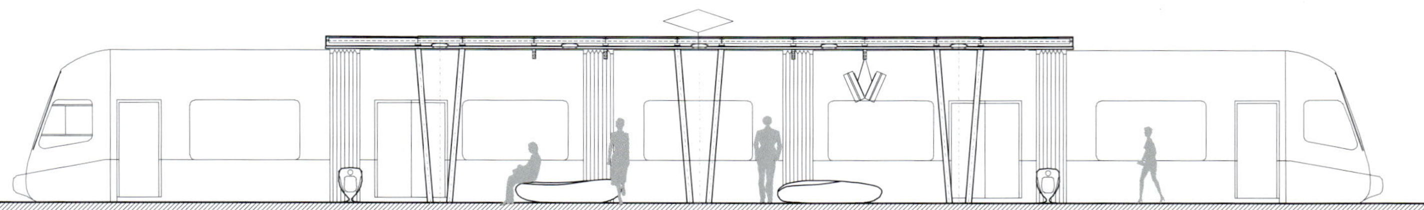

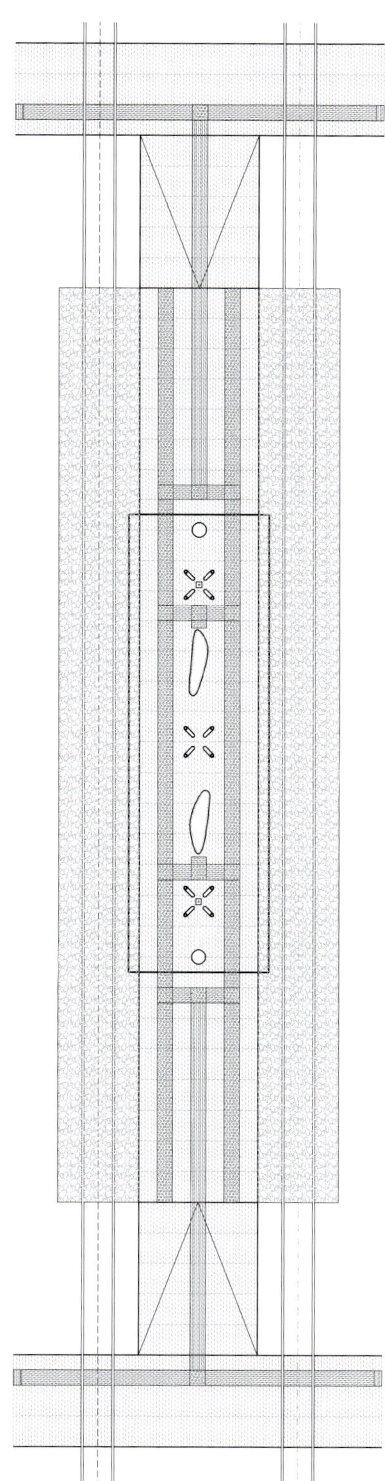

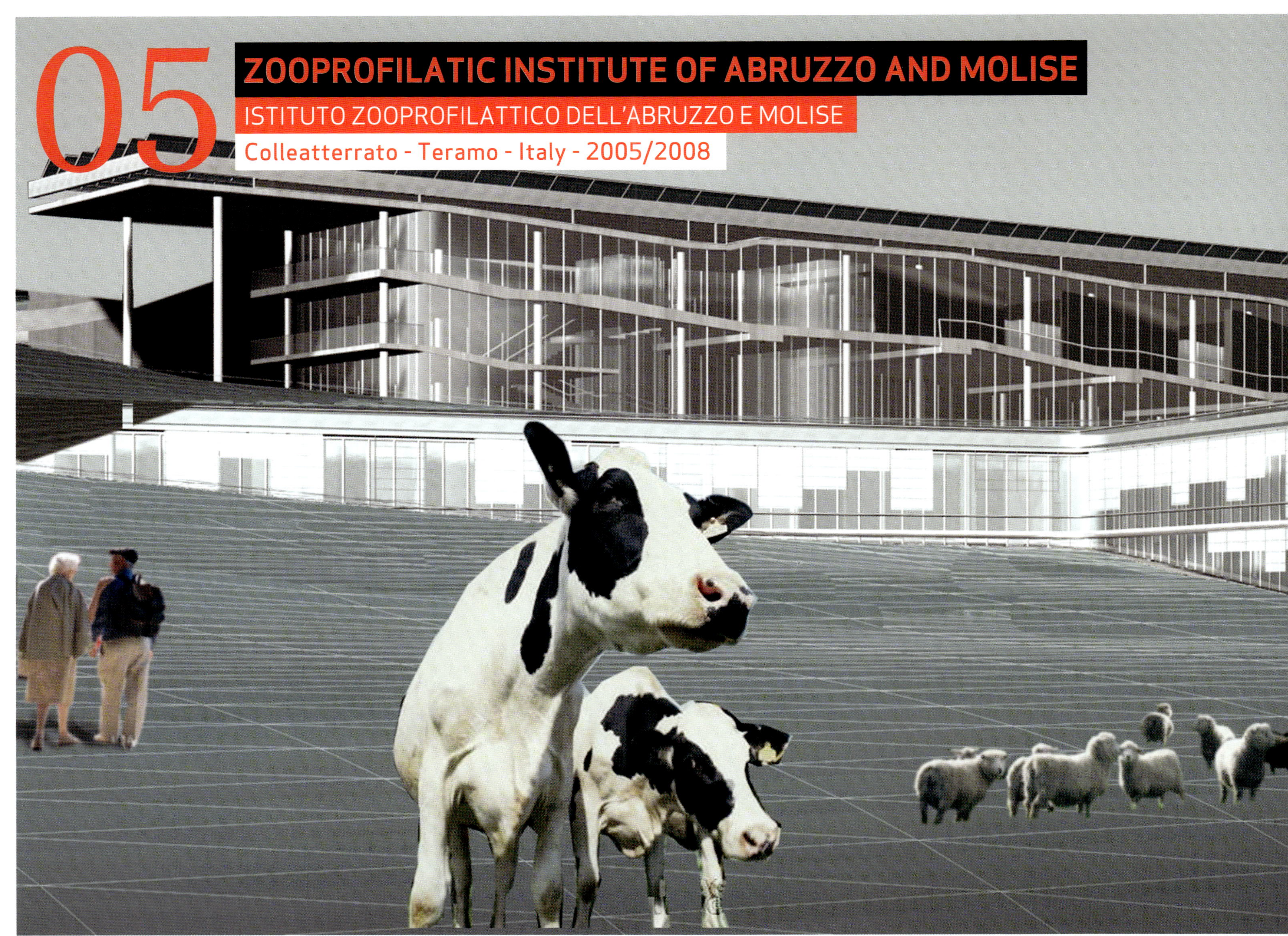
05
ZOOPROFILATIC INSTITUTE OF ABRUZZO AND MOLISE
ISTITUTO ZOOPROFILATTICO DELL'ABRUZZO E MOLISE
Colleatterrato - Teramo - Italy - 2005/2008

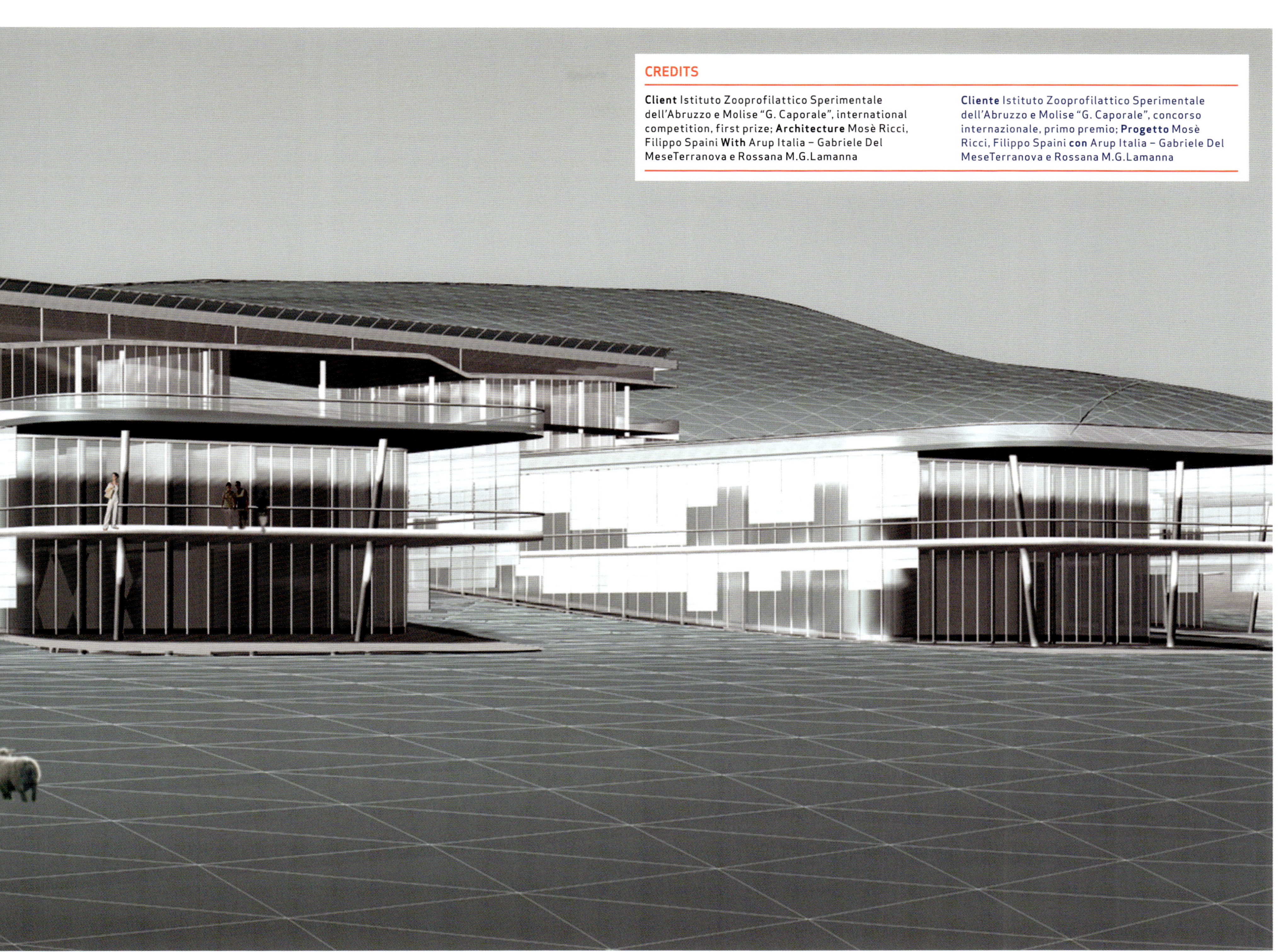

CREDITS

Client Istituto Zooprofilattico Sperimentale dell'Abruzzo e Molise "G. Caporale", international competition, first prize; **Architecture** Mosè Ricci, Filippo Spaini **With** Arup Italia – Gabriele Del MeseTerranova e Rossana M.G.Lamanna

Cliente Istituto Zooprofilattico Sperimentale dell'Abruzzo e Molise "G. Caporale", concorso internazionale, primo premio; **Progetto** Mosè Ricci, Filippo Spaini **con** Arup Italia – Gabriele Del MeseTerranova e Rossana M.G.Lamanna

The project for the new site of the Zooprophylactic Experimental Institute "G.Caporale" of Abruzzo and Molise in Teramo deals with the landscape features of the Adriatic city's hillside.

In the diffused dimension of inhabited spaces, the discontinuities mark the landscape. Lakes, springs, woods, erosions and beyond the skyline of the mountains and the sea, these elements together describe the nature of this territory. In the valleys the dust of scattered buildings composes a thin and shapeless nebula. Our project denies the logic of adding new urban dusts. On the contrary it works with the geographic dimension of the park. It explores the tension between nature and construction by redefining the elements that govern the ecologies of this place.

Il nostro progetto per la nuova sede dell'Istituto Zooprofilattico Sperimentale (IZS) dell'Abruzzo e del Molise a Teramo interpreta le caratteristiche paesaggistiche della fascia collinare della città adriatica.

E' un progetto per un paesaggio fragile. In una dimensione dilatata dello spazio insediativo le discontinuità marcano il paesaggio. I laghi, i fossi, le macchie verdi dei boschi, le erosioni e più lontano il profilo dei monti e il mare orientano la lettura di questo territorio. Il pulviscolo delle costruzioni diffuse si compone negli invasi vallivi in una nebulosa diradata e informe. Il nostro progetto rifiuta la logica di aggiungere polveri urbane. Lavora sulla dimensione geografica del parco. Esplora il punto di conflitto tra natura e costruzione con una specie di "uso improprio" degli elementi che stabiliscono le ecologie di questo luogo.

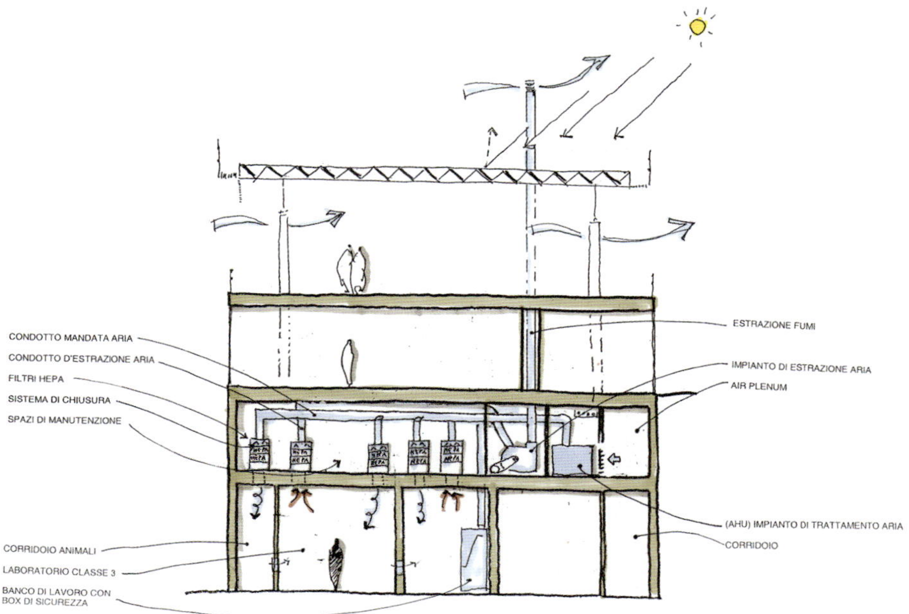

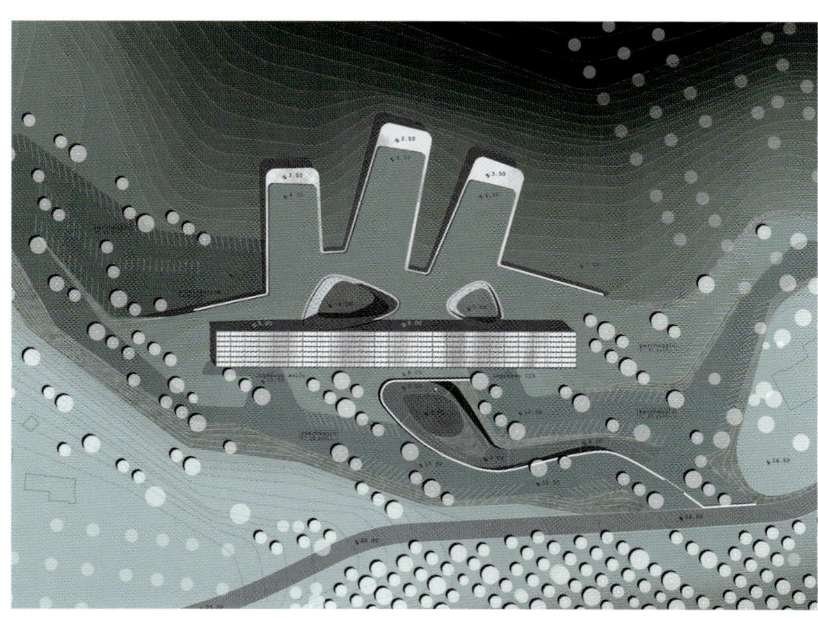

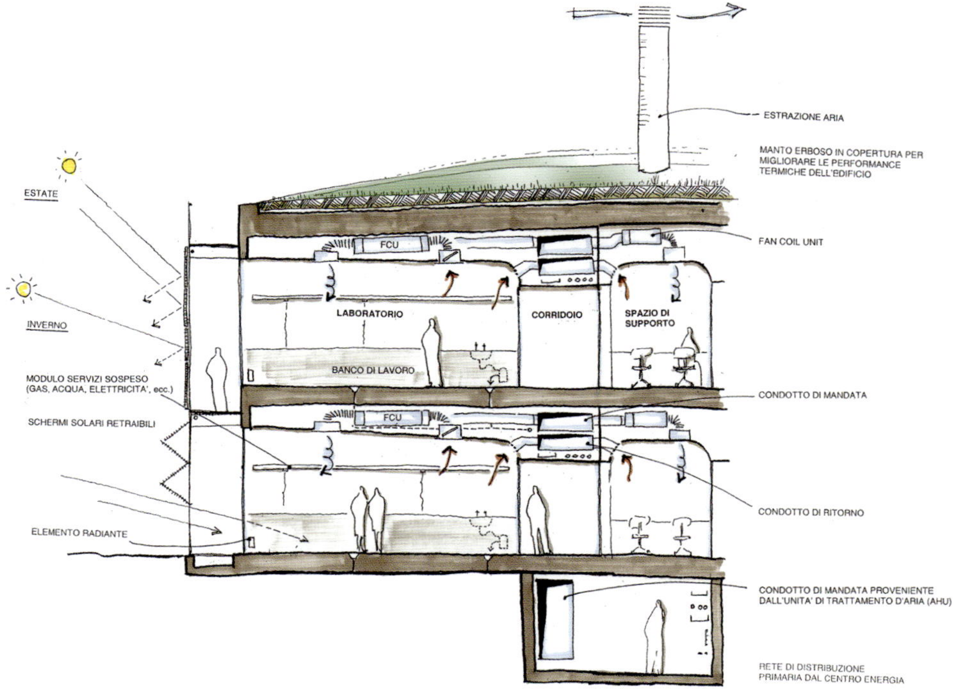

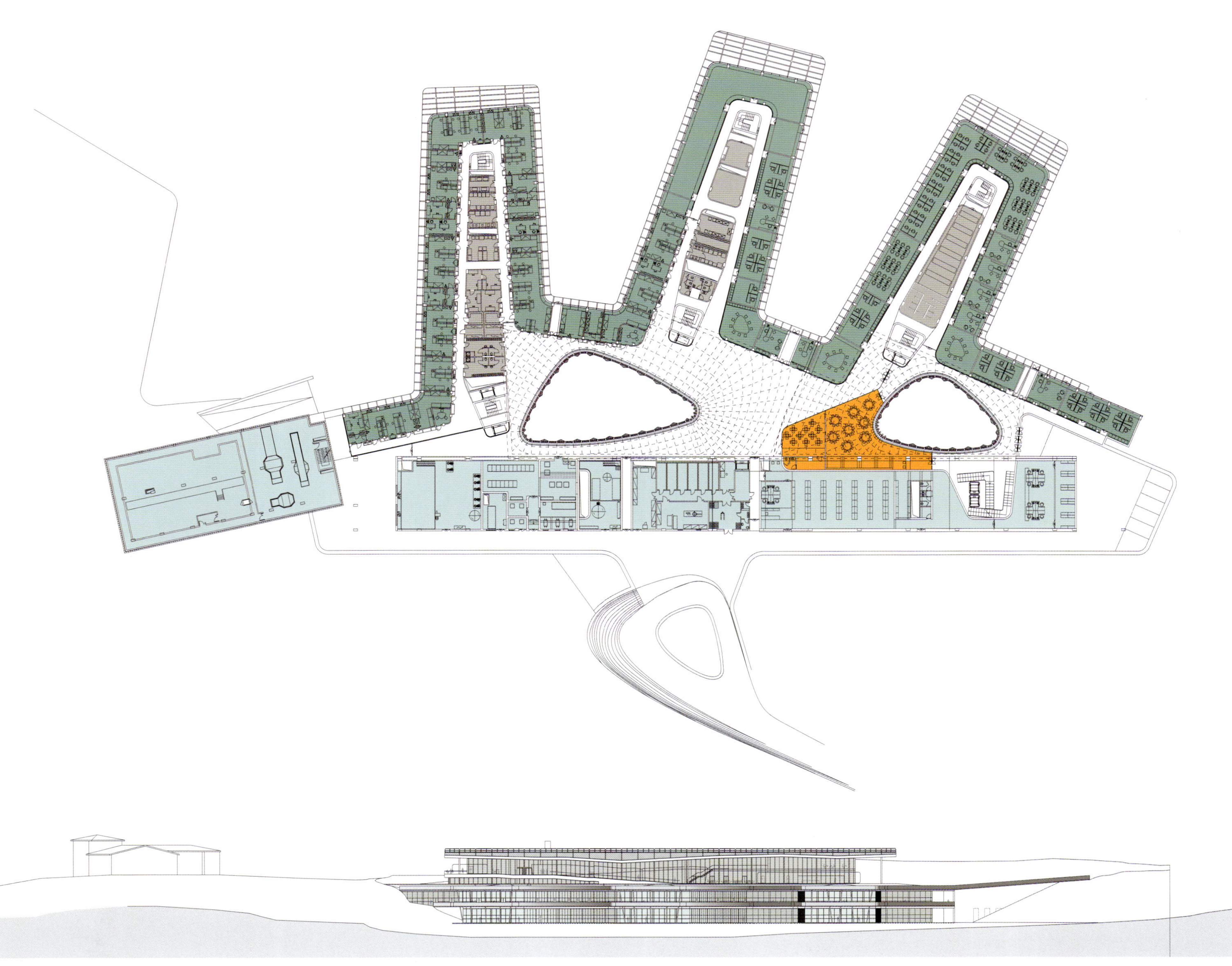

The project provides new potentials of making architecture to emerge by exploring materials and shapes that are not so frequently used in normal practices. The new building is a scientific agro-park. Research and training facilities are placed inside a compact building with a comb shape. The building is cut into the northern slope of the hill, creating a landslide effect with the topography

The layout of the building resembles a hand rested upon the ground with the palm against the earth and the fingers opened along the slope. This layout provides the full view of the valley to many of the rooms. It's possible to see the Gran Sasso from the glass pavilion which includes the entrance hall and the meeting room. The building is composed by three shapes: the line, the concourse, the ribbon. They are arranged in a comb pattern, that is realized only at the laboratories floor and is simplified at the other levels, following the topography.

Cerca di far emergere le nuove potenzialità del fare architettura attraverso materiali e forme che normalmente non la esprimono. La nuova sede dell'Istituto Zooprofilattico Sperimentale dell' Abruzzo e del Molise "G. Caporale" è un parco agro scientifico. Le funzioni di ricerca e formazione sono accorpate in edificio compatto su impianto a pettine, che si inserisce nel versante settentrionale della collina creando una sorta di smottamento della topografia, quasi un effetto di frana. Come fanno i calanchi.

La disposizione planimetrica fa assomigliare l'impianto dell'edificio ad una mano appoggiata sul terreno con il palmo contro terra e le dita leggermente divaricate disposte lungo il declivio secondo la linea di massima pendenza. Questa conformazione dello spazio deriva dalla scelta di permettere al maggior numero di ambienti di godere della vista verso valle che si ha da quel punto del lotto. Dal padiglione vetrato in alto, con la hall di ingresso e la sala dei convegni, si vede invece il Gran Sasso. Il fabbricato si compone di tre figure, o corpi volumetrici:la barra, il concourse, il nastro, secondo uno schema tipologico a pettine, che si realizza solo al piano dei laboratori e tende a semplificarsi agli altri livelli, seguendo l'andamento della topografia.

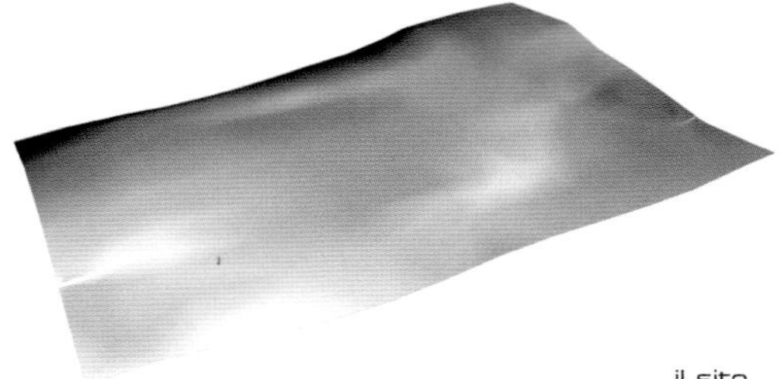

il sito

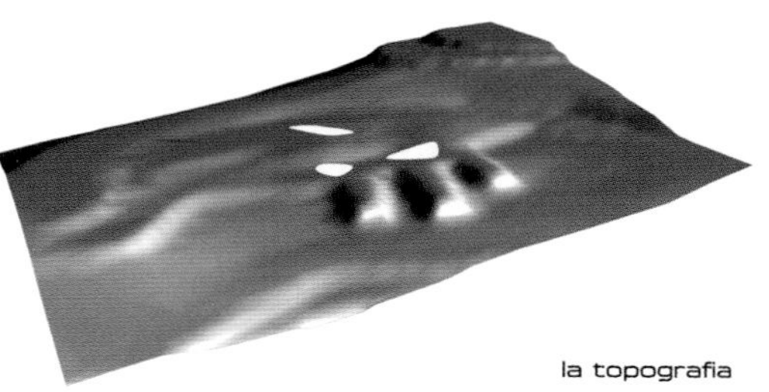

la topografia

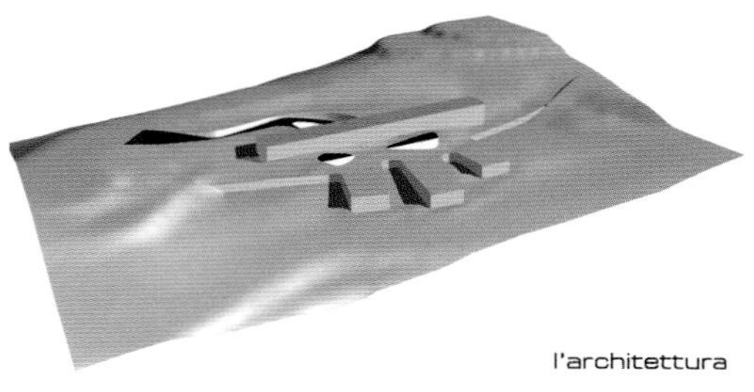

l'architettura

CREDITS

Client SocietàRete ferroviaria italiana – Direzione Investimenti, competition, first prize; **Architecture** Mosè Ricci and Filippo Spaini with Rossana Lamanna, Luana Prunesti, Maddalena Ferretti, Nicola Bartoccelli and Massimo Tiberi; **Collaborators** Elena D'Angelo, Donatella Vardé and Veselina Filipova; **Structure** Ingegneri Associati s.r.l. and ALHAMBRA s.r.l. (Ing. Carlo Margheriti)

Cliente SocietàRete ferroviaria italiana – Direzione Investimenti, concorso, primo premio; **Progetto** Mosè Ricci e Filippo Spaini con Rossana Lamanna, Luana Prunesti, Maddalena Ferretti, Nicola Bartoccelli and Massimo Tiberi; **Collaboratori** Elena D'Angelo, Donatella Vardé e Veselina Filipova; **Structure** Ingegneri Associati s.r.l. and ALHAMBRA s.r.l. (Ing. Carlo Margheriti)

The best noise barrier is the one that disappears when the train has passed. Our project develops the concept of a constantly changing and transforming barrier. It is able to change its skin depending on the crossed contexts and to be modified by the interaction of inhabitants. The morphologic project of this big infrastructure cannot be apart from the interpretation of the landscapes where it goes through. For that reason our proposal is an external skin that react with these different contexts. The interactions between the railway network and the urban environments are innumerable, such as the characterization requests.

The barrier is made of three elements:
- **Skeleton** it is the main structure made of foundations, concrete basement and steel supporting structure for the barrier.
- **Shell** the shell is the acoustic frame of the noise barrier
- **Sensitive skin** It is conceived as a second characterizing skin. It's possible to hook-up any skin to the noise barrier and its structure, including green, hard elements and lightening devices. Sensitive skin can be used to hide the railway in the landscape, to communicate or to attach urban furniture.

The project is divided in three areas: the Naviglio Grande Park, the via Meda Gardens and the Tibaldi Green Line.

La barriera ideala é quella che, quando il treno é passato, svanisce. Il nostro progetto sviluppa il concetto di una barriera continuamente trasformabile nello spazio e nel tempo, capace di cambiare pelle a seconda dei contesti attraversati e di essere modificata dall'interazione con i residenti. Il progetto morfologico di questa grande infrastruttura non può prescindere dalla lettura dei paesaggi attraversati: la proposta è quella di una pelle esterna capace di reagire ai diversi contesti che la linea incontra. Le interazioni tra la rete ferroviaria e gli ambienti urbani sono innumerevoli, così come le richieste di caratterizzazione.

La barriera antirumore adottata, dal punto di vista funzionale, può essere divisa in 3 componenti tecnologici:
- **Skeleton** la struttura portante costituita da fondazioni, base in cls e montanti in acciaio
- **Shell** il guscio costituisce lo schermo acustico della barriera antirumore
- **Sensitive skin** è concepita come una seconda pelle caratterizzante: é possibile agganciare qualsiasi tipo di superficie al sostegno della barriera, dalle membrane ai tessuti (per la mimesi o la comunicazione) fino ad elementi rigidi di arredamento urbano.

Il progetto si divide in 3 ambiti: Parco sul Naviglio grande, Giardini su via Meda e Linea verde Tibaldi.

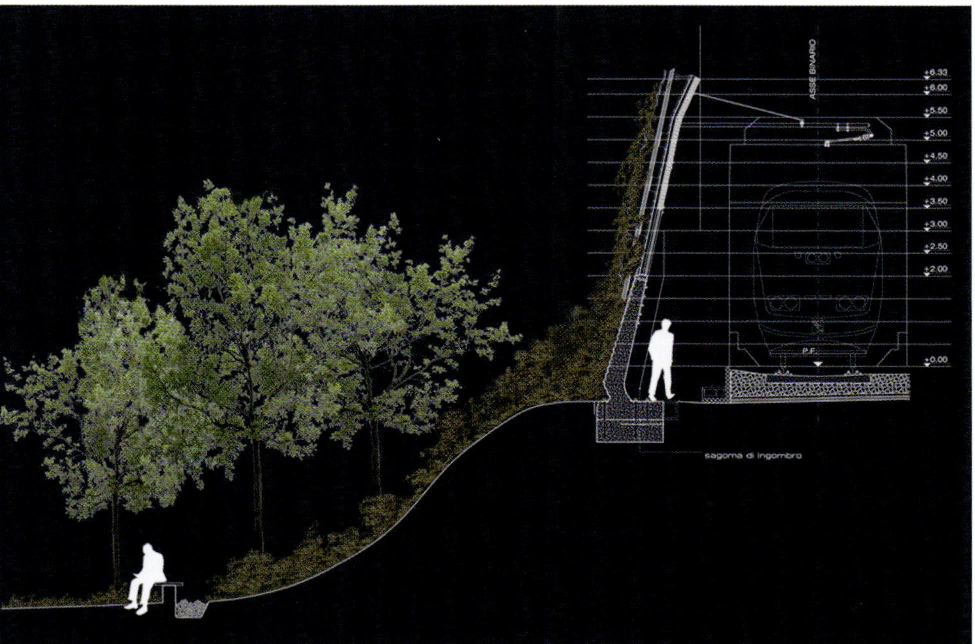

AMBITO 1

AMBITO 2 e 3

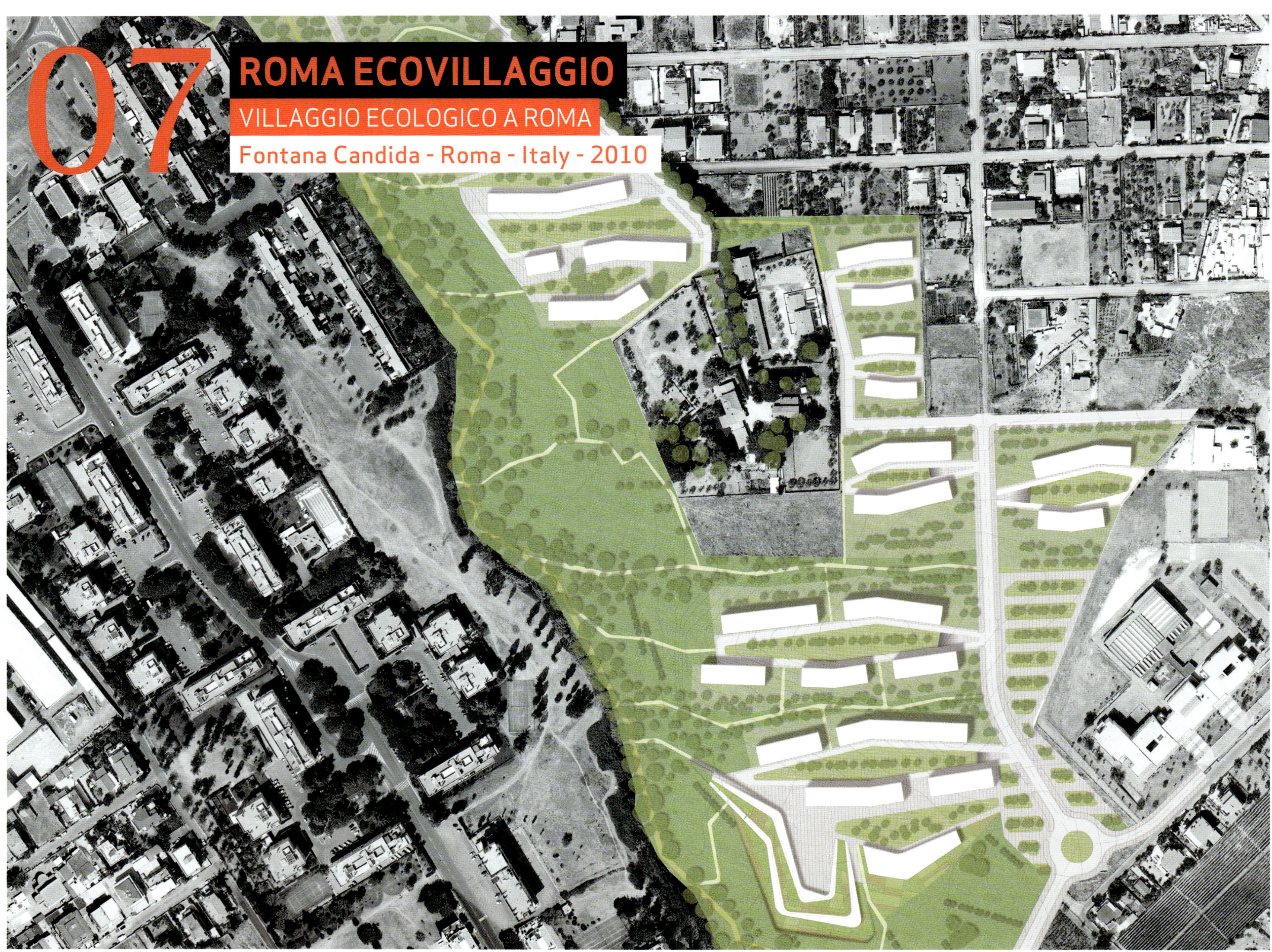

07
ROMA ECOVILLAGGIO
VILLAGGIO ECOLOGICO A ROMA
Fontana Candida - Roma - Italy - 2010

CREDITS

Client Azienda agricola Le pernici; **Architecture** Mosè Ricci, Filippo Spaini with Luana Prunesti, Massimo Tiberi, Mabel Aguerre

Cliente Azienda agricola Le pernici; **Progetto** Mosè Ricci, Filippo Spaini con Luana Prunesti, Massimo Tiberi, Mabel Aguerre

Fontana Candida is an area of edge, where the Agro Romano faces the growth of the city. The park is what remains of the changing Rome, a hole in the expanding urban fabric that underlines the meaning of the change. The project, using just the landscape as a material of the new architecture, shows the conceptual boundary between the city self-built and the existing countryside, using the landscape as material of the new architecture.

The ecovillage is like a branch that hungs the green leaves; The urban plan is spine-shaped; the main road connects a series of "squares" that structure the residential area. Close to the north main access is the commercial center and by the south board is the school district. The district is a linear public park served by pedestrian and cycle paths. The green enters the residential squares. Parks, private gardens and urban gardens invade the houses with the green. The trees are also used as bioclimatic devices: they shade the alleys and courtyards in summer and brake the cold winds in winter. The ramps leading to underground parking are placed in the residential courtyards.

Fontana Candida è un'area di margine dove si confrontano l'Agro Romano e la città che avanza. Il parco rappresenta quello che resta di Roma che cambia. Un buco del tessuto urbano spugnoso e invasivo, che lascia scoprire il senso del mutamento. Il progetto punta alla descrizione della linea di confine concettuale tra la città lottizzata, quella auto-costruita e la campagna preesistente, utilizzando proprio il paesaggio come materiale della nuova architettura.

L'ecovillaggio è come un ramo a cui sono appese delle foglie verdi; L'impianto urbano è a spina; La strada principale mette in comunicazione una serie di "piazze" semiprivate che strutturano l'insediamento residenziale. A nord c'è un nucleo commerciale e a sud c'è quello scolastico. Tutto il quartiere è un parco pubblico lineare servito da percorsi ciclo-pedonali. Il verde entra nelle piazze residenziali. Verde attrezzato, giardini privati e orti immergono le case nella natura. Gli alberi vengono usati anche come dispositivi bioclimatici per ombreggiare i viali e le corti d'estate e schermare i venti freddi invernali. Nelle corti residenziali si innestano le rampe che portano a dei parcheggi interrati.

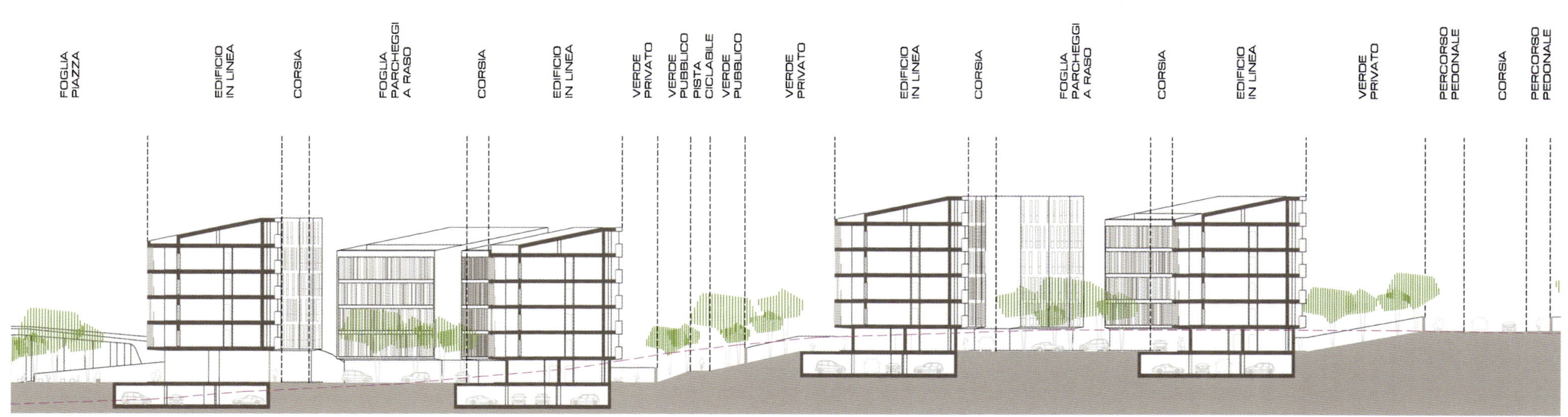

CRITERI DI PROGETTAZIONE ECOSOSTENIBILE

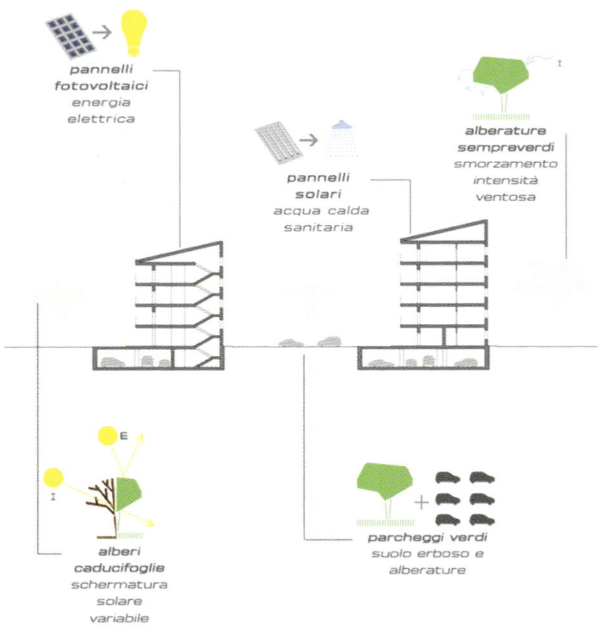
pannelli fotovoltaici
energia elettrica
pannelli solari
acqua calda sanitaria
alberature sempreverdi
smorzamento intensità ventosa
alberi caducifoglie
schermatura solare variabile
parcheggi verdi
suolo erboso e alberature

SOLEGGIAMENTO

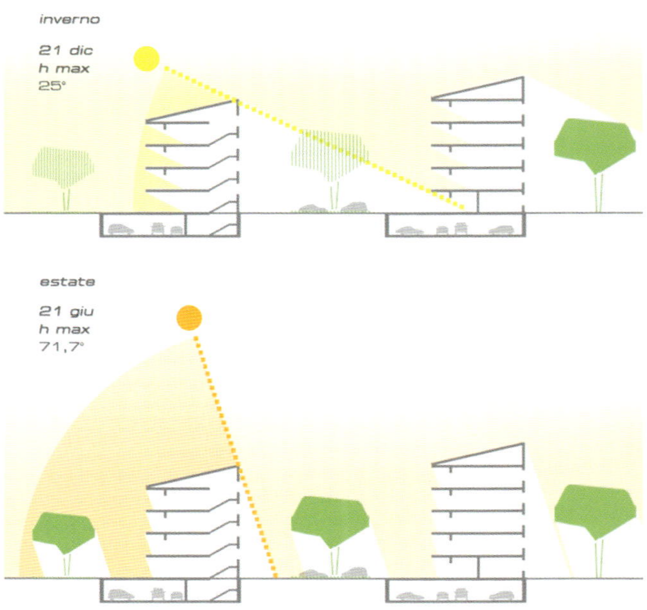
inverno
21 dic
h max
25°
estate
21 giu
h max
71,7°

VENTILAZIONE

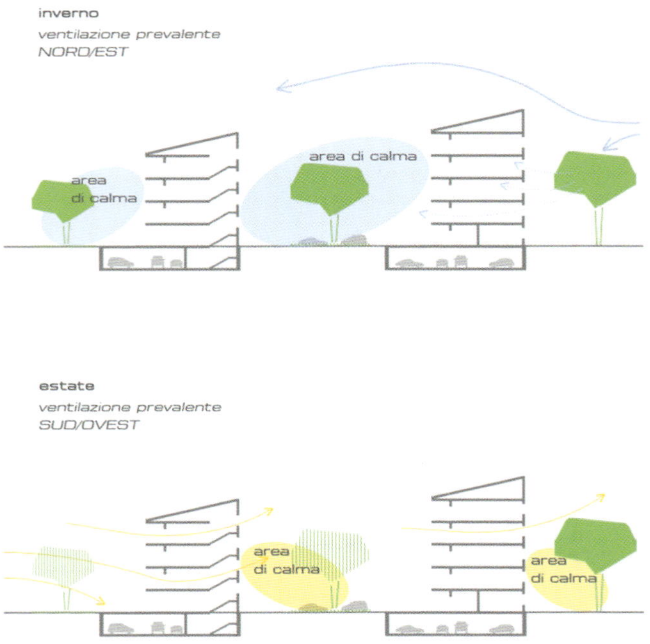
inverno
ventilazione prevalente
NORD/EST
area di calma
area di calma
estate
ventilazione prevalente
SUD/OVEST
area di calma
area di calma

PROSPETTO NORD
TERRACE HOME
LIVING LANSCAPE
LIVING LANDSCAPE
RURAL INVASION
RETAIL/SERVICES/PARKING/ROW HOUSES

PROSPETTO SUD
TERRACE HOME
RURAL INVASION
RETAIL/SERVICES/PARKING/ROW HOUSES

PROSPETTO SUD
TERRACE HOME
LIVING LANSCAPE
LIVING LANDSCAPE
RURAL INVASION
RETAIL/SERVICES/PARKING/ROW HOUSES

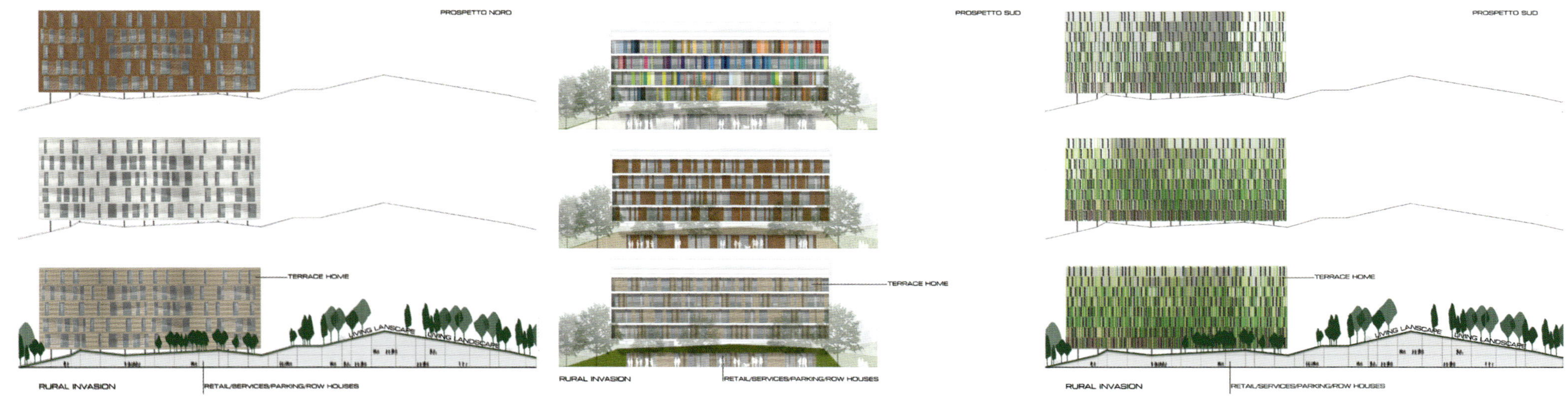

The houses are oriented north-south to the best exposure, and they have solar panels on the roofs. The Living Landscapes Project and Terrace Homes seeks to build livable topographies that incorporate the ground floor of residential structures with spaces that belong to the landscape in their configuration. The landscape is also made with the elements of architecture, and the houses float above. The project is' essentially a restatement of the system of Unité d'Habitation, redesigned, transformed and distorted with the landscape option.

Le case sono orientate nord-sud per esporre al meglio gli ambienti interni e hanno l'accumulo di energia solare sulle coperture. Si tratta di un sistema di case dove abbiamo separato all'interno dell'elemento palazzina, quello che appartiene più al paesaggio, e allo spazio pubblico, e quello che appartiene più alla sfera del privato, e dell'abitazione. Il progetto Living Landscapes and Terrace Homes cerca di costruire topografie vivibili che inglobano i piani terra delle strutture abitative; con spazi che nella loro configurazione, appartengono al paesaggio. Il paesaggio si realizza anche con gli elementi dell'architettura mentre le abitazioni flottano al di sopra. E', in sostanza, una riproposizione del sistema delle unite d'habitation, ripensato, trasfigurato e distorto dall'opzione paesaggistica.

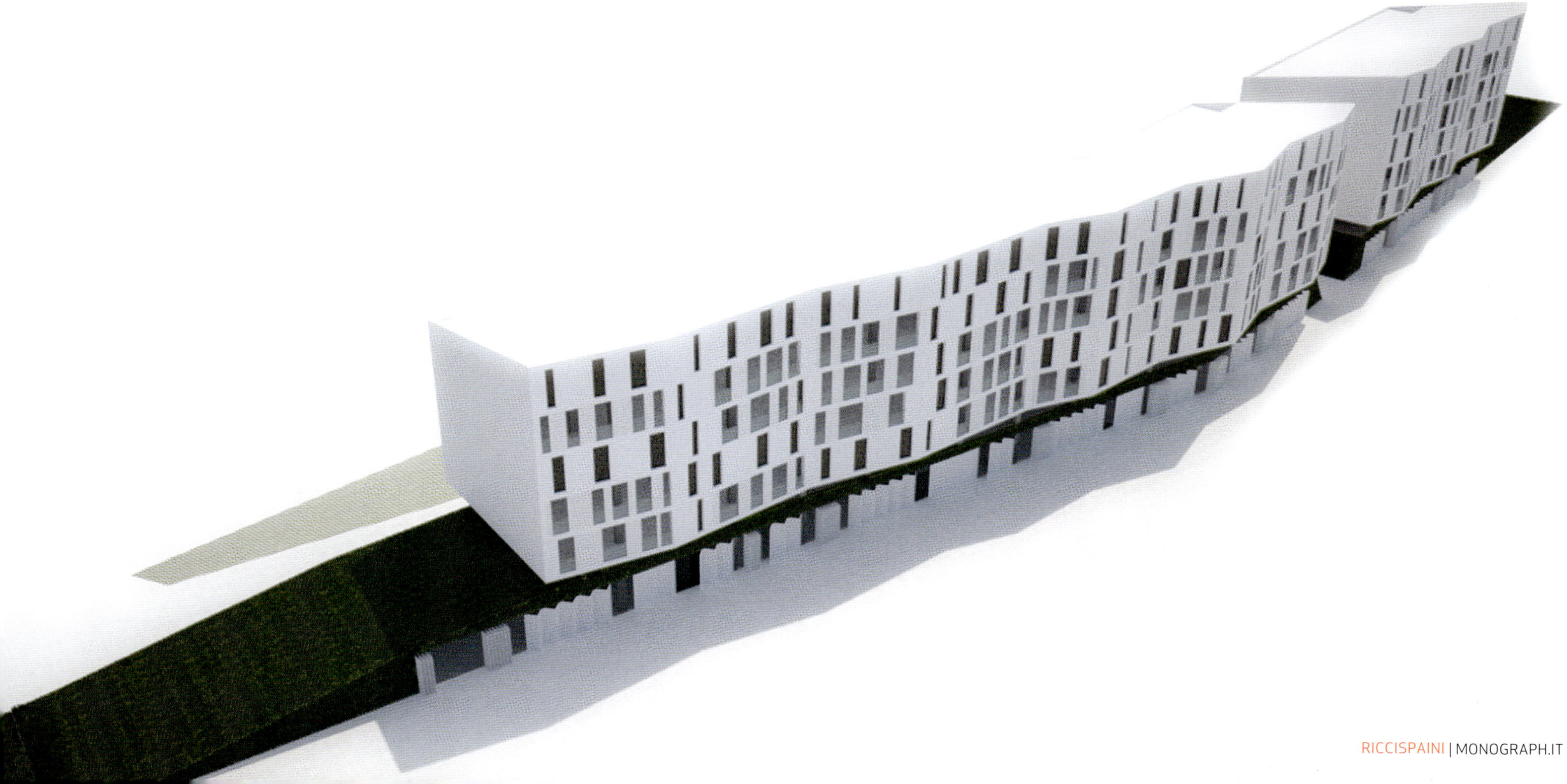

New York, Manhattan

The High Line linear park

Il parco lineare della High Line

by Carlo Gasparrini and Valeria Sassanelli

The unexpected return of the open spaces of Manhattan

L'inaspettata rivincita dello spazio aperto di Manhattan

by Carlo Gasparrini

"Manhattan – cette èspece de sole étalée sur le rocher – ne vaut que sur son épine dorsale; ses bords sont des «slums»(...) Les bords - la Riviere, l'East River et l'Hudson - sont inaccessible, invisible. (...). Le gratte-ciel n'est ici que negative: il tue la rue et la ville, il a détruit la circulation. (...) Voici encore l'apparition de solutions salvatrices pour l'urbanisation de la ville. Le gratte-ciel est trop petit et il détruit tout. Faites-le plus grand, vrai et utile: il restituera un sol immense, il paiera les propriétés ruinées, il donnera la verdure dans la ville et la circulation impeccable: tou le sol aux piétons dans les parcs et les autos, en l'air, sur des passerelles, de rares passerelles à sens unique et eincassant du 150 kilométres a l'heure et allant ... tout simplement d'un gratte-ciel à l'autre"[1].

"The Grid is, above all, a conceptual speculation. (...) The Grid makes the history of architecture and all previous lessons of urbanism irrelevant. It forces Manhattan' builders to develop a new system of formal values, to invent strategies for the distinction of one block from another. The Grid's two dimensional discipline also creates undreamt-of freedom for three dimensional anarchy. The Grid defines a new balance between control and de-control in which the city can be at the same time ordered and fluid, a metropolis of rigid chaos"[2].

The debate over Manhattan and the future of its urban design – or rather the one identified in European publications - has really been affected in recent decades by these two positions, explicitly irreconcilable and strongly marked by ideological, irreverent and antagonist fervour.

On the one hand, the rejection of the "grid", of the land constraints it imposes, of the dangerous banality of cannibal skyscraper (still "too small") it produces, and of the devastating effects on city planning and on the quality of urban spaces. Hence the search for solutions made possible by strong and paternal measures - a few skyscrapers and a large green space returned to the people - able to replace the existing city with one that is radically different and counter the otherwise irreversible decline in New York, according to Corbu. Paraphrasing Massimo Cacciari: The City does not conform to my observations and does not meet my forms a priori? "Too bad for her!".

Second, the glorification of the uniform grid in which the block "*develops a maximum unit of urbanistic Ego*" and can think of the city as a mosaic of episodes, where the vertical and anarchic *delirious* skyscraper, the self-representing machine, is the quintessence of *Manhattanism* and its "*rigid chaos*". According to Koolhaas this is the most effective antibody to counter the hegemonic pretensions of totalitarian control - including those from Le Corbusier - because it forces us to work, case by case, on the spatial limits imposed by the single block.

Yet what is happening in recent years around the High Line in Chelsea - in truth not only in Chelsea and not just in recent years - is emblematic of a different trajectory. Surely it is far from Le Corbusier's *tabula rasa* and its claim to radical transformation in homage to a model considered to be the only possible one, but so is from the fascination *tout court* of the fertile competition between urban fragments and the happily omnivorous ability of the skyscraper in public space. It is a trajectory that comes to terms with the interferences solicited by an "unforeseen" background and with the needs of historicizing the emerging modern and contemporary city even in the constant rebuilding of Manhattan; but, above all, it draws sustenance from the possibility that new forms of open space can produce a reinterpretation of the traditional competitive rules of individual plots *of* the "grid" within a system of spatial relations that promotes unusual methods of three-dimensional construction *in* the "grid".

This tension between open space and construction dynamics is an issue that has a significant density in the urban experience of New York. After the construction of time for compensation by the Central Park – according to Le Corbusier a "*trou au milieu des maisons*" more like a no man's land than a park; according to Koolhaas, instead, a "*Synthetic Arcadian Carpet*" and a "*taxidermic preservation of nature*" - theoretical

Il dibattito su Manhattan e il futuro del suo disegno urbano – o forse, più propriamente, quello evocato dalla pubblicistica europea – è stato vistosamente condizionato negli ultimi decenni da queste due posizioni, esplicitamente inconciliabili e fortemente segnate da un furore ideologico dissacrante e antagonista.

Da un lato, il rifiuto della "griglia", dei vincoli fondiari che essa impone, della pericolosa banalità del grattacielo antropofago eppure "troppo piccolo" che essa produce e degli effetti disastrosi sull'urbanistica della città e la qualità dei suoi spazi. Di qui la ricerca di soluzioni salvifiche rese possibili da provvedimenti "forti e paterni" – pochi grandi grattacieli e un suolo libero e verde restituito agli abitanti – capaci di sostituire la città esistente con una radicalmente diversa e di contrastare il declino di New York, altrimenti irreversibile per Corbu. Parafrasando Massimo Cacciari: La Città non si adegua alle mie osservazioni e non corrisponde alle mie forme a priori? "Peggio per lei!".

Dall'altro, l'esaltazione della griglia uniforme in cui l'isolato "*develops a maximum unit of urbanistic Ego*" e consente di pensare la città come mosaico di episodi, dove il grattacielo *delirious*, verticale e anarchico, la macchina conclusa in sé che si autorappresenta, diviene la quintessenza del *manhattanism* e del suo "*rigid caos*". Per Koolhaas questo è l'anticorpo più efficace per contrastare le pretese egemoniche di dominio totalitarista – comprese quindi quelle lecorbuseriane - perché costringe a lavorare, caso per caso, nei limiti spaziali imposti dal singolo isolato.

Eppure ciò che sta accadendo in questi anni a *Chelsea* attorno alla High Line - in verità non solo a Chelsea e non solo negli ultimi anni - è emblematico di una traiettoria diversa da queste. Sicuramente è distante dalla *tabula rasa* lecorbuseriana e dalla sua pretesa di radicale trasformazione in omaggio ad un modello ritenuto l'unico possibile; ma lo è anche dalla fascinazione *tout court* della fertile competizione tra i frammenti urbani e dalla capacità felicemente onnivora del grattacielo anche nei confronti dello spazio pubblico. E' una traiettoria che fa i conti con le interferenze sollecitate da preesistenze "impreviste" e con le domande di storicizzazione della città moderna e contemporanea emergenti anche nell'incessante ricostruzione di Manhattan; ma soprattutto trae alimento dalla possibilità che nuove forme dello spazio aperto possano produrre una rivisitazione delle tradizionali regole competitive dei singoli lotti della "griglia" all'interno di un sistema di relazioni spaziali che solleciti modalità inusuali di costruzione tridimensionale nella "griglia".

Questa tensione tra spazio aperto e dinamiche edificatorie è un tema che ha una densità rilevante nell'esperienza urbana di New York. Dopo la costruzione della pausa risarcitoria del Central Park - per Le Corbusier un "*trou au mileu des*

01 The Henry Hudson Parkway on completion (1937)

speculation and experience on open spaces in the twentieth century has progressively explored the different visions and practices of ways and forms of urban construction, not always realized and not always happy. In this sense, New York's riverfront, east and west of Manhattan, has always been one of the most interesting and controversial design laboratories, even before Le Corbusier himself noticed how the Hudson River was inaccessible to the city and how New York was *"immense port de mer, est pour ses habitants aussi «terrienne» que Moscou"*[3].

The extraordinary "modernity" of the Henry Hudson Parkway – the highway running along the west side of Manhattan, designed and built by Robert Moses in the 30s, on to connect Manhattan and the Bronx with the Hudson River Valley - is now a consolidated reference to imagine projects in the existing city infrastructural landscape. And not only in European historical cities but also in the younger developments represented by the rigid chessboard of "petrified streets" in New York. Le Corbusier himself - who landed in New York at the end of 1935 just when the parkway was being finalized - recognized its role of *"prémisses de la ville future"*, able to see extraordinary transformative potential in view of a different relationship between city and nature. He reinforced this concept a few years later[4], citing Giedion and his similar stance on the parkway as *"an imperative necessity for the creation of the city of the future"*[5]. The linear park (Riverside Park) where the highway flows is a complex section including also Riverside Drive, the Hudson River Valley Greenway and the Amtrak rail line, allowing connection to other urban parks (Fort Washington, Fort Tryon, Inwood Hill and Van Cortlandt) along the lines of Frederick Law Olmsted's idea of a *"ribbon"* of parks. The Riverside Drive designs, for several kilometres along a sinuous course, the urban limits of the blocks that overlook the river and the park, giving shape to its linearity and completing the system of bicycle and pedestrian paths of the Greenway. *"The view of the Hudson along this strip is among those exciting views one proudly shows to Japanese or Czechoslovakian architects (...)"*[6]. On the other hand, as noted by Berman, roads like this create *"a series of spectacular new visual approaches to the city, displaying the grandeur of Manhattan from many new angles (...) nourishing a whole new generation of urban fantasies"*[7].

What then happened until the 90s on the banks of the river is not particularly exciting, when compared with the vision of the Henry Hudson Parkway. There were often episodic prosthesis attached to the original coastline of the large granite island block, isolated or pharaonic attempts to overcome barriers and regain a relationship with the river. Especially where, south of 59th street, the Docks Department has accumulated over time those hideous piers that caused Mumford's *"simmering rage"*[8]. It is no coincidence that the regeneration of critical areas affected by the processes of urban metabolism

maisons" più simile a un *no man's land* che ad un parco; per Koolhaas invece un *"syntetic Arcadian Carpet"* e una *"taxidermic preservation of nature"* – la speculazione teorica e l'esperienza sugli spazi aperti nel Novecento ha progressivamente esplorato visioni e pratiche diverse sui modi e le forme della costruzione urbana, non sempre realizzate e non sempre felici. In questo senso, il *riverfront* di New York, ad est ma soprattutto ad ovest di Manhattan, è sempre stato uno dei laboratori più interessanti e controversi di progettazione; ancor prima che lo stesso Le Corbusier notasse quanto fosse inaccessibile il fiume Hudson alla città e quanto New York *"immense port de mer, est pour ses habitants aussi «terrienne» que Moscou"*[3].

La straordinaria "modernità" della Henry Hudson Parkway - l'autostrada distesa sulla riva occidentale di Manhattan, progettata e realizzata da Robert Moses negli anni '30 nel West Side di Manhattan per connettere Manhattan e il Bronx all'Hudson River Valley - costituisce un riferimento oramai consolidato per l'immaginario progettuale dei paesaggi infrastrutturali nella città esistente. E non solo in quella storica europea ma anche in quella più giovane rappresentata dalla rigida scacchiera newyorkese di "strade pietrificate". Lo stesso Le Corbusier – sbarcato a New York alla fine del 935 proprio mentre la *parkway* era in corso di ultimazione - ne ha riconosciuto il ruolo di *"prémisses de la ville future"*, capace di far intravedere possibilità trasformative straordinarie nella prospettiva di un diverso rapporto tra città e natura. Concetto questo che rafforzò alcuni anni più tardi[4] citando Giedion e la sua analoga presa di posizione sulla parkway come *"an imperative necessity for the creation of the city of the future"*[5]. Il parco lineare (Riverside Park) in cui la strada veloce scorre è una sezione complessa che include anche la Riverside Drive, l'Hudson River Valley Greenway e la linea ferroviaria dell'Amtrak e che consente la connessione con altri parchi urbani (Fort Washington, Fort Tryon, Inwood Hill e Van Cortlandt) sulla falsa riga dell'idea di Frederick Law Olmsted di un *"ribbon"* di parchi. La Riverside Drive disegna per alcuni chilometri, con un andamento sinuoso, il bordo urbano dei blocchi che si affacciano sul fiume e sul parco, dando forma alla sua linearità e completando il sistema delle strade ciclabili e pedonali della Greenway. *"The view of the Hudson along this strip is among those exciting views one proudly shows to Japanese or Czechoslovakian architects (...)"*[6]. D'altro canto, come ha rilevato Berman, strade come questa creano *"a series of spectacular new visual approaches to the city, displaying the grandeur of Manhattan from many new angles (...) nourishing a whole new generation of urban fantasies"*[7].

Ciò che è poi successo fino agli anni '90 sulle rive del fiume non è particolarmente esaltante, se confrontato con la capacità visionaria della Henry Hudson Parkway. Spesso

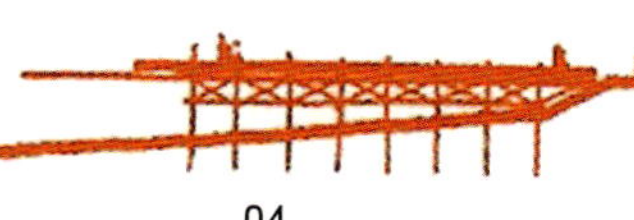
04

03

PARK PROGRESS

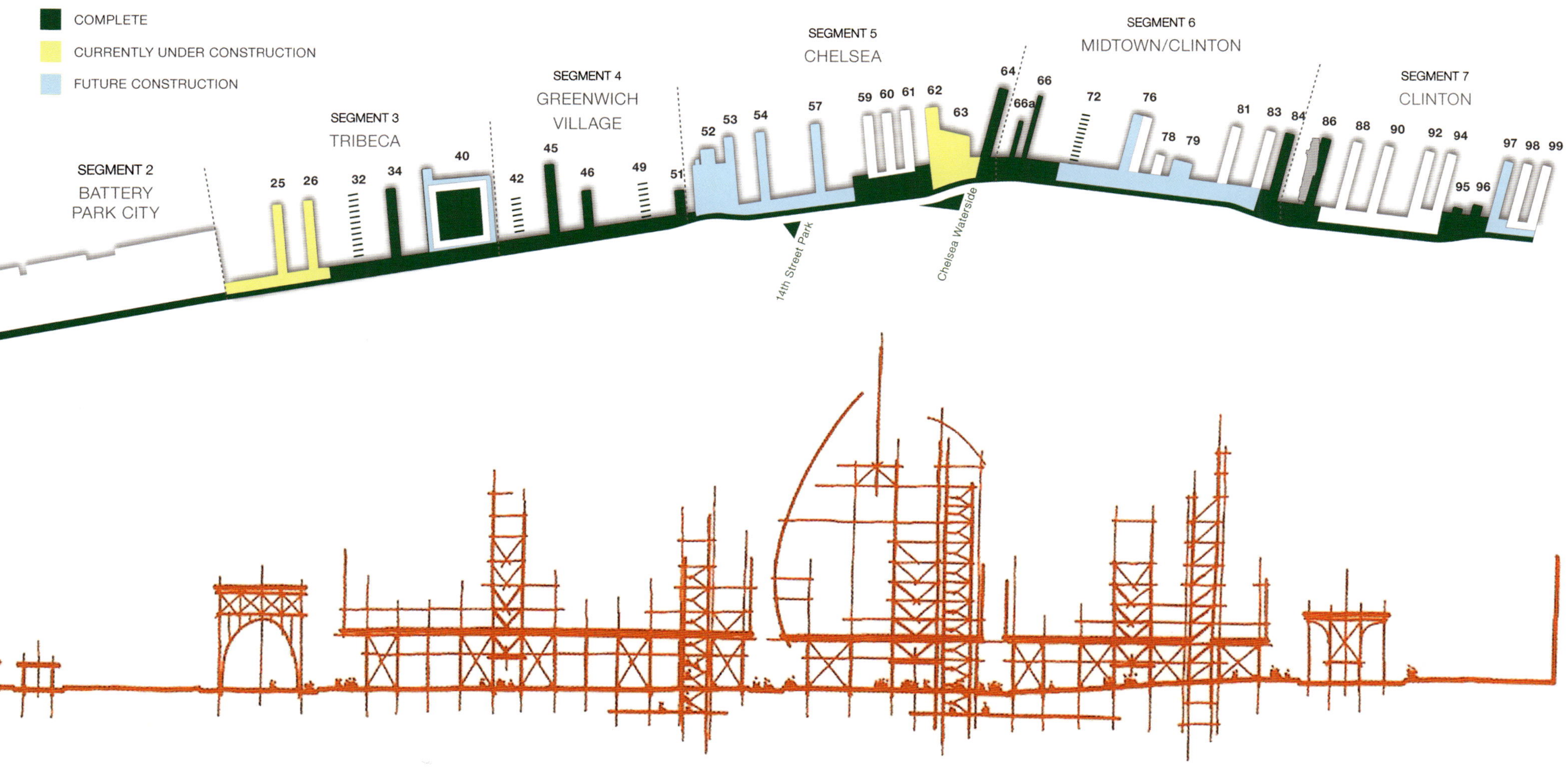

02 The Hudson River Park and the linear parks system of Manhattan

03 The articulation and the current state of construction of the Hudson River Park (from *Hudson River Park Trust, Annual Financing Plan 2009*)

04 Sketch by Renzo Piano of the transversal section illustrating the connection between the Columbia University Campus and the River

05 The reference area of the new East River Waterfront , *by LMDC, East River Waterfront Esplanade and Piers - Final Environmental Impact Statement, 2007*

06 The proposal of spatial connections in the Lower Manhattan urban sector, *by AA.VV., New York New Visions, Op cit*

07 A simulation of the waterfront *by LMDC, East River Waterfront Esplanade and Piers - Final Environmental Impact Statement, 2007*

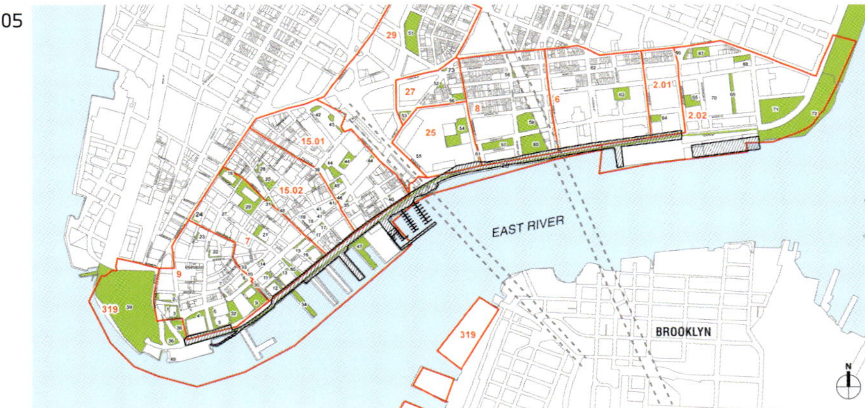

or obsolescence, resulting from the dynamics of the redevelopment of the industrial and port areas, was a driving force for transformation in the decades immediately after the last world war, as demonstrated by the numerous proposals that followed[9].

The Battery Park project in the 70s – prothesis par excellence made with the ground from the World Trade Center - is an architecturally questionable attempt to Europeanise the "grid". But it has also had the advantage of defining an urban project sensitive to volumetric relationships between new buildings and between buildings and context (including the Twin Towers), strongly regulated by specific Guidelines, where a considerable role was played by open spaces and by the relationship with the river, through the creation of a long esplanade and a rich system of structuring paths and spatial relations, longitudinal and transverse. The focus on the area by the Manhattan Battery Park City Authority (BPCA), an autonomous subject very active on environmental issues, has been confirmed by a District Plan, which has gradually improved over the years, aiming at a spatial and functional upgrading of the area[10]. This Plan plays a significant role in the issues of urban ecological and environmental regeneration on which Mayor Bloomberg has been concentrating in recent years - based on the forecasts in his famous ten key goals for a sustainable city[11] - and the politics of the New York City Department of Parks and Recreation (NYDPR)[12] are a significant example of this. On the other hand, in the last decade, other large projects such as those of Governor's Island and Freshkills have shown a capacity for innovation in *Large parks*, as George Hargreaves called them[13], which has been extensively referred to in Europe in the debate on new urban landscapes.

More troubled is the history of Westway, an urban redevelopment project that was going to take shape north of Battery Park after the collapse of a section of the highway in 1973, based on a proposal to rebuild the highway beneath the landfill between the existing shoreline and the piers, to free up a wide strip of the urban limits to become a linear park and building lots. The conflict generated over the environmental impact of the operation - the endangered bass reproduction actually expressed the hostility of local communities against major urban renewal projects of the '60s - has blocked the operation, forcing a radical rethink the project. Michael Sorkin claimed that this incident led to a depletion of the 'urban imagination' of the city, *"suffering an acute reluctance of vision"*, leading to *"a public realm that's afraid to do anything"* and the falling back on a *"tepid re-use of a number of the remaining piers"*[14]. Indeed the operation of the Hudson River Park is more complex and fertile than it appears[15] and perhaps constitutes the most direct, also cultural, antecedent of the High Line. It

si è trattato di episodiche protesi agganciate alla linea di costa originaria del grande blocco granitico del'isola; oppure di tentativi puntuali o faraonici di superare barriere e recuperare il rapporto col fiume. Soprattutto laddove, a sud della 59a strada, il Docks Department ha nel corso del tempo accumulato quei moli spaventosi che hanno suscitato la *"simmering rage"* di Mumford[8]. Non è un caso che l'occasione di rigenerazione delle aree critiche interessate dai processi di metabolismo urbano o di obsolescenza conseguenti alle dinamiche di dismissione industriale e portuale sia stata uno dei motori della trasformazione , nei decenni immediatamente successivi all'ultima guerra mondiale, come dimostrano le numerose proposte succedutesi[9].

L'operazione Battery Park degli anni '70 - protesi per eccellenza realizzata con il terreno di riporto del *World Trade Center* - è un tentativo malriuscito e architettonicamente discutibile di europeizzazione della "griglia". Ma ha anche avuto il pregio di definire un progetto urbano attento alle relazioni volumetriche tra i nuovi edifici e tra questi e il contesto (*Twin Towers* comprese), fortemente guidato da specifiche *Guidelines*; in cui un ruolo rilevante è stato svolto dagli spazi aperti e dal rapporto col fiume con la creazione di una lunga *esplanade* e di un sistema ricco di percorsi e relazioni spaziali strutturanti, longitudinali e trasversali. L'attenzione all'area da parte della Manhattan Battery Park City Authority (BPCA), un soggetto autonomo molto attivo sulle tematiche ambientali, trova conferma nell'approvazione di un *District Plan*, progressivamente perfezionato negli anni, che mira alla riqualificazione spaziale e funzionale dell'area[10]. Si tratta di un tassello significativo di una più complessiva attenzione ai temi della rigenerazione ecologica e ambientale della città che il sindaco Bloomberg ha rafforzato in questi anni - sulla base di quanto previsto nei suoi famosi 10 *key goals* per una città sostenibile[11] - e di cui la politica del New York Department of Parks and Recreation (NYDPR) costituisce un esempio significativo[12]. D'altro canto, nell'ultimo decennio, altre grandi operazioni come quelle di *Governor's Island* e *Freshkills* hanno mostrato una capacità di innovazione sui *Large parks*, come li ha definiti George Hargreaves[13], a cui si è fatto ampio riferimento in Europa nel dibattito sui nuovi paesaggi urbani.

Più travagliata la storia della Westway, un'operazione di riqualificazione urbana che avrebbe dovuto prender forma a nord di Battery Park dopo il crollo di un tratto della *highway* nel 1973, sulla base di una proposta di interramento al di sotto del *landfill* da realizzare tra la linea di costa esistente e i moli per liberare un'ampia fascia urbana di margine e destinarla a parco lineare e suoli edificabili. Il conflitto generatosi sull'impatto ambientale dell'operazione - la riproduzione delle spigole messa in pericolo esprimeva in

08

Dan Graham
Rooftop Urban Park Project
long-term installation

Dia center for the arts
548 west 22nd street new york

08 The brochure of
Dan Graham's
installation
*"Rooftop Urban
Park Project"* at
the *"DIA center
for arts"*

09 The terrace of
the *"DIA center
for arts"* with
Dan Graham's
installation

has certainly forced painstaking negotiations with militant local committees of residents and environmentalists, but also allowed a linear park of 120 hectares to be imagined, extending from Battery Park to 59th street, integrated with a multiplicity of piers, many of which are dedicated exclusively to open and collective spaces. There may be a lack of landscaping and architectural excellence but the park is heavily marked by public use and historic buildings restored from outright demolition. It is a progressive, low-cost project that redeveloped Parkway longitudinally and, at the same time, integrated transversally with the Districts crossed (TriBeCa and Lower Manhattan, Greenwich Village, Chelsea, South Clinton and North Chelsea, Clinton) and met their needs for services.

To the north of Riverside Park, Renzo Piano launched an equally interesting signal with his project of the Columbia University Campus in 2004 (at 125th street), with potential relationships among the city, the major infrastructures and the Hudson. It is a definitely urban project because the open spaces and spatial relationships are its strengths, connecting the campus large square with the river and the piers - from the first floors of new buildings entirely for public use until you cross the "steel lace"[16] of Riverside Drive and the railway viaduct and the Henry Hudson Parkway - with a continuous sequence of places, legible in Piano's beautiful cross-sections.

Unfortunately, since 2001, the city of New York has not made news in Europe apart from the aesthetic competition over the new skyscrapers. Yet the story of the Twin Towers should be remembered not only for the dramatic episode whose images have been with us since 2001, but also from another point of view. Their collapse had a single merit, which of course we would have preferred without the human costs. It is to open discussion, large and shared, over what sense of collective identity should underpin the process of re-building the city, even speaking of New Deal for the Big Apple[17]. Anyone following the events, behind the catastrophic show of nameless victims and presidential rhetoric, knows that New York has changed deeply over the past decade in terms of its share of urban choices, fuelled not only by the extraordinary participation and aggregation of individuals and associations but also from new forms of interactive exchange. The debate on reconstruction modes, the design competition at Ground Zero and the definition of "Principles" discussed collectively[18] are a wealth of ideas and practices that impresses: it seems impossible that a city like this can act like the community of a small country and overturn the ways and forms with which it has been built over time, in haste and in the absolute self-isolation of each piece of building lot, just as had happened in the past for the construction of the Twin Towers. Since 2001, New York has been able to give a demonstration of how to try to rebuild the entire Lower Manhattan south of Houston Street

realtà un più ampio umore delle comunità locali contro i grandi progetti di *urban renewal* degli anni '60 - ha bloccato l'operazione costringendo ad un ripensamento radicale del progetto. Michael Sorkin ha sostenuto che questo episodio ha determinato uno svuotamento dell'immaginario urbano della città, "sofferente di un'acuta renitenza alla visione", con la conseguente "paura di agire" dell'Amministrazione pubblica e il ripiegamento sul "tiepido riuso di alcuni moli rimasti"[14]. In verità l'operazione dell'Hudson River Park appare più complessa e fertile di quanto sembri[15] e forse costituisce l'antecedente anche culturale più diretto della High Line. Certo ha costretto ad una defatigante trattativa con i combattivi comitati locali di abitanti e ambientalisti, ma ha anche consentito di immaginare un parco lineare di 120 ettari, esteso da Battery Park alla 59a strada, integrato ad una molteplicità di *piers* molti dei quali dedicati esclusivamente a spazi aperti e collettivi. Forse mancano le eccellenze paesaggistiche e architettoniche ma il parco è fortemente contrassegnato dall'uso pubblico e punteggiato di edifici storici recuperati alla demolizione *tout court*. Si tratta di un'operazione progressiva e a basso costo di qualificazione longitudinale lungo la *Parkway* rimodellata e, contemporaneamente, di forte integrazione trasversale con i diversi *Districts* attraversati (TriBeCa e Lower Manhattan, Greenwich Village, Chelsea, South Clinton e North Chelsea, Clinton) e con le loro esigenze di servizi e attrezzature.

A nord del Riverside Park, un segnale ugualmente interessante di nuove possibili relazioni tra la città, le grandi infrastrutture e l'Hudson, lo ha lanciato Renzo Piano con il progetto del Campus della Columbia University del 2004, all'altezza della 125a strada. Un progetto dichiaratamente urbano perché fa degli spazi aperti e delle relazioni spaziali il suo punto di forza, connettendo la grande piazza del Campus con il fiume e i *piers* - dai primi piani dei nuovi edifici lasciati interamente ad un uso pubblico fino ad attraversare il "merletto d'acciaio"[16] della Riverside Drive e i viadotti della ferrovia e della Henry Hudson Parkway - con una sequenza continua di luoghi leggibile nelle sue belle sezioni trasversali.

Purtroppo la città di New York, dal 2001, non fa notizia per noi europei quando si abbandona il terreno della competizione estetica dei nuovi grattacieli. Eppure la vicenda delle *Twin Towers* va ricordata non solo per il drammatico episodio le cui immagini ci accompagnano dal 2001, ma anche da un altro punto di vista. Il loro crollo ha infatti avuto un unico merito, di cui ovviamente avremmo fatto volentieri a meno visti i costi umani che ha comportato. Quello cioè di aver aperto una discussione, ampia e partecipata, proprio sul senso di identificazione collettiva che dovrebbe essere alla base del processo di ri-costruzione della città, facendo parlare addirittura di *New Deal* per la Grande Mela[17]. Chi

with long-term planning, from the destroyed WTC zone, extending to a number of districts in this part of Manhattan (Chinatown, Lower East Side, TriBeCa & SoHo, South Street Seaport, Battery Park City and the Financial District). Thus the need for an urban story that works on a richer functional mixité also linked to tourism, culture, art and leisure, in a new system of internal and external spatial relationships binding sustainability principles that must guide the reconstruction and redesign of the city, has emerged. The results therefore should not be measured solely by the quality of many new skyscrapers or the WTC Memorial, but also and especially by the meaning and scope of other projects concurrently with that of greater media visibility. For example, the reconstruction of the infrastructural system, the prevision of a system of museums, the redesign of open spaces through *streetscape* projects and the reconquest of the relationship with the Hudson River: the recent redevelopment of the park where Castle Clinton is placed, in particular Battery Bosque, south of Battery Park and the planned East River Waterfront Park[19] are important examples of this strategy to complete the linear continuity between the west and east sides of the river. A strategy to overcome the temptations of self that had marked the debate on the *flourishing of titanium ribbons* of Gehry's new Guggenheim, or at least to look at it with a broader view on the city-river relationship, as happened in Bilbao.

But it is useless to look for traces of this in our magazines, hungry for news and images focused above all on form, height, and the persuasiveness and salvation ability of Daniel Libeskind's skyscraper.

Infrastructure, river and open space on the west side, echo the recent opening of the High Line, an extraordinary dismissed infrastructural aerial ribbon, redesigned by James Corner Field Operations with Diller & Scofidio + Renfro and the botanist Piet Oudolf as a linear park of convincing contemporaneity that forces us to update our established categories, many years after the Henry Hudson Parkway, but a few years from the Promenade Plantée of Paris. It demonstrates once again that the best projects are born within the constraints imposed by the existing city and not by the *tabula rasa* promoted by outdated ideological positions. What is most striking in this spectacular and repeated vindication of horizontality in the vertical city par excellence, is the revolutionary force of the quiet ordinariness of the project and its apparent mimicry: it recreates its minimalist solutions and scales of necessary detail needed in an urban story capable of calling into question established building rules and rethinking relations and hierarchies between the blocks intercepted in the "grid". We could talk at length on the choice of the project, winner of the international competition, wanted by the Friends of the High Line - so far away from linguistic excesses

ha seguito le vicende che sono dietro i tradizionali racconti dello spettacolo catastrofico, delle vittime senza nome, delle retoriche presidenziali e così via, sa che New York è profondamente cambiata nell'ultimo decennio proprio sul piano della condivisione delle scelte urbane, alimentata non solo dalla straordinaria partecipazione e aggregazione di persone e associazioni ma anche da nuove modalità di scambio interattivo.

Il dibattito sui modi della ricostruzione, il concorso di progettazione su *Ground Zero*, la definizione di "Principi" discussi collettivamente[18], sono un patrimonio di idee e di pratiche che impressiona: sembra impossibile che una città come questa possa comportarsi come la comunità di un piccolo paese e rovesciare i modi e le forme attraverso cui si è costruita nel tempo, nella fretta e nell'assoluto isolamento autoreferenziale di ciascun tassello all'interno del proprio lotto edificabile, come era accaduto appunto, nel passato, per la costruzione delle *Twin Towers*. Dopo il 2001, New York ha saputo dare una dimostrazione di come si possa provare a rigenerare l'intera Lower Manhattan a sud di Houston Street con una pianificazione di lunga durata, a partire dal tassello del WTC distrutto ed estendendosi ad un insieme di quartieri di questa parte di Manhattan (Chinatown, il Lower East Side, TriBeCa & SoHo, South Street Seaport, Battery Park City e il Financial District). In questo modo si è affermata l'esigenza di un racconto urbano che lavori su una mixité funzionale più ricca legata anche al turismo, alla cultura, all'arte e al tempo libero, su un nuovo sistema di relazioni spaziali interne ed esterne, sui principi della sostenibilità che debbono guidare la ricostruzione e il ridisegno della città. I risultati dunque non vanno misurati solo e tanto sulla qualità dei nuovi grattacieli o del *Memorial* del WTC ma anche e soprattutto sul senso e la portata di altre operazioni contestuali a quelle di maggiore visibilità mediatica. Ad esempio, la ricostruzione del sistema infrastrutturale, la previsione di un sistema di musei, il ridisegno degli spazi aperti con operazioni di *streetscape* e la riconquista del rapporto col fiume Hudson: in questo quadro i recenti interventi di riqualificazione del parco in cui è inserito Castle Clinton, in particolare Battery Bosque, a sud di Battery Park, e il progettato parco dell'East River Waterfront[19] costituiscono esempi significativi di questa strategia di completamento della continuità lineare tra le due sponde ovest ed est sul fiume. Una strategia capace di superare le tentazioni autoreferenziali che avevano contrassegnato la discussione sul *flourish of titanium ribbons* di Gehry per il nuovo Guggheneim, o quantomeno di riguardarlo alla luce di una visione più ampia sul rapporto città-fiume come è avvenuto a Bilbao.

Ma è inutile cercare tracce di tutto questo sulle nostre riviste, affamate di notizie e immagini concentrate

11

10-11 A part of the High Line from above

and free solipsisms but certainly visionary and uncomfortable - but one thing is certain: the High Line, so as it happens every time the urban landscape comes back into the limelight and calls for urban materials and different scales, reopens the games on modes and limits of the competition between fragments, calling into question the exclusive focus on the object in the splendid isolation of its block. The terrace of the *DIA Center for the Arts* with Dan Graham's installation *"Rooftop Urban Park Project"*, for those who have had the pleasure to get in before its removal in 2004, seemed to be the learned precursor to a different view of the river and urban landscape that the High Line interpreted later on.

The opposition to the demolition of the High Line, its restoration and the change of sense –from pervasive rail, then cumbersome relic to an attractive linear park– is not the result of a quiet and obvious cultural walk by the most visionary design intelligentsia. It's the result of a collective awareness that came from a large community of people who, over the last twenty years in Chelsea, have lived by making it a vital district of artists and avant-garde galleries, starting a molecular process of re-use of former industrial buildings and inner-harbor deposits. The strongest impetus to the construction of an idea came from this community - as Robert Hammond tells in the interview by Valeria Sassanelli - which has been then translated into an association (the Friends of the High Line), giving life to an international design competition and allowing the approval and construction of a project of high quality, taking a very different path from many other experiences of sterile and wordy participationism. It expresses a widespread determination, visible in Chelsea as in other Districts, to preserve some memory's sites in order to assert an identity without sacrificing contemporary architecture, to historicize these places without a conservationist perimeter fence, to regain either the open spaces endangered by the intensive use of land and the lower floors of buildings in contact with the road, as an expression of a change in the housing culture hostile to the "fungibility of space" feared by Gottmann[20]. But it also expresses a different composition of the new social and economic life in the city: creative and pulverized, in search of customized spaces and dense relations without the mediation of the lift, willing to establish an image and a lifestyle independent of concentration in height and mass production of large designer icy shell. That is the engine of a breakdown of big machines of the vertical city and of an asymmetric consolidation in the variety of uses and forms of the horizontal city that wants coexistence.

The Special West Chelsea District Rezoning of 2005, with the remodulation of development density, the reward, the compensatory transfers of development rights and morphological rules of construction adjacent to the High Line – an

soprattutto sulla forma, l'altezza e la capacità persuasiva e salvifica del grattacielo di Daniel Libeskind.

Infrastrutture, fiume e spazi aperti fanno eco, sulla sponda occidentale, alla recente inaugurazione della High Line, uno straordinario nastro infrastrutturale aereo dismesso, riprogettato da James Corner Field Operations con Diller&Scofidio+Renfro e il botanico Piet Oudolf come un parco lineare di convincente contemporaneità che ci costringe ad aggiornare le nostre categorie consolidate, a molti anni dalla Henry Hudson Parkway ma a pochi anni dalla Promenade Plantée di Parigi. Dimostrandoci, ancora una volta, che i progetti migliori nascono dentro i vincoli posti dalla città esistente e non dalla *tabula rasa* vagheggiata da posizioni ideologiche desuete. Quel che colpisce di più, in questa spettacolare e reiterata rivincita dell'orizzontalità nella città verticale per eccellenza, è la forza rivoluzionaria della tranquilla ordinarietà del progetto e del suo apparente mimetismo: esso ricompone infatti soluzioni minimaliste e scale di necessario dettaglio dentro un racconto urbano capace di rimettere in discussione regole edificatorie consolidate e di ripensare relazioni e gerarchie tra i tasselli intercettati nella "griglia". Potremmo infatti discutere a lungo sulla scelta del progetto vincitore del concorso internazionale voluto dall'Associazione Friends of the High Line - così distante dagli eccessi linguistici e dai solipsismi gratuiti eppure sicuramente visionario e scomodo - ma una cosa è tuttavia certa: la High Line, così come accade ogni volta che il paesaggio urbano torna prepotentemente alla ribalta e sollecita materiali urbani e scale diverse, riapre i giochi sui modi e i limiti della competizione tra i frammenti e mette in discussione l'attenzione esclusiva sull'oggetto nello splendido isolamento del suo lotto. La terrazza del *DIA Center for the Arts* con l'installazione di Dan Graham *"Rooftop Urban Park Project"*, per chi ha avuto il piacere di entrarci prima del suo smontaggio nel 2004, è sembrato il colto precursore di uno sguardo diverso al fiume e al paesaggio urbano che la High Line ha saputo poi interpretare.

Il contrasto alla demolizione della High Line, il suo recupero e il mutamento di senso realizzato - da ferrovia pervasiva e, poi, da ingombrante relitto a parco lineare di forte attrattività - non è l'esito di una tranquilla e scontata passeggiata culturale dell'intelligenzia progettuale più visionaria. E' il risultato di una presa di coscienza collettiva che è partita da una vasta *community* di persone che, negli ultimi vent'anni, hanno abitato Chelsea trasformandolo in un distretto vitale di artisti e gallerie d'avanguardia e avviando un processo molecolare di riuso degli ex manufatti industriali e dei depositi del retroporto. Da questa comunità è venuto l'impulso più forte alla costruzione di un'idea - come ci racconta Robert Hammond nell'intervista di

12

14

13

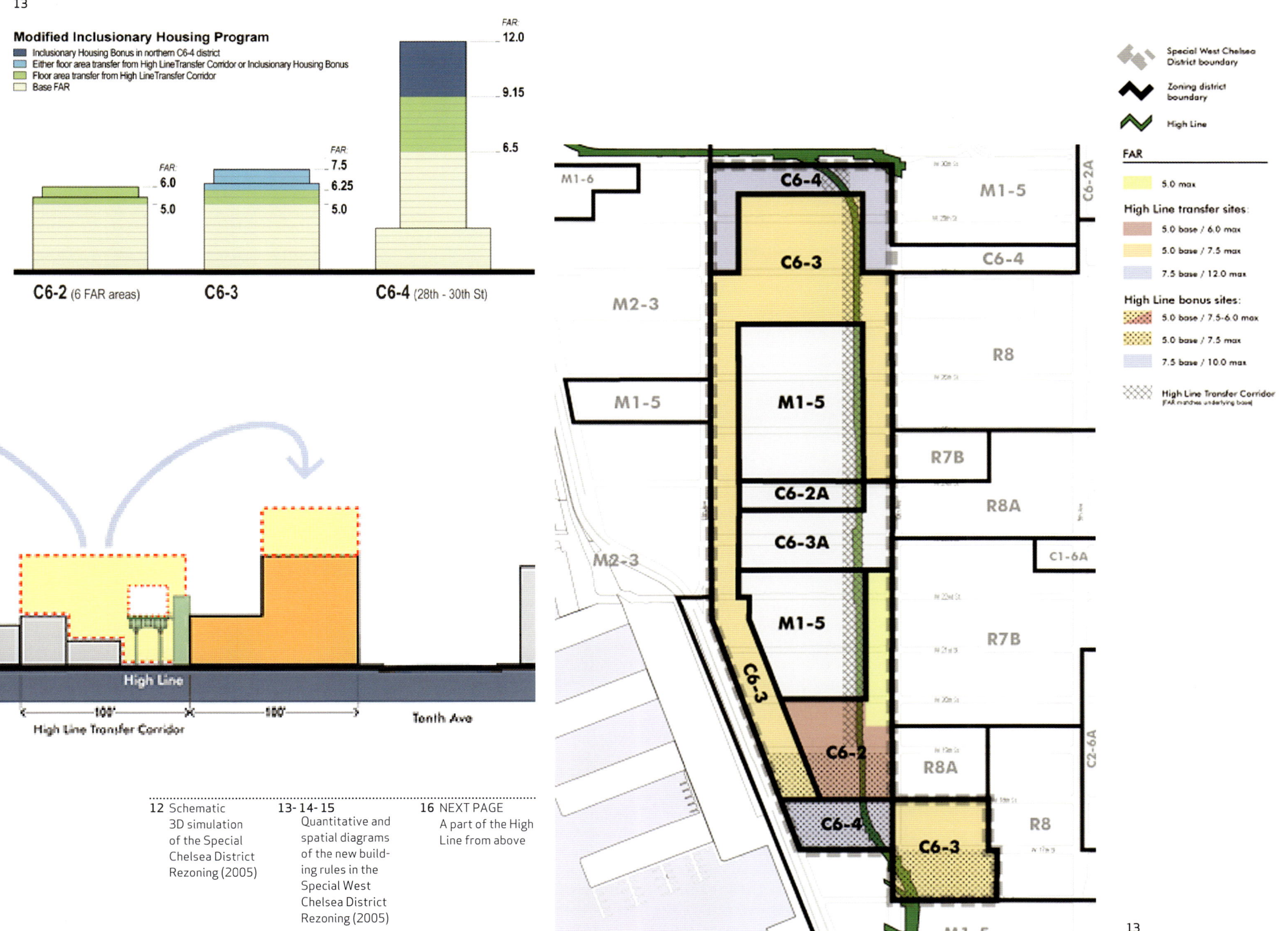

13

alchemy that is apparently barren of urban accounting - seems to support this need[21]. It outlines an original orientation of the transformation capable of enhancing the presence of the new linear park, to characterize certain milestones and prioritize actions, to produce a residential and tertiary regeneration of the areas. An urban landscape project, in short, looking for new forms of contemporary cities, beyond the logic of an isolated fragment of the grid and of its peremptory cancellation. Along with the redesign of the former air strip rail, this project is producing some interesting architectural experiments on the vertical city theme, far away from the clamor of the Twin Towers: the Standard Hotel by Polshek Partnership, the *IAC* by Frank O. Gehry, the *Metal Shutter Houses* by Shigeru Ban, the tower by Jean Nouvel and the new downtown Whitney Museum of American Art by Renzo Piano. A horizontal and vertical city seeking new mutual balances around the High Line, becoming a constant dynamic that does not stop.

Valeria Sassanelli - che si è poi tradotta in un'associazione (la Friends of The High Line), ha dato vita ad un concorso internazionale di progettazione e ha poi consentito di approvare e realizzare un progetto di grande qualità, praticando una traiettoria molto diversa da tante esperienze nostrane di partecipazionismo sterile e parolaio. Essa esprime una determinazione diffusa, leggibile a Chelsea come in altri *Districts*, nel preservare alcuni luoghi della memoria per affermare un'identità senza rinunciare all'architettura contemporanea, a storicizzare questi luoghi senza recintarli dentro perimetri di conservazione manichea, a riappropriarsi sia degli spazi aperti messi in pericolo dall'uso intensivo dei suoli sia dei piani bassi degli edifici a contatto con la strada, come espressione di un cambiamento della cultura abitativa ostile alla "fungibilità dello spazio" paventata da Gottmann[20]. Ma esprime anche una diversa composizione dei nuovi soggetti sociali ed economici che abitano la città: più polverizzati e creativi, alla ricerca di spazi personalizzati e relazioni dense senza la mediazione dell'ascensore, desiderosi di affermare un'immagine e uno stile di vita indipendente dalla concentrazione in altezza e dalla massificazione algida del grande involucro griffato. Il motore cioè di una scomposizione delle grandi macchine della città verticale e di una ricomposizione asimmetrica dentro la varietà di usi e forme della città orizzontale che vuole coesistere con l'altra.

Lo *Special West Chelsea District Rezoning* del 2005, con la rimodulazione delle densità edificatorie, le premialità, i trasferimenti compensativi di superficie edificabile e le regole morfologiche di costruzione in adiacenza alla High Line - alchimia apparentemente arida della ragioneria urbanistica – sembra assecondare questa domanda[21]. Delinea un originale orientamento della trasformazione capace di valorizzare la presenza del nuovo parco lineare, di caratterizzare alcuni capisaldi e gerarchizzare gli interventi, di produrre una rigenerazione residenziale e terziaria dell'area. Un progetto di paesaggio urbano, insomma, alla ricerca di nuove forme della città contemporanea che sfuggono sia alla logica del frammento isolato della griglia sia alla perentorietà della sua cancellazione. Assieme al ridisegno del nastro aereo dell'ex ferrovia, questo progetto sta producendo anche interessanti sperimentazioni architettoniche sul tema della città verticale, molto distanti dal clamore delle Twin Towers: dallo Standard Hotel dello studio Polshek Partnership allo *IAC* di Frank O. Gehry, dalle *Metal Shutter Houses* di Shigeru Ban alla torre di Jean Nouvel e alla nuova sede del Whitney Museum of American Art di Renzo Piano. Città orizzontale e verticale cercano nuovi equilibri reciproci attorno alla High Line, in una dinamica incessante che non si ferma qui.

1. Le Corbusier, *Proposition pour Manhattan (Extrait de "Quand les Cathédrales étaint blanches"*, Chez Plon et Cle.), 1936; 1937, first french edition of the book; it. ed. *Quando le cattedrali erano bianche. Viaggio nel paese dei timidi*, Christian Marinotti edizioni, 2003
2. R. Koolhaas, *Delirious New York. A retroactive Manifesto for Manhattan*, Oxford University Press, 1978
3. Le Corbusier, Op cit.
4. Le Corbusier, *Manière de penser l'urbanisme*, Editions de L'Architecture d'aujourd'hui, 1946; it. ed. *Maniera di pensare l'urbanistica*, Laterza, 1965
5. S. Giedion, *Space, time and architecture*, President and fellows of Harvard College, 1941; it. ed. *Spazio, tempo e architettura*, Hoepli, 1984
6. L. Mumford, *Parks and Playgrounds. New Buildings for Old, in Sidewalk critic. Lewis Mumford's Writings on New York*, original edition by R. Wojtowicz, 1936; Princeton Architectural Press, 1998; it. ed. *Passeggiando per New York. Scritti sull'architettura della città* (a cura di E. Marchegiani), Donzelli, 2000
7. M. Berman, *All that is Solid Melts into Air. The Experience of Modernity*, Simon and Schuster, 1982; it. ed. *L'esperienza della modernità*, Il Mulino, 1985
8. L. Mumford, *Menageries and Piers*, in L. Mumford Op cit.
9. An outline of the situation and proposals at the beginning of the 80s is in "Controspazio" n. 3/1985; cf. in particular A.L. Buttenwieser, *Le coste della città di New York*.
10. To complete the purpose of urban redevelopment is the approval of the *Residential Environmental Guidelines* in 2005 that aim to raise the environmental performances of the buildings.
11. Cf. www.nyc.gov
12. The handbook *Park Design for the 21st Century* that the NYDPR is drawing up in collaboration with the "Design Trust for Public Space", for example, has the ambition to give guidelines and methodologies for the construction of new parks, also through an overview of the best practices in other cities, in agreement with the ASLA project (American Society of Landscape Architects). Further main texts of this new "green" strategy by the City of New York are the publications by the Design Trust for Public Space *Sustainable New York City* (created with the New York City Office of Environmental Coordination) and *High Performance Infrastructure Guidelines: Best Practices for the Public Right-of-Way* (produced in partnership with the New York City Department of Design and Construction), both edited in 2005, and further publications by the New York City Department of Design and Construction, *High Performance Building Guidelines e Sustainable Urban Site Design*, respectively in 1999 and in 2008. Cf. www.designtrust.org, www.nyc.gov/html/ddc, www.nycgovparks.org
13. J. Czerniak and G. Hargreaves, *Large parks*, Princeton Architectural Press, 2007
14. M. Sorkin, *West Side Waterfront, Brooklyn Waterfront, Governor's Island*, in "Abitare" n. 384/1999.
15. The operation was given substance in the 80s and culminated in the publication "A Vision for the Hudson River Waterfront Park" in November 1990 (completed in 1995), in the creation of the *Hudson River Park Conservancy* (HRPC) in 1992, in the approval of the *Design Guidelines Master Plan* in 1997 and of the *Hudson River Park Act* in 1998, giving rise then to a multiplicity of projects still in progress.
16. The definition is by Renzo Piano in the interview by M. Dini published in "Casabella" n. 738/2005
17. Cf. Mike Wallace's manifesto, *A New Deal for New York*, Gotham Center, 2002. For further information: www.ny2050.org and www.renewnyc.com to have an idea of the dimension and quality of the participation process in these years.
18. AA.VV., *New York New Visions. Principles for the Rebuilding of Lower Manhattan*, February 2002; Lower Manhattan Development Corporation (LMDC), *Principles and revised preliminary blueprint for the future of Lower Manhattan*, 2002. The activity carried out by LMDC, in particular the *General Project Plan* drawn up between 2004 and 2007, is examinable on the website www.renewnyc.com.
19. Cf. Lower Manhattan Development Corporation' (LMDC) website, www.renewnyc.com
20. J. Gottmann, *La città invincibile. Una confutazione dell'urbanistica negativa*, Angeli, 1983
21. Cf. New York City Department of City Planning website (www.nyc.gov/html/dcp/html/westchelsea/westchelsea1).

Telling manhattan walking on the High Line

Raccontare Manhattan passeggiando sulla High Line

by Valeria Sassanelli

On June 9, 2009 the first section of the High Line in Manhattan was opened, a linear park and air strip that runs 30 feet off the ground, like a subtle melody, the quarter of Chelsea from south to north, parallel to the Hudson River. Built on the structure of the West Side Freight Railroad (commonly called the High Line), built in the thirties and abandoned since 1980, this contemporary park is located in a broader process of evolution and change in New York City that finds its key points in the waterfront redevelopment and in the "green" strategy of the current Administration. In West Chelsea the amendment of planning instruments (the Special West Chelsea District Rezoning of 2005) strengthens and supports a spontaneous process of reutilization and redevelopment of post-industrial buildings started in the early nineties, when a confluence of cultural and economic interests were focused on Chelsea, with a physical but also functional transformation into border area, suspended between the dynamics of re-use and neglect. The warehouses, slaughterhouses and factories that became the dominant features in the twentieth century (linked by a specific infrastructure, which included the High Line and jetties for mooring ships on the Hudson River), in the Meatpacking, West Chelsea and Hell's Kitchen/Clinton Districts, have now been converted into art galleries (over 200 between 19th and 24th streets), architecture studios, shops, restaurants, museums, theatres, hotels and homes. Chelsea is now as attractive as Soho and Tribeca. A pioneer of this change was the famous gallery DIA, born in Chelsea in 1987

Il nove giugno 2009 è stato inaugurato il primo tratto della High Line di Manhattan, parco lineare e nastro aereo che scorre a dieci metri dal suolo attraversando, come una sottile melodia, il quartiere di Chelsea da sud a nord, parallelamente al fiume Hudson. Realizzato sulla struttura della linea ferroviaria per il trasporto merci West Side Freight Railroad (comunemente chiamata High Line) costruita negli anni Trenta e dismessa nel 1980, questo parco contemporaneo si colloca in un più ampio processo di evoluzione e cambiamento della città di New York che trova i suoi punti cardine nella riqualificazione dei *waterfront* e nella strategia "verde" dell'attuale Amministrazione. A West Chelsea la modifica dello strumento urbanistico (lo *Special West Chelsea Distric Rezoning* del 2005) rafforza e affianca un processo spontaneo di rifunzionalizzazione e riqualificazione degli edifici post-industriali avviatosi già a partire dagli anni Novanta in cui una confluenza di interessi culturali ed economici si era concentrata su Chelsea, trasformandolo fisicamente ma soprattutto funzionalmente in uno spazio di frontiera, sospeso tra dinamiche di riuso e abbandono. Nei distretti di Meatpacking, West Chelsea, e Hell's Kitchen/Clinton, i magazzini, i mattatoi e le fabbriche che hanno costituito le funzioni dominanti nel Ventesimo secolo (legate da un sistema infrastrutturale dedicato che comprendeva la High Line e i moli per l'attracco delle navi sul fiume Hudson), sono oggi convertiti in gallerie d'arte (oltre 200 fra la 19esima e la 24esima strada), studi di architettura, negozi, ristoranti, musei, teatri, alberghi e abitazioni. Chelsea ha oggi

Where switching meets
saving
BE MVP
AX
LANE
FIRE

and moved to Beacon in 2004, which will become a prestigious New York gallery, always in Chelsea, with a building constructed on the site of the old office on 22nd street.

The experience of the High Line is the offspring of this process, the pride and joy of Chelsea now and, at the same time, the driving force behind a new phase. It constitutes not only an element of retraining and re-appropriation of open space for the community, dedicated to leisure, but also a vantage point over a wide area of the city, able to testify, unleash and accommodate urban transformation. Today this segment of elevated park is no longer a marginal rear face but a privileged one, that forces you to rethink architecture along its edges, with significant impact on real estate and social dynamics and attraction of new and prestigious investors.

A contemplative park

The High Line transforms this large area of Chelsea into the protagonist of an original urban experience, thanks to a measured and careful landscaping project that convincingly achieves some essential objectives: maintaining almost entirely the iron structure that once supported the tracks and the passage of trains, with a restoration based on utmost respect for seniority, a rich and varied botanical project that refers both to native species that thrive in the years of disuse, in the alternation of the seasons, and the specific functions of each sector; a minimalist design that welcomes all the functional and furniture elements developed in multiple and composite spatial sequences, and finally an urgent attention to the context that privileges the views of the city, provides rhythmic lift systems and functions including intersection with the existing buildings which are crossed by the strip. At the same time, the High Line highlights the capacity of careful work on infrastructure to reconfigure the city, overcoming the rigidity of the "grid" and introducing new hierarchies.

In this sense, the High Line, despite its unusual shape, is certainly part of the new generation of urban parks that have become established in recent decades, , among which perhaps the precursor is the *Parc de la Villette* more than the *Promenade Plantée* in Paris, in which plants are not playing a pervasive role, but seek to obtain a new spatial and functional balance with the mineral elements of the construction of the city, historical and contemporary. Compared to other experiences, the High Line introduces an innovative use of natural materials, selected in reference to the spontaneity with which nature has taken possession of out-of-use space in the time, drawing also from a more recent landscape culture that retrieves the agricultural landscape as a cultural and aesthetic value, turning it into agri-tecture.

The link between the High Line and Public Art (expression of a new relationship between nature, culture and art) is close

la capacità di attrazione che ebbero in passato Soho e Tribeca. Pioniera di questo cambiamento è stata la nota galleria *DIA*, nata a Chelsea nel 1987 e trasferitasi a Beacon nel 2004, che riaprirà uno spazio prestigioso a New York sempre a Chelsea, costruendo un edificio sul sito della vecchia sede sulla 22esima strada. L'esperienza della High Line è figlia di questo processo di cui è il fiore all'occhiello, ma è allo stesso tempo il motore di una nuova fase. Essa infatti costituisce non solo un elemento di riqualificazione e riappropriazione di uno spazio aperto per la collettività, interamente dedicato al tempo libero, ma rappresenta anche un osservatorio privilegiato su un ampio settore di città, capace di testimoniare, assecondare e scatenare la trasformazione urbana. Oggi questo segmento di parco sopraelevato non è più un retro marginale ma un affaccio privilegiato e qualificato che costringe a ripensare il modo di fare architettura lungo i suoi bordi, con ricadute rilevanti sulle dinamiche immobiliari e sociali e l'attrazione di un nuovo e prestigioso tipo di investitori.

Un parco contemplativo

La High Line trasforma questo ampio settore di Chelsea rendendolo protagonista di un'inedita esperienza urbana, grazie ad un progetto paesaggistico misurato e accurato che persegue in modo convincente alcuni obiettivi essenziali: la conservazione quasi integrale della struttura in ferro che un tempo sosteneva i binari e il passaggio dei treni, con un restauro improntato al massimo rispetto della preesistenza; un progetto botanico ricco e articolato che fa riferimento sia alle specie spontanee cresciute rigogliose negli anni del disuso, sia all'alternarsi delle stagioni, sia alle funzioni specifiche di ciascun settore; un disegno minimalista che accoglie in sé tutti gli elementi funzionali e di arredo sviluppandosi in una sequenza di spazialità molteplici e composite; infine un'attenzione incalzante al contesto che privilegia gli affacci sulla città, prevede sistemi di risalita cadenzati e funzioni specifiche anche nell'intersezione con gli edifici preesistenti che vengono attraversati dal nastro. Allo stesso tempo, la High Line rende evidente la capacità che un lavoro attento sull'infrastruttura possiede di riconfigurare la città, superando la rigidità della "griglia" e introducendo nuove gerarchie.

In questo senso, la High Line, nonostante la sua forma insolita, fa parte a pieno titolo di quella nuova generazione di parchi urbani affermatasi negli ultimi decenni, nei quali la componente vegetale non svolge un ruolo pervasivo ma ricerca equilibri spaziali e funzionali inediti con gli elementi minerali della costruzione della città, storici e contemporanei, di cui forse l'antesignano è più il parco della Villette che la Promenade Plantée di Parigi. Rispetto ad altre esperienze, la High Line introduce un uso innovativo dei materiali naturali del progetto, scelti in riferimento alla spontaneità con cui la natura

02 Aerial view with indications of the three sections

SECTION 3 (RAILYARDS)
W. 30TH ST– W. 34TH ST
SECTION 1
GANSEVOORT ST – W. 20TH ST
SECTION 2
W. 20TH ST– W. 30TH ST

to the point that some parts arise as dedicated spaces and intended, such as through the Chelsea Market building (located in a former factory), in which the artist Spencer Finch made the permanent art work *The River That Flows Both Ways*.

**Walking along the High Line:
"New York's park in the sky"**
Along the High Line, there are places that have specific identities, highlighted by a name and linked to the relations and intersections within the context, from roads to new buildings, with views toward the Hudson River or the city that mark its linear development by constructing a real urban story. There seems to be a privileged journey, from south to north, reflecting the temporal sequence of implementation.

It starts from Gansevoort Street on the south, a place where the railway viaduct is abruptly interrupted by the demolition of the southern section that occurred in the sixties. We are at the Meatpacking District, with dismissed slaughterhouses. Here the project includes a plaza, *Gansevoort Plaza*, and the first set of stairs to the elevated park. The new downtown Whitney Museum of American Art, designed by Renzo Piano, is planned to be sit next to this. The museum project was born in 2006 at a time when the activities of the organization Friends of the High Line was already established, the creation of the park was supported by the government of New York and the competition was completed with the selection of the winning designers. The suggestive power of the High Line, even before the completion of the park, goes well with the sensitivity of Renzo Piano's design which maintains and enhances the visual and spatial openness that allows to sight the Hudson River. The museum project also envisages the creation of an outdoor plaza adjacent to the High Line, amplifying its collective use by giving it broad spaces, and a series of terraces sloping towards it with open spaces directly in continuity with the park in respect of the provisions of the Special West Chelsea District Rezoning. In this first section, the High Line runs parallel to the Hudson River Park and its piers, including Pier 54, at the height of Gansevoort Street, which penetrates deeply into the sea and is dedicated to concerts and outdoor events.

Going through *Gansevoort Overlook, Gansevoort Stair, Gansevoort Woodland* (an area rich in vegetation), and *Washington Grasslands* you pass under the Standard Hotel, a prestigious building arching over the High Line which opened in 2009 and is very popular, constructed by André Balazs with the project by Polshek Partnership.

The intersection with 14th street is one of the entrances to the park with a system of stairways and elevators that focus perceptual attention towards roads and buildings nearby. Between the 14th and 15th streets the *Sundeck Water Feature*

si è appropriata nel tempo dello spazio dismesso, attingendo anche da una più recente cultura paesaggistica che recupera il paesaggio agrario come valore culturale ed estetico, trasformandolo in agri-tettura.

Il legame tra la High Line e la Public Art (espressione di un nuovo rapporto tra natura, cultura e arte) è stretto al punto che alcuni tratti nascono come spazi ad essa dedicati e destinati, come quello che attraversa l'edificio del Chelsea Market (insediato in una ex fabbrica) in cui l'artista Spencer Finch ha realizzato l'opera permanente *The river that flows both ways*.

Passeggiando sulla High Line: *"New York's park in the Sky"*
Il percorso del parco è cadenzato da luoghi che hanno una specifica identità, sottolineata da un nome e legata alle relazioni e intersezioni con il contesto, dalle strade alle nuove architetture, alle visuali verso il fiume Hudson o la città che segnano il suo sviluppo lineare costruendo un vero e proprio racconto urbano. Sembra esistere una direzione di percorrenza privilegiata di questo racconto, da sud a nord, che rispecchia la sequenza temporale della realizzazione per stralci.

Si parte da Gansevoort Street, all'estremità sud, un luogo in cui il viadotto ferroviario è bruscamente interrotto a causa della demolizione del tratto meridionale avvenuta negli anni Sessanta. Siamo all'altezza del Meatpacking District, quartiere-mattatoio ormai quasi completamente dismesso. Qui il progetto prevede una piazza, *Gansevoort Plaza*, e il primo gruppo di scale di accesso al parco in quota. Proprio accanto è prevista la realizzazione della nuova sede satellite del Whitney Museum of American Art, su progetto di Renzo Piano. Il progetto del museo nasce nel 2006, in una fase in cui l'attività della organizzazione Friends of the High Line è ormai consolidata, la realizzazione del parco è sostenuta dalla pubblica amministrazione di New York e il concorso è stato espletato con la scelta dei progettisti vincitori. La forza suggestiva della High Line, anche prima della realizzazione del parco, si sposa con la sensibilità progettuale di Renzo Piano il quale conserva e rafforza quella apertura visiva e spaziale che consente di traguardare il fiume Hudson. Il progetto del museo prevede inoltre la creazione di una piazza all'aperto adiacente alla High Line, che ne amplifica l'uso collettivo dandole ampio respiro, e una serie di terrazze degradanti verso di essa con spazi all'aperto direttamente in continuità con il parco, nel rispetto dei dettami dello *Special West Chelsea Distric Rezoning*. In questo primo tratto, la High Line corre parallelamente all'Hudson River Park e ai suoi *piers* tra cui il 54, all'altezza di Gansevoort Street, che penetra profondamente nel mare ed è dedicato a concerti ed eventi all'aperto.

Attraversando *Gansevoort Overlook, Gansevoort Stair, Gansevoort Woodland* (una zona molto ricca di vegetazione), e *Wa-*

04

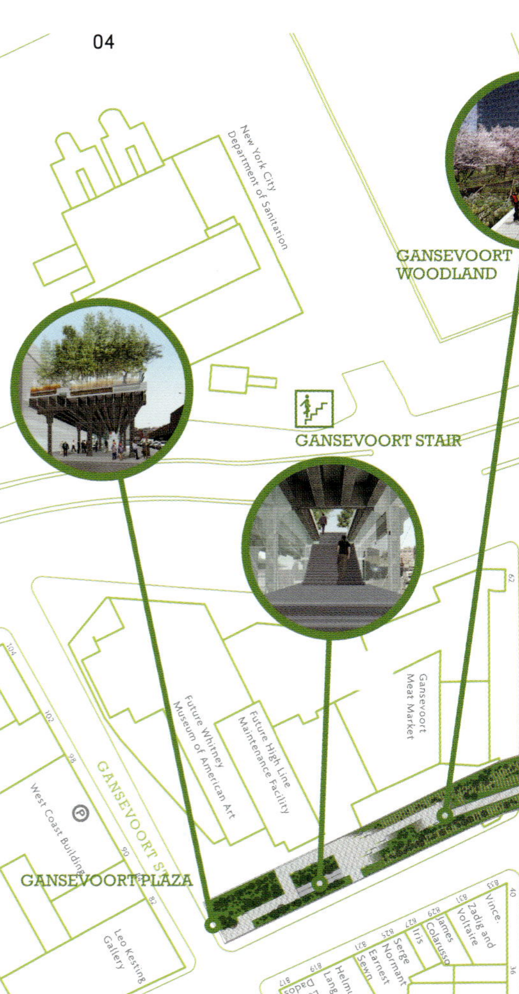

AGRI-TECTURE: A FLEXIBLE, RESPONSIVE SYSTEM OF MATERIAL ORGANIZATION WHERE DIVERSE ECOLOGIES MAY GROW.

The striated surface transitions from high intensity areas (100% hard) to richly vegetated biotopes (100% soft), with a variety of experiential gradients in-between.

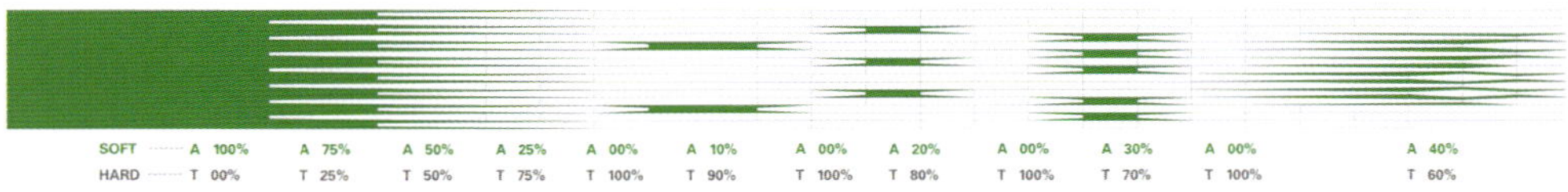

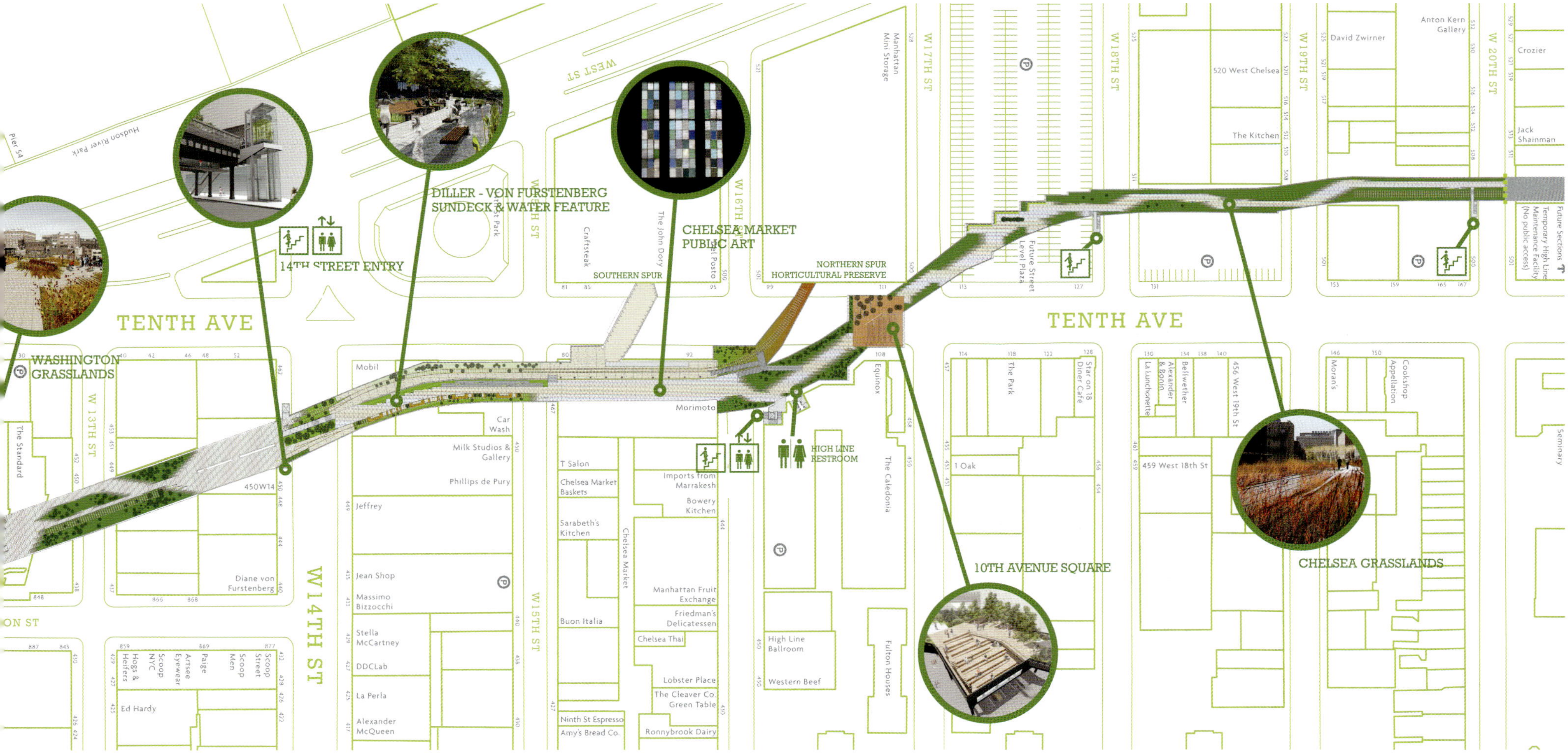

SOFT	A 100%	A 75%	A 50%	A 25%	A 00%	A 10%	A 00%	A 20%	A 00%	A 30%	A 00%	A 40%
HARD	T 00%	T 25%	T 50%	T 75%	T 100%	T 90%	T 100%	T 80%	T 100%	T 70%	T 100%	T 60%

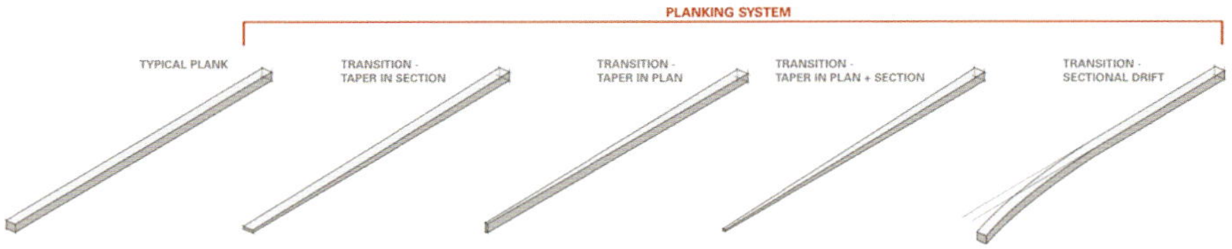

PLANKING SYSTEM

TYPICAL PLANK

TRANSITION - TAPER IN SECTION

TRANSITION - TAPER IN PLAN

TRANSITION - TAPER IN PLAN + SECTION

TRANSITION - SECTIONAL DRIFT

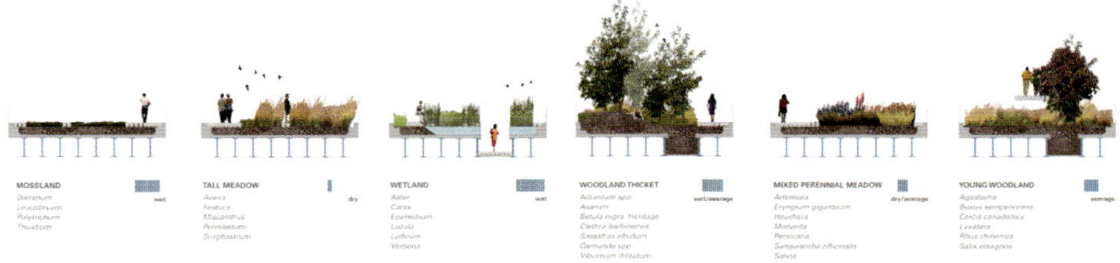

MOSSLAND — wet
Dicranum
Leucobryum
Polytrichum
Thuidium

TALL MEADOW — dry
Avena
Festuca
Miscanthus
Pennisetum
Sorghastrum

WETLAND — wet
Aster
Carex
Epimedium
Luzula
Lythrum
Verbena

WOODLAND THICKET — wet/average
Adiantum spp
Asarum
Betula nigra Heritage
Clethra barbinervis
Sassafras albidum
Osmunda spp
Viburnum dilitatum

MIXED PERENNIAL MEADOW — dry/average
Artemisia
Eryngium giganteum
Heuchera
Monarda
Persicaria
Sanguisorba officinalis
Salvia

YOUNG WOODLAND — average
Agastache
Buxus sempervirens
Cercis canadensis
Lavatera
Rhus chinensis
Salix eleagnos

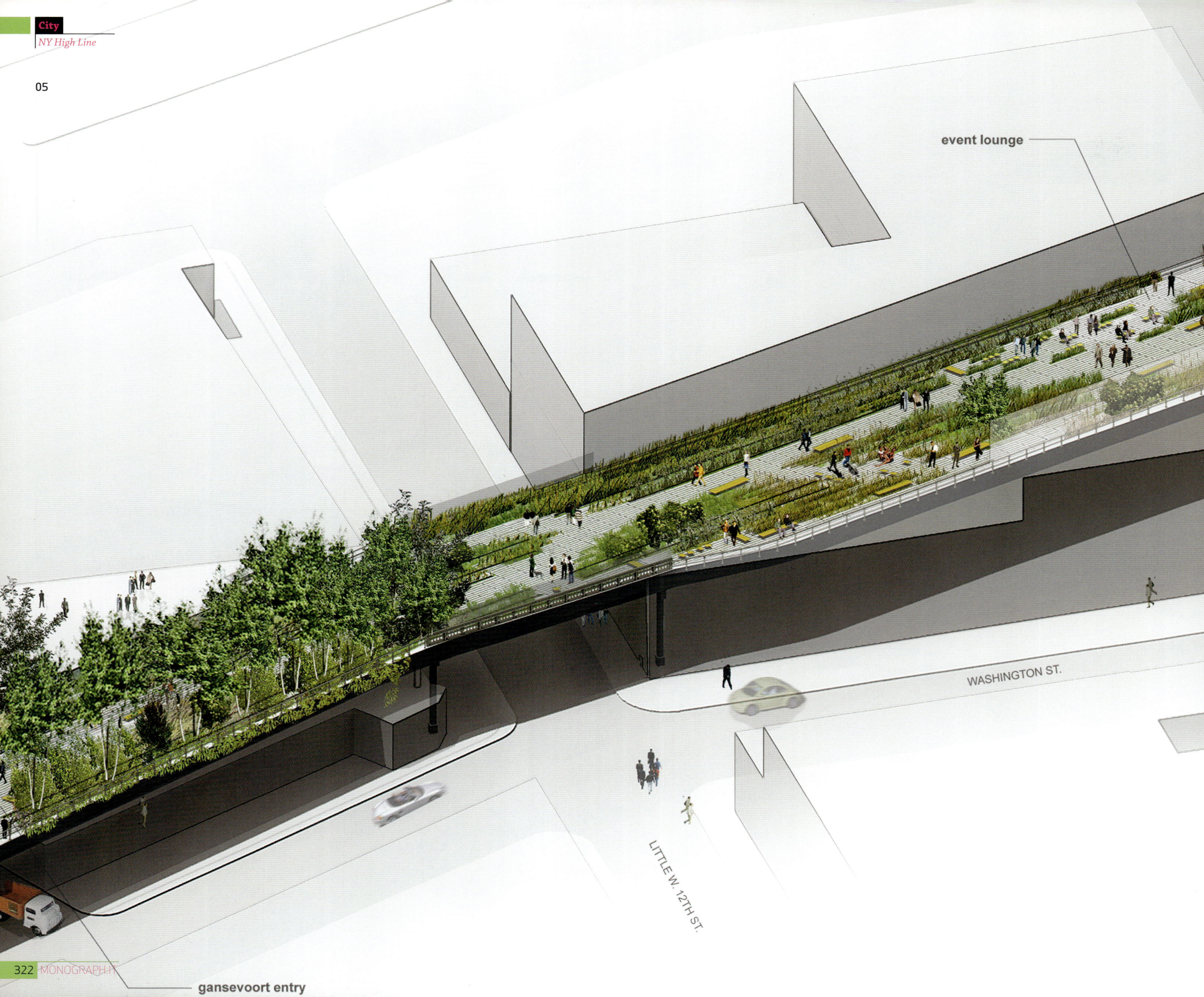
event lounge
WASHINGTON ST.
LITTLE W. 12TH ST.
gansevoort entry

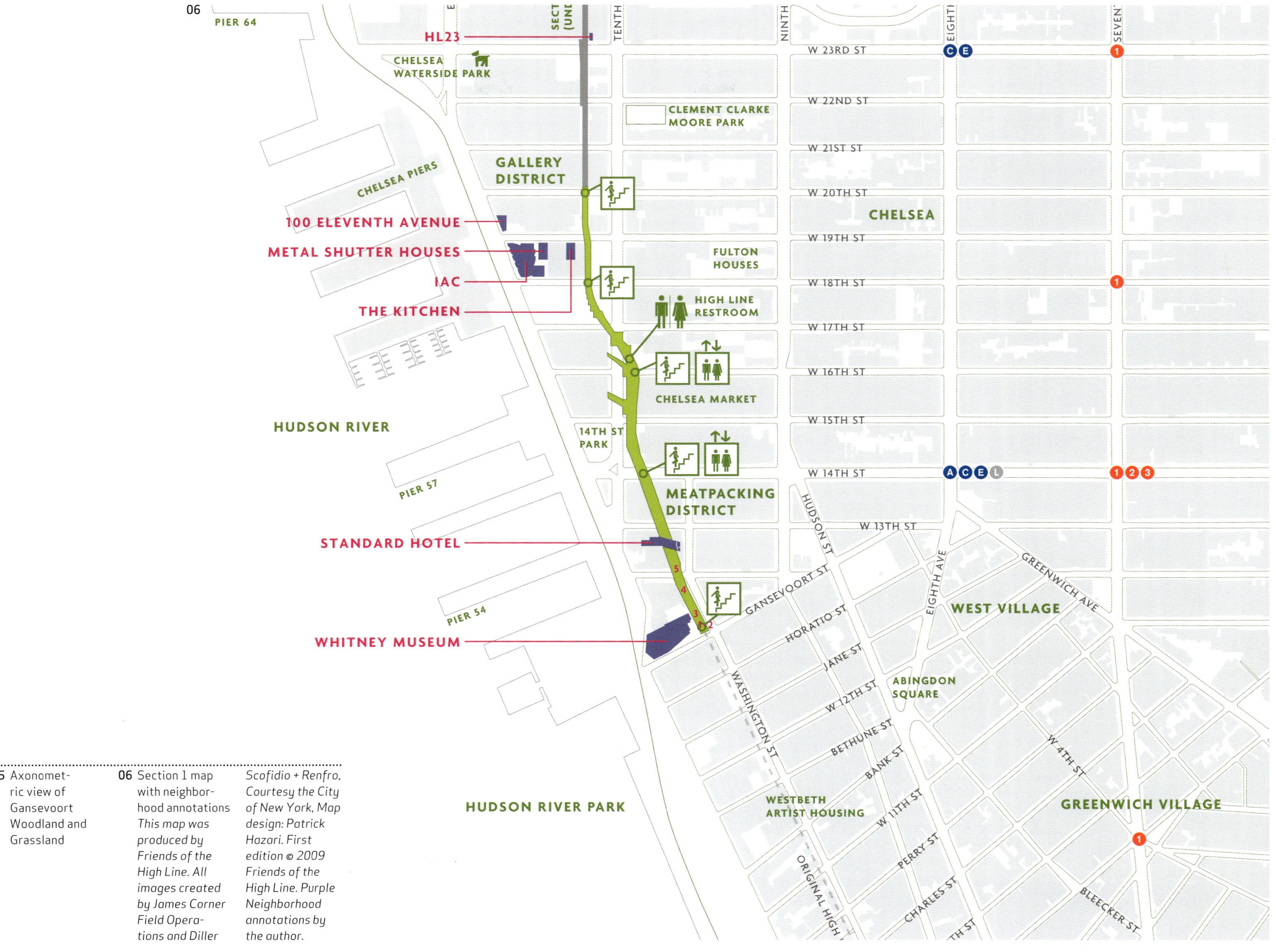

06 Section 1 map with neighborhood annotations *This map was produced by Friends of the High Line. All images created by James Corner Field Operations and Diller* Scofidio + Renfro, *Courtesy the City of New York, Map design: Patrick Hazari. First edition © 2009 Friends of the High Line. Purple Neighborhood annotations by the author.*

07

08

09

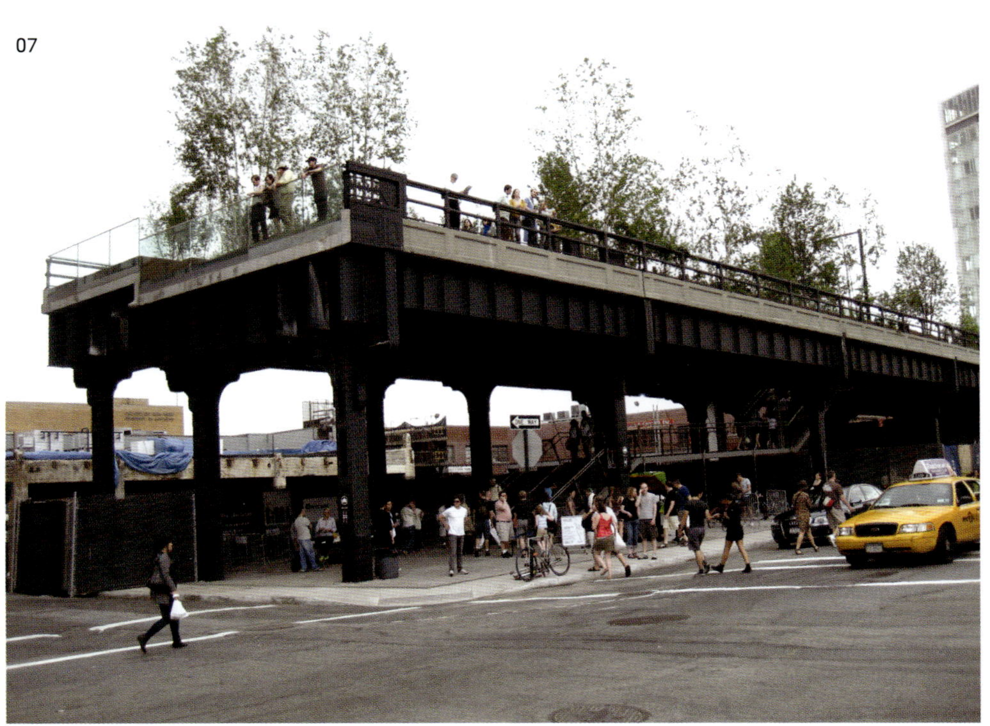

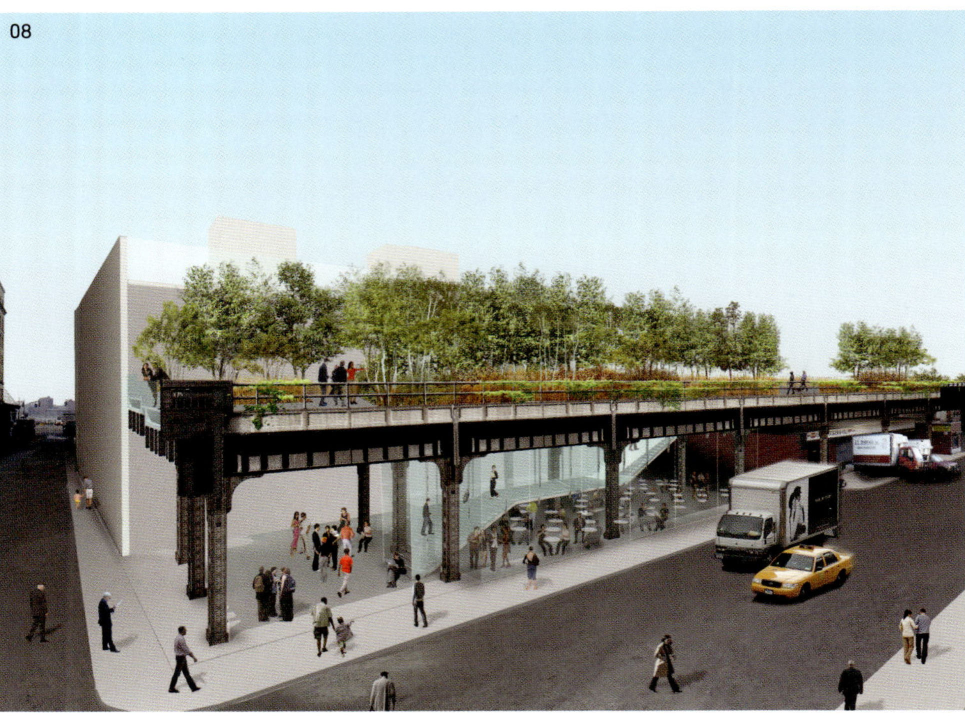

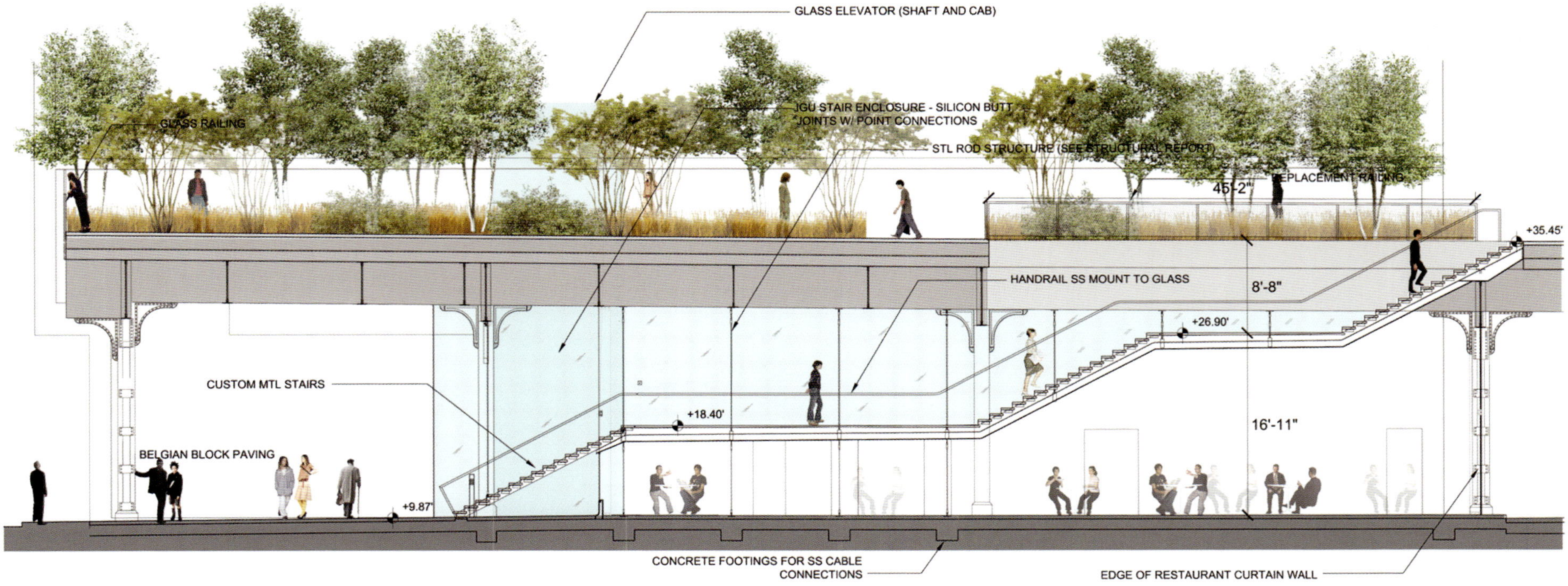
GLASS ELEVATOR (SHAFT AND CAB)
GLASS RAILING
IGU STAIR ENCLOSURE - SILICON BUTT JOINTS W/ POINT CONNECTIONS
STL ROD STRUCTURE (SEE STRUCTURAL REPORT)
REPLACEMENT RAILING
45'-2"
+35.45'
HANDRAIL SS MOUNT TO GLASS
8'-8"
+26.90'
CUSTOM MTL STAIRS
+18.40'
16'-11"
BELGIAN BLOCK PAVING
+9.87'
CONCRETE FOOTINGS FOR SS CABLE CONNECTIONS
EDGE OF RESTAURANT CURTAIN WALL

offers an open view towards the Hudson River and the opportunity to relax on a sequence of wooden chairs that slide on metal wheels along the old tracks. Then the route crosses the Chelsea Market building, restored for new use in 1997, a great attractor for food, flowers, kitchen utensils, restaurants and office space. The covered walkway will benefit from the art work of Spencer Finch.

Along a curve crossing 10th Avenue at 16th street, you see on the horizon the Statue of Liberty. The project takes advantage of the increased breadth of this section to create the *10th Avenue Square*, a sort of a small outdoor theatre with a wooden flight of steps overlooking dizzily on 10th Avenue.

Further on, other quality architectural projects are intercepted. Dominating 19th Street are the new headquarters of *IAC* (InterActiveCorp Headquarters) designed by Frank O. Gehry and inaugurated in 2007. For an Internet empire and the sale of technology and computer products, the *IAC* is the backdrop to many parts of the High Line and its builders have materially contributed to the creation of the park. Next to it stands the tower of apartments, designed by Jean Nouvel, the *100 Eleventh Avenue* called *Vision machine*, which redraws part of the Hudson River waterfront. The Chelsea Piers are nearby, with their wide range of spaces for sports, entertainment, outdoor and indoor art and the marines, for jogging or cycling.

The well-known centre for the arts, The Kitchen, is located in the same block, as well as the *Metal Shutter Houses* by Shigeru Ban. In the spring of 2011 it will be possible to extend this unusual exploration of Manhattan with the completion of section 2, now under construction, intercepting the residential building *HL23* that Neil Denari is making on 23rd street just off the prestigious Gagosian gallery on 24th. This amazing infiltration in the soft underbelly of Chelsea will continue to surprise us, if also section 3 begins to see the light. The administration of New York is making concrete steps in this direction.

shington Grasslands si passa sotto lo Standard Hotel, edificio prestigioso costruito a sbalzo sopra la High Line, inaugurato nel 2009 e molto in voga, voluto da André Balazs su progetto di Polshek Partnership.

L'incrocio con la 14esima strada costituisce uno dei punti di risalita al parco con un sistema di scale e ascensori che focalizzano l'attenzione percettiva verso le strade e i palazzi vicini. Tra la 14esima e la 15esima strada il *Sundeck Water Feature* offre un affaccio aperto sul fiume Hudson e l'opportunità di rilassarsi su una sequenza di sdraio in legno che scorrono su ruote metalliche lungo i vecchi binari. Poi il percorso attraversa l'edificio del Chelsea Market, recuperato per nuovi usi nel 1997, un grande attrattore per cibo, fiori, attrezzi da cucina, ristoranti e spazi per uffici. Nel passaggio coperto si apprezza l'opera di Spencer Finch.

Lungo la curva che attraversa la 10th Avenue all'altezza della 16esima strada, si vede all'orizzonte la Statua della Libertà. Il progetto approfitta della maggiore ampiezza di questo tratto per creare la *10th Avenue Square*, una sorta di piccolo teatro all'aperto con gradonata in legno che si affaccia vertiginosamente sulla 10th Avenue.

Proseguendo si intercettano altri progetti architettonici di qualità. Sulla 19sima strada domina la nuova sede dello *IAC* (InterActiveCorp Headquarters) progettata da Frank O. Gehry e inaugurata nel 2007. Impero di internet e della vendita di prodotti tecnologici e informatici, lo *IAC* costituisce lo sfondo di numerosi tratti della High Line e i suoi costruttori hanno contribuito concretamente alla realizzazione del parco. Accanto ad essa svetta la torre di appartamenti progettata da Jean Nouvel, la *100 Eleventh Avenue* detta *Vision machine*, che ridisegna una parte del *waterfront* del fiume Hudson. I Chelsea Piers sono a due passi, con la loro ricca offerta di spazi per lo sport, lo spettacolo, l'arte all'aperto e al coperto e con le marine, per fare jogging o andare in bicicletta.

Il noto centro per le arti The Kitchen si trova nello stesso isolato, così come le residenze *Metal Shutter Houses* di Shigeru Ban. Nella primavera del 2011 sarà possibile prolungare questa esplorazione insolita di Manhattan con il completamento del secondo stralcio, oggi in costruzione, intercettando l'edificio residenziale *HL23* che Neil Denari sta realizzando sulla 23esima strada e, poco lontano, la prestigiosa galleria d'arte Gagosian sulla 24esima. Questa sorprendente infiltrazione nel ventre molle di Chelsea continuerà a sorprenderci se anche il terzo stralcio vedrà la luce. L'amministrazione di New York sta facendo passi concreti in questa direzione.

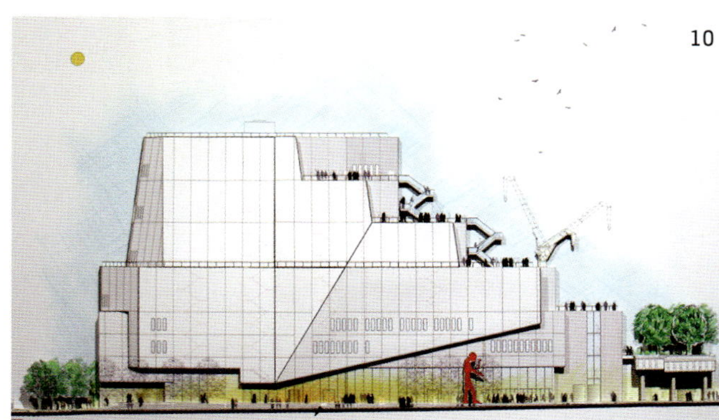

10

11

07 Section 1, Gansevoort Plaza

08 Section 1, perspective view from Gansevoort street, rendering

09 Section 1, Gansevoort Street entrance. Longitudinal section

10 Downtown Whitney building as seen from the south

11 Renzo Piano's rendering of the downtown Whitney building entrance at Gansevoort and Washington Streets

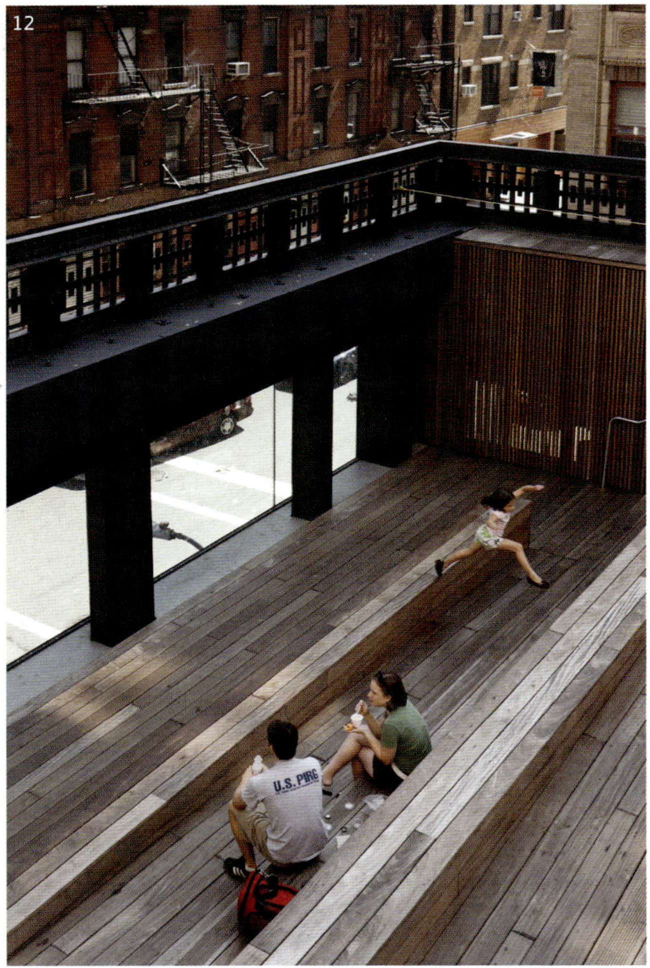

12 Section 1, 10th Avenue Square

13 Section 1, 10th Avenue square. Rendering view from above

14 Section 1, 10th Avenue square. Looking towards the city

15 Section 1, 10th Avenue Square. In the background: the IAC by F. O. Gehry, the 100 Eleventh Avenue residences by Jean Nouvel and the Metal Shutter Houses by Shigeru Ban

16 Section 1, 10th Avenue square. Looking from the street

17 Chelsea Grasslands

18-19 Section 1, 10th Avenue square

A collective subject for a landscape project

interview with Robert Hammond*

Un soggetto collettivo per un progetto di paesaggio

intervista a Robert Hammond*

by Valeria Sassanelli

Editor's note
*Friends of the High Line is a non-profit organization that works to build and maintain an extraordinary public park on the High Line seeking to preserve, at the same time, the entire historic structure, an essential testimony of New York's industrial past. It provides over 70 per cent of the High Line's annual operating budget and is responsible for maintenance of the park. It cultivates, also through its interactive website, a vibrant community of associations, foundations and over all individuals around the High Line.
Abbreviations. RH: Robert Hammond. VS: Valeria Sassanelli. HL: High Line. FHL: Friends of the High Line. NYC: New York City.*

Nota della curatrice
*Friends of the High Line è una organizzazione non-profit che lavora per costruire e mantenere uno straordinario parco pubblico sulla High Line conservando al contempo l'intero manufatto storico, testimonianza essenziale del passato industriale di New York. Procura più del 70 % del budget operativo annuale della High Line ed è responsabile della manutenzione del parco. Coltiva, anche attraverso il suo sito interattivo, una comunità vibrante di associazioni, fondazioni e soprattutto singoli cittadini intorno all'operazione High Line Park.
Abbreviazioni. RH: Robert Hammond. VS: Valeria Sassanelli. HL: High Line. FHL: Friends of the High Line. NYC: New York City.*

* Co-founder and President of the Friends of the High Line of New York

01 The High Line during winter. Showing the Standard Hotel in the background

02 Robert Hammond and Joshua David on the disused High Line

03 Robert Hammond and the Tiber in Rome: another linear infrastructure that needs to be revitalized

1. VS: As Co-Founder of FHL could you tell us the aims of this organization?

RH: FHL has three goals: the first is the preservation of the entire historic structure of the High Line; the second is to make it public; the third is its maintenance and we finally are working also for this. The HL was a strange place with a unique atmosphere: we tried to keep some of its strangeness and of its typical sense of different place.

2. VS: How has FHL grown and what have been the most significant influences and contributions it has received?

RH: I think that important contributions came from people. First of all Philip E. Aarons, Founding Chair of FHL and my personal mentor. He helped to give us a kind of credibility because he is a developer and, at the beginning, Joshua (ndr: co-founder of FHL with RH) and I were very young (I was 30). Phil worked for Mayor Koch in the Eighties and so he knew how the Government worked and how real estate worked. You can't fight them forever, we did it at the beginning, but to build a project you have to work with them. A public project has to be positive for the Government and for the real estate sector, it has to create value. You can create value through art and parks but you have to show how that works, how you are going to help the city make money and increase tax revenues, and so he was very helpful in doing that. Then there was Gilfred Miller who was the first real politician to take us seriously, giving us more credibility as well. And then there was Amanda Burden, President of the New York Department of City Planning. She is not actually building buildings but she's influencing how people

build. She is responsible for the Special West Chelsea District Rezoning. She works for Mayor Michael Bloomberg and she has a passion for good architecture. I think New York is now starting to get better buildings because of her. With Mayor Giuliani Chelsea was rapidly becoming a residential area, with prices that were too high for Art Galleries to survive. The Rezoning helped to safeguard the HL, transferring development rights, and to allow art galleries survive by leaving the middle of the blocks as commercial space and the highways as residential.

3. VS: What have been the decisive communication media in FHL's history?

RH: First of all we created the web site and a mailing list so we could keep people update about the HL. The logo and the graphic design was important for us and we committed it to Paula Scher. The name High Line is lucky because it makes you look up and think positive. Then we decided to show the beauty and potential of the place as a public park by publishing Joel Sternfeld's Photographs he took for us in 2001. Later we organized the first competition in 2003, a competition for ideas open to all proposals, and then the second competition in 2004 with the selection of James Corner Field Operations heading the design team with Diller Scofidio + Renfro and the Dutch botanist Piet Oudolf.

4. VS: FHL is like a collective client. Has FHL joined different cultures?

RH: Of course. I think that the most important thing we did was start the organisation, sort of provide an opportunity for people with different skills to come along and help make it

1. VS: Quale Co-fondatore della FHL puoi raccontarci il senso di questa organizzazione?

RH: FHL esiste per realizzare tre obiettivi: il primo è la conservazione dell'intera struttura storica della ferrovia; il secondo è renderla pubblica; il terzo, a cui finalmente siamo giunti, è mantenerla. La HL era un luogo singolare, dall'atmosfera particolare e abbiamo cercato di conservare qualcosa di quella stranezza, di mantenere quel senso di luogo diverso e inusuale che la caratterizzava.

2. VS: Come è cresciuta FHL e quali sono stati i contributi e le sollecitazioni determinanti perché questo sogno diventasse realtà?

RH: Direi che i contributi importanti sono venuti dalle persone. Innanzitutto Philip E. Aarons, direttore di FHL e mio mentore. Essendo un promotore immobiliare, il suo appoggio ha dato maggiore credibilità a FHL, tenendo conto che all'inizio io e Joshua David (ndr: cofondatore della FHL con RH) eravamo molto giovani (io avevo 30 anni). Phil aveva una esperienza di lavoro nello staff del Sindaco di NYC Ed Koch negli anni Ottanta e perciò sapeva come funziona un'amministrazione e come funziona il mercato immobiliare. L'alleanza con l'Amministrazione e con i promotori immobiliari è essenziale per la realizzazione di un'opera pubblica. Non serve combattere contro queste figure in eterno. Noi lo abbiamo fatto all'inizio ma poi, per essere costruito, un progetto deve essere positivo sia per l'Amministrazione che per il settore immobiliare, deve creare valore. E' possibile creare valore attraverso l'arte o i parchi, ma bisogna dimostrare come si fa, come si aiutano le persone, gli

amministratori e la città a guadagnare e come vengono incrementate le entrate: in questo Phil è stato molto utile. Gilfred Miller è stato il primo politico a prenderci sul serio, rafforzando anch'egli la nostra credibilità. E poi Amanda Burden, Presidente del New York Department of City Planning. Lei ha avuto e ha una grande influenza su come vengono costruiti gli edifici a NYC. E' responsabile del progetto *Special West Chelsea District Rezoning*, lavora per il Sindaco Michael Bloomberg, ha una passione per la buona architettura e penso che NY stia iniziando ad avere edifici migliori grazie a lei. Con il Sindaco Rudolf Giuliani si era accelerata la trasformazione di Chelsea in zona residenziale, con un innalzamento dei prezzi che non avrebbe consentito la sopravvivenza delle centinaia di gallerie d'arte presenti. Il piano di *Rezoning* ha aiutato a salvaguardare la HL, trasferendo i diritti edificatori, e a potenziare la vitalità delle gallerie d'arte del distretto, con la collocazione delle funzioni commerciali al centro degli isolati e delle funzioni residenziali sugli edifici lungo le highways.

3. VS: Quali sono stati gli strumenti di comunicazione determinanti nella storia di FHL?

RH: Prima abbiamo creato il sito e la *mailing list* tramite cui tutti gli iscritti potevano essere costantemente aggiornati sulla HL. Grande attenzione è stata data alla grafica e al logo della HL, ideato da Paula Scher. Anche il nome ci ha portato fortuna perché la parola *high* fa volgere lo sguardo in alto e induce istintivamente a pensare in modo positivo. Poi abbiamo deciso di testimoniare la bellezza del luogo e le sue potenzialità come parco pubblico realizzando la

happen. It's important that none of the Founders or supporters of FHL was a designer or a landscape designer. None of us had a specific vision of how it should become and our personal ideas have not been influential: we chose to have two competitions. The approach is different if a project is done by the Authorities: if FHL had proposed its own design idea it would have been different. This is why it has been a real collective work and it has been successful.

5. VS: How has FHL interacted with NYC's Public Administration?
RH: The HL would not have happened without Mayor Bloomberg. The progression that has totally changed the point of view of the community of NYC, from demolition to preservation, saw at the same time lawyers suing private developers interested in the HL's demolition and an increased awareness and involvement of people. Mayor Bloomberg's support has been important as well as others, like Hillary Rodham Clinton, Senator Schumer, Congressman Nadler, City Council Speaker Christine Quinn and others. All this coincided with a change in New York's administration. Mayor Giuliani signed the HL's demolition only two days before the end of his mandate. He was sued as well as the developers. Later on FHL worked very closely with the Administration: for years there have been weekly meetings with the New York City Department of Parks & Recreation, NYC Department of City Planning, the Economic Development Corporation and the Mayor's office.

6. VS: You started as an artist. How did your being an artist influence your vision of the HL? How is the artistic community interacting with this project, in its strategic position in Chelsea, a district specialised in art galleries?
RH: Joshua David is not an artist and I think that my background in business was more important. Artists, art dealers and art collectors were the first supporters of FHL,

working with us from the very beginning. Among others, we have worked with the Whitney Museum and with The Kitchen, with whom we organize a street party every year. We have done several Public Art projects with Creative Time, which is another big Public Art promoter in the city, for example there is Spencer Fench art work on the HL. Above all Chelsea artists today use the HL.

7. VS: Do you think that public art has also become a medium to modify cities? Could the HL be considered exemplary for this?
RH: Yes indeed. Public Art makes you return to the same place and see it differently.

8. VS: What is the HL's role in West NYC and also in NY linear parks system like the Hudson River Park?
RH: In the Thirties there was a physical connection between the HL and the Hudson River. Now the relationship is visual: it consists of the views of the river from the Sundeck Water Feature. Uses are different because we don't have bicycles and the HL is quiet: the HL is contemplative, slowness, it is linked to plant life, while the Hudson River Park is speed and strongly linked to the River. They represent two different experiences, maybe complementary.

9. VS: The HL crosses three of the most dynamic districts in Manhattan: Meatpacking District, West Chelsea, and Hell's Kitchen/Clinton. How much has all this affected the realization of the HL? What do you foresee in the future new balance and organization of West NYC?
RH: Chelsea and the HL have been changing together, especially in the last ten years. Today Chelsea is full of restaurants, shops and people. Before it was an industrial district partially rundown. I like to think of the HL as a part of Chelsea which connects the three districts: often people talk about an HL district. Today famous international architects are building here. There's André Balasz's Standard Hotel, the

pubblicazione delle fotografie che Joel Sternfeld ha appositamente fatto nel 2001. Successivamente abbiamo bandito il primo concorso del 2003, un concorso di idee aperto a qualunque proposta e ancora il concorso del 2004 con la selezione di James Corner Field Operations alla testa del gruppo di progettazione che comprende Diller &Scofidio + Renfro e il botanico olandese Piet Oudolf.

4. VS: FHL si comporta come un committente collettivo. In questo senso ha unito culture diverse?
RH: Certo. Penso che la cosa più importante che abbiamo fatto sia stata creare FHL, procurare un'opportunità a persone con differenti capacità di partecipare e aiutare a realizzare quest'opera. Credo che sia stato importante, tra l'altro, che nessuno dei fondatori e dei promotori di FHL fosse architetto o paesaggista. Nessuno di noi aveva una visione specifica di come sarebbe dovuta diventare la HL, e le nostre idee personali sono state ininfluenti: infatti è stata scelta la strada del concorso. E' diverso l'approccio quando un progetto viene realizzato dall'autorità, cioè dall'alto, e sarebbe andata diversamente se FHL si fosse proposta come un soggetto intenzionato a realizzare la propria idea di progetto. In questo senso è stata veramente un'opera collettiva e a ciò è dovuto il suo successo.

5. VS: Come FHL ha interloquito con l'amministrazione pubblica di NYC?
RH: La HL non sarebbe mai esistita senza il Sindaco Michael Bloomberg. Il processo che ha rovesciato il punto di vista della comunità Newyorchese, da demolizione a conservazione, ha visto parallelamente il lavoro degli avvocati che hanno intrapreso cause contro chi supportava interessi privati che si concretizzavano nella demolizione della HL e un'azione di coinvolgimento e sensibilizzazione della gente. In questo senso è stato importante il supporto del Sindaco Bloomberg e di molti sostenitori

eccellenti, tra cui Hillary Rodham Clinton, il senatore Schumer, il deputato Nadler, il portavoce del City Council Christine Quinn e altri. Tutto ciò ha coinciso con un cambio nell'amministrazione della città. Infatti il Sindaco Giuliani aveva firmato la demolizione della HL solo due giorni prima della fine del suo mandato. Sono state intraprese cause sia contro di lui che contro i promotori immobiliari coinvolti nella demolizione della HL. In seguito FHL ha collaborato strettamente con tutte le istituzioni preposte. Per tanti anni si sono susseguiti incontri settimanali con il NYC Department of Parks & Recreation, il NYC Department of City Planning, l'Economic Development Corporation e l'ufficio del Sindaco.

6. VS: Tu nasci come artista. Quanto ha inciso il tuo essere artista sulla visione della HL? Come sta interagendo la comunità degli artisti con questo progetto, nella posizione strategica di Chelsea, quartiere specializzato in gallerie d'arte?
RH: Joshua David non è un artista e penso che il mio passato nel business sia stato più importante di quello artistico. Artisti, galleristi e collezionisti sono stati tra i primi sostenitori di FHL con collaborazioni congiunte portate avanti fin dall'inizio. Abbiamo lavorato, ad esempio, con il Withney Museum e con The Kitchen, con cui organizziamo ogni anno una festa in strada. Abbiamo portato avanti molti progetti artistici con Creative Time, un'altra grande organizzazione che promuove la Public Art in città, tra cui l'opera di Spencer Fench lungo la HL. Oggi gli artisti di Chelsea innanzitutto usano la HL.

7. VS: Secondo te l'arte urbana è diventata anche un mezzo per modificare la città? La HL può essere considerata esemplare per questo?
RH: Si, assolutamente. La Public Art ti fa tornare nello stesso luogo e avere visioni differenti.

04

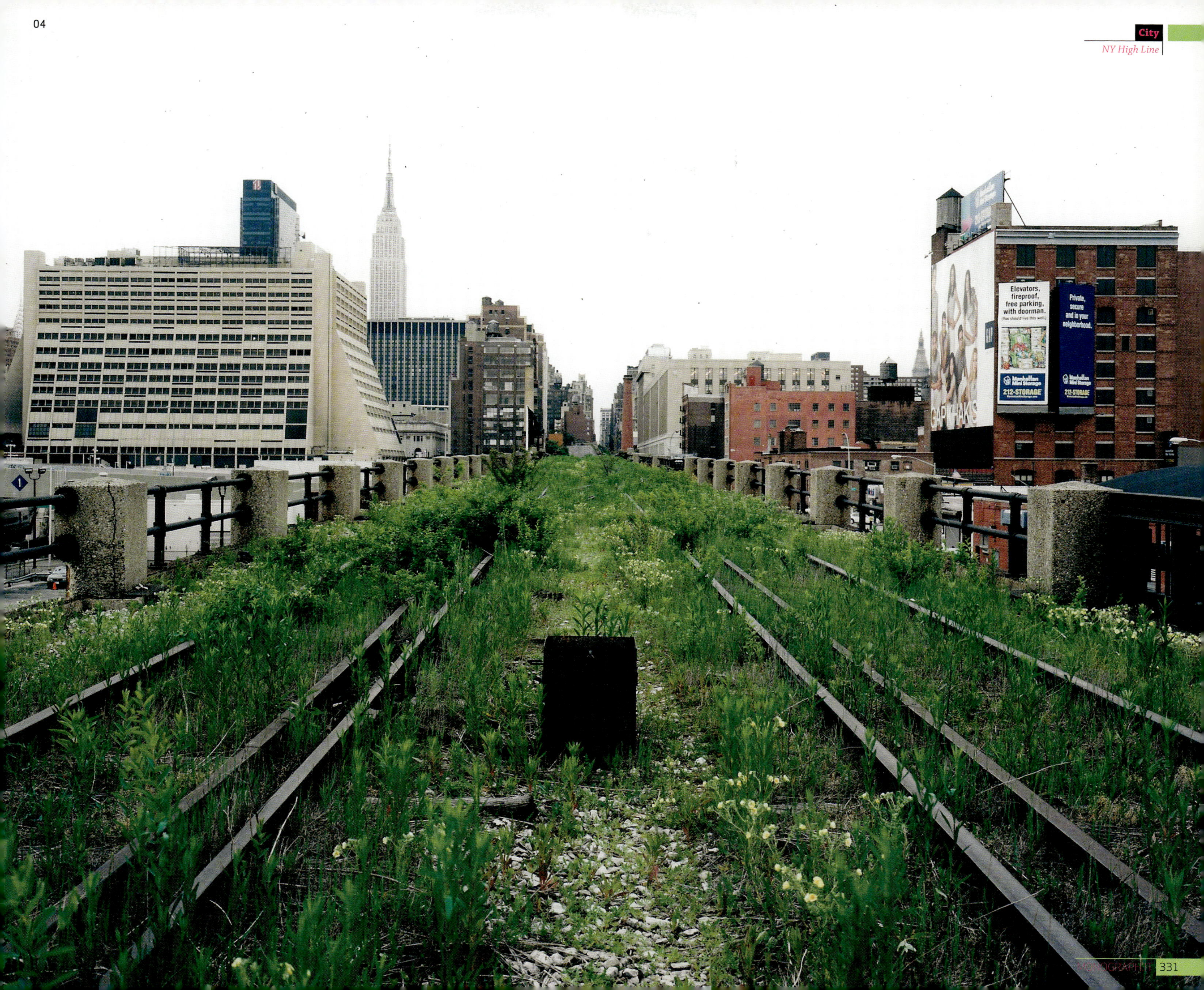
Elevators, fireproof, free parking, with doorman.
(You should live this well.)
Manhattan Mini Storage
212-STORAGE
Private, secure and in your neighborhood.
Manhattan Mini Storage
212-STORAGE
GAP KHAKIS

IAC designed by Frank O. Gehry and the 100 Eleventh Avenue by Jean Nouvel besides the beautiful HL23 by Neil Denari, now under construction, just above the HL. The Metal Shutter Houses by Shigeru Ban are also under construction and, just a few days ago, the Dia (famous art gallery) announced that a new centre will be built in Chelsea, where it was founded 30 years ago.

10. VS: Have you foreseen direct connections with the buildings crossed by the HL?
RH: We didn't want a direct connection with these buildings because they are private and it seemed like we were privatizing the HL. We wanted the HL to be public. A connection with Chelsea Market may be possible because it is a public building.

11. VS: As for the present situation, is everything going on as you had thought? Is it a place New Yorkers visit?

RH: It's going on better than I thought. The HL is different from the beauty of its previous wild life but in some way it's better because it is public, while before its inaccessibility made it somehow private. I was secretly afraid that I would not like it as much as before, with its unusual atmosphere: I was afraid that we would not be able to do it justice. I feared its transformation would make it lose the beauty and strangeness that had been captured in Joel Sternfeld's photographs but now I think that the design has been able to preserve that other-worldliness and that strength of the wild nature, making them accessible to everybody. I think that the HL today is better than its project: in 2005, during the MOMA exhibition of the project, people said: "it's a beautiful project, but what are you going to build?" One of my favorite things up there is to see how people just use it and the happiest thing is that they always smile.

8. VS: Che ruolo ha la HL nel contesto della West NY e nel sistema dei parchi lineari, come l'Hudson River Park?
RH: Negli anni Trenta esisteva una connessione fisica tra la HL e il fiume Hudson. Ora la relazione è visiva: sono le viste del fiume dal *Sundeck Water Feature*. Gli usi sono diversi perché noi non abbiamo biciclette e la HL è un luogo tranquillo: la HL è contemplativa, è lentezza, è molto più legata alle piante, al sistema vegetale, mentre l'Hudson River Park è velocità ed è legato strettamente al fiume Hudson. Rappresentano due esperienze diverse e forse complementari.

9. VS: La High Line attraversa tre dei più dinamici distretti di Manhattan: il Meatpacking District, West Chelsea, e Hell's Kitchen/Clinton. Quanto questo ha inciso sulla realizzazione della HL? Che conseguenze prevedi nel riassetto di Chelsea?
RH: Chelsea e la HL sono cambiati insieme,

soprattutto negli ultimi dieci anni. Oggi Chelsea è pieno di ristoranti, negozi e tante persone. Prima era un distretto industriale in parziale dismissione. Mi piace pensare alla HL come ad una parte di Chelsea che connette fisicamente i tre distretti: spesso si parla di *HL district*. Oggi vengono chiamate a costruire grandi firme del panorama internazionale: sono stati realizzati e si stanno costruendo edifici molto interessanti intorno alla HL. Oltre allo *Standard Hotel* voluto dal proprietario André Balazs e allo *IAC* di Frank O. Gehry, ci sono le residenze di Jean Nouvel *100 Eleventh Avenue* e il bellissimo *HL23* di Neil Denari ora in costruzione e situato proprio sopra la HL. Sono in costruzione anche le *Metal Shutter Houses* di Shigeru Ban e da pochi giorni la Dia (nota galleria d'arte) ha annunciato che costruirà una sua nuova sede a Chelsea, dove era nata 30 anni fa.

05

06

07

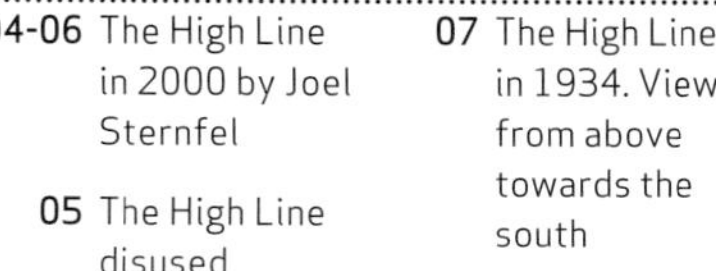

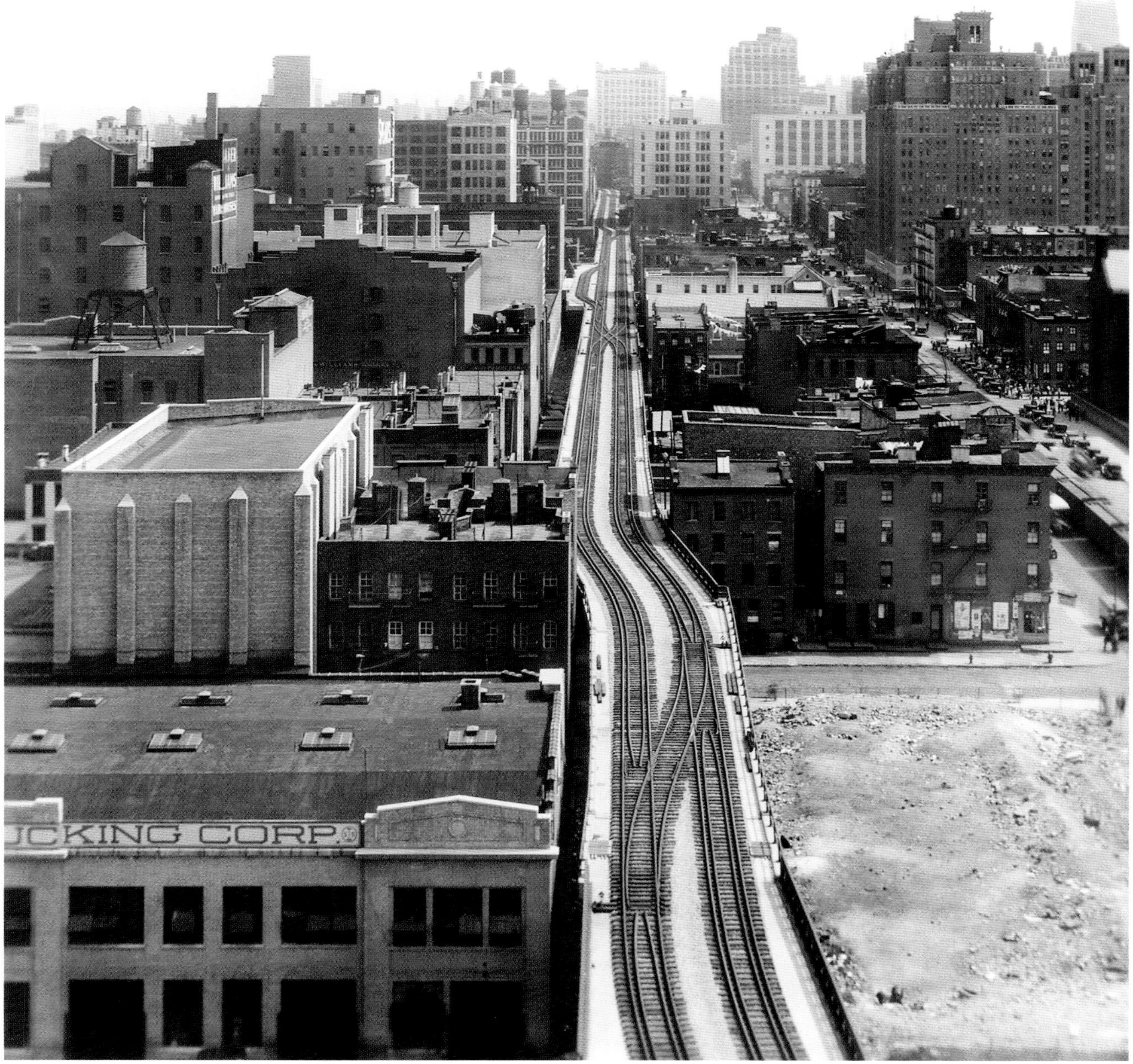

04-06 The High Line in 2000 by Joel Sternfel

05 The High Line disused

07 The High Line in 1934. View from above towards the south

08 Section 2, viewing spur

09 Section 2, crossing the 30th Street. Rendering

10 Diagram of maintenance and diversification in time

09

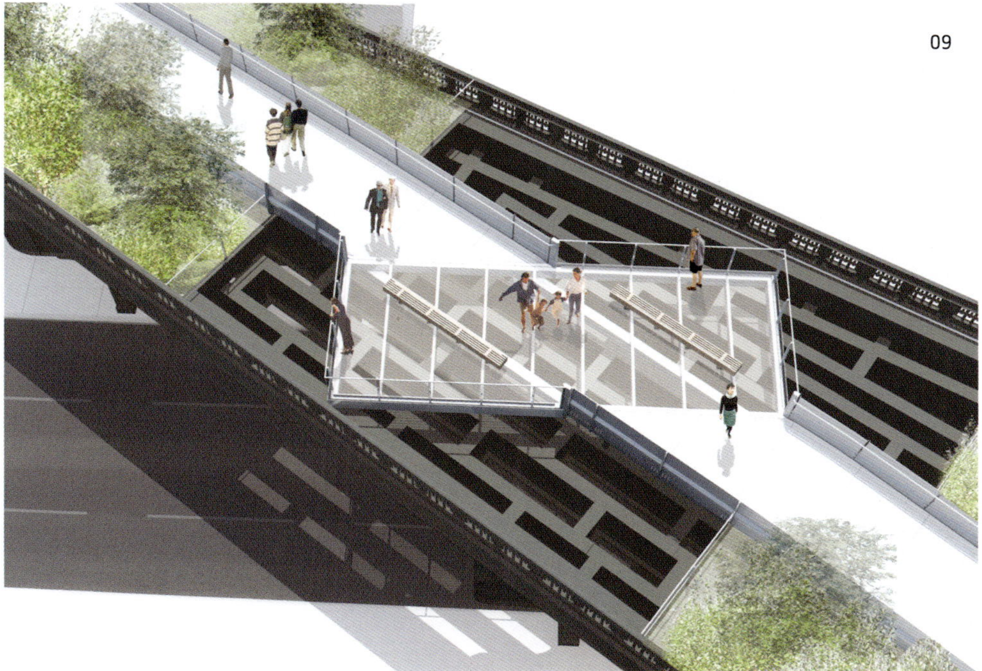

MAINTENANCE
HIGH
LOW
WETLAND, 5%
2nd planting
WOODLAND, 15%
MIXED PERENNIAL MEADOW, 15%
TALL MEADOW, 30%
1st planting
SUCCESSIONAL SCRUBLAND, 10%
3rd planting
YR 1
YR 2
YR 3
YR 4
YR 5
DIVERSIFICATION IN TIME [STABILIZED MAINTENANCE / ENHANCED BIODIVERSITY]

10

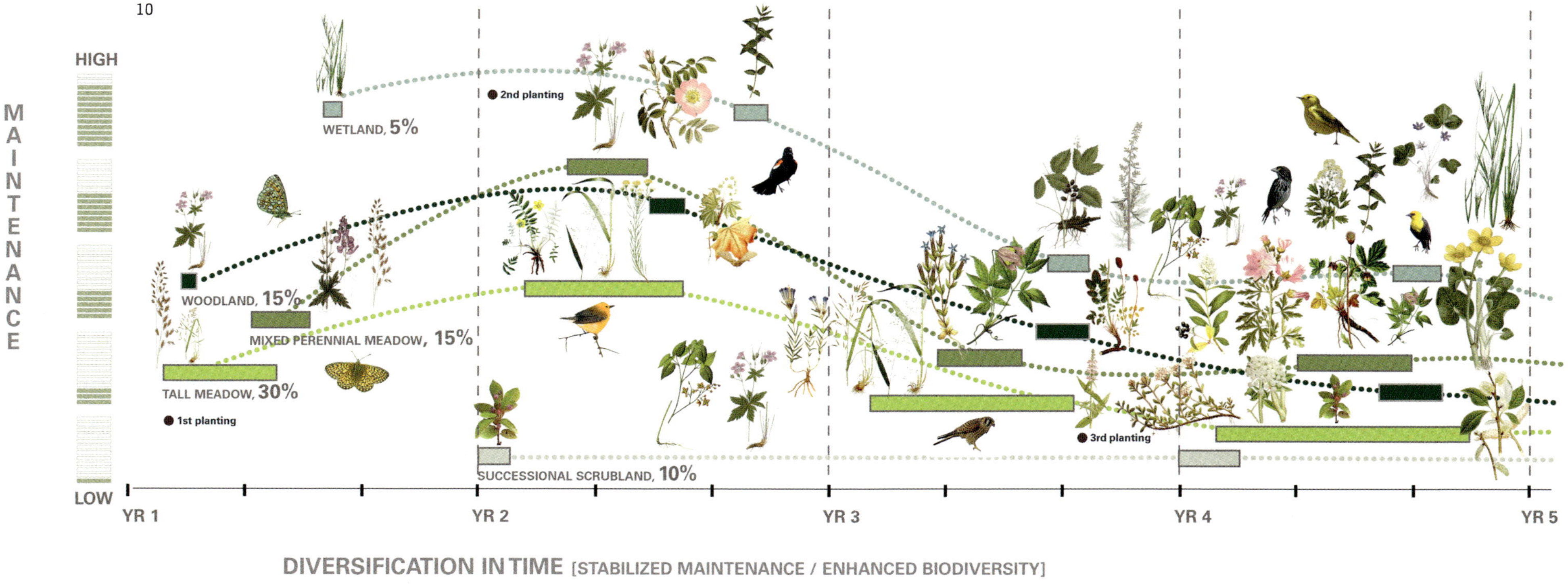

13. VS: Why did you choose to come to Rome for 9 months, applying and then winning the prestigious Rome Prize at the American Academy in Rome?

RH: I look at Europe as the promoter of this kind of projects. When we started to talk about the HL the only ones who wrote about it were Dutch, German, Italian and Japanese people. Most of the participants of the competitions of ideas in 2003 came from these Nations. Europe taught how to preserve old infrastructures and industrial rundown buildings: it's a European concept. For Europeans it's easy to think about conservation and to see beauty in old and ruined buildings and in abandoned places. In Europe people know how to seize the opportunities in such occasions. Americans thought, until not long ago, that a building had value only if it was new. They only see the rust on the rundown structures of the HL! Now they are slowly accepting the idea that old buildings can be valuable and preserved, with a new meaning for the contemporary city.

13. VS: Come mai hai scelto di venire a Roma per 9 mesi partecipando e poi vincendo il Rome Prize presso l'American Academy of Rome?

RH: Io guardo all'Europa come alla promotrice di questo tipo di progetti. Quando abbiamo iniziato a parlare della HL gli unici che ne scrivevano erano Olandesi, Tedeschi, Italiani e Giapponesi. Una gran parte dei partecipanti al concorso di idee del 2003 appartenevano a queste nazioni. E' l'Europa che ha insegnato il riuso delle infrastrutture e degli edifici industriali dismessi: è un concetto tutto europeo. Per gli Europei è facile ragionare in termini di conservazione e vedere la bellezza in manufatti degradati e in luoghi abbandonati. In Europa le persone sanno cogliere l'opportunità in occasioni del genere. Per gli Americani, fino a poco tempo fa, un immobile aveva valore solo se era nuovo. Loro vedono solo la ruggine sulle strutture dismesse della HL! Ora stanno lentamente accedendo all'idea che esistono cose vecchie che vale la pena conservare e che hanno un valore e un nuovo senso per la città contemporanea.

11

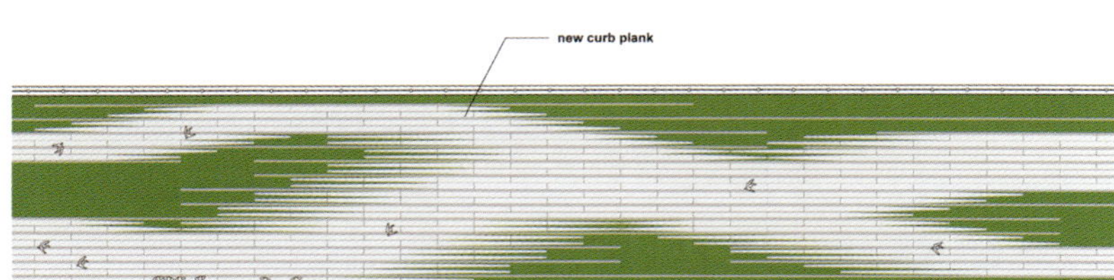

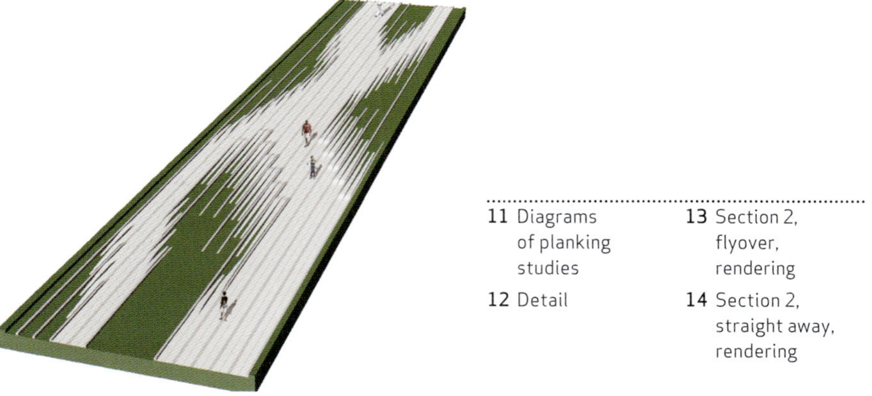

11 Diagrams of planking studies

12 Detail

13 Section 2, flyover, rendering

14 Section 2, straight away, rendering

13

14

Project/**Progetto**
James Corner Field Operations
with/con Diller&Scofidio+Renfro

James Corner Field Operations
James Corner; with/con Lisa Tziona Switkin, Nahyun Hwang; collaborators/collaboratori S. Bainbridge, T. Jost, D. Martic, T. von Preussen, M. Rockcastle, T. Ryan, L. Shihab-Eldin, H. Yoon, H. Zhou

Botanist/**Botanico**
Piet Oudolf

Diller Scofidio + Renfro
Elizabeth Diller, Ricardo Scofidio, Cherles Renfro; with/con Matthew Johnson collaborators/collaboratori R. Condon, T. Hegemann, G. Libedinsky, J. Linzee, M. Nelligan, D. Sakai

Drawings/**Disegni**
James Corner Field Operations, 2007

Four are the finalists in the international competition in 2004
Quattro i finalisti del concorso internazionale del 2004
-The winner group/il gruppo vincitore
James Corner Field Operations
with/con Diller&Scofidio+Renfro;
-Steven Holl Architects
with/con Hargreaves Associates;
-Zaha Hadid Architects
with/con Balmori Associates,
Skidmore, Owings & Merrill LL
-TerraGRAM.

Between 10th and 11th Avenues, the High Line runs for 1.45 mile. Section 1 (opened in June 2009) runs from Gasenvoort Street to 20th Street, section 2 (opening in 2011) runs from 20th to 30th Streets and section 3 runs from 30th to 34th Streets and makes up about one-third of the line.
Scorrendo tra la 10th e la 11th Avenue, la High Line si sviluppa per una lunghezza complessiva di 2,4 km. Il primo stralcio (aperto nel giugno 2009) va da Gasenvoort Street alla 20esima strada, il secondo stralcio (che aprirà a fine 2011) va dalla 20esima alla 30esima strada e il terzo va dalla 30esima alla 34esima strada e sviluppa un terzo dell'intera struttura.

Bibliography and site catalogue/Bibliografia e siti
- Friends of the High Line, James Corner,
Ricardo Scofidio (a cura di), *"Designing the High Line:
Gansevoort Street to 30th Street"*, Friends of the
High Line, 2008
- Design Trust for Public space, Friends of the High
Line, *"Reclaiming the High Line"*, Design Trust for
Public space, 2002
- Joel Sternfeld (Photographer), Adam Gopnik, John R
Stilgoe, *"Joel Sternfeld: Walking The High Line"*, Steidl
Publishing e Pace MacGill Gallery, 2002
-Friends of the High Line *www.thehighline.org*
-West Chelsea Distric Rezoning *http://www.nyc.gov/
html/dcp/html/westchelsea/westchelsea1.shtml*
-Design Trust for Public Space *www.designtrust.org*

15 Section 1,
Northern spur,
looking to the
Hudson River.
Before the con-
struction

16 Section 1,
Northern Spur
Preserve,
between West
16th Street
and West 17th
Street, looking
South towards
the Statue of
Liberty

17 Section 1,
Northern Spur,
looking south

18 Section 1,
Sundeck Water
Feature and
Preserve, looking
towards Chelsea
Market

19 Section 1, North-
ern Spur Preserve

20 Section 1,
Gansevoort Slow
Stair, corner
of Gansevoort
Street and Wash-
ington Street,
looking North

21 Gansevoort
Woodland

City
NY High Line
ZUCKER & CO.
212-242-4474
CAFE
DINER
Hector's
CAFE & DINER
212-206-7592
ONE WAY
ONE WAY

UP IN THE AIR OF MANHATTAN
VOLANDO SOPRA MANHATTAN

Portrait of Alex MacLean by Paolo De Stefano Ritratto di Alex MacLean di Paolo De Stefano

PHOTOGRAPHY, CITY, LANDSCAPE.

By/di Carlo Gasparrini

"When we took off from the Naples Airport, I was not sure what to expect". This comment by Alex introduces his brief yet intense story about the flight over the Vesuvius which he enthusiastically accepted to do in 2006 together with another photographer (friend Paolo De Stefano) whilst I was drafting the Plan for the National Park. He expresses all the curiosity and emotion of a photographer, passionate and kind, every time he finds himself confronting a new story told from above. His unmistakable "diagonal" glance, his meticulous and selective attention to detail and the consistent changes in scale of his photographs bestow us with unusual and surprising images of the planets' landscape. The photos of Alex's flight over Manhattan reveal the still little known face of a city that is incessantly changing, in which new linear and dotted open spaces, given back to the public use, expand and filter into flabby areas of the urban fabric, winning over small abandoned areas, redesigning the piers and stretch out along the former railway viaducts. Once again his view changes ours and constrains us to look at things through different eyes.

"When we took off from the Naples Airport, I was not sure what to expect". Questa frase di Alex introduce un suo breve e intenso racconto del volo sul Vesuvio che aveva accettato di fare con entusiasmo nel 2006 assieme ad un altro fotografo-volante (l'amico Paolo De Stefano) mentre redigevo il Piano del Parco Nazionale. Esprime tutta la curiosità e l'emozione di un fotografo, appassionato e gentile, ogni volta che si trova ad affrontare un nuovo racconto dall'alto. Il suo inconfondibile sguardo "diagonale", la sua meticolosa e selettiva attenzione per i dettagli, i continui salti di scala delle sue fotografie ci restituiscono immagini inconsuete e sorprendenti dei paesaggi del pianeta. Le foto di Alex in volo su Manhattan svelano il volto ancora poco noto di una città che sta cambiando in modo incessante, in cui i nuovi spazi aperti lineari e puntiformi, riconquistati all'uso collettivo, si fanno largo e si infiltrano dentro le aree molli dei tessuti, conquistano piccoli tasselli abbandonati, ridisegnano i moli, salgono e si distendono lungo gli ex viadotti ferroviari. Ancora una volta il suo sguardo modifica il nostro e ci costringe a guardare le cose con occhi diversi.

Italian and international bookshops to buy books and "monograph.it" published by LISt
Librerie italiane e internazionali in cui si trovano monograph.it e i libri di LISt

Country	City	Bookshop
AT	Innsbruck	Wagner'sche Buchhandlung
	Wien	Prachner Im Mq
		Frick Kärntnerstrasse
		Morawa Wollzeile Buchhandel
AU	Collingwood, Vic	Robyn Ralton Modern Journal
BE	Bruxelles	Fnac Bruxelles / Brussel
	Gent	Copyright Art And Architecture Bookshop
	Brussels	Bozar Shop
CA	Montréal	Cca
CH	Genève	Librairie Archigraphy
	Lausanne	La Fontaine Sa - Librairie Polytechnique
	Zürich	Orell Füssli Krauthammer
		Hochparterre Buecher
CN	Shanghai	Book Art Trade Co. Ltd.
DE	Berlin	Artificium Kunstbuch
		Bücherbogen Am Savignyplatz
		Pro Qm
	Darmstadt	Georg Büchner Buchladen
	Frankfurt Am Main	Walther König Frankfurt
	Hamburg	Deichtorhallen Museumsshop
		Sautter+Lackmann
	Ingelheim	Westermann Kommunikation
	Köln	Der Andere Buchladen
		Mayersche Köln
		Walther König Köln
	München	Buchhandlung L.Werner, Fr. Duft
	Münster	Extrabuch Friedrich Bitzhenner
	Stuttgart	Fachbuchhandlung Karl Krämer
DK	Aarhus C	Student Bookshop Penny
	Copenhague	Dansk Arkitekturcenter
	Humlebaek	Louisiana Museum
	Arhus C.	Kristian F. Moeller
	Copenhagen S	Arnold Busck Bookstore
ES	Alacant/Alicante	Cilsa Libros, Sl
	Almería	Lual Picasso
	Barcelona	Cooperativa D'arquit
		Fundació Miró Llibre
		Gallery & Bookstore
		La Central
		Laie Caixa Forum
		Laie Llibreria Cafe
		Laietana De Libreter
		Loring Art S.L.
		Pavelló Mies Van Der
		Premià, Sl
		Ajuntament De Barcelona.Biblioteca Gener
		Puvilllibros Sa
		Laie Caixaforum Madrid
		Llibreria Don Bosco
		Papereria Tècnica D'arquitectura Carlos
	Bilbao	Binario Libros, S.L.
		Museo Guggenheim . Librería
		Librería Anti-
		Librería Camara Sl
	Ciudad Real	Librería Cilsa
	Córdoba	Librería Jurídica Andaluza
	Coruña, A	Librería Técnica For
	Donostia-San Sebastian	Hontza Liburudenda L
		Sociedad Cooperativa
	Granada	Librería Dauro,Troa
		Librería Picasso
	Madrid	Aldeasa- Ivam
		Librería Mairea
		Mairea 2
		Naos, Sl
		Celesa Jan - Centro Expo
		Vertical Ocean S.L.
	Málaga	Librería Luces
		Librería Proteo
		Librería Rayuela
		Cincoechegaray
	Palmas De Gran Canaria,Las	Canaima
	Pamplona	Librería Gómez Tecn
	Pozuelo De Alarcón	Fnac España, S.A.
	Santa Cruz De Tenerife	El Paso
	Santander	Librería Gil At. Paz
	Santiago De Compostela	Follas Novas Sl
		Tienda Libreria Del
	Sevilla	Casa Del Libro
		Coop. Arq. Guadalqui
		Libreria Reina Mercedes
	Valencia	Arq. Co
		Casa Del Llibre
		Librería Universitar
		Tirant Lo Blanch
		Librería Muvim
	Valladolid	Totem Libreria
	Vigo	Casa Del Libro
	Zaragoza	Rollo Vegetal
	León	Tienda Musac
	Helsinki	Stockmann / Akateeminen
	Vantaa	Suomalainen Kirjakauppa
		Client Mostres Ue
FI	Bordeaux Cedex	Librairie Mollat
	Grenoble	Librairie La Dérive
	Nice	Plc Planlibre.Com
FR	Paris	Artcurial / Centre D'art Contemporain
		Flammarion (La Hune)
		La Galerie D'architecture
		L'arbre À Lettres Paris
		Le Genre Urbain
		Librairie Du Pavillon De L'arsenal
		Ofr System
		Librairie Du Moniteur Cité
		Librairie Du Moniteur Paris Odéon
	Paris Cedex	Flammarion Centre G. Pompidou
	Rennes	Forum Du Livre
	Toulouse	Ombres Blanches
	Nantes Cedex 1	Vent D'ouest Au Lieu Unique
		Librairie Coiffard S.A.
	Saint Denis	Alize-Sfl
	Lagny-Sur-Marne	Sodis
GR	Agios Steffanos-Attica	Public World S.A
HR	Zagreb	V.B.Z. D.O.O.
IE	Dublin	Riai Bookshop Dublin
IL	Tel Aviv	Bookworm
KR	Seoul	Dongnam Books, Inc.
LB	Beirut	Levant Distributors Sarl
LT	Kaunas	Humanitas
NL	Aa Delft	Technische Boekhandel Waltman
	Amsterdam	Architectura & Natura Gaston
		The American Book Center Rick
	Maastricht	Traders Pop
	Rotterdam	Nai Boekhandel
	Culemborg	Bgn Distributie*) Central
NO	Oslo	Norli Oslo
	Trondheim	Tapir Gloeshaugen Eli
PE	Lima	La Casa Verde S.A.
	Lima 18	Davau S.A.C.
PT	Lisboa	Fnac Chiado
		Livraria De Fundos,
		Rbmdc - Livros E Art
		Quid Juris Livraria Lusiadad
	Porto	Inúteis Design Losa
		Aefaup
		A2 Mais Arquitectos Asociados, Lda.
RO	Bucharest	Prior Books Distribu Book E Book
SE	Stockholm	Arkitekturmuseet Bookshop
SG	Singapore	Basheer Graphic Book
SI	Ljubljana	Mladinska Knjiga Trgovina Inc.
TR	Istanbul 80060	Pusula Productions Ltd. (Robinson Crusoe
	Sisli - Istanbul	Yapi-Endüstri Merkezi (The Building & I
UK	London	Artwords
		Foyles Mohara Gill
		Riba Mail Order
		Tate Modern
		Riba Bookshop London
	Manchester	Riba Bookshop Manchester
	Oxford	Blackwell's Art & Poster Shop
	Oxfordshire	Marston Book Sevices Ltd.
US	New York	Actar D Usa Direct
		Actar D Usa Indirect
		Actar D Canada Direct
		Actar D Usa Hurt
	San Francisco	William Stout Architectural Books
BG	Sofia	Booktrading/A&T Publishing
IN	New Delhi	Techniz Books International
TH	Bangkok	Asia Books
SK	Bratislava	Art Books

Librerie Feltrinelli	C.so Garibaldi, 35	ANCONA
Libreria Rinascita di Giorgio Pignotti	Piazza Roma,7	ASCOLI PICENO
La Feltrinelli Libri e Musica	Via Melo, 119	BARI
Libreria Campus di Francesca Crisafulli	Via G.Toma, 76-78	BARI
Alisei libri s.r.l.	viale dei Rettori,73/f	BENEVENTO
Libreria Fassi	L.go Rezzara, 4/6	BERGAMO
Librerie Feltrinelli	P.zza Ravegnana, 1	BOLOGNA
Libreria Mardi Gras	Via Andreas Hofer, 4	BOLZANO
Libreria Einaudi (Baldassi Fabio)	Via della Pace, 16/A	BRESCIA
Libreria Rinascita	Via Calzavellia, 26	BRESCIA
LIBRERIA GIUNTI AL PUNTO S.P.A.	Piazza Giovanni Paolo II°, 1-2	CESENA
Libreria Mel Bookstore Ferrara	p.zza	FERRARA
Librerie Feltrinelli	Via Garibaldi, 30/a	FERRARA
Libreria Alfani Editrice	via Degli Alfani, 84	FIRENZE
Librerie Feltrinelli	Via dei Cerretani, 30/32 r	FIRENZE
Libreria Punto di Vista	Stradone S. Agostino 58/R	GENOVA
Libreria Liberrima (Socrate s.r.l)	Corte dei Cicala,1	LECCE
La Feltrinelli Libri	C.so della Repubblica,4/6	MACERATA
LIBRERIA BERNARDELLI SNC	Corso Vittorio Emanuele, 19	MANTOVA
Feltrinelli Libri e Musica	p.zza XXVII Ottobre,1	MESTRE
Coop. Studio e Lavoro a r.l.	Via Durando, 10	MILANO
Cooperativa Univ. Studio e lavoro a r.l.	p.zza Leonardo da Vinci,32	MILANO
La Cerchia s.r.l.	Via Candiani, 102	MILANO
La Feltrinelli LIBRI & MUSICA	C.so Buenos Aires 33/35	MILANO
Libreria Clup Bovisa	via Andreoli,20	MILANO
Libreria CLUP SOCIETA' COOPERATIVA	Via Ampere,20	MILANO
Libreria Hoepli	Via Hoepli, 5	MILANO
Libreria L'Archivolto s.a.s.	Via Marsala, 2	MILANO
Libreria Skira	Viale Alemagna,6	MILANO
Librerie Feltrinelli	Via Ugo Foscolo, 1/3	MILANO
La Feltrinelli Express(Int.Stazione F.S.	Varco Corso Arnaldo Lucci	NAPOLI
La Feltrinelli Libri e Musica	Via Cappella Vecchia,3	NAPOLI
Libreria Antica & Moderna FiorentinoCalata	Trinità Maggiore, 36	NAPOLI
Libreria C.L.E.A.N.	Via D. Lioy, 19	NAPOLI
Librerie Feltrinelli	Via T. D'Aquino, 70	NAPOLI
Libreria Ginnasio Progetto s.n.c.	via Marzolo,28	PADOVA
Librerie Feltrinelli	Via San Francesco, 7	PADOVA
Broadway Libreria dello Spettacolo	via Rosolino Pilo,18	PALERMO
Libreria Dante	Quattro Canti di Città,172	PALERMO
Librerie Feltrinelli	Via della Repubblica, 2	PARMA
Pietro Fiaccadori S.r.l.	Via Al Duomo, 8/A	PARMA
Filograsso Libri	V.le Pindaro, 75	PESCARA
Libr.dell'Università-Eredi L. C.	Viale Pindaro, 51	PESCARA
Libreria Campus Michetti F.& C.	V.le Pindaro, 85	PESCARA
Librerie Feltrinelli	C.so Umberto, 5/7	PESCARA
Libreria Pellegrini S.r.l.	Via Curtatone e Montanara, 5	PISA
Librerie Feltrinelli	C.so Italia, 50	PISA
Libreria Grande di Calzetti e Mariucci	via della Valtiera,229/L/P	PONTE S. GIOVANNI
Libreria Giavedoni Cornelio	Via Mazzini, 64	PORDENONE
La Feltrinelli Libri	via Garibaldi,92/94 A	PRATO
Librerie Feltrinelli	Via IV Novembre,7	RAVENNA
Libreria PEPO di Pellicanò	v.le della Libertà,36/c	REGGIO
Edicola Cartolibreria	Via Roma, 21/B-	REGGIO EMILIA
Block 60 Libreria Pulici di Pulici Ilio	v.le Milano,60	RICCIONE
Bookàbar s.r.l.	via Milano,15/17	ROMA
la Feltrinelli Libri e Musica	Largo di Torre Argentina, 5/10	ROMA
Libreria Casa dell'Architettura	P.zza Manfredo Fanti, 47	ROMA
Libreria Dei srl Tipografia genio civile	Via Nomentana,16/20	ROMA
Libreria Kappa di Cappabianca Andrea	Via Gramsci, 33	ROMA
Libreria Kappa di Cappabianca Paolo	P.zza Borghese, 6	ROMA
Libreria Mel Bookstore Roma	Via Modena, 6	ROMA
Libreria Orienta di Danila Meliota	via P.Stanislao Mancini,5	ROMA
Librerie Feltrinelli	Via V.E. Orlando, 78\81	ROMA
Libreria Gabò sas di Gagliano Livia	C.so Matteotti, 38	SIRACUSA
A Book Lingotto c/o Pinacoteca Agnelli	Via Nizza,230/103	TORINO
Libreria Celid	V.le Mattioli, 39	TORINO
Libreria Celid Boggio	Via Boggio,71/A	TORINO
Libreria Comunardi di Barsi Paolo	Via Bogino, 2	TORINO
Librerie Feltrinelli	P.zza Castello, 19	TORINO
La Rivisteria s.n.c.	via San Vigilio, 23	TRENTO
Einuadi, Campadelli M.	Piazza mostra	TRENTO
LIBRERIA EINAUDI DI Paolo Deganutti	Via Coroneo 1	TRIESTE
Libreria Paolo Gaspari	Via Vittorio Veneto, 49	UDINE
Librerie Feltrinelli s.r.l.	C.so Aldo Moro,3	VARESE
Libreria CLUVA (di Zamparo Patrizia)	Tolentini Santa Croce, 197	VENEZIA
Libreria LT2 Toletta s.r.l.	Dorsoduro/Toletta,1214	VENEZIA
Galla Librarsi	Contrà delle Morette, 4	VICENZA

MONOGRAPH.IT
architecture, city and urban
cultures monomagazine
monomagazine di architettura,
città e culture urbane
conceived and directed by |
ideata e diretta da
Pino Scaglione

PUBLISHED BY
PUBBLICATO DA
LISt Lab Laboratorio
Internazionale Editoriale
Barcelona (Spain)
www.listlab.eu
www.momboo.net
(in Italia: Trento-Roma)
PRODUCTION PRODUZIONE

n.2 dedicated to | dedicato a
Landscape Sensitive Design
May 2010

EDITED BY
A CURA DI
Pino Scaglione

NEW YORK HIGH-LINE
EDITED BY
A CURA DI
Carlo Gasparrini
Valeria Sassanelli

EDITORIAL STAFF (in progress)
REDAZIONE (in progress)
Maria Vittoria Capitanucci
Thomas Demetz
Massimo Faiferri
Bebo Ferlito
Alessandro Franceschini
Sabrina Leone
Nicola Canessa
Arianna Scaglione, Photo Editor

CONTRIBUTING EDITOR
BY "MONOGRAPH.IT"
CONTRIBUTI EDITORIALI
ALLA DIREZIONE DI
"MONOGRAPH.IT"
Pepe Ballesteros (Madrid)
Maurizio Carta (Palermo)
Alberto Cecchetto (Venezia)
Carlo Gasparrini (Napoli)
Manuel Gausa (Barcellona)
Josè Luis Esteban Penelas (Madrid)
Mosè Ricci (Roma)
with con Diego Peruzzo (Vicenza)
events and relations|eventi e relazioni

TRANSLATIONS
TRADUZIONI
Violeta Toro Freund
Adele Gerardi

ART DIRECTOR
DIRETTORE ARTISTICO
Massimiliano Scaglione

GRAPHIC DESIGN
DISEGNO GRAFICO
Massimiliano Scaglione
Simone Iovacchini

DIGITAL PRODUCTION
PRODUZIONE DIGITALE
Arianna Scaglione

PRINTING
STAMPA
PrinterTrento

Printed and bound in the
European Union, May 2010
Stampato e rilegato in
Unione Europea, Maggio 2010

ISBN 978-88-95623-21-4

All right reserved
Tutti i diritti riservati
© of the edition, LISt Lab
© dell'edizione, LISt Lab
© of the text, their autors
© dei testi, gli autori
© of the image, their autors:
© delle immagini, gli autori:
pp 8-11-94-95-97-99-246-247-
249-250-253-264-267-269-270-
271 Arianna Scaglione;
pp 300-310-311-315-317-326
(12,15,16)-338(16,17,18,20)-
339 Iwan Baan; p 309(09)
Carlo Gasparrini; pp 319-324(07)-
326(14,17)-336(11) James Corner
Field Operations; pp 320(03)-322-
324(08,09)-326(13)-334-335-337
James Corner Field Operations and
Diller Scofidio + Renfro, Courtesy
the City of New York; pp 320(04)-
323 This map was produced by
Friends of the High Line. All images
created by James Corner Field
Operations and Diller Scofidio +
Renfro, Courtesy the City of New
York. Map design: Patrick Hazari.
First edition © 2009 Friends
of the High Line; p 325 Image
courtesy of Renzo Piano Building
Workshop in collaboration with
Cooper, Robertson & Partners;
p 326(18) modernette@flickr.
com; pp 327-338(19) pongNYC@
flickr.com; p 328 Kristin Jones; pp
329(02)-332(05)-338(15) Friends
of the High Line; p 329(03) Alberto
Muciaccia; pp 331-332(06) Joel
Sternfeld; p 340 Paolo De Stefano;
pp 342-343-344-345-346-347-
348-349-350-351-352-353-354-
355-356-357 Alex MacLean

INTERNATIONAL SALES AND
PROMOTION
PROMOZIONE E DISTRIBUZIONE
INTERNAZIONALE
Actar D
Roca i Batlle, 2
08023 Barcelona
T: +34 934174993
F: +34 934186707
office@actar-d.com
www.actar-d.com

Actar D USA
158 Lafayette Street 5th Fl.
New York, NY 10013 (USA)
officeusa@actar-d.com
www.actar-d.com

DISTRIBUTION IN THE ITALIAN
BOOKSTORES
DISTRIBUZIONE NELLE LIBRERIE
IN ITALIA
JOO distribuzione
Via F. Argelati, 35 - 20143
Milano- +39 02 8375671
fax 02.58112324
info@joodistribuzione.it
http://www.joodistribuzione.it/

SPECIAL THANKS to
RINGRAZIAMENTI a
Douglas Spencer
Alberto Clementi
Massimo Angrilli
Jonathan E.Pilia
Silvio Carta
Alex MacLean
Robert Hammond
Valeria Sassanelli
LISt Lab young staff

LIST'S SCIENTIFIC BOARD
BOARD SCIENTIFICO DI LIST
Eve Blau (Harvard GSD), Maurizio Carta (Università
di Palermo), Alberto Clementi (Università di Chieti),
Alberto Cecchetto (Università di Venezia), Stefano De
Martino (Università di Innsbruck), Corrado Diamantini
(Università di Trento), Antonio De Rossi (Università
di Torino), Franco Farinelli (Università di Bologna),
Carlo Gasparrini (Università di Napoli), Manuel Gausa
(Università di Barcellona/Genova), Giovanni Maciocco
(Università di Sassari/Alghero), Josè Luis Esteban
Penelas (Università di Madrid), Mosè Ricci (Università
di Genova), Roger Riewe (Università di Graz), Pino
Scaglione (Università di Trento)

CONTACTS
CONTATTI
Spain-Spagna
C/ Ferlandina, 53 bajo
08001, Barcelona
tel. +34 934422365
Italy-Italia
Piazza Lodron, 9
38100, Trento
tel. +39 0461 282665

(sede di rappresentanza
Via Stern, 4, 00195 Roma)

www.listlab.eu
info@listlab.eu

LISt Lab is an editorial workshop, set in Barcelona,
that works on contemporary issues. LISt Lab not only
publishes, but also researches, proposes, endeawour,
promotes, produces, creates networks.

List Lab è un Laboratorio editoriale, con sede a Barcellona, che lavora intorno ai temi della contemporaneità.
List ricerca, propone, elabora, promuove, produce,
mette in rete e non solo pubblica.